KRAŠOVEC · LA JUSTICE (ṢDQ) DE DIEU

ORBIS BIBLICUS ET ORIENTALIS

Publié au nom de l'Institut Biblique
de l'Université de Fribourg Suisse,
du Seminar für biblische Zeitgeschichte
der Universität Münster i. W.
et de la Schweizerische Gesellschaft
für orientalische Altertumswissenschaft
par Othmar Keel
avec la collaboration de
Erich Zenger et Albert de Pury

L'auteur:

Jože Krašovec (1944) a fait ses études de philosophie et de théologie à Ljubljana et Maribor (Slovénie – Yougoslavie) et de sciences bibliques à Rome (Institut Biblique Pontifical), à Jérusalem (Ecole Biblique et Archéologique Française, Institut Œcuménique de Tantur, Université Hébraïque) et à Paris (Ecole Pratique des Hautes Etudes – Sorbonne, Institut Catholique). Publications dans différentes revues dont *Bogoslovni vestnik, Biblische Zeitschrift, Münchener Theologische Zeitschrift, Biblica*. Monographies: *Der Merismus im Biblisch-Hebräischen und Nordwestsemitischen* (thèse de doctorat de l'Institut Biblique); *Antithetic Structure in Biblical Hebrew Poetry* (thèse de doctorat de l'Université Hébraïque). Cette étude sur *la justice de Dieu dans la Bible hébraïque* a été acceptée comme thèse de doctorat à l'Université de la Sorbonne (Paris IV) et à l'Institut Catholique de Paris. Depuis 1976, l'auteur est professeur d'Exégèse de l'Ancien Testament à la Faculté de théologie Ljubljana/Maribor.

ORBIS BIBLICUS ET ORIENTALIS 76

JOŽE KRAŠOVEC

LA JUSTICE (ṢDQ) DE DIEU DANS LA BIBLE HÉBRAÏQUE ET L'INTERPRÉTATION JUIVE ET CHRÉTIENNE

UNIVERSITÄTSVERLAG FREIBURG SCHWEIZ
VANDENHOECK & RUPRECHT GÖTTINGEN
1988

CIP-Kurztitelaufnahme der Deutschen Bibliothek

Krašovec, Jože:
La justice (Ṣdq) de Dieu dans la Bible hébraïque et l'interprétation juive et chrétienne / Jože Krašovec. – Freiburg, (Schweiz): Universitätsverlag; Göttingen: Vandenhoeck und Ruprecht, 1988.

(Orbis biblicus et orientalis; 76)
ISBN 3-525-53705-0 (Vandenhoeck und Ruprecht)
ISBN 3-7278-0549-8 (Univ.-Verl.)
NE: GT

© 1988 by Universitätsverlag Freiburg Schweiz
Vandenhoeck & Ruprecht Göttingen
Paulusdruckerei Freiburg Schweiz

ISBN 3-7278-0549-8 (Universitätsverlag)
ISBN 3-525-53705-0 (Vandenhoeck & Ruprecht)

1

AVANT-PROPOS

Le travail de base pour cette étude a été fait pendant ces dernières années à Ljubljana (Slovénie, Yougoslavie). La plus grande partie
de la bibliographie a été rassemblée dans les bibliothèques de Munich,
Oxford, Londres et Paris. Je désire exprimer spécialement ma reconnaissance au professeur Josef Scharbert qui m'a communiqué beaucoup
de titres de son fichier personnel à Munich concernant la notion de
justice dans l'Ancien Testament.

L'année passée, Monsieur Mathias Delcor, directeur d'études à
l'Ecole pratique des Hautes Etudes, et le Père Jean Lévêque, professeur
à l'Institut Catholique de Paris, ont accepté de diriger cette recherche que je présente comme thèse pour l'obtention du Doctorat con-
joint à l'Université de Paris - Sorbonne et à l'Institut Catholique
de Paris. Le premier Vice-Président de l'Université de Paris - Sorbonne,
Monsieur Michel Meslin, s'est toujours montré disponible pour m'aider,
surtout au plan administratif. Monsieur André Caquot, professeur au
Collège de France, a examiné avec bienveillance les questions que je
lui ai soumises. J'adresse l'expression de ma reconnaissance à tous
ces professeurs pour l'intérêt qu'ils m'ont accordé et tous les con-
seils qu'ils ont bien voulu me donner.

Cette étude a été originairement rédigée en slovène. Mes amis
Verena et Branko Koršič-Zorn ont traduit, avec un dévouement exceptionnel, presque tout mon texte en français. Le chapitre sur le Livre
des Psaumes (IIe partie, 2e chapitre) a été traduit par Thérèse et
Ciril Valant. Le professeur Guy Lafon m'a rendu un grand service en
révisant la plus grande partie de la traduction. Monsieur Bernard
Delavault, bibliothécaire à l'Institut d'études sémitiques du Collège
de France, m'a apporté son aide pendant la rédaction finale, toujours

disponible pour examiner diverses questions de la rédaction française, pour relire le texte et me proposer des améliorations, pour m'assister dans l'élaboration technique de mon travail. Madame Simone Lacarrière a assuré, avec le plus grand soin et une extrême diligence, la dactylographie du texte français. Je tiens à remercier chacun en particulier pour ses services et son dévouement.

Comme ressortissant d'une petite nation slave, la Slovénie (au nord de la Yougoslavie), qui a toujours été livrée à la merci des grandes puissances, j'ai le plaisir et le devoir moral de dédier cette investigation sur la justice de Dieu aux minorités slovènes d'Italie (région de Trst-Trieste, Gorica-Gorizia), d'Autriche (Koroška-Carinthie) et de Hongrie. Il semble qu'il faille un miracle de la justice de Dieu pour assurer leur intégrité.

Maribor/Ljubljana   Jože Krašovec

INTRODUCTION

En hébreu, il existe une racine célèbre sdq, à la valeur significative particulièrement riche. Dans la Bible hébraïque, elle apparaît
523 fois sous des formes différentes (1). Il devient vite évident que
le terme ne recouvre que partiellement la notion générale européenne
de justice. Sdq exprime surtout les qualités qui dans les langues
européennes sont exprimées plutôt par d'autres mots.

Il semble que sdq soit l'une des plus importantes notions dans
la Bible hébraïque (2), ce qui explique pourquoi cette notion suscite
tant d'intérêt pour les exégètes. Rares sont les thèmes qui ont suscité tant d'attention. A la bibliographie sur la justice dans l'Ancien
Testament, il faut ajouter aussi une bonne partie de celle qui est
en rapport avec le même sujet dans le Nouveau Testament et dans le
Judaïsme. Il est impossible de traiter la notion de justice dans le
Nouveau Testament et dans la littérature juive sans les bases de l'Ancien Testament. En dépit d'une bibliographie si abondante, cette étude
reste tout à fait justifiée. Bien plus, à proprement parler c'est la
bibliographie qui nous montre la nécessité d'une étude comme celle-
ci, puisque aucune des études existantes n'est suffisamment détaillée.
Il s'agit presque toujours d'articles qui traitent sdq en général en
s'appuyant sur quelques textes choisis, ou bien pris dans un seul
livre biblique. Mais le plus caractéristique est que les auteurs ne
distinguent pas, du moins pas assez explicitement et d'une manière
conséquente, entre les textes dans lesquels le sujet de sdq est Dieu
et ceux dans lesquels le sujet est l'homme. Mais cette distinction
est essentielle si on veut pénétrer au-delà des caractéristiques les
plus générales, pour parvenir à l'étendue totale et accéder au plus
profond de la notion de justice. Un traitement sérieux et approfondi
sur la justice de Dieu et de l'homme présuppose une analyse de tous
les textes, tant ceux qui se réfèrent à Dieu, que ceux qui se réfèrent à l'homme. Cette nécessité apparaît évidente surtout au moment
où on veut constater quel est le rapport mutuel entre la justice de

Dieu et de l'homme.

Cette constatation nous a poussé , il y a quelques années, à entreprendre une analyse à long terme de tous les 523 passages dans lesquels apparaissent diverses formes de la racine sdq, ainsi que les textes qui traitent de la justice stricte ou de la loi de rétribution. L'analyse des textes dans lesquels apparaissent les formes de la racine sdq, prévoit deux grandes parties. Cette étude est donc seulement la première partie d'un plan conçu d'une manière unitaire. Tous les textes dans lesquels Dieu apparaît comme sujet de cette racine, soit 140 sur 523 occurrences, sont analysés systématiquement selon une méthode sémantique contextuelle généralement acceptée. Nous tenons compte aussi des synonymes et antonymes de toutes les formes de sdq (3).

Nous avons l'intention de continuer notre recherche en analysant, selon la même méthode sémantique, tous les autres textes, c'est-à-dire ceux dans lesquels l'homme apparaît comme sujet de cette racine. Ensuite seulement, une discussion approfondie sur le rapport mutuel entre la justice de Dieu et de l'homme sera possible. De même, nous espérons pouvoir traiter, plus tard, de la justice stricte ou bien de la loi de rétribution. Comme la notion sdq, l'exigence de rétribution dans la Bible hébraïque est d'une importance exceptionnelle. Mais elle est exprimée par d'autres mots et diverses formes rhétoriques et littéraires d'étendue plus grande. Pour cela, la recherche sur la rétribution suppose une méthode particulière.

Le but de l'analyse des textes est double : au premier plan, nous cherchons la signification la plus probable de la racine sdq, sous toutes les formes, dans la Bible hébraïque. Ensuite , nous nous efforçons de passer en revue l'histoire de l'interprétation juive et chrétienne la plus classique dans les traductions et commentaires : Septante, Targums, Midrashim, Vulgate, commentaires patristiques, commentaires juifs du Moyen Age, commentaires scholastiques, J. Calvin et M. Luther (4). Plusieurs exégètes anciens et récents lancent un appel pour une telle étude. En effet, d'un côté les textes bibliques, d'un autre côté l'histoire de l'interprétation sont à la base de

toute cette étude. Il en ressort non seulement la question de la
nature et de l'étendue de la notion de justice hébraïque, mais aussi
celle des raisons des interprétations divergentes,   à savoir dans
quelle mesure on peut répondre aux questions qui sont encore en sus-
pens à partir de l'analyse de tous les textes.

En ceci réside la raison de la division de cette étude en trois
parties : dans la première partie, nous présentons une revue critique
de la bibliographie la plus importante concernant la racine sdq, en
portant une attention particulière aux méthodes appliquées; ensuite
nous présentons notre propre méthode de travail en nous appuyant sur
quelques travaux de sémantique générale et spécialement sur la théorie
des champs lexicaux (sémantiques), ainsi que la place et la signification de la racine sdq dans les autres langues nord-ouest-sémitiques.
Dans la deuxième partie, nous analysons tous les textes et après chaque
analyse nous ajoutons l'histoire de l'interprétation (5). L'analyse
des textes, d'un côté, et l'histoire de l'interprétation, d'un autre,
ouvre un panorama vaste et fait découvrir le caractère complexe et
contradictoire de la notion sdq dans le cadre de l'interprétation
européenne. C'est pour cela qu'une troisième partie semble être indispensable, non seulement pour pouvoir résumer toutes les constatations significatives de notre analyse sémantique, mais surtout pour
pouvoir entrer dans la discussion de diverses questions concernant la
justice de Dieu dans un cadre assez large et répondre à quelques assertions qui n'ont pas de fondement dans les textes bibliques. Pour
pouvoir tirer quelques conclusions concernant les rapports entre la
racine sdq et le vocabulaire de la justice dans la Bible grecque de
l'Ancien Testament et dans le Nouveau Testament, nous présentons aussi
la place et la signification de la notion de justice de Dieu dans la
Bible grecque, ainsi qu'une revue de la signification fondamentale
et de l'étendue de signification de la notion de justice dans les
familles les plus importantes parmi les langues européennes (romane,
germanique, slave).

La question de la méthode est pour notre étude d'une importance
particulière. Il est hors de doute que la méthode sémantique contex-

tuelle totale est la plus appropriée. Une application conséquente
de cette méthode nous montre qu'une méthode défectueuse est la raison
principale des assertions totalement ou partiellement incorrectes.
Comme la notion de justice est infiniment large et complexe, il serait
prétentieux de compter que cette étude puisse donner une réponse
définitive et univoque à la question de la signification de la notion
de la justice de Dieu. Mais le principe d'une analyse détaillée, d'un
côté, et d'une comparaison synthétique sur la base des résultats de
cette analyse, de l'autre, peut aider à prendre conscience des dimensions, de la profondeur et de l'ampleur de cette notion. De cette
façon, on peut mettre en évidence son importance exceptionnelle pour
tous les temps et pour la civilisation de notre temps en particulier.

Dans la traduction française des textes bibliques, nous suivons
en principe l'édition de la Bible de Jérusalem, sauf pour le Livre des
Psaumes dont la traduction est celle de la Traduction Oecuménique de la
Bible.

NOTES

(1) Cf. la statistique dans K. Koch, "sdq gemeinschaftstreu / heilvoll sein", Theologisches Handwörterbuch zum Alten Testament,
II (éd. E. Jenni - C. Westermann; München/Zürich: Chr. Kaiser/
Theologischer Verlag, 1976) 511 : le substantif s^{e}daqah apparaît
157 fois, le substantif sedeq 119 fois, l'adjectif saddîq 206
fois, le verbe au Qal 22 fois, au Nifal 1 fois, au Piel 5 fois,
au Hitpael 1 fois, au Hifil 12 fois.

(2) Cf. G. von Rad, Theologie des Alten Testaments, I : Die Theologie
der geschichtlichen Überlieferung Israels (München : Chr. Kaiser,
1957) 368 : "Es gibt im Alten Testament keinen Begriff von so
zentraler Bedeutung schlechthin für alle Lebensbeziehungen des
Menschen wie den der s^{e}daqah". Cf. en plus R.A. Rosenberg,
Biblica 50 (1969) 565 (la recension de H.H. Schmid, Gerechtigkeit als Weltordnung) : "An understanding of the meaning and
the ramifications of the Hebrew root sdq is of inestimable importance for biblical studies. Biblical theology makes no sense
unless it takes into account the idea of sedeq, the divine at-
tribute most often translated as 'justice'".
Nous sommes conscient que dans la Bible le message sur la justice de Dieu est exprimé aussi d'une manière non-conceptuelle :
dans les allégories, oracles, discours, poèmes et récits plus
ou moins longs. Traiter ici de tous ces textes dépasserait
d'assez loin le cadre de cette étude.

(3) L'auteur est conscient que les synonymes ne sont pas synonymes
au sens strict du mot. Cf. I. partie, 1., a).

(4) L'histoire de l'interprétation finit avec Calvin et Luther pour
deux raisons : premièrement, pour Calvin et Luther l'interprétation de la notion de justice est spécialement caractéristique;
deuxièmement, avec la Réforme s'ouvre progressivement la période
de l'exégèse critique, qui est aussi le principe de notre analyse. L'exégèse juive est considérée jusqu'au Moyen Age inclus.

De même pour les commentaires patristiques grecs et latins.
Malheureusement, les circonstances n'ont pas permis de considérer la tradition orientale. Nous avons consulté toutes les
traductions et tous les commentaires mentionnés pour chaque
texte. Surprenante était la constatation que les commentaires
juifs et patristiques définissent la notion de justice relativement rarement. D'autant plus importants apparaissent les
exemples que nous avons pu découvrir et nous les avons donc
cités.

(5)   En principe, on pourrait présenter l'histoire de l'interprétation dans un chapitre à part. Mais le principe sémantique
contextuel de cette étude donne la préférence à notre système.
Le lecteur ne peut réaliser que dans le contexte individuel si
l'interprétation correspond ou ne correspond pas au sens du
texte original. Puisque l'histoire de l'interprétation, malgré
sa signification incontestable, n'a quand même pas le même
poids que l'analyse du texte original, nous présentons la section
sur l'histoire de   l'interprétation avec un caractère dactylo-
graphique différent.

PREMIERE PARTIE

DEFINITION DE LA NOTION SDQ ET DE LA METHODE

Ici il ne peut s'agir d'une définition définitive de la racine
sdq; nous commençons avec une revue des définitions fournies jusqu'à
présent. L'abondance immense de la bibliographie nous impose le devoir
de présenter au moins les études les plus importantes d'une manière
critique surtout sous l'aspect de la méthode (Ier chapitre). De cette
façon se manifeste une base suffisante pour une présentation critique
de la méthode de cette étude (IIe chapitre). Avant d'entreprendre
l'analyse des textes bibliques dans la IIe partie centrale, nous
traitons de la place et de la signification de la racine sdq dans
les autres langues nord-ouest-sémitiques (IIIe chapitre).

I. APPRECIATION CRITIQUE DE LA BIBLIOGRAPHIE

La plupart des bibliographies sont composées d'études courtes,
qui sont souvent une statistique ou un catalogue des passages où se
retrouve la racine sdq, plus qu'une véritable interprétation. C'est
pourquoi, le résultat est plus ou moins toujours le même : quelques
constatations générales, à peine quelques nouveautés; il manque cependant une véritable interprétation d'ensemble. Les études plus longues
résument les constatations du passé. De ce fait, il est bien suffi-
sant de se limiter en principe à ces dernières pour l'appréciation
critique. Parmi les études plus courtes, nous ne tiendrons compte que
de celles qui, soit sont uniques dans un domaine précis, soit amènent
un éclaircissement nouveau et important. Les études uniques sont
habituellement de caractère comparatif.

Le choix de la bibliographie pour une étude critique directe
impose une subdivision en deux parties : premièrement, la bibliographie portant sur la Bible hébraïque, deuxièmement, la bibliographie
de caractère comparatif.

1. Bibliographie sur la Bible hébraïque

Les études plus longues, chacune à sa manière, reflètent de
façon plus claire que les études plus courtes, une orientation fondamentale. Elles sont donc assez différentes,tant en ce qui concerne
le point de départ que du point de vue des accents fondamentaux qui
sont souvent unilatéraux : aspects du châtiment dans la notion de la
justice de Dieu; aspect de l'ordre en tant que fondement de la justice; comparaison inorganique des synonymes et des antonymes.

a) La justice de Dieu se manifeste-t-elle dans la punition ?

En 1915, F. Nötscher a publié une étude sur la justice de Dieu
chez les prophètes du temps précédant l'exil (1). Son abord méthodologique est inhabituel. Il n'a pas considéré comme point de départ
de la recherche la racine sdq mais notre notion de la justice qui

suppose une relation selon une norme définie. Les conséquences sont
d'une portée étendue et très variée. Premièrement, l'auteur accède
aux textes hébraïques avec des principes formés à l'avance. Deuxièmement, il ne traite pas les textes hébraïques d'une façon analytique,
mais d'une manière sommairement abstraite. Le lecteur attentif peut
rapidement contrôler que la démarche de Nötscher est à plusieurs
reprises plus d'eis-égèse que d'ex-égèse : dans les textes hébraïques,
il apporte sa façon de penser au lieu de faire ressortir le contenu
particulier et authentique de ces textes.

Les conclusions de l'étude de Nötscher sont résumées en cinq
points : 1) la justice de Dieu est plus une présence vivante qu'une
propriété abstraite; elle représente beaucoup plus que notre notion
de justice, mais elle ne s'identifie pas dans les interventions béné-
fiques (Gnadenerweisung) de Yahvé; 2) le plus souvent, la justice de
Dieu se manifeste dans la punition, les fondements du châtiment sont
des principes moraux; 3) la justice de Dieu s'adresse au peuple en
tant qu'unité; 4) en principe, le jugement de Yahvé ne connaît aucune
différence entre Israël et les peuples non israélites; 5) on ne peut
pas délimiter d'une façon rigoureuse la justice des autres "attributs"
de Dieu.

Ces conclusions sont dans une grande mesure convaincantes;
elles démontrent que l'auteur a été souvent attentif aux faits des
textes hébraïques. Par contre, le deuxième point est beaucoup plus
contestable. Il est la conséquence la plus évidente de la méthode
utilisée par l'auteur. De cette manière, il a tendu un piège dans
lequel sont tombés d'autres auteurs. C'est le cas de M.A. Descamps
(2). Mais la thèse de Nötscher a aussi incité d'autres auteurs à
rechercher des preuves dans une voie opposée. Quelques-uns ont expressément souligné que la Bible, dans la notion de justice de Dieu, ne
connaît absolument pas la notion de punition. G. von Rad dit même :
"Der Begriff einer strafenden $s^e d\bar{a}q\bar{a}h$ ist nicht zu belegen; er wäre
eine contradictio in adiecto" (3).

H. Cazelles a répondu à Nötscher, mais aussi à Descamps par
une étude particulière (4). Il reconnaît à Nötscher plusieurs aspects

positifs, mais il lui reproche deux manques fondamentaux : premièrement, de n'avoir pas respecté la mentalité orientale, telle qu'elle
se montre dans les inscriptions et dans la multitude des littératures
cunéiformes et des hiéroglyphes; deuxièmement, de partir de notre
propre notion de justice qui a un sens légaliste de compensation et
de sanction. C'est pourquoi, l'étude de Nötscher semble briser l'unité
de la notion biblique, au lieu d'offrir une théologie vécue. Il se
demande si les prophètes n'ont pas une vue beaucoup plus directe et
concrète sur l'action divine dans le monde et sur les phénomènes de
ce monde. La pensée des prophètes considère toujours l'unité d'une
situation, elle ne sépare jamais l'homme de la nature, le physique
du moral, le juridique de la relation à l'individu et à la société,
le monde de Dieu. Cazelles enfin, nie complètement l'aspect de la
punition dans la justice de Dieu. Pour confirmer sa propre position,
il analyse les textes qui sont apparemment de caractère punitif, textes que Descamps lui-même reconnaît comme tels : Dt 33,21; Am 5,24;
Is 1,27; 5,16; 10,22; 28,17; Jr 50,5; Ps 50,6.

G. von Rad ne cite pas Nötscher, mais il résume, en considérant
quelques autres auteurs, les aspects positifs de la justice de Dieu.
La première caractéristique fondamentale de la notion hébraïque de
la justice est de ne pas être définie par une norme éthique idéale et
absolue mais par une relation communautaire (Gemeinschaftsverhältnis)
de chaque instant. Le juste est celui qui agit en conformité avec les
exigences de la communauté. Les Israélites ont donc compris la justice
de façon différente déjà dans sa conception fondamentale. La justice
de Dieu se révèle dans les oeuvres divines pour le bien-être du peuple
de Dieu. C'est pourquoi, même les commandements de Dieu ne sont pas
une loi absolue, mais un don du salut qui devrait coordonner
la conduite de l'homme dans la vie communautaire (5).

b) La justice en tant qu'ordre du monde ?

En 1968, H.H. Schmid a publié un livre sur la justice (6). Le
projet de son étude est très large. Le but de l'auteur est d'établir
la signification fondamentale de la racine hébraïque sdq; pour cela,
il cherche des fondements aussi dans les autres anciennes cultures

orientales. Il est intéressé surtout par l'idéologie dite royale des
Sumériens, des Hittites, d'Ougarit,des Phéniciens et de l'Egypte. En
Egypte, il trouve le mot maat de signification semblable, en Sumer le
mot me. Dans toutes les cultures mentionnées, la signification fondamentale de la justice serait l'ordre, ou bien l'ordre du monde ou
l'ordre cosmique. Dans les textes non bibliques de l'ancien Orient,
Schmid voit la confirmation de sa propre thèse selon laquelle cela
est également valable pour la racine sdq commune aux langues nord-
ouest-sémitiques. La signification fondamentale serait "recht, richtig,
in Ordnung". Il fait aussi référence à A. Jepsen, qui a été le premier à voir l'aspect de l'ordre dans la racine sdq (7). On comprend
alors pourquoi, à la fin du livre, dans la revue des études antérieures sur la notion de la justice, il fait surtout référence à E. Kautzsch, qui discerne la racine sdq sous l'aspect de la norme (Normgemäss-
heit) (8).

Cette thèse est-elle acceptable ?

Tout dépend de la crédibilité des arguments, de la logique, de
la méthodologie. Mais c'est justement là que se situe la faiblesse de
l'étude de Schmid. L'auteur fait ressortir de son étude d'ensemble
plusieurs aspects utiles; il fait d'innombrables citations, mais il
n'interprète jamais convenablement la matière en accord avec le contexte global. Nulle part, ni dans les textes non bibliques, ni dans les
textes bibliques, n'apparaît évidente la conclusion à laquelle parvient l'auteur. La manière non structurale, statistique, de traiter
les textes montre clairement que l'auteur a vu dans la notion de justice l'ordre cosmique avant d'avoir commencé l'analyse. L'étude de
Schmid ne peut pas persuader le lecteur neutre ni de façon positive,
ni de façon négative.

Il est intéressant de constater que, dans sa note critique sur
le livre de Schmid, R.A. Rosenberg accepte entièrement la thèse sur
l'ordre cosmique et va encore plus loin que Schmid lui-même (9).
D'après lui, le principe de l'ordre cosmique confirme qu'il faut comprendre la justice dans le sens juridique et de rétribution : le juste
devrait être récompensé, l'injuste puni. Au contraire de Schmid, il

suppose que l'ancien Israël n'était pas à un niveau moral et éthique
supérieur à celui des autres peuples du monde sémitique. La thèse selon
laquelle l'évolution de la racine sdq chez les Hébreux a dépassé les
fondements unitaires de la culture cananéenne, apparaît à Rosenberg
très faible; en raison de la quantité peu importante de documents conservés, nous ne pouvons absolument pas savoir avec certitude la signification de la racine sdq chez les Cananéens. Ainsi Rosenberg n'a-t-il
pas pressenti qu'il détruisait automatiquement toutes les bases du
dogme de Schmid, selon lequel l'ordre cosmique serait la signification
fondamentale de la racine cananéenne sdq ? A la fin, il dit même que
l'attente du messie des Juifs et des Chrétiens peut être rattachée au
principe de l'ordre cosmique chez les Cananéens, qui sert de base au
principe de rétribution.

Il est clair après ce qui vient d'être dit que les discours de
Schmid et de Rosenberg sur l'ordre cosmique sont des suppositions
abstraites. Mais il n'est pas automatiquement dit qu'elles sont er-
ronées. L'examen des textes exige d'être plus logique et plus global.
Il faut bâtir sur des bases plus larges du point de vue linguistique
et en synthétisant les idées. Mais les recherches correspondantes sur
d'autres aspects de la culture et de la religion de l'Orient ancien
offrent déjà les critères pour juger la position de Schmid. La plupart des chercheurs de tous bords de la Bible hébraïque mettraient
probablement en doute déjà d'emblée le bien-fondé de sa thèse sur
l'ordre cosmique dans la racine hébraïque sdq. N'est-il pas suffisamment connu de tous que la religion hébraïque repose sur des principes
et des critères concernant la communauté et l'individu et non pas le
cosmos ? Yahvé n'est pas un dieu cosmique mais le Dieu personnel de
l'alliance. C'est en cela que réside la scission radicale entre Canaan
et Israël (10).

Schmid, considérant les résultats de son étude, montre très
clairement que sa thèse est une abstraction qui ne peut valoir comme
une étude réelle des textes. Puisque les textes ne sont pas suffisamment éloquents, ici encore justement, il cite d'autres avis. Les
opinions qui sont contraires à sa thèse ne sont-elles pas déjà en

elles-mêmes beaucoup plus persuasives ? Les points de vue opposés
affirment que la justice ne repose pas sur le principe de la relation
à la norme abstraite, de l'ordre ou de l'idée, mais sur la relation
entre les sujets; c'est pourquoi elle a la valeur d'une notion communautaire ou d'alliance (11). Schmid voit cependant une possibilité
d'entente entre les aspects cosmiques et personnels. Mais sa façon de
voir ne peut permettre de situer l'aspect personnel qu'au second plan.
L'essai lui-même n'est pas organique, il est artificiel (12).

c) Entre la statistique et le contexte

Les petites études qui composent la majorité de la bibliographie
reflètent l'alternative des auteurs : ou bien se limiter à une partie
de la Bible, c'est-à-dire à quelques passages particulièrement significatifs, ou bien faire une statistique plus ou moins complète, sans
une interprétation convenable. La première variante a été plus souvent
utilisée. Mais il n'y a pas d'interprétation valable ni dans l'un ni
dans l'autre cas. La rigueur statistique, qui ne prend pas en compte
chaque fois le contexte, ne peut mettre en évidence le véritable sens
de la racine sdq, particulièrement riche en signification. Quant à se
limiter, on risque aussi de se priver des bases nécessaires pour comparer de façon convenable les différents exemples.

La façon de sortir de cette alternative apparaît clairement :
la rigueur sous tous les rapports. L'un des rares essais de ce genre
est le travail monographique de K.Hj. Fahlgren en 1932 (13). Dans une
courte préface, il énonce quelques principes méthodologiques. L'auteur
se rend compte surtout qu'il faut attacher une attention capitale au
contexte de chaque occurrence, dans lequel se retrouve sdq ou plutôt
ses synonymes et antonymes. Il se limite à la Bible hébraïque et ne
recherche que rarement des comparaisons relatives aux autres religions
et cultures. La justification de cette décision est tout à fait persuasive : "Will man überhaupt in der historischen Wissenschaft eine
Sache richtig verstehen, so muss man versuchen, sie aus sich selbst
heraus zu begreifen" (14).

Comment le principe du contexte s'est-t-il imposé au cours de l'étude ?

Fahlgren schématise tout. Il traite d'abord chaque antonyme séparément. Ensuite, il se limite à la racine sdq. A cela fait suite la revue des synonymes, c'est-à-dire des termes voisins. Après l'analyse des termes, Fahlgren traite encore de la bénédiction et de la malédiction, de la conception de la société et du problème de la souffrance dans l'Ancien Testament. Il est clair qu'une certaine schématisation est toujours nécessaire. Cependant, Fahlgren exagère dans çet exercice. Il procède de façon non organique et en réalité il passe à côté du contexte. C'est pourquoi son étude est plus une revue statistique des termes qu'un éclaircissement multifactoriel de leur signification.

2. Bibliographie de caractère comparatif

Il existe beaucoup moins de bibliographie de caractère comparatif que de bibliographie qui traite de la justice seulement dans la Bible hébraïque. Nous pouvons la subdiviser en trois catégories : celle qui est relative, respectivement, au monde non israélite, au monde hébreu non biblique et au monde grec.

a) Comparaison avec la littérature des peuples voisins des Hébreux

Nous avons déjà mentionné l'étude comparative de H.H. Schmid. Schmid compare la racine sdq avec le maat égyptien et le me sumérien. Mais R.A. Rosenberg lui fait remarquer dans sa critique que l'on peut encore faire une comparaison avec les termes dharma et rita qui sont très importants dans l'hindouisme et le bouddhisme.

Cependant, pour notre notion, il faut considérer surtout le monde sémitique. Trois auteurs se sont lancés dans une étude comparative de ce genre; chacun d'entre eux a laissé une étude excellente avec une documentation exemplaire : F. Rosenthal (15), M. Liverani (16), H. Cazelles (17).

Rosenthal considère le fait que dans le Judaïsme post-biblique
la notion hébraïque s^{e}d̄āqah ou son équivalent araméen sidqā'/s^{e}daqtā',
désigne la charité (charity, alms) que la loi prescrit pour l'utilité
des pauvres. On peut retrouver cette signification dès le IIe siècle
av. J.-C.. Cela lui suggère de s'interroger pour savoir si la racine
sdq n'inclue pas peut-être cette signification également dans d'autres
langues sémitiques voisines. Il consacre une grande attention à la
tradition arabe. Les écrits d'Arabie du Sud constituent un problème
difficile. La racine sdq y est particulièrement fréquente. Mais il
n'est pas possible d'affirmer avec certitude si elle signifie également charité. Il en est autrement en arabe classique. Dans l'is-
lam le mot sadāq définit le présent à la jeune mariée; quant à sadaqah
et à zakāh, ce sont la charité volontaire et les prestations charita-
bles, légalement désignées.

Rosenthal fait aussi des recherches dans la tradition araméenne.
Dans le célèbre passage de Daniel (4,24) il suppose au mot sidqah la
signification de charité. S'il en est ainsi, c'est le premier témoignage juif de l'utilisation de ce terme dans cette signification.
Rosenthal voit ensuite dans la notion du Nouveau Testament ἐλεημοσύνη
la traduction du mot araméen sidqah. Tout cela est la conséquence
logique de la signification fondamentale hébraïque; en hébreu, sdq
ne définissait pas une qualité abstraite, mais quelque chose de concret, de matériel : bien-être, secours, force, bénédiction. Cette
signification hébraïque fondamentale servait de base à l'aspect de
don dans le terme araméen. Il n'est pas exclu, conclut Rosenthal, que,
déjà au temps de l'exil à Babylone, s'était produite la fusion entre
le terme araméen et la notion juive. Ainsi on est arrivé à la conception qui s'est étendue au Judaïsme, au Christianisme et à plusieurs
peuples islamiques, et qui est en grande partie encore de nos jours
un des piliers fondamentaux de la société humaine civilisée.

Quel est le thème de l'étude de Liverani ?

Dès le début, il cite Philon de Byblos qui mentionne les divinités phéniciennes Sydyk et Misor. Evidemment, il s'agit de noms divins

sur la base des racines communes au nord-ouest-sémitique, sdq et yšr.
Dans les documents phéniciens eux-mêmes, on ne trouve pas ces deux
divinités. Mais l'inscription phénicienne de Yehimilk (Xe siècle) parle
du "roi juste et honnête" (mlk sdq wmlk yšr). On fait la supposition
que ces deux racines étaient à l'origine des notions abstraites, mais
que plus tard elles auraient servi pour la personnification divine.
Pour cette thèse, Liverani trouve des bases aussi dans le fait que la
tradition mésopotamienne connaît les divinités Kittum et Misarum qui
correspondent entièrement au phénicien Sydyk et Misor.

Ce fait a été à l'origine de l'étude de Cazelles, sous l'aspect
de l'idéologie dite royale. Cazelles fait référence à Hammurapi qui,
dans le prologue de son code, dit avoir établi dans sa région kittam
u misaram. Le dictionnaire akkadien de l'Université de Chicago cite
pour le mot kittu plusieurs termes anglais : truth, justice, correct
procedures, loyalty, fidelity, correctness, normal state, treaty.
Semblablement, W. von Soden en allemand : Stetigkeit, Wahrheit, Treue,
Rechtlichkeit. Von Soden traduit le mot me/misaru(m) par le mot Gerechtigkeit. Cazelles observe que la signification de base des racines ak-
kadiennes est loin de la justice stricte, de la norme et de la loi;
leur base est beaucoup plus pragmatique et humaine et, en conséquence,
aussi plus incertaine et indéfinie.

Dans une deuxième partie, Cazelles traite de la paire ougaritique
sdq/m(y)šr qui représente l'équivalent de la paire akkadienne kittu/
mesaru. Avec quelques autres, il s'oppose à l'interprétation légaliste
de ces mots et constate qu'il est très difficile de les exprimer par
nos notions. En réalité, ils désignent la magnanimité ou bien la force
de la vie et de la fécondité. A partir de cette perspective, Cazelles
juge les mots hébraïques équivalents appariés mišpat/s^edaqah et sedeq/
mêsarîm. Il constate que dans la tradition hébraïque le mot sedeq a
progressivement fait place à la variante s^edaqah, qui souligne encore
plus la conduite ou le comportement; l'aspect de principe, à ce niveau là, pâlit encore plus. Cette forme féminine pénètre aussi dans
l'araméen; elle est certifiée par les inscriptions de Neirab (VIIIe
siècle) et de Teima (Ve-VIe siècle) ainsi que par les papyrus d'Elé-

phantine. En hébreu, apparaît encore le mot mišpāt, qui va s'apparier
avec sedeq/s^e dāqāh. De cette façon, outre l'aspect de bienveillance
charitable ressort aussi l'aspect de la loi. Yahvé est vraiment "juste"
car il a révélé à Moïse la loi - mišpāt, à David et à la souche de
Jessé, sa propre "justice".

b) Comparaison avec la littérature hébraïque non biblique
   et avec la littérature du Nouveau Testament

Les dictionnaires et lexiques traitent d'habitude le mot "justice" séparément sous l'aspect de l'Ancien Testament, de la littérature
juive et du Nouveau Testament. Les parties individuelles ne sont pas
toujours écrites de manière comparative, cependant la publication sous
une dénomination commune donne au lecteur assez de possibilités pour
la comparaison. Les études indépendantes, plus longues, sont plus ou
moins de caractère comparatif, lorsqu'elles traitent d'une période,
qu'on ne peut pas comprendre sans des bases plus anciennes. Le Nouveau Testament en est un exemple : dans celui-ci, la "justice" a un
rôle au moins aussi important que dans l'Ancien Testament.

Les chercheurs ont prêté une attention particulière aux noms
qui sont composés à partir de la racine sdq : Melchisedech, Adoni-
Sedeq, Sadoq et surtout Moresedeq (le maître de justice) de Qumran.
La plupart de ce genre d'études considère le domaine hébreu dans son
ensemble, biblique et non biblique; malgré cela, on n'est pas parvenu
à un accord sur l'origine et la signification des noms.

En ce qui concerne la conception de la justice dans la littérature juive non biblique, il reste peu d'études en dehors des dictionnaires et lexiques théologiques et autres grands ouvrages. Deux
études particulières traitent de l'héritage de Qumran, en ce qui
concerne la justification (18). Une étude à part est consacrée à
l'héritage en grec, tant de la Palestine que de la diaspora. L'auteur
est M.J. Fiedler (19). Il paraît convenable de résumer ses conclusions.
Fielder voit dans la littérature précitée une origine double au terme δικαιοσύνη : l'une spécifiquement grecque et l'autre provenant de
l'Ancien Testament. La première s'affirme dans le Judaïsme de la

diaspora, le deuxième dans le Judaïsme de la Palestine. Cela s'explique par le fait que le Judaïsme dans la diaspora devait interpréter sa religion en raison des conflits avec ses voisins. Pour cela, il a trouvé un moyen particulièrement adapté dans les notions philosophiques généralement acceptées, surtout éthiques. Quant au Judaïsme en Palestine, il a pu conserver dans une plus grande mesure la plénitude théologique des notions de l'Ancien Testament.

On accordera une attention particulière à la vaste étude comparative de L. Ruppert sur le juste souffrant (20). L'auteur traite à fond et en détail les textes massorétiques et grecs de l'Ancien Testament, les apocryphes juifs et de la littérature de Qumran. A cause de la spécificité du sujet, le résumé des résultats de l'étude, bien qu'importants, ne peut être pris en compte ici. Une étude semblable sur le thème général du juste a été faite par R. Mach dans le domaine du Talmud et du Midrash (21). Cependant, le travail n'est pas de caractère comparatif et c'est pourquoi il entre d'autant moins dans le cadre de notre étude.

Quelle est la situation dans le domaine du Nouveau Testament ?

La bibliographie est très vaste à l'instar de celle de l'Ancien Testament. Cependant, il y a là également peu d'études monographiques plus étendues. Les études qui existent traitent régulièrement le sens de la notion de justice dans le Nouveau Testament de façon comparative, en se référant aux sources anciennes. Pour cette raison, l'étude de P. Stuhlmacher (22), parmi les plus récentes, mérite une attention particulière. L'auteur commence par l'histoire de l'interprétation de l'expression δικαιοσύνη τοῦ θεοῦ. Dans le résumé de ce travail, il constate qu'à la notion grecque de Saint Paul correspondent seulement les catégories juridiques de l'Ancien Testament et du Judaïsme. De cette façon, il justifie le traitement détaillé de ce domaine en trois groupes : l'Ancien Testament, l'apocalyptique, la synagogue. Quand il discute du Nouveau Testament, il doit se référer sans cesse aux bases de l'Ancien Testament et du Judaïsme. Au terme de l'étude de Stuhlmacher, on constate que, dans l'Ancien Testament, la justice

de Dieu exprime la fidélité divine à l'alliance; mais chez Paul, elle
a valeur de fidélité constante, active et créative, de Dieu, c'est-à-
dire de droit (Recht) divin qui libère (23).

Cette façon de voir s'accorde parfaitement avec celle du mentor
de Stuhlmacher, E. Käsemann, qui définit la justice de Dieu comme
"Gottes Heilshandeln", "heilsetzende Macht" (24). A cela s'opposait
fermement R. Bultmann avec la thèse caractéristique, selon laquelle
la notion de la justice de Dieu chez Paul n'est pas seulement la radicalisation et l'universalisation de la conception juive apocalyptique
de la justice de Dieu mais une création tout a fait nouvelle de Paul :
elle désigne le don de Dieu qui est donné dans le présent au croyant;
là se trouve la justification (25).

En langue anglaise, existe une étude comparative semblable à
celle de Stuhlmacher. J.A. Ziesler s'était donné pour but d'examiner
le sens de la justice chez Paul de façon globale (26). Il explore de
façon plus étendue encore que Stuhlmacher les sources en dehors du
Nouveau Testament : hébraïques,araméennes et grecques. Tandis qu'en
général, Stuhlmacher tient compte seulement de la tradition allemande
protestante, Ziesler procède d'une manière très "catholique". Sa
méthodologie est également plus rigoureuse.

c) Comparaison avec les traductions grecque et araméenne

A. Descamps (27) a écrit la première étude comparative sur la
notion "justice" dans la Bible hébraïque et grecque (Septante). Il
s'est limité à l'aspect de la justice de Dieu, mais il prenait en
considération la Bible entière. L'auteur constate que les Septante
emploient toujours pour l'adjectif saddîq en relation avec Dieu le
mot δίκαιος, mais pour le substantif sedeq ou bien s^{e}daqah on utilise le mot δικαιοσύνη. Il constate aussi que la racine hébraïque
sdq ne désigne pas seulement l'aspect de justice, mais aussi celui de
fidélité. Les mots grecs ont ensuite effacé cette signification hébraïque, car par leur nature, ils ne peuvent qu'exprimer la justice
dans le sens d'une justice stricte; ils supposent une division rigoureuse entre la récompense et la punition. Dans la justice stricte,

il voit trois caractéristiques capitales, qui s'opposent à la nature
du substrat hébraïque : la dualité de la punition et de la récompense;
le caractère universel du principe de rétribution, le dualisme fondamental.

Dans la façon grecque de représenter le sens hébraïque de la
notion "justice", Descamps voit des conséquences fatales pour le Nouveau Testament. L'interprète du Nouveau Testament devrait toujours
se rendre compte que les auteurs du Nouveau Testament, qui ont d'ailleurs très probablement connu aussi la Bible hébraïque, écrivaient en
grec. Mais les mots δίκαιος et δικαιοσύνη sont parfaitement inca-
pables de faire apparaître la nuance du substrat hébraïque. Descamps
nie que les Septante représenteraient la pensée hébraïque en langue
grecque : "un monde sépare l'esprit grec de l'esprit sémitique" (28).

L'extrémisme de Descamps ne peut être convaincant parce qu'il
s'oppose aux principes de la sémantique contemporaine. C'est pourquoi,
on comprend que par exemple J.W. Olley, qui a fait une recherche comparative semblable sur le Livre d'Isaïe, soit parvenu à des conclusions
un peu différentes (29). La raison réside dans le fait que son étude
part du principe de contexte. Pour justifier au mieux la comparaison
entre les textes hébraïques et la traduction grecque Olley explore le
sens des mots δίκαιος et δικαιοσύνη également dans le grec profane,
non juif. La comparaison entre les textes hébraïques et la Septante
lui montre que le traducteur du Livre d'Isaïe partait du sens profane
grec habituel. Cependant, du point de vue sémantique, le sens est faible-
ment élargi dans le cadre du monde théologique juif. Les mots grecs
sont maintenant utilisés dans des contextes, qui sont reconnaissables,
mais peut-être insolites dans le grec profane. La conclusion fondamentale d'Olley est qu'il n'existe pas de "grec hébraïque" mais les mots
grecs créent de nouvelles associations à cause du contexte hébraïque.
C'est pourquoi, il est indispensable de juger les mots grecs des Septante en fonction du contexte de ces derniers.

En ce qui concerne le Nouveau Testament, il faut se demander dans
quelle mesure les lecteurs de la version des Septante, qui a été pour

les premiers chrétiens la Bible fondamentale de l'Ancien Testament,
comprenaient les termes grecs en accord avec le contexte des Septante.
En outre, il est clair que d'autres facteurs ont exercé une influence
sur les écrivains du Nouveau Testament : ce sont la littérature intertestamentaire et leur connaissance des langues tant grecque qu'araméenne.

Ce dernier facteur, la langue araméenne, a attiré récemment de
plus en plus l'attention. Avant Jésus-Christ, outre la traduction
grecque, existait déjà la traduction araméenne, les Targums. Quelle
est ici la position de la notion de justice ?

Les premières informations nous sont fournies par l'étude de
K. Koch sur les termes araméens dans la traduction du Livre d'Isaïe
(30). La situation est tout à fait contraire à celle des Septante.
Dans les Septante, la tendance à la généralisation est très évidente.
Le substantif δικαιοσύνη ne recouvre pas seulement les variantes
hébraïques sedeq et s^{e}dāqāh, qui attestent des nuances de signification, mais en partie aussi 'emet - "vérité". Mais la traduction araméenne différencie très clairement la racine hébraïque en utilisant
de multiples variantes de trois racines différentes : zkh, sdq, et
qšt. La première racine exprime la volonté divine dans des situations
concrètes, le don de Dieu et la puissance divine. Cette racine donc
correspond essentiellement à la signification de la racine hébraïque
sdq. La deuxième désigne les gens qui sont fidèles dans la foi. La
troisième racine est utilisée pour désigner l'histoire dynamique
du salut. Dans le Targum, comme dans le texte original hébraïque,
il n'y a pas trace de l'aspect de punition (31).

Pour Koch, il est évident que les auteurs des Targums, en tant
que traducteurs, ne peuvent être considérés comme les fondateurs d'une
façon de pensée si différenciée. Lorsque nous étudions une notion
aussi importante que la justice, le fait de s'interroger sur le cadre
historique peut constituer un des nombreux motifs de porter intérêt
à la comparaison entre les termes hébraïques d'origine et leurs traductions différentes. Parmi les traductions, les plus anciennes ont

une valeur particulière. Il y a là un commencement de l'histoire de l'interprétation, qui nous montre toute la palette de la dynamique de recherche sur la signification de la justice.

II. EXPOSE DE LA METHODE

La bibliographie nous montre qu'on peut arriver à une image
intégrale et authentique de la justice dans la Bible hébraïque à deux
conditions seulement : premièrement, si la recherche est détaillée;
deuxièmement, si elle est faite selon une méthode appropriée. Pour
notre étude, il est évident que l'exigence d'une méthode appropriée
l'emporte sur celle d'un travail détaillé. C'est pourquoi il faut
attacher toute notre attention à la question de la méthode.

Aucun travail sur la justice ne nous offre une théorie assez
élaborée sur la méthode. Il faut donc rechercher ailleurs les bases
de définition de la méthode. En principe, on prend en considération
d'abord les différents manuels théoriques sur l'exégèse scientifique
(32). Mais nous n'y trouvons que certaines initiatives concernant des
aspects individuels. K. Koch fournit quelques suggestions dans le
chapitre sur la sémantique; de première importance est la partie sur
les synonymes, sur le champ sémantique Wortfeld) (33). Le livre de
J. Barr est plus une critique des méthodes existantes que la proposition
d'une méthode convenable. Le principe de sa critique est que le mot en
soi-même n'exprime pas le sens, mais est défini par le contexte.
Ainsi l'unité fondamentale sémantique est la phrase. Le livre de B.
Kedar est un essai original pour illustrer les principes généraux de
la sémantique moderne à l'aide de quelques aspects de l'hébreu biblique. Le chapitre sur le champ sémantique (Wortfeld) est d'un intérêt
spécial (34).

Pour une définition claire de la méthode, il faut en chercher
la base théorique hors des études bibliques, dans la linguistique
moderne; dans celle-ci la sémantique   tient une place de premier
plan (35). Le caractère lexical de notre thème suggère la discussion
sur la méthode sous les aspects suivants : la théorie des champs sémantiques; les champs sémantiques dans la théorie et la pratique; la
méthode structurale totale; le principe de la comparaison; les données

au-delà de la structure de la langue et l'étude comparative.

1. La théorie des champs sémantiques

Dans la sémantique moderne, on utilise de plus en plus la conception de "champ sémantique". Dans la langue allemande, nous trouvons le plus souvent le terme Wortfeld ou Begriffsfeld. Mais parfois apparaît aussi le terme sprachliches ou semantisches Feld, bien qu'il ait une signification plus vaste. En anglais on utilise les termes lexical field et semantic field et en français, les termes champs lexical et sémantique.

La théorie du champ sémantique a rendu célèbre J. Trier. L'essentiel de cette théorie est exprimé dès le début de l'introduction de son ouvrage connu, dans lequel il explique sa théorie (36). Il constate qu'aucun mot n'est isolé, mais inclut toujours sa signification contraire et toute une série de mots de sens proche (37). De ce fait, il résulte que nous ne pouvons désigner le sens d'un mot pris isolément mais seulement dans ses rapports avec les termes proches ou synonymes ou bien les termes contraires ou antonymes. C'est pourquoi il faut, dans la recherche pratique de la signification de certains mots, tenir compte de la relation réciproque des mots qui forment le paradigme lexical commun. L'étude de H. Geckeler, qui débat expressément de cette théorie, nous montre quel fut l'écho fait à cette théorie parmi les philologues (38). Avant d'entreprendre, à notre tour, une étude critique, donnons une courte description des synonymes et des antonymes.

a) Les synonymes

On sait que dans toutes les langues, il existe plusieurs mots (signifiant) pour de nombreuses significations (signifié). Ces mots sont appelés synonymes. Les synonymes ont-ils une signification tout à fait identique ou bien sont-ils seulement semblables ou apparentés ? Jusqu'à présent s'est maintenu le principe "vocabula synonyma sunt diversa eiusdem rei nomina" (39). Cependant, on admet aujourd'hui que les synonymes n'ont pas une signification identique mais semblable.

En principe, plus une langue possède de synonymes, plus riche est son
vocabulaire. En comparaison avec les langues contemporaines, l'hébreu
biblique ne peut être particulièrement riche en synonymes, car il a
seulement environ huit mille mots. Ainsi donc la plupart de ces mots
ont une plus grande étendue de signification. La forme fondamentale
du parallélisme a favorisé de fréquentes combinaisons de synonymes.
Ainsi, se sont constituées également des paires fixes de synonymes (40).

b) Les antonymes

Dans toutes les langues, les antonymes sont un phénomène très
naturel et pour cette raison régulier. On pourrait dire que les antonymes sont plus naturels et plus inévitables que les synonymes. Cependant, dans le passé, les philologues n'ont pas considéré les antonymes
pour déterminer le sens des mots. Par exemple, ils ne les citaient pas
dans les dictionnaires. Seule la sémantique moderne leur consacre
l'attention qu'ils méritent (41).

Le parallélisme a sans doute contribué à la constitution, dans
la Bible hébraïque, de paires antithétiques fixes, dont la plus connue
est la paire saddīq // rāšaᶜ (42).

2. Les champs sémantiques dans la théorie et la pratique

La théorie des champs sémantiques a été accueillie d'une manière
très différente. Plusieurs en ont été franchement enthousiasmés. P.
Guiraud a par exemple défini la théorie comme une grande révolution
dans la linguistique moderne (43). S. Ullmann parle même de révolution
à la Copernic (44). S. Öhman voit dans cette théorie "the most promi-
sing of all" (45). Mais, par ailleurs se faisaient entendre de nombreuses critiques, voire un refus total.

Comment juger ces points de vue opposés ? Sur quels arguments
peuvent s'appuyer les uns et les autres ?

a) Les avantages de la théorie

Certains avantages sont évidents. La théorie est comme une réponse négative à la méthode "atomistique" généralement répandue, à l'exploration des mots isolés de leur contexte linguistique et littéraire. La théorie nouvelle envisage l'ensemble selon une base beaucoup plus vaste. Avec la recherche du sens des mots individuels en relation avec leurs synonymes et antonymes, elle découvre la nature intérieure autonome de la langue. J. Trier lui-même utilise l'expression "innere Sprachform" (46). De cette façon, se manifeste en même temps le monde intérieur des normes et des idéaux. Apparaît un cadre général d'idées et de valeurs, qui se transmet par le vocabulaire à une certaine communauté. Le vocabulaire est le prisme, à travers lequel les générations passées percevaient, interprétaient et classifiaient les différents aspects du savoir et de l'intelligence (47).

Si l'on admet que les relations à l'intérieur des paradigmes des champs sémantiques déterminent une signification la "structuralist orientation" de la théorie est évidente (48). En cela, la théorie apparaît comme une réponse négative à la méthode historique lexicale (diachronique), jusqu'à présent généralement répandue. Se fondant sur les principes de la linguistique structurale, F. de Saussure est parvenu à la conclusion que, entre les méthodes diachronique et synchronique, il y a une opposition totale. Il estime la méthode synchronique de loin préférable. La théorie des champs sémantiques confirme entièrement sa position (49). En effet, il n'est pas possible de définir les rapports entre les synonymes et les antonymes dans la succession historique, mais seulement dans le cadre d'une situation linguistique d'une période donnée. La méthode diachronique ne peut être utilisée que dans un second temps; quand l'analyse des relations simultanées dans les différentes périodes est accomplie, on peut faire une comparaison entre les résultats (50).

Cette théorie offre aussi l'avantage de pouvoir juger les paradigmes et les constellations selon une perspective différente. Les relations entre les mots sont en faveur d'une signification multiple (51).

En raison de la manière de s'exprimer par parallélisme qui
prévaut dans la Bible hébraïque, celle-ci se prête de façon assez
idéale à la recherche des mots selon le principe des champs sémantiques. Presque tous les synonymes et antonymes forment souvent un
syntagme commun dans une structure de parallélisme, et ce dans des
combinaisons différentes. Dans ces cas-là, l'analyse structurale soi-
gnée est assurée d'être efficace et convaincante. La combinaison
fréquente des synonymes et des antonymes dans les mêmes syntagmes ne
fait que confirmer la validité de la théorie des champs sémantiques.

b) Les défauts de la théorie

Ceux qui critiquent la théorie arguent d'une part de l'incompatibilité entre la théorie et la véritable nature de la langue, d'autre
part, de la discordance entre le principe et l'exécution pratique de
la méthode.

En ce qui concerne le premier point, les critiques constatent
que le champ lexical de Trier est seulement un schéma logique, qui ne
peut convenir à la véritable structure de la langue. La théorie limite
trop les possibilités de détermination de la signification des mots.
Elle ne tient pas compte du fait que, dans le domaine spirituel et
culturel, la recherche des mots suppose la connaissance des témoigna-
ges de l'histoire. La constatation, que le contenu d'un concept n'est
pas défini seulement par la relation entre les notions, mais surtout
par le contexte linguistique et la situation, mérite une attention
particulière (52).

Quant à la mise en pratique de la méthode, les critiques constatent que la théorie des champs sémantiques convient particulièrement
à la recherche du vocabulaire abstrait, comme par exemple "intelligence", "sagesse", "beauté", etc . Mais on se demande si elle est
également efficace dans les autres domaines (53). Il est vrai que
tous les essais jusqu'à présent concernaient des notions abstraites.
En outre, les chercheurs se sont limités à un auteur précis et à une
période donnée d'une époque plus ancienne, qui n'abonde pas en textes.
Par contre, il n'existe pas d'essai sur une langue vivante (54).

En fait, il s'avère que l'exécution stricte de la méthode est
en pratique impossible. La démarche serait sans fin et on risquerait
de ne pouvoir déterminer des résultats précis (55). Les unités lexi-
cales échappent en partie au contrôle de l'individu (56).

Quant au texte de la Bible hébraïque, J. Trier lui-même pose
les limites quand il affirme qu'on ne peut utiliser avec succès la
méthode que dans un travail unitaire et fermé sur soi (57). Ce qui
caractérise la Bible hébraïque, c'est que peu de livres sont une unité
fermée sur soi; la plupart sont composés de diverses sources, de différentes époques.

c) Conclusion : utiliser les avantages selon le principe de complémentarité

La critique nous montre que la théorie dans son essence n'est
pas contestable. Le plus souvent, la critique se prononce contre la
validité absolue de la théorie. Cela concerne surtout les analyses
pratiques. L'efficacité de la méthode peut être plus étendue ou plus
restreinte selon la nature du texte.

Pour la recherche de la notion de justice, dans la Bible hébraïque, la théorie des champs sémantiques se montre très valable. Cela
tient surtout à la nature abstraite de la notion de justice, à l'an-
cienneté et à l'étendue limitée des textes, au parallélisme. Du fait
de l'étendue limitée des textes, on ne s'expose pas à une démarche
interminable. En tenant compte du parallélisme on se met à l'abri
d'une analyse abstraite, loin du contexte.

Dans l'analyse concrète, apparaîtront cependant certaines difficultés : les synonymes et les antonymes qui ne figurent pas dans les
syntagmes communs; l'absence d'unité de temps et de langue dans les
livres; la fréquence variable de l'occurrence de la notion dans les
textes. Dans ces cas-là, il sera d'autant plus nécessaire d'agir selon
le principe de complémentarité. Enfin, aucune méthode n'est suffisante en soi-même. C'est pourquoi, le but des sous-chapitres suivants
est de rechercher de nouveaux aspects de la complémentarité. Seule

une interprétation universelle et globale peut nous fournir des résultats dignes de confiance.

3. La méthode structurale totale

Les principes de la linguistique structurale mettent en évidence
le plus clairement qu'il soit les limites de la théorie des champs
sémantiques. Il est sûr que la théorie ne se contente pas de la signification habituelle des mots en eux-mêmes; pour cette raison, elle
cherche un complément dans la recherche des rapports entre les synonymes et les antonymes. Cependant, on peut se demander si les rapports
en eux-mêmes épuisent tous les aspects de la signification. La quête
des rapports peut détourner le chercheur de la structure des textes
eux-mêmes, dans lesquels apparaissent les mots.

Pour déterminer la signification d'un mot, est décisive justement la totalité structurale de chaque texte, c'est-à-dire la corrélation de tous les éléments grammaticaux et stylistiques : les métaphores,
les figures rhétoriques, les formes syntaxiques, le rythme, les genres
littéraires. Il faut se demander, chaque fois, quelle est la fonction
du mot ou de la notion dans le cadre d'un certain contexte. Le
contexte est en fait le critère décisif dans la détermination de la
signification (58).

a) Rôle décisif du contexte

Le principe du rôle décisif du contexte a des conséquences d'une
portée étendue. Ses côtés positifs résident en la possibilité de dépasser les limites des méthodes statistiques scientifiques les plus
variées et de les compléter. Quand le sens du mot en lui-même est
discutable, le contexte nous aide à en déterminer la signification
plus ou moins fiable. Face à l'analyse lexicale détaillée selon les
principes des champs sémantiques, qui risque de nous conduire à l'infini et de troubler la clarté des résultats, la possibilité d'éluci-
dation grâce au contexte nous aide à trouver les limites convenables.
En effet, il apparaît que les détails statistiques ne sont pas

indispensables. A travers le contexte, il est possible de définir
les catégories fondamentales de la signification, qui recouvrent toute une série d'exemples. Le contexte montre aussi quels sont les
exemples plus ou moins caractéristiques. Prendre en compte les exemples les plus caractéristiques rend possible l'élaboration d'une grammaire et de paradigmes lexicaux (59).

On connaît la critique selon laquelle les lexicographes n'ont
pas suffisamment tenu compte dans le passé du principe du contexte.
On saluera d'autant plus les lexicographes, qui ont, dans le cadre
de l'Institut des Langues Orientales de Chicago, rédigé selon le principe du contexte le gigantesque dictionnaire akkadien en 21 volumes
(60).

Bien sûr, le principe du contexte ne conduit pas nécessairement
à la conclusion que les mots en eux-mêmes n'ont pas de signification.
L'indépendance sémantique des mots et des autres éléments de la langue n'est pas sans raison la conviction des auteurs classiques depuis
Aristote. Les objets matériels tangibles confirment aussi l'indépendance de la signification des mots. Mais comment expliquer que de
nombreux mots de nature abstraite ont une si grande étendue de signification ? Ce fait est d'autant plus évident qu'une langue est plus
ancienne et plus pauvre en synonymes et antonymes. Parmi ces exemples,
on trouve justement la racine hébraïque sdq. Dans ces cas-là, le
contexte ne se révèle-t-il pas comme le meilleur recours pour une détermination définitive de la signification dans les exemples particuliers ?

b) Importance des données stylistiques

Quand R. Wellek - A. Warren analysent le style, ils s'intéres-
sent à l'ensemble du système linguistique et utilisent l'expression
"total meaning" (61). C'est pourquoi J. Barr conclut justement que
la relation entre la signification des phrases et des unités plus
grandes ainsi que leur façon de s'exprimer sont une affaire de
style (62). Chaque élément stylistique a une signification bien précise, par exemple les figures rhétoriques. Si dans le passé on

s'intéressait aux formes rhétoriques, stylistiques et littéraires en elles-mêmes, nous devons aujourd'hui nous pencher surtout sur leur structure et leur fonction dans un contexte précis.

En partant de la linguistique structurale, Arcaini fait une heureuse liaison entre la notion de style et celle du choix : "Parler de style signifie postuler des possibilités de choix entre plusieurs réalisations possibles"(63). Il définit donc le style de cette manière : "un libre choix de décision sur les axes paradigmatique (sélection) et syntagmatique (combinaison) entre les potentialités structurales du système, en relation avec un contexte et dans l'intention de produire des effets déterminés" (64).

Il est fondamental de considérer aussi les aspects stylistiques comme une partie intégrante de la structure linguistique, du contexte linguistique, qui vaut comme critère dernier dans la définition du sens des mots. "La langue est un tout dans lequel toutes les parties sont solidaires entre elles; on peut même dire que la langue est une structure d'éléments en intime corrélation" (65).

4. Le principe de comparaison

Une fois épuisées toutes les possibilités de définir la signification d'un contexte donné, apparaissent différentes possibilités de recherche complémentaire sur la base de la comparaison. Au premier plan sont les passages apparentés parallèles; ceux-ci également doivent être jugés dans leur contexte. Une deuxième possibilité nous est offerte par les différentes traductions, parmi lesquelles les plus anciennes ont une valeur particulière. La troisième possibilité réside dans la comparaison avec les textes non bibliques en langue hébraïque et dans les autres langues et cultures voisines.

a) La comparaison entre les passages parallèles

La comparaison entre les passages parallèles ne fait que confirmer le rôle décisif du contexte. Ainsi se montrent les facteurs les plus divers qui exercent une influence sur la signification. C'est

justement à cause de l'identité, de la ressemblance et de la diversité
des facteurs qu'un même terme revêt une signification identique, semblable ou différente. Dans ces cas-là, la détermination des sujets et
des formes littéraires acquiert une importance particulière. Il est
par exemple essentiel de se demander si la notion de "justice" apparaît dans l'oracle judiciaire ou bien dans celui de la délivrance.
Il est encore plus important de chercher à savoir qui est le sujet
actif de la "justice" : Dieu ou l'homme. Si la recherche comparative
tient compte vraiment de tous les facteurs du contexte, surtout des
sujets actifs, elle conduit par elle-même à la définition des différentes catégories de textes. Le fondement naturel de la différence des
catégories est le plus naturel fondement qui soit de l'articulation
d'une recherche d'ensemble en plus petites unités.

L'avantage d'une division appropriée n'est pas seulement une
définition plus claire de la signification des mots, mais aussi une
netteté, sans laquelle on ne peut pas parvenir à une estimation synthétique convaincante de l'étendue du sens des mots. Seule une comparaison, qui soit en même temps une distinction attentive, peut découvrir
la synthèse, dans le monde hébraïque, de l'intelligence et des sens.
La règle : qui bene distinguit, bene docet, est donc pleinement valable.

b) La comparaison entre l'original et les traductions

L'exigence de définir la signification sur la base du contexte
entier de la langue n'est pas seulement valable pour l'original, mais
aussi pour les traductions. Si l'on veut par exemple constater que le
traducteur des Septante a vu dans le mot δικαιοσύνη la même signification que dans s^{e}dāqāh du texte original, on ne doit pas s'interroger seulement sur le sens habituel du mot en grec, mais plus encore
sur la place du mot dans un contexte donné (66). La comparaison entre
l'original et la traduction peut conduire à des résultats différents.
Le contexte montrera peut-être que, dans un texte donné, le mot grec,
bien qu'ayant la même signification que le mot hébraïque, s'éloigne
de sa signification grecque habituelle. En d'autres cas, ce peut être
le contraire. Cette double possibilité plaide en faveur d'une prise

en compte des traductions dans la recherche du texte hébraïque, en
dehors de tout intérêt pour l'histoire de l'interprétation de la
notion hébraïque.

Comment faire la comparaison la plus adéquate ? Avec chaque
texte pris séparément, ou bien de façon sommaire, en fin d'analyse
des textes hébraïques ?

Le principe du contexte linguistique nous fournit une réponse
univoque. Seule la première méthode peut conduire à des résultats
véritables : pour chaque occurrence, il faut comparer séparément l'original et la traduction. Seule l'analyse complète de tous les textes
va permettre des conclusions sommaires <u>cum fundamento in re</u>.

    c) <u>La comparaison entre les textes hébraïques non bibliques
      et les textes voisins</u>

Il est bien entendu maintenant que, même ici, le contexte joue
un rôle décisif. L'abondance des textes non bibliques de la littérature hébraïque donne de belles possibilités d'élargissement du domaine
de recherche, pouvant contribuer à de nouveaux éclaircissements. Une
autre possibilité vient des textes des cultures voisines non hébraïques, notamment sémitiques. Cependant de telles comparaisons sont
souvent problématiques, parce que d'habitude les auteurs comparent
entre eux des textes de différentes cultures et religions, sans même
tenir compte ou en tenant compte insuffisamment du contexte encore
plus large que constituent les structures linguistiques : la conception
spécifique du monde et de la théologie, qui est en arrière-plan des
textes. Nous reparlerons de ce problème.

    5. <u>Les données au-delà de la structure de la langue et l'étude
      comparative</u>

A. Meillet a écrit la phrase suivante : "Tout vocabulaire exprime
une civilisation. Si l'on a, dans une large mesure, une idée précise
du vocabulaire, c'est qu'on est informé sur l'histoire de la civilisation" (67). Cette assertion résume la persuasion de la plupart des

linguistes selon laquelle entre la langue et la conception du monde,
la culture et la religion il n'y a pas de stricte réciprocité. Ce
n'est qu'avec une grande réserve qu'on peut accepter l'affirmation :
"There is a petrified philosophy in language" (68).

Le fait que les mots ne reflètent pas seulement la signification
fondamentale propre et la signification désignée par le contexte linguistique, mais aussi la signification qui est au-delà des catégories
linguistiques, exige un dépassement permanent hors de l'analyse linguistique dans le cadre entier de la pensée hébraïque. On recommande
aussi une comparaison avec les langues et les idées des cultures et
religions voisines.

a) La complémentarité du point de vue de la croyance fondamentale hébraïque

L'analyse qui a pour but une connaissance détaillée et synthétique de la signification des mots, exige une telle complémentarité.
S'il veut évaluer correctement les termes donnés, le commentateur doit
connaître toutes les caractéristiques fondamentales de la croyance
hébraïque. Une comparaison critique entre l'original et les traductions dans des langues complètement différentes en est un exemple
éloquent. Pourquoi, par exemple, dans les Septante, le mot δικαιοσύνη
a parfois une signification hébraïque plutôt que la signification
grecque habituelle ? Pourquoi les traducteurs se sont-ils permis de
faire certains élargissements sémantiques, pour se conformer le plus
possible à la signification originelle ?

Seules les données qui dépassent la structure même de la langue
nous fournissent une réponse satisfaisante. Les traducteurs ne lisaient-
ils pas l'original en fonction de la croyance fondamentale juive, qui
en plusieurs points n'ont pas d'équivalents dans la pensée grecque ?
Une telle démarche est idéale pour une traduction correspondante,
donc pour une interprétation convenable. Le contexte doit s'élargir
jusqu'aux dernières limites possibles; il doit englober le monde des
sens et des idées d'une civilisation ou d'une religion donnée.

b) <u>Les ressemblances et les différences entre les textes</u>
   <u>hébraïques et les autres textes orientaux anciens</u>

On ne peut pas comparer entre eux de la même façon des textes
hébraïques et des textes non hébraïques. On ne peut pas, par exemple,
comparer directement un texte ougaritique avec un texte biblique. On
peut encore moins comparer directement entre eux les mots mêmes, bien
que tant de fois ils soient issus de la même racine. Il faut d'abord
parvenir à des conclusions synthétiques concernant la signification
des mots dans la littérature ougaritique. Il faut épuiser toutes les
possibilités linguistiques par le principe de la complémentarité. Ce
n'est qu'après qu'on pourra comparer le sens des mots en ougaritique
et en hébreu.

Une telle comparaison peut montrer parfois plus de différences
que de ressemblances, bien que la racine soit la même. La signification sera plus ou moins la même seulement là où il s'agit de données
naturelles, donc universelles. Un exemple particulièrement démonstratif
en est l'exigence d'une justice sociale et l'idéal d'un roi juste.
En sera-t-il de même en ce qui concerne la croyance fondamentale ?
Plus la conception du Dieu d'Israël et du panthéon ougaritique est
différente, plus diversifiée sera la signification des attributs des
deux côtés, malgré l'identité des mots et des autres éléments linguistiques.

Si les mots sont différents cela ne modifie rien. Le mot akkadien <u>kittu</u> équivaut par exemple à la notion de la racine commune
<u>sdq</u> ougaritique, phénicienne, araméenne et hébraïque. Cependant,
la signification de cette racine dans les langues nord-ouest-sémitiques
ne sera la même qu'à condition que la conception fondamentale de la
justice soit la même.

Ce fait nous dicte une démarche globale et critique dans la
recherche comparative des différentes cultures et religions. Il faut
en permanence faire attention tantôt aux différences tantôt aux ressemblances. Dans le cadre de l'Orient ancien, il est intéressant de
voir les points communs et de s'interroger sur les vraies limites
de l'unicité hébraïque.

III. SDQ DANS LES AUTRES LANGUES SEMITIQUES

La racine sdq figure dans toutes les langues sémitiques sauf en
akkadien (69). Les textes de l'époque la plus ancienne sont malheureusement peu nombreux, si bien que les passages avec la racine sdq sont
relativement rares. Dans les passages que nous connaissons jusqu'à
présent, sdq désigne presque exclusivement la justice humaine. Cette
notion ne se rapporte aux dieux que dans un seul texte araméen (70)
et dans quelques noms composés.Malgré cela, il sera très utile de présenter une revue générale de la place et du sens de cette racine dans
les langues sémitiques et de présenter la bibliographie fondamentale.
Nous aurons ainsi un fondement positif et négatif fiable pour comparer
la place et le sens de cette même racine dans la Bible hébraïque. Il
sera encore plus important de constater dans quelle mesure on peut
définir le sens fondamental de la racine sdq dans la période la plus
ancienne des cultures sémitiques.

Dans un chapitre spécial de son livre H.H. Schmid nous offre la
revue la plus complète et une bibliographie détaillée sur la place de
la racine sdq dans les langues sémitiques (71). Dans la première partie du chapitre, il traite de la racine sdq en général et de ses formes
dans chaque langue sémitique : en arabe, ougaritique, phénicien-punique,
araméen, syriaque, samaritain, mandéen, éthiopien. Dans la deuxième
partie, il cite les noms propres composés avec sdq. Dans la troisième
partie, il aborde les textes dans lesquels apparaît probablement la
divinité Sdq.

Comme nous l'avons déjà dit, F. Rosenthal constate la ressemblance du sens de la racine sdq en arabe, araméen et hébreu (72). On
remarquera ensuite l'étude de J. Swetnam, qui en partant de l'appellation semah saddîq en Jr 23,5 étudie les textes des inscriptions
nord-ouest-sémitiques dans lesquels la racine sdq semble avoir le sens
de "légitime" (73). Quelques dictionnaires également traitent sdq de
manière comparative (74).

De l'ensemble des textes disponibles il ressort que dans toutes les langues sémitiques on trouve bon nombre de noms composés avec la racine sdq. Il y a aussi plusieurs auteurs qui dans des études spéciales traitent ou bien citent ce genre de noms parmi d'autres (75). Il est évident que quelques-uns de ces noms se rapportent directement à des divinités : Adonisedeq, Malkisedeq, etc. Il y a des raisons pour supposer l'existence de la divinité Sedeq, qui jouait dans la Jérusalem préisraélite (Šalem) un rôle central.

1. Sdq dans la littérature des langues nord-ouest-sémitiques

Pour définir la signification fondamentale et l'étendue du sens de la racine sdq, la littérature la plus ancienne est de première importance. Il convient donc de présenter ici une revue des textes de la sphère culturelle syro-cananéenne, dans lesquels figure la racine sdq.

a) La littérature ougaritique

Dans la littérature ougaritique existent 5 à 6 passages où apparaît la racine sdq (76). En outre apparaissent plus ou moins fréquemment les noms sdqil, sdqm, sdqn et sdqstm (77). A l'exception de la légende de Keret, les textes dans lesquels le mot sdq figure sont très courts et par endroits très fragmentaires. C'est pourquoi, nous ne citons que Krt,10-13 :

krt . htkn . rš
krt . grdš . mknt
att . sdqh . lypq
mtrht . yšrh

Keret, (sa) descendance est anéantie,
Keret, (sa) demeure est une ruine.
Il avait trouvé sa femme légitime,
son épouse selon le droit (78).

b) Les lettres d'El-Amarna

Il est d'une importance particulière que la racine sdq apparaisse
une fois dans les lettres d'El-Amarna. Il s'agit de la
lettre du roi de Jérusalem Abdiḫiba qui accuse devant pharaon "les
hommes de Kaši" (79). Il est évident d'après le contexte que le roi
s'est plaint déjà auparavant, mais en vain. Maintenant, il dit (lignes
32-33) :

a-mur šarru bêli-ia sa-du-uk a-na ia-a-ši
aš-šum amêluti ka-ši-wi

Regarde, ô roi, mon maître, j'ai raison
à propos des hommes de Kaši.

Il semble bien qu'il s'agisse du texte unique non biblique dans
lequel la racine sdq signifie "avoir raison"; dans la Bible hébraïque,
cette signification est caractéristique du Livre de Job.

c) Les inscriptions phéniciennes

Une courte inscription du roi Yeḥimilk de Byblos (milieu du Xe
siècle av. J.-C.) à partir de la ligne 3 exprime le désir que les
dieux prolongent les jours de Yeḥimilk et les années de Byblos, car
il est un roi juste et droit (kmlk sdq wmlk yšr) devant les dieux
saints de Byblos (80).

L'inscription du roi Yeḥawmilk de Byblos (V^e-IVe siècle av. J.-C.)
exprime à partir de la ligne 8 un désir semblable, que la "dame de
Byblos" (bᶜlt gbl) bénisse Yeḥawmilk et lui concède un long règne,
car il est un roi juste (k mlk sdq h') (81).

Dans une inscription exceptionnellement courte (Ve siècle av.
J.-C.) le roi de Sidon Yatonmilk est appelé bn sdq - "fils de justice"
(82). Dans KAI, le commentaire suppose que bn sdq signifie "legitimer
Sohn, Erbsohn". Le commentateur fait allusion à l'expression smh sdq
de l'inscription de Larnax-Lapithou 2 (83), à semah saddîq en Jr 23,5
et à semah sᵉdaqah en Jr 33,15.

Les inscriptions de Karatepe (environ 720 av. J.-C.) emploient la racine sdq dans un passage (84). Le roi ꜢZTWD parle à la première personne de ses exploits et de ses succès. En I 11-13, il dit : "Je me suis assis sur le trône de mon père et j'ai fait la paix avec chaque roi. Chaque roi m'a même choisi comme père en raison de ma justice (bsdqy) et en raison de ma sagesse et en raison de la bonté de mon coeur".

Le dernier texte avec notre notion est l'inscription de Larnax-Lapithou 2 (environ 275 av. J.-C.) (85). L'inscription est gravée sur une pierre votive du roi Yatonba^c al dans le temple du dieu Melqart. A la ligne 11, le texte nous dit que le roi a consacré la stèle 1smh sdq. Cooke traduit l'expression par "to the legitimate offspring", RES par "au rejeton légitime", KAI par "dem legitimen Spross".

d) Les inscriptions araméennes

Il semble que la racine sdq apparaisse 4 fois dans l'inscription de Zendjirli (2e moitié du VIIIe siècle av. J.-C.) (86). Il s'agit du monument érigé par le roi Bar-Rakib pour son père Panamu II de Samꜣal. Après l'introduction dédicatoire, le texte nous dit : "En raison de la justice (bsdq) de son père, les dieux de Yaꜣudi l'ont sauvé de la ruine survenue dans la maison de son père" (lignes 1-2). C'est que sur le monument, les deux premières lettres du mot sdq sont endommagées, mais dans ce contexte on peut difficilement prendre en considération un autre mot. A la ligne 11, on peut lire : "En raison de sa propre sagesse et de sa justice (bhkmth wbsdqh) il a tenu le bord du vêtement de son maître, le roi assyrien". Aux lignes 19-20, il est dit : "Mais moi, Bar-Rakib fils de Panamu, en raison de la justice de mon père et en raison de ma propre justice (bsdq ꜣby wbsdqy) mon maître m'a placé sur le trône de mon père Panamu, fils de BRSR ...".

On trouve un texte très semblable dans une autre inscription du roi Bar-Rakib de Samꜣal (2e moitié du VIIIe siècle av. J.-C.) (87). Aux lignes 4-5, le roi Bar-Rakib dit : "En raison de la justice de mon père et en raison de ma propre justice (bsdq ꜣby wbsdqy), mon maître

Rakib-El et mon maître Tiglath-Phalazar m'ont placé sur le trône de
mon père ...".

La même déclaration apparaît encore une fois sur le fragment d'une
des inscriptions du roi Bar-Rakib de Sam²al (2ᵉ moitié du VIIIᵉ siècle
av. J.-C.) (88). Le texte des lignes 4-5 dit : "... En raison de la
justice [de mon]père [et en raison de ma propre justice, m'a placé
NN] [sur le trô]ne[de mon] p[ère]".

Sur la stèle de basalte de Neirab (VIIIᵉ siècle av. J.-C.), on
peut lire aux lignes 2-3 la déclaration de ²BRD, prêtre de SHR : "En
raison de ma justice devant lui (bsdqty qdmwh) il m'a donné une bonne
réputation et a prolongé mes jours" (89). L'inscription de la stèle
de Teima (Vᵉ-IVᵉ siècle av. J.-C.) présente un intérêt particulier.
Par endroits, le texte est hélas endommagé. A la ligne 11, on peut
lire que les dieux de Teima ont accordé des dons (sdqw, 3ᵉ personne
du pluriel) au prêtre ṢLMSZB. Quant à la ligne 15, on y parle du don
(sdqt²) que les dieux de Teima ont accordé à la divinité nouvelle ṢLM
de HGM (90). L'intérêt de l'inscription consiste donc dans le fait que
sdq y désigne la "justice des dieux", c'est-à-dire la bienveillance
des dieux, une fois comme verbe et une autre comme substantif : une
fois le don au prêtre, une autre le don à la divinité. Puisque ce texte
est aussi l'unique texte araméen   conservé, dans lequel apparaît la
notion de la "justice des dieux", il est d'une importance particulière
pour déterminer le sens fondamental de la racine sdq en général.

e) L'inscription ammonite de la citadelle d'Amman

Enfin, pour notre étude, l'inscription de la citadelle d'Amman
(IXᵉ siècle av. J.-C.) apparaît très importante bien qu'elle ne soit
pas particulièrement bien conservée. Le nom du dieu Milkom est capital
pour l'interprétation du texte. Il semble que Milkom donne au roi des
prescriptions relatives à la construction d'accès dans un édifice
(91). E. Puech - A. Rofé nous présentent le texte dans la version suivante :

1 [m]lkm . bnh . lk . mb*t . sbbt [

2 [   ] . kkl . msbb ^clk . mt ymtn [

3 [   ]khd . 'khdm wkl . m^crb [

4 [   ]wbkl . sdrt ylm . sdq [

5 [']l . tdlt bdlt . btn kbh [

6 [   ] nh . tst^c . bbn . 'lm [

7 [   ] wslyh . wnksm [

8 [   ] wslm . lk . wsl[m]

9 [l....?

Traduction proposée :

1.   Mi]lkom a bâti pour toi des entrées périphériques [

2.   ]que | tous ceux qui t'accompagnent seront mis à mort [
         ]comme |

3.   ]je les supprimerai sûrement et quiconque entre (?)[

4.   ]mais dans toutes les colonnades habiteront les juste[s

5.   ]tu [ne] passeras pas par la porte de l'intérieur car
       l'effro[i .. kbh[lh..(Puech)
                       par la porte de Beton parce que là

6.   [a passé] sa [pré]sence. kbh/[dlt p]nh. (Rofé)

           ] ... Tu craindras le fils des dieux[

7. (Puech)] et tranquillité et biens[

8.   ] et paix à toi et pai[x 9. à...

2. La signification fondamentale de la racine sdq et son extension

La revue des inscriptions des langues nord-ouest-sémitiques nous
montre que sdq a plusieurs significations : elle exprime la légitimité,
l'intégrité en général ou bien la loyauté, le don. Quel est le fondement commun de ces significations ? Est-il possible de parler de la
signification fondamentale de la racine sdq en se fondant sur le contexte et sur la logique intérieure des lois ontologiques ?

a) Sdq dans le sens de légitimité

Il semble que dans quelques textes le sens le plus probable soit
celui de légitimité : Keret se trouve "une femme légitime", le roi de

Sidon, Yatonmilk, s'appelle le "fils légitime", le roi Yatonba^{c}al consacre la stèle "à la descendance légitime" (92). Ces exemples ont fait
supposer à J. Swetnam qu'on pouvait interpréter dans cette direction
aussi l'expression semah saddîq en Jr 23,5 (93). Swetnam est très
prudent dans ses critiques. En citant la bibliographie, il prend aussi
en considération les auteurs qui expriment une opinion différente.
Cependant, on sent qu'il penche légèrement vers la généralisation
quand il cite les textes de l'épigraphie nord-ouest-sémitique pour
appuyer ses suppositions.

S'en tenir au sens de "légitimité" ne semble pas être justifié.
Il existe encore une autre possibilité d'interpréter nos textes. Si
le roi cananéen parle du "fils légitime" ou bien de la "descendance
légitime", on peut apercevoir à l'arrière-fond un peu plus que l'harmonie avec les normes juridiques. Concernant la femme de Keret, il
n'est pas nécessaire de conclure qu'elle était "légitime". L'auteur
avait peut-être l'intention de dire qu'elle était convenable, loyale,
fidèle.

b) La justice au sens général

La plupart des textes comprennent des déclarations très générâ-
les sur la justice de certaines personnes. Dans l'inscription de
Yehawmilk de Byblos, le désir d'un long règne est justifié par la constatation de la justice du roi; les autres rois attribuent la paternité
au roi 'ZTWD à cause de sa justice; les dieux ont sauvé de la ruine
le roi Panamu II en raison de sa justice; à cause de sa justice il a
pu être en compagnie de son maître, le roi assyrien; son fils Bar-
Rakib a acquis aussi la dignité royale en raison de sa propre justice
et de la justice de son père; le prêtre 'BRD voit la raison de sa
réputation et de sa longue vie dans sa justice; les justes peuvent
vivre dans les cours de la citadelle d'Amman. Les textes ne permettent
pas de concrétiser d'une manière quelconque le sens de la racine sdq.
La généralité des déclarations donne l'impression que dans les inscriptions on pense à la justice dans la signification la plus authentique du mot, en accord avec le sens le plus naturel de l'homme et

avec les suppositions de la croyance, selon laquelle le gouverneur
doit être juste selon la volonté des dieux.

Cooke considère en effet le caractère général des déclarations
sur la justice et il traduit les textes convenablement par le terme
anglais "righteousness". Dans les KAI, au contraire, l'accent est mis
sur la subordination de la notion sdq aux normes juridiques abstraites
et au "loyalisme" politique. Cela transparaît surtout dans la traduction et dans le commentaire de la notion sdq dans l'inscription de
Zendjirli (94) et dans l'inscription de Teima (95). Dans le commentaire
de la ligne 11 de l'inscription de Zendjirli (96), on lit une interprétation surprenante du sens fondamental de cette notion : "Sdq bezeichnet von Hause aus das subjektiv tadelfreie, 'gerechte' Verhalten
des Menschen gegenüber einer ihn objektiv vorgegebenen Rechtsnorm
(hebr. mišpāt). Von dieser Grundbedeutung aus kann sich das Wort nach
verschiedenen Seiten entfalten : im vorliegenden Zusammenhang hat es
politischen Inhalt und bezeichnet die 'Loyalität' des Vasallenfürsten
gegenüber dem assyrischen Grossherrn" (97).

On peut reprocher à une telle interprétation son caractère unilatéral. La revue statistique intégrale des textes de la Bible hébraïque
dans lesquels apparaît la notion sdq, nous montre déjà que cette notion
n'apparaît que partiellement dans un contexte juridique. Quant au
contexte immédiat et plus large, il nous montre que les normes juridiques sont subordonnées aux normes plus hautes, transcendantales, de
la relation entre Dieu et l'homme ou bien entre les hommes. La norme
de la justice au moins dans son essence ultime n'est pas juridique,
mais personnelle et morale. Donc, le sens fondamental de la notion
sdq ne peut être considéré comme l'accord de la conduite subjective
de l'homme avec la norme juridique objective.

Le caractère unilatéral de l'interprétation apparaît aussi dans
la limitation de la notion générale de justice uniquement à l'aspect
politique du "loyalisme". Puisque le commentateur part en principe de
la "signification fondamentale" hébraïque, il pourrait au moins considérer le lien entre l'aspect sacral et profane de la notion de justice.
Le "loyalisme" du roi envers une autorité plus haute, même ailleurs

dans l'Orient ancien, n'a très probablement pas été jugé seulement
en rapport avec l'autorité supérieure humaine, mais surtout avec l'autorité divine. Le vassal pouvait justifier moralement son "loyalisme"
envers son suzerain seulement par la supposition selon laquelle le
suzerain est son maître par la volonté des dieux (98). Enfin, sous
l'aspect moral, sa "loyauté" n'est pas seulement la loyauté envers le
contrat juridique, mais surtout envers l'autorité divine; peut-être
peut-on dire envers la norme "ontologique" de la justice.

c) Sdq en tant que don des dieux

L'inscription de Teima (99) nous offre un fondement particulièrement bon pour la critique de l'interprétation exclusivement juridique
de la notion sdq. Dans les KAI, le commentateur dit de la ligne 11 :
"Der Begriff der Gerechtigkeit als des subjektiv tadelfreien Verhaltens
gegenüber einer objektiven Norm ist hier auf die Götter bezogen, die
die Einrichtung des neuen Kultes sanktionieren und sich einer Ordnung
gegenüber 'loyal' erwiesen, die zwar nicht ohne ihr Zutun, aber ohne
ihren unmittelbaren Eingriff entstanden ist" (100).

Sur quoi s'appuie le commentateur en exprimant cette assertion ?
N'est-elle pas une déclaration a priori ? La logique de l'apriorisme
juridique subordonne même les dieux à la "norme objective" et à "l'ordre". Leur don est un "don de loyauté", car il est le signe d'accomplissement des obligations en rapport avec un "ordre" donné. Pourquoi
les dieux ne pourraient-ils pas accorder leurs dons selon les motiva-
tions intérieures de leur bienveillance ?

d) Le sens fondamental : le rapport juste et bienveillant entre
les personnes

L'interprétation exclusivement juridique de la notion sdq montre
clairement son caractère douteux, quand il faut distinguer entre la
justice de l'homme et la justice de Dieu. La question de principe apparaît vite : qui ou que représente l'autorité la plus haute de l'ordre
juridique objectif, à qui même les dieux sont subordonnés ? Dans le
cadre de la Bible hébraïque, la question suivante sera inévitable :

comment est-il possible d'accorder la foi hébraïque en Dieu créateur
et en sa justice avec l'ordre juridique objectif ?

Enfin, le plus grave dans la supposition juridique de la signification fondamentale de la notion de justice est le fait que la
justice perd son caractère personnel. Mais dans le sens le plus élé-
mentaire la justice ne peut être que la somme des qualités qui apparaissent dans la dynamique du rapport vital entre les personnes : soit
dans la relation des dieux (Dieu) avec les hommes et vice versa, soit
dans le rapport des hommes entre eux. Il est naturel de supposer que
la justice a par essence un caractère personnel. Cela apparaît déjà
si évident à l'homme le plus simple, qu'il n'est pas nécessaire de
le souligner dans les inscriptions.

Après tout, il semble que la définition la plus sûre soit la
définition très générale de la signification fondamentale de la notion
sdq sur le plan personnel : sdq désigne le rapport juste et bienveillant entre les personnes. Les circonstances peuvent d'une façon ou
d'une autre déterminer plus concrètement le sens de la notion sdq.
Mais le sens fondamental reste toujours le même, tant en ce qui
concerne la justice de Dieu qu'en ce qui concerne la justice humaine,
car il n'est pas défini par le formalisme externe mais par les impulsions profondes de l'existence de la personne divine (divines) et
des personnes humaines.

3. Les noms théophores

Sdq sert à composer des noms dans toutes les langues sémitiques
(101). Quelques noms sont à l'évidence théophores. Un tel exemple nous
est donné par le phénicien Sdqytn (102) et Sdq'l dans les traditions
ougaritique et phénicienne. Cela est probablement vrai puisque Philon
de Byblos parle des divinités phéniciennes Miṣor et Sedeq. L'élément
sdq dans certains noms du Šalem cananéen (Jérusalem) fait supposer
que dans la Jérusalem préisraélite on a vénéré la divinité Sedeq. Dans
le cadre de notre étude, la question de l'existence de cette divinité
exige une discussion plus approfondie.

a) Les divinités phéniciennes Misor et Sedeq

Philon de Byblos (qui a vécu entre les années 50 et 150 après
J.-C.) a écrit l'Histoire phénicienne dans laquelle il présente la
cosmogonie, l'anthropogonie et la théogonie phénicienne. Il dit souvent qu'il traduit Sanchuniathon, auteur plus ancien, du phénicien en
grec. Cette oeuvre de Philon n'est conservée que par les citations
d'Eusèbe dans la Praeparatio evangelica (103).

Dans la théogonie phénicienne apparaissent, parmi les autres divinités, Μισώρ et Συδέκ (variantes Συδύκ et Σεδέκ) (104). Dans la
Praeparatio evangelica, I, 10,13-14 on peut lire :

... D'eux naquirent Amynos et Magos qui firent connaître villa-
ges et troupeaux. C'est d'eux que naquirent Misor (Μισώρ) et Sydek (Συδέκ), ce qui signifie agile et juste. Ils inventèrent
l'usage du sel. De Misor naquit Taautos qui découvrit l'écriture
de l'alphabet; les Egyptiens l'appellent Thôüth, les Alexandrins
Thôth, les Grecs Hermès. De Sydek, les Dioscures ou Cabires ou
Corybantes ou Samothraciens; les premiers, dit-il, ils ont trouvé
le navire. D'eux naquirent d'autres qui découvrirent des simples,
les remèdes contre les morsures d'animaux et les incantations.

Le texte I, 10,25 dit :

Dagon, puisqu'il avait découvert le blé et la charrue, reçut le
nom de Zeus Arotrios. Sydek, qu'on appelle le Juste (Συδέκ δέ,
τῷ λεγομένῳ δικαίῳ), s'étant uni à une des Titanides, devient
père d'Asclèpios.

Le texte I, 10,38 dit :

... Ces événements, dit-il - les sept fils de Sydek, les Cabires,
furent les premiers à les noter, avec leur huitième frère, Asclèpios, selon les instructions mêmes du dieu Taautos.

Outre cette information, il existe une autre partie sur la théogonie phénicienne chez Damascius, Vita Isidori. Ici, apparaît le nom
Σαδύκος (105). Le texte dit :

Il dit que l'Asclépios qui est à Bérytus n'est ni Grec, ni Egyp-
tien, mais un dieu du pays, un Phénicien. En effet Saducus avait
eu des fils en qui ils voient les Dioscures et les Cabires. Le
huitième de ces fils était Esmounos en qui ils voient Asclèpios.
Celui-ci qui était d'une extrême beauté, et arrivé à la jeunesse
excitait l'admiration de tous ceux qui le voyaient, fut aimé,
dit la légende, d'Astronoé, la déesse phénicienne, la mère des
dieux. Il avait l'habitude de chasser dans ces forêts; un jour
il vit la déesse qui le chassait lui-même; il se mit à fuir, elle
le poursuivit, et était sur le point de le saisir, quand, d'un
coup de serpette, il se coupa lui-même le membre qui sert à la
génération. Celle-ci, profondément attristée de ce malheur, ap-
pela à son aide Paeon, et rallumant dans le jeune homme la chaleur
de la vie, en fit un dieu, que les Phéniciens nomment Esmounos
à cause de la chaleur de la vie. D'autres croient qu'Esmounos
signifie huitième, parce qu'il était le huitième enfant de Saducus.

L'histoire de Philon dans la version d'Eusèbe a fait au cours de
ce siècle, l'objet d'une discussion animée. La question fondamentale
a toujours été la même : les informations en question transmettent-elles
l'authentique tradition phénicienne ? Les nouvelles découvertes dans
le domaine des langues nord-ouest-sémitiques et en général l'étude
plus large et plus solide du cadre culturel syro-palestinien expliquent
qu'à une époque plus récente prédomine une position positive et opti-
miste (106). Les interprètes conviennent que Μισώρ et Συδέϰ (Συδύϰ,
Σεδέϰ) sont la transcription grecque des divinités phéniciennes
Miṣor et Sedeq. Il est possible que même dans la littérature ougaritique, la paire sdq/mṣr apparaisse une fois pour définir les divinités
(107). En Mésopotamie, les deux divinités de la justice ont été véné-
rées sous les noms de Kittu et Miṣaru (108).

b) La divinité Sedeq dans la Jérusalem préisraélite

Ces renseignements sur les divinités de la justice confirment
pour plusieurs interprètes certaines indications selon lesquelles les
noms bibliques cananéens Malkisedeq, Adonisedeq et Sadoq sont des noms

théophores en relation avec la divinité de Jérusalem Sedeq. Malkî-
sedeq peut signifier en général "mon roi est justice" ou concrètement
"le (dieu) Sedeq est mon roi". Pareillement, 'adonî-sedeq peut signifier "mon seigneur est justice" ou concrètement "le (dieu) Sedeq est
mon maître". Sadôq peut être la forme apocopée d'un nom théophore
plus long ou la forme adjectivale qatôl. Si le nom est théophore,
cela pourrait signifier que Sadoq est la personne consacrée au dieu
Sedeq (109).

Il existe une bibliographie assez abondante relative au sens et
au rôle de ces noms, en particulier Melchisédech et Sadoq (110). Les
interprètes s'accordent sur le fait que Sadoq a été prêtre jébuséen
à Jérusalem et que David l'a confirmé dans son office. Mais les opinions sur la fonction de Melchisédech divergent. L'interprétation
majoritaire est que Melchisédech a été à la fois roi et prêtre dans
la Jérusalem cananéenne. Quant à H.H. Rowley, il relie Gen 14 à Ps 110
en appréciant la fonction de Melchisédech à la lumière de celle de
Sadoq; Melchisédech aurait été seulement prêtre du temps d'Abraham,
comme Sadoq du temps de David, mais les deux textes auraient reflété
la situation du temps de David. Selon son opinion, la déclaration de
Ps 110,4 : "Tu es prêtre à jamais selon l'ordre de Melchisédech" ne
s'adresse pas à David au moment de son intronisation mais au prêtre
Sadoq. Par cette déclaration, à l'occasion de son intronisation, David
désigne Sadoq comme prêtre "selon l'ordre de Melchisédech" (111).

Ni le sens étymologique des noms, ni la fonction des porteurs de
ces noms ne peuvent nous aider à savoir si dans la Jérusalem cananéenne
on a réellement vénéré la divinité Sedeq. C'est pourquoi, il est compréhensible que dans la bibliographie, on lit essentiellement des
déclarations hypothétiques. H.H. Rowley dit par exemple : "There is
some evidence that Zedek was the name of Semitic deity. The evidence
is not, indeed, conclusive, and it is on that account that reserve is
here necessary, but in common with a large number of scholars, I
incline to think there was such a god" (112).

Dans la discussion sur la question de la divinité Sedeq, apparaît
parfois l'opinion selon laquelle la notion sdq est une caractéristique
de la ville de Jérusalem. H.H. Rowley dit : "But whether or not Zedek
is the name of a god, the word has peculiarly close associations with
Jerusalem" (113). Il semble qu'il faille accepter avec réserve des
déclarations de ce genre. La revue statistique des passages dans lesquels la notion sdq apparaît, nous montre que cette notion est à peine
plus fréquente dans la Bible hébraïque que dans la littérature des
autres langues nord-ouest-sémitiques (114). C'est qu'il ne faut pas
oublier le fait que l'étendue des textes dans la Bible hébraïque est
incomparablement plus importante que celle des textes conservés de la
tradition cananéenne.

Toute interprétation doit juger dans leur ensemble les indications historiques et philosophiques qui concernent la notion de justice
en général et la divinité de justice en particulier. Il faut regarder
aussi au-delà des indications historiques et philosophiques. Il faut
considérer les fondements ontologiques et existentiels les plus pro-
fonds de la notion de justice. La justice est une exigence si élémen-
taire et un idéal si élevé pour tout être humain qu'elle apparaît
nécessairement dans chaque civilisation et chaque religion sous une
forme ou une autre. Il est donc aussi peu surprenant de voir apparaître dans le panthéon mésopotamien et phénicien la divinité de justice,
que de constater que dans la religion hébraïque sdq fait partie des
attributs les plus excellents qui qualifient Yahvé en lui-même et en
relation avec son peuple.

4. L'ancien et le nouveau dans la Bible hébraïque

Dans la Bible hébraïque, les racines sdq et yšr apparaissent
assez souvent sous des formes différentes dans le champ sémantique
commun mais aussi dans le parallélisme direct. Cela constitue un atout
précieux pour une critique comparative du vocabulaire commun dans l'ensemble des langues syro-palestiniennes. Certes, la ressemblance voire
même l'identité du vocabulaire peuvent entraîner le chercheur dans

ses comparaisons à ne pas différencier et à ne pas considérer le
contexte plus large des cultures et des religions locales. C'est ainsi
qu'à cette étape de notre étude se pose une question importante : que
peut-on réellement constater si on juge notre vocabulaire dans le
contexte propre tant des textes bibliques que des textes non bibliques et si on les compare entre eux ?

a) La paire sdq/yšr dans la Bible hébraïque

Cette paire apparaît une fois à la forme adjectivale. En Dt
32,4b, on dit de Yahvé qu'il est "juste et droit" (saddîq w^{e}yašar).
Le texte nous rappelle la déclaration sur le roi phénicien Yehimilk :
kmlk sdq wmlk yšr (115).

La forme nominale est très fortement représentée. La racine
sdq apparaît trois fois en liaison avec la forme nominale mîšo(ô)r.
Dans la Bible hébraïque, ce mot signifie la plupart du temps "la
plaine" dans le sens concret, géographique, et un certain nombre de
fois il a le sens abstrait, éthique, de rectitude. En Is 11,4a, on
trouve la déclaration sur le roi messianique :

Il jugera les faibles avec justice (w^{e}šapat b^{e}sedeq dallîm),
il décidera avec équité (w^{e}hôkîah b^{e}mîšôr) pour les humbles du
pays.

En Ps 45,7, on dit du roi que le sceptre de son règne est un
sceptre de droiture (šebet mîšôr) et qu'il aime la justice (sedeq).
Mîšôr et sedeq ne forment pas le parallélisme direct, mais appartien-
nent au même champ sémantique.

En Ps 143,10-11, mîšôr et sedeq forment le même champ sémantique.
Au verset 10, le psalmiste exprime la supplication que Dieu le conduise
"par une terre aplanie" (b^e'eres mîšôr). Au verset 11, il demande qu'à
cause de son nom il le laisse vivre en sa justice (à la deuxième personne : b^{e}sidqāt^{e}kā), ou bien qu'en sa justice, il le sorte de son
angoisse (116).

En combinaison avec la racine sdq, la racine yšr est le plus
souvent représentée sous la forme substantivale mêšarîm (117). En
Is 33,15, Yahvé déclare qu'au jugement ne subsiste que l'homme "qui
se conduit avec justice et parle avec droiture" (hôlêk-s^edāqāh
w^edobēr mêšarîm). En Is 45,19, Yahvé déclare qu'il est celui "qui
proclame la justice, qui annonce la droiture" (dobēr sedeq maggîd
mêšarîm). En Ps 9,9, on déclare que Dieu gouverne le monde avec justice (b^esedeq) et juge les peuples avec droiture (b^emêšarîm). En Ps
58,2, on s'interroge en vain pour savoir si le mot insolite 'lm désigne les dieux ou les potentats humains. Cependant, cette question
n'a pas une importance essentielle pour comprendre le sens de la paire
sedeq /mêšarim. Dans tous les cas, il s'agit de l'exigence générale de
justice :

> Est-il vrai, êtres divins, que vous disiez la justice,
>
> que vous jugiez selon le droit les fils d'Adam ?

En Ps 96,10-13, on nous assure que Dieu gouverne avec justice. Notre
paire ne forme pas un parallélisme direct, cependant on a le même
champ sémantique:

> yadîn ^cammîm b^emêšarîm (10c)
>
> yišpot tēbēl b^esedeq (13bα)
>
> Il jugera les peuples avec droiture
>
> il gouvernera le monde avec justice.

En Ps 98,9b, la même assurance apparaît en parallélisme direct :

> yišpōt tēbēl b^esedeq
>
> w^e'ammîm b^emêšarîm
>
> il gouverne le monde avec justice
>
> et les peuples avec droiture.

Enfin, la paire en question est également représentée dans le
Livre des Proverbes. Dans l'introduction (1,1-7) est exprimé le but
des proverbes. Les proverbes sont, entre autres, donnés pour acquérir
justice et équité et droiture (sedeq ûmišpāt ûmêšarîm). En Pr 2,9,
cette même triade apparaît comme la promesse que seul le sage pourra
les connaître. En Pr 8,6-8, nous avons dans le même champ sémantique
mêšarîm (v. 6) et sedeq (v. 8) qui caractérisent la sagesse (118).

Si nous examinons les textes cités de façon comparative, tenant
compte des rapports entre les traditions hébraïque et non hébraïque,
on perçoit aussi bien les ressemblances que les différences. Comme
dans la Bible hébraïque, le sens abstrait de cette paire est également
ment présent dans la littérature ougaritique et phénicienne (119).
Dans les textes bibliques, le sens abstrait prédomine lorsque les racines sont exprimées en parallélisme. Au contraire, cependant, il
n'est pas possible de trouver dans les textes bibliques une réminis-
cence de la signification personnifiée de ces racines, en référence
aux divinités. De ce point de vue, il persiste entre les traditions
hébraïque et non hébraïque une différence radicale. Dans la tradition
hébraïque, le sens s'est développé réellement dans une autre direction.
Le vieux vocabulaire s'est conservé, mais avec un nouvel horizon de
signification.

Plus on considère la totalité des textes, plus cela paraît évident. Il est aussi très important de constater que sdq // yšr ne sont
pas une paire fixe, surtout pas la paire unique dans laquelle apparaît
la racine sdq. Sdq se présente en combinaison avec une quantité d'autres mots et dans les formes littéraires les plus variées. Toutes ces
constatations exigent beaucoup de prudence devant un jugement comparatif trop univoque.

b) Le caractère littéraire, symbolique et éthique de la
notion sdq

Aujourd'hui, on est généralement persuadé que la Bible hébraïque
est l'élément fondamental de la tradition commune syro-palestinienne,
linguistique et littéraire. Cela ressort surtout de l'identité ou de
la ressemblance du vocabulaire, des structures de la langue, de la
forme poétique fondamentale du parallélisme, des métaphores ou bien
des symboles poétiques, des éléments mythologiques, des anthropomorphismes. Cela va donc de soi que pour tout jugement comparatif des
cultures locales de cette tradition commune, le chercheur prenne en
compte d'abord les caractéristiques communes, dans toutes les direc-
tions. Il est également important qu'il ne juge pas les exigences et

les idéaux universels, qui sont réellement présents dans toutes les
cultures, comme s'il était uniquement en relation causale avec une
tradition donnée.

Les ressemblances peuvent très vite voiler les différences. C'est
pourquoi, le sens critique du chercheur se montre dans sa capacité à
découvrir aussi des différences dans la composition des éléments identiques ou semblables. Dans la recherche du vocabulaire relatif à la
notion de justice, il existe en principe plusieurs possibilités pour
interpréter les ressemblances et les différences. En principe, l'identité ou la ressemblance du vocabulaire parle en faveur de la continuité
d'une tradition. Mais puisque la notion de justice est exceptionnellement large, complexe et essentiellement abstraite, l'identité ou la
ressemblance du vocabulaire ne nous apprend que peu de chose sur la
définition plus précise du sens dans des cas particuliers. Ainsi, il
faut tenir compte du contexte le plus large avec toutes les caractéristiques littéraires et stylistiques.

C'est alors que se montre l'actualité de la question : quelle est
la relation réelle entre les sens possibles, abstrait et concret, de
la notion de justice. La notion, qui est abstraite par essence, acquiert
dans les arts figuratifs et dans la littérature, surtout dans la poésie, une forme visible plus ou moins concrète. Quand la notion acquiert
un caractère de personnification, la question se pose de savoir s'il
s'agit de la personnification dans le sens strict du mot, par exemple
de la divinité de justice, ou s'il s'agit seulement de la représentation fictive, littéraire et symbolique, de la notion de justice.

Ici, on ne peut pas encore juger la situation réelle dans le
cadre des textes bibliques. Mais la bibliographie disponible, qui
est souvent le produit de malentendus méthodologiques, nous charge de
définir expressément les possibilités de principe et les limites d'interprétation. La revue statistique des textes nous montre que dans la
plupart des cas sdq apparaît dans les textes poétiques, souvent dans
une représentation concrétisée. Cela signifie-t-il qu'il faut voir
dans les différentes formes de personnification de la notion de justice

seulement les réminiscences de la tradition cananéenne de la divinité
Sedeq ? N'existe-t-il pas une autre possibilité encore selon laquelle
on peut voir dans les concrétisations, le symbolisme poétique ou l'anthropomorphisme, une représentation concrète, symbolique, du caractère
abstrait, éthique, de la notion de justice ? La considération de principe de cette possibilité permet de penser combien peuvent être douteuses
les interprétations unilatérales, qui ne tiennent compte que de la
continuité de la tradition sans considérer l'universalité de la notion
même et de ses symboles littéraires et poétiques. Une telle unilaté-
ralité est caractéristique surtout chez R.A. Rosenberg qui comprend
presque toutes les représentations concrétisées de la notion de justice dans la Bible hébraïque comme l'écho de la divinité cananéenne
Sedeq, de sorte qu'il voit dans la notion hébraïque sdq "l'hypostase"
ou "l'attribut personnifié" du Dieu Yahvé (120).

Les possibilités de principe d'une interprétation littéraire et
symbolique et les constatations les plus générales de la situation
des textes dans la Bible hébraïque confirment d'ores et déjà la constatation de R.R. Rowley : "... there are several passages in the Old
Testament which associate Jerusalem with sedek, or righteousness. It
is probable that Sedek was a divine name, though it is not necessary
to suppose that in the passages cited there is any reference to this.
For in the thought of the Old Testament the word sedek had become
ethicized, whatever its significance in the ancient proper names may
have been ..."(121).

Cette position montre forcément aussi la direction de la réponse
à la question de savoir pourquoi la présence de sdq est particulièrement forte à tel ou tel endroit, chez tel ou tel auteur. S'il est par
exemple reconnu que sdq est particulièrement caractéristique pour
Jérusalem, cela ne signifie pas forcément qu'il faut voir en cela
l'écho de la tradition cananéenne. Les prophètes bibliques, par exemple le Deutéro-Isaïe, peuvent avoir surtout des raisons théologiques
d'utiliser ce terme. La question du nouveau et de l'ancien en Israël
n'est pas seulement la question de la relation entre l'ancienne et la
nouvelle étape de la langue, mais est aussi et surtout la question du
rapport entre l'ancienne et la nouvelle idéologie ou croyance fondamentale (122).

NOTES

(1)   Cf. Die Gerechtigkeit Gottes bei den vorexilischen Propheten
      (ATA IV/1; Münster i. W. : Aschendorffsche Verlagsbuchhandlung,
      1915).

(2)   Cf. "Justice et justification", DBS, IV (éd. L. Pirot - A. Robert;
      Paris : Letouzey & Ané, 1949) 1417-60.

(3)   Cf. Theologie des Alten Testaments. I : Die Theologie der geschi-
      chtlichen Überlieferungen Israels (München : Chr. Kaiser, 1957)
      375.

(4)   Cf. "A propos de quelques textes difficiles relatifs à la justi-
      ce de Dieu dans l'Ancien Testament", RB 58 (1951) 168-88.

(5)   Cf. Theologie des Alten Testaments, I, 368-80 : "Jahwes und
      Israels Gerechtigkeit".

(6)   Cf. Gerechtigkeit als Weltordnung. Hintergrund und Geschichte
      des alttestamentlichen Gerechtigkeitsbegriffes (BHTh 40; Tübingen :
      J.C.B. Mohr, 1968).

(7)   Cf. pp. 66-69.

(8)   Cf. p. 182.

(9)   Cf. Biblica 50 (1969) 565-68.

(10) Cf. H. Brunner, "Gerechtigkeit als Fundament des Thrones", VT
      8 (1958) 426-28. Page 428, note 1, Brunner met en évidence
      expressément la différence entre la notion égyptienne maat et
      la notion hébraïque sdq : "Auf den bezeichnenden Unterschied
      zwischen dem ägyptischen und dem hebräischen Wort, dass näm-
      lich das ägyptische eine vom Menschen unabhängige, von Gott
      dereinst eingesetzte, jetzt aber auch ihn bindende Ordnung bezei-
      chnet, während der Israelit diese Ordnung auf eine menschliche
      oder auch göttliche Haltung reduziert, kann hier nicht einge-
      gangen werden; hierzu wäre eine Untersuchung auf breiterer Basis
      notwendig".

(11) Cf. Gerechtigkeit als Weltordnung, 183.

(12) Cf. aussi la critique des thèses de Schmid chez J. Halbe,
      "'Altorientalisches Weltordnungsdenken' und alttestamentliche
      Theologie. Zur Kritik eines Ideologems am Beispiel des israeli-
      tischen Rechts", ZThK 76 (1979) 381-418.

(13) Cf. s^{e}dākā, nahestehende und entgegengesetzte Begriffe im Alten
      Testament (Uppsala : Almquist & Wiksells, 1932).

(14) Cf. p. IV. La suite de sa déclaration est aussi bien fondée :
      "Erst wenn man die betreffende Sache auf Grund ihrer eigenen
      Zeugnisse recht verstanden hat, ist ein reiches Vergleichsma-
      terial von Interesse, weil es Licht auf einen grösseren Zusammen-
      hang mit seiner Entwicklung wirft".

(15) Cf. "Sedaka, Charity", HUCA 23/1 (1950/51) 411-30.

(16) Cf. "Συδυκ e Μισωρ", Studi in onore di Edoardo Volterra, VI
      (Publ. Fac. Giur. Univ. Roma; Milano : Giuffrè, 1971) 55-74.

(17) Cf. "De l'idéologie royale", The Gaster Festschrift = JANESCU
      5 (1973) 59-73.

(18) Cf. W. Grundmann, "Der Lehrer der Gerechtigkeit von Qumran und
      die Frage nach der Glaubensgerechtigkeit in der Theologie des
      Apostels Paulus", RdQ 5 (1959/60) 237-59; O. Betz, "Rechtfer-
      tigung in Qumran", Rechtfertigung. Festschrift für Ernst Käse-
      mann zum 70. Geburtstag (éd. J. Friedrich - W. Pöhlmann -
      P. Stuhlmacher; Tübingen/Göttingen : J.C.B. Mohr/Vandenhoeck &
      Ruprecht, 1976) 17-36.

(19) Cf. "Δικαιοσύνη in der diaspora-jüdischen und intertesta-
      mentalischen Literatur", JSJ 1 (1972) 120-43.

(20) Cf. Der leidende Gerechte. Eine motivgeschichtliche Untersu-
      chung zum Alten Testament und zwischentestamentlichen Judentum
      (FzB; Würzburg : Echter Verlag/Kath. Bibelwerk, 1972).

(21) Cf. Der Zaddik in Talmud und Midrash (Leiden : E.J. Brill, 1957).

(22) Cf. Gerechtigkeit Gottes bei Paulus (FRLANT 87; 2e éd.; Göttingen : Vandenhoeck & Ruprecht, 1966).

(23) Cf. p. 240.

(24) Cf. "Gottes Gerechtigkeit bei Paulus", ZThK 58 (1961) 367-78.

(25) Cf. "Δικαιοσύνη θεοῦ", JBL 83 (1964) 13-16.

(26) Cf. The Meaning of Righteousness in Paul. A Linguistic and Theological Enquiry (Cambridge : Cambridge University Press, 1972).

(27) Cf. "La justice de Dieu dans la Bible grecque", StHell 5 (1948)
69-91.

(28) Cf. p. 91.

(29) Cf. 'Righteousness' in the Septuagint of Isaiah : A Contextual
Study (SBLSCSS; Missoula, Montana : Scholars Press, 1979); "The
Translator of the Septuagint of Isaiah and 'Righteousness'",
BIOSCS 13 (1980) 58-74. Voir aussi N.M. Watson, "Some obser-
vations on the Use of δικαιόω in the Septuagint", JBL 79 (1960)
255-66.

(30) Cf. "Die drei Gerechtigkeiten. Die Umformung einer hebräischen
Idee im aramäischen Denken nach dem Jesajatargum", Rechtfertigung. Festschrift für Ernst Käsemann, 245-67.

(31) Cf. p. 255 : "Von einer Strafgerechtigkeit vermag ich im Targum
ebensowenig wie beim hebräischen sädäq/s^{e}daqā zu entdecken ...
Gerechtigkeit gründet also auch hier in 'Gemeinschaftstreue'
zwischen Gott und seinem erwählten Volk".

(32) Cf. J. Barr, The Semantics of Biblical Language (Oxford : Oxford
University Press, 1961); K. Koch, Was ist Formgeschichte ?
Methoden der Bibelexegese (3e éd.; Neukirchen-Vluyn : Neukirchener Verlag, 1974); W. Richter, Exegese als Literaturwissenschaft.
Entwurf einer alttestamentlichen Literaturtheorie und Methodo-
logie (Göttingen : Vandenhoeck & Ruprecht, 1971); B. Kedar,
Biblische Semantik. Eine Einführung (Stuttgart : W. Kohlhammer,
1981); H. Zimmermann - K. Kliesch, Neutestamentliche Methoden-
lehre. Darstellung der historisch-kritischen Methode (7e éd.;

Stuttgart : Kath. Bibelwek, 1982).

(33) Cf. pp. 316-26.

(34) Cf. pp. 181-90.

(35) Cf. bibliographie : "VII. La sémantique et la théorie littéraire".
Voir surtout J. Trier, Der Deutsche Wortschatz im Sinnbezirk
des Verstandes. Die Geschichte eines sprachlichen Feldes (Heidel-
berg : C. Winter, 1931) spéc. Ier chap. : "Über Wort- und
Begriffsfelder" (pp. 1-26); S. Ullmann, The Principles of Seman-
tics (GUP 84; 2e éd.; Glasgow/Oxford: Jackson/B. Blackwell, 1967);
H. Geckeler, Strukturelle Semantik und Wortfeldtheorie (München:
W. Fink, 1971); E. Arcaini, Principi di linguistica applicata
(Bologna : Il Mulino, 1967), traduction française : Principes de
linguistique appliquée (BS; Paris : Payot, 1972); J. Lyons,
Semantics, I-II (Cambridge : Cambridge University Press, 1977);
F.R. Palmer, Semantics (2e éd.; Cambridge : Cambridge University
Press, 1982).

(36) Cf. Der Deutsche Wortschatz .

(37) Cf. Der Deutsche Wortschatz, p. 1 : "Kein ausgesprochenes Wort
steht im Bewusstsein des Sprechers und Hörers so vereinzelt da,
wie man aus seiner lautlichen Vereinsamung schliessen könnte.
Jedes ausgesprochene Wort lässt seinen Gegensinn anklingen.
Und noch mehr als dies. In der Gesamtheit der beim Aussprechen
eines Wortes sich empordrängenden begrifflichen Beziehungen
ist die des Gegensinns nur eine und gar nicht die wichtigste.
Neben und über ihr taucht eine Fülle anderer Worte auf, die
dem ausgesprochenen begrifflich enger oder ferner benachbart
sind". Voir aussi R. Wellek - A. Warren, Theory of Literature
(3e éd.; London : J. Cape, 1966), 175 : "The meaning of poetry
is contextual : a word carries with it not only its dictionary
meaning but an aura of synonyms and homonyms".

(38) Cf. Strukturelle Semantik und Wortfeldtheorie.

(39) Cité d'après H.M. Gauger, Über die Anfänge der französischen
Synonymik und das Problem der Synonymie (Dissertation, Tübingen,

1961) 149; voir aussi H. Geckeler, Strukturelle Semantik, 234.

(40) Cf. M. Dahood - T. Penar, "Ugaritic-Hebrew Parallel Pairs", Ras Shamra Parallels, I (AnOr 49; Roma : Pont. Inst. Bibl., 1972) 73-362; M. Dahood, "Ugaritic-Hebrew Parallel Pairs", Ras Shamra Parallels, II (AnOr 50; Roma : Pont. Inst. Bibl., 1975) 3-39.

(41) Cf. F.R. Palmer, Semantics, 94.

(42) Cf. K. Koch, Was ist Formgeschichte ?, 322-24.

(43) Cf. La sémantique (3e éd.; Paris: Presses universitaires de France, 1962) 73.

(44) Cf. The Principles of Semantics, 160 : "The whole perspective has changed : a 'Copernican revolution' has taken place in semantics".

(45) Cf. "Theories of the 'Linguistic Field'", Word 9 (1953) 134.

(46) Cf. Der Deutsche Wortschatz, 19-21.

(47) Cf. S. Ullmann, The Principles of Semantics, 157.

(48) Cf. S. Ullmann, The Principles of Semantics, 157.

(49) Cf. J. Trier, Der Deutsche Wortschatz, 11.

(50) Cf. J. Trier, Der Deutsche Wortschatz, 12-14.

(51) Cf. E. Arcaini, Principes, 191.

(52) Cf. le compte rendu de H. Geckeler, Strukturelle Semantik, 150-60.

(53) Cf. S. Ullmann, The Principles of Semantics, 169.

(54) Cf. le compte rendu de H. Geckeler, Strukturelle Semantik, 160-70.

(55) Cf. T. Todorov, "Recherches sémantiques", Langages 1 (1966, mars) 16.

(56) Cf. G. Herdan, "Lexicality and its Statistical Reflection", LaS 8 (1965). Traduction italienne "La lessicalità e il suo riflesso statistico", LeS 1 (1966, mai-juin) 137.

(57) Cf. Der Deutsche Wortschatz, 14.

(58) Cf. S. Ullmann, "The Concept of Meaning in Linguistics", ArLg 8 (1956) 12-20. Page 12, il dit: "The definition of meaning is the central problem of all semantic studies".

(59) Cf. J. Barr, The Semantics of Biblical Language, 274; "Common Sense and Biblical Language", Biblica 49 (1968) 379; E. Arcaini, Principes, 194.

(60) Cf. The Assyrian Dictionary of the Oriental Institute of the University of Chicago, I (Chicago/Glückstadt : The Oriental Institute/J.J. Augustin, 1964) XI (rédigé par I.J. Gelb) : "One of the important decisions in the planing of the CAD was based on the realization that, in order to do justice to the meaning of word, all its accurences must be collected, and that they must be collected not simply as words, but as words with as much accompanying text as would be needed to determine the meaning of the word within one particular context or usage". Cf. aussi F. Premk, "Dictionnaire de la langue slovène au 16e siècle", Proceedings of the Second International Round Table Conference on Historical Lexicography (éd. W. Pijnenburg – F. de Tollenaere; Dordrecht : Foris Publications, 1980) 91-116, surtout p. 104.

(61) Cf. Theory of Literature, 180.

(62) Cf. The Semantics of Biblical Language, 272.

(63) Cf. Principes, 203.

(64) Cf. Principes, 212. Concernant les théories sur le style cf. P. Guiraud, Essais de stylistique (Paris : C. Klincksieck, 1969); P. Guiraud – P. Kuentz, La stylistique. Lectures (Paris : C. Klincksieck, 1970).

(65) E. Arcaini, Principes, 209.

(66) Cf. A.E. McGrath, "'The Righteousness of God' from Augustin to Luther", StTh 36 (1982) 64 : "The difficulties attending the translation of the Old Testament into any second language, whether modern English, Hellenistic Greek or Latin, are well

illustrated by the application of semantic field theory. The
semantic field of a word includes not merely words which are
synonymous with it, but also antonyms, homonyms and homophones.
As such, it is much broader than the lexical field which may
be defined very precisely in terms of words which are very
closely associated with one another".

(67) Cf. Linguistique historique et linguistique générale, II
(Paris : E. Champion, 1926) 145.

(68) Cf. F.M. Müller, Lectures on the Science of Language, I-II
(6e éd.; London : Longmans, Green, 1871/72); cité d'après Th.
Boman, Das hebräische Denken im Vergleich mit dem griechischen
(3e éd.; Göttingen : Vandenhoeck & Ruprecht, 1959) 15.

(69) Cf. O. Proksch, Theologie des Alten Testaments (Gütersloh : C.
Bertelsmann, 1950) 568 : "Er (sdq) darf für ursemitisch gelten,
obwohl er im Akkadischen verlorengegangen ist; denn König Ammi-
saduga von Babel (c. 1809-1789) gehört einer amoritischen, also
nicht akkadischen Dynastie an ... Die Grundform (sidq, sad/d/-
iq, saduq) ist intransitiv, bezeichnet also keine Handlung,
sondern eine Eigenschaft". En ce qui concerne la place de sdq
en akkadien, voir F. Rosenthal, "Sedaka, Charity", HUCA 23/1 (1950/
51) 424 : "However, there exists an Akkadian word which was combined with Westsemitic sdk and even with s^{e}dâkâ in the meaning
of 'charity'. This word is sattukku".

(70) Cf. KAI 228 A.

(71) Cf. Gerechtigkeit als Weltordnung, 69-77 : "Einschub V : sdq in
anderen semitischen Sprachen und in Personennamen; der Gott
Şädäq".

(72) Cf. "Sedaka, Charity", HUCA 23/1 (1950/51) 411-30.

(73) Cf. "Some Observations on the Background of צדיק in Jeremias
23,5a", Biblica 46 (1965) 29-40.

(74) Cf. surtout Ch. Jean - J. Hoftijzer, Dictionnaire des inscriptions sémitiques de l'Ouest (Leiden : E.J. Brill, 1965) 243-44 :

ṢDQ I, ṢDQ II, ṢDQ III, ṢDQH"; W. Baumgartner – J. Stamm, Hebräisches und aramäisches Lexikon zum Alten Testament. Liefe-rung III (Leiden : E.J. Brill, 1983) 939-45 : révision de toutes les formes des racines et des noms; R.S. Tomback, A Comparative Semitic Lexicon of the Phoenician and Punic Languages (SBLDS 32; Missoula, Montana : Scholars Press, 1978) 276-77 : "ṢDQ I, ṢDQ II, ṢDQ III". Voir aussi C.H. Gordon, Ugaritic Textbook. Glossary (AnOr 38; Rome : Pontifical Biblical Institute, 1965) 472-73 (n° 2147) : "sdq 'right, uprightness'"; J.A. Fitzmyer – D.J. Harring-ton, A Manual of Palestinian Aramaic Texts (BibOr 34; Rome : Biblical Institute Press, 1978) 335 (Glossary) : sdyq, sdq, sdqh", 353 : "sdyq".

(75) Outre les dictionnaires déjà cités, voir surtout M. Noth, Die israelitischen Personennamen im Rahmen der gemeinsemitischen Namengebung (BWANT 46/III, 10; Stuttgart : W. Kohlhammer, 1928; réimprimé à Hildesheim/New York : G. Olms Verlag, 1980) 161-62 : "Ṣdq"; G. Ryckmans, Les noms propres sud-sémitiques. I : Réper-toire analytique (BMus 2; Louvain : Bureaux du Muséon, 1934) 182, 246, 269; A. Caquot, "Remarques sur la langue et le panthéon des Amorites de Mari", AASy 1 (1951) 215; "ṢDQ"; H.B. Huffmon, Amo-rite Personal Names in the Mari Texts : A Structural and Lexical Study (Baltimore, Maryland : The Johns Hophins Press, 1965) 256-57 : "ṢDQ"; F. Gröndahl, Die Personennamen der Texte in Ugarit (StP 1; Rom : Päpstliches Bibelinstitut, 1967); F.L. Benz, Personal Names in the Phoenician and Punic Inscriptions (StP 8; Rome : Biblical Institute Press, 1972) 398-99 : "ṢDQ"; R.H. Smith, "Abram and Melchizedek (Gen 14,18-20)", ZAW 77 (1965) 146-48; A. Rosenberg, "The God Ṣedeq", HUCA 36 (1965) 161-70; M.C. Astour, "Some New Divine Names from Ugarit", JAOS 86 (1966) 277-84; H.H. Schmid, Gerechtigkeit als Weltordnung, 74-77. Ici, il faut observer que dans les lettres d'El-Amarna le nom Rabsidqi apparaît une fois; cf. J.A. Knudtzon, Die El-Amarna-Tafeln, I-II (VAB; Leipzig : J.C. Hinrichs, 1915 = Aalen : O. Zeller, 1964), texte 170,37; S.A.B. Mercer, The El-Amarna Tablets, II (Toronto : Macmillan, 1939), texte 170,37.

(76) Cf. C.H. Gordon, Ugaritic Textbook, les textes 1007,4; 1046,6; 1055,11.13(?); 1140,8; Krt,12.

(77) Cf. C.H. Gordon, Ugaritic Textbook. Glossary, pp. 472-73 (n° 2147) : "sdq : pers. names :"; R.W. Whitaker, A Concordance of the Ugaritic Literature (Cambridge, Massachusetts : Harvard University Press, 1972) 536.

(78) Pour la traduction, voir A. Caquot - M. Sznycer - A. Herdner, Textes ougaritiques. I : Mythes et Légendes (Paris : Les Editions du Cerf, 1974) 504-505.

(79) Cf. J.A. Knutzon, Die El-Amarna-Tafeln, I, texte 287,32-33; S. A.B. Mercer, The El-Amarna Tablets, II, texte 287,32-33.

(80) Cf. KAI 4,6.

(81) Cf. Cooke 3,9; KAI 10,9.

(82) Cf. KAI 16.

(83) Cf. Cooke 29,11; RES 1211,11; KAI 43,11.

(84) Cf. KAI 26 A I 12.

(85) Cf. Cooke 29,11; RES 1211,11; KAI 43,11.

(86) Cf. Cooke 62,1.19; KAI 215,1.11.19.

(87) Cf. Cooke 63,4-5; KAI 216,4-5.

(88) Cf. KAI 219,4.

(89) Cf. Cooke 65,2-3; KAI 226,2-3.

(90) Cf. Cooke 69,11.15; KAI 228 A 11.15.

(91) Cf. E. Puech - A. Rofé, "L'inscription de la citadelle d'Amman", RB 80 (1973) 531-46; K.P. Jackson, The Ammonite Language of the Iron Age (HSM 27; Chico, California : Scholars Press, 1980) 9-33.

(92) Cf. T.H. Gaster, "Ugaritic Mythology", JNES 7 (1948) 192.

(93) Cf. "Some Observations on the Background of saddîq in Jeremias 23,5a", Biblica 46 (1965) 29-40.

(94) Cf. KAI 215,1.11.19.

(95) Cf. <u>KAI</u> 228 A 11.15.

(96) Cf. p. 227.

(97) Cf. aussi H. Donner, "Ein Orthostatenfragment des Königs Barra-
      kab von Sam'al", <u>MIOF</u> 3 (1955) 96 : "Es empfiehlt sich, zur Ermit-
      tlung des Wortsinnes von <u>sdq</u> vom Alten Testament auszugehen.
      Dort bezeichnet <u>sdq</u> - zunächst ganz allgemein gesprochen - das
      subjektiv tadelfreie 'gerechte' Verhalten des Menschen gegenüber
      einer objektiv gültigen Rechtsnorm (mišpaṭ), die von höherer
      Instanz gegeben worden ist. In den alttestamentlichen Texten
      handelt es sich dabei zumeist um die Rechtsnormen Jahwes, ange-
      sichts deren sich der Mensch <u>saddîq</u> (= tadellos, unschuldig)
      oder <u>raša</u>^c (= tadelnswert, schuldig) verhalten kann. Der Begriff
      <u>sdq</u> hat deshalb im Bereiche des Alten Testaments grundsätzlich
      religiöse Prägung, weil alle Rechtsnormen, seien sie 'religiös-
      kultischer' oder 'profaner' Natur, auf Jahwe als Urheber zurück-
      geführt werden. Im Zusammenhang der Inschriften aus Sendschirli
      dagegen erscheint <u>sdq</u> nicht von vornherein religiös gefärbt,
      sondern hat politischen Inhalt bekommen. Die Grundbedeutung des
      Wortes ist jedoch die gleiche geblieben. Überträgt man sie in
      den Bereich politischer Verhältnisse, dann gewinnt man eine ori-
      entalische Ausdrucksform für den diplomatischen Begriff der
      'Loyalität'. Barrakab will also mit der grundsätzlichen Formu-
      lierung ... eine bestimmte politische Haltung zum Ausdruck bringen :
      er hat den Anordnungen des Grosskönigs und seines Aussenministe-
      riums bisher bedingungslos Folge geleistet und ist gewillt,
      ihnen auch fernerhin nachzukommen. Man darf deshalb die vorlie-
      gende Inschrift, ohne die gebotenen Grenzen historischer Darstel-
      lung zu überschreiten, in ihrem erhaltenen Teile als eine
      regelrechte Loyalitätserklärung des Vasallen Barrakab gegenüber
      dem assyrischen Grossherrn bezeichnen".

(98) H. Donner dans <u>MIOF</u> 3 (1955) 96 (note 123) mentionne, il est
      vrai, une étroite liaison entre le "sacral" et le "profane",
      mais dans l'interprétation de la notion <u>sdq</u>, il ne tient pas
      compte de cela.

(99) Cf. KAI 228 A.

(100) Cf. p. 280. A la ligne 15,nous lisons (p. 280) : "Es handelt sich
um ein Loyalitätsgeschenk als Begleitung und Bekräftigung der
von den Göttern erteilten Konzession zum Eintritt des ṢLM von
HGM in das Pantheon und zur Ausübung des neuen Kultes".

(101) Cf. la bibliographie de la note 75.

(102) Cf. C.C. Torrey, "A New Inscription from the Temple of Ešmun",
JAOS 24 (1903) 222-23 : "The name Sedeq-yaton, 'Ṣedeq gave', is
itself interesting. This is the plainest instance, thus far, of
the use of sdq (the Συδυκ of Philo. Bybl.) as the proper name
of a god".

(103) Cf. les éditions critiques du texte : K. Mras, Eusebius Werke.
Achter Band : Die Praeparatio evangelica, I (GCS; Berlin :
Akademie-Verlag, 1954); F. Jacoby, Die Fragmente der griechi-
schen Historiker (2ᵉ éd.; Leiden : E.J. Brill, 1969), Drittel Teil C
(Nr. 608a-856), Nr. 790. Herennius Philon von Byblos (pp. 802-
25); J. Sirinelli - E. des Places, Eusèbe de Césarée. La Prépa-
ration Evangélique, I (SC 206; Paris : Les Editions du Cerf, 1974).
A.I. Baumgarten, The Phoenician History of Philo of Byblos. A
Commentary (EPRO; Leiden : E.J. Brill, 1981) suit le texte de
l'édition de F. Jacoby.

(104) Cf. Praeparatio evangelica, I, 10,13-14.25.38. Nous prenons la
traduction de l'édition de J. Sirinelli - E. des Places. Eusèbe
de Césarée ... .

(105) Cf. l'édition du texte : C. Zintzen, Damascii Vitae Isidori reli-
quiae (Hildesheim : G. Olms Verlagsbuchhandlung, 1967), Fragm.
348 Epitoma Photiana 302, p. 283. Nous prenons la traduction du
texte de A.-Ed. Chaignet, Proclus le philosophe. Commentaire sur
le Parménide - La vie d'Isidore ou histoire de la philosophie
(Frankfurt a. M. : Minerva, 1903, 1962) 361 (§ 302).

(106) Cf. les études monographiques : C. Clemen, Die phönikische Religion nach Philo von Byblos (MVAG 42/3; Leipzig : J.C. Hinrichs,
1939); J. Ebach, Weltentstehung und Kulturentwicklung bei Philo

von Byblos. Ein Beitrag zur Überlieferung der biblischen Urge-
schichte im Rahmen des altorientalischen und antiken Schöpfungs-
glaubens (BWANT 6/8; Stuttgart/Berlin/Köln/Mainz : W. Kohlhammer,
1979); A.I. Baumgarten, The Phoenician History of Philo of Byblos.
A Commentary. En ce qui concerne les divinités Mis̆or et Sedeq,
outre ces monographies (Clemen pp. 55-58; Ebach pp. 216-23;
Baumgarten pp. 70, 175-77, 205, 227-31) il importe de citer
encore : C.F. Burney, The Book of Judges (2e éd.; London : Riving-
tons, 1920) 41-42 : "Sedek as a Divine Name"; W.W. Graf Baudissin, Kyrios als Gottesname im Judentum und seine Stelle in der
Religionsgeschichte III (éd. O. Eissfeldt; Giessen : A. Töpelmann,
1929) 409-14 : "Der gerechte Gott bei Kanaanäern und Aramäern";
H. Ringgren, Word and Wisdom. Studies in the Hypostatization
of Divine Qualities and Functions in the Ancient Near East (Lund :
Hakan Oklssons Boktryckeri, 1947) 83-88; M. Delcor, "Melchizedek from Genesis to the Qumran Texts and the Epistle to the
Hebrews", JSJ 2 (1971) 113-35, spéc. pp. 113-20; M. Liverani
"Συδυκ e Μισωρ", Studi in onore di Edoardo Volterra, VI, 50-
74; H. Cazelles, "De l'idéologie royale", The Gaster Festschrift
= JANESCU 5 (1973) 59-73.

(107) Cf. M.C. Astour, "Some New Divine Names from Ugarit", JAOS 86
(1966) 282-83 (RS 24-271) : "Sdq Ms̆r (to be divided thus rather
than Sdqm s̆r) : personifications of 'righteousness' and 'justice',
Babylonian Kettu and Mēs̆aru (personified as sons of Šamas̆, the
god of justice), Philo's sixth pair of primeval brothers, Misôr
and Sydyk. The names sdq and ms̆r have been known in Ugaritic
literary texts, the former also in personal names, but this is
the first time that they are found as a divine pair". Voir aussi
H. Cazelles, "De l'idéologie royale", The Gaster Festschrift,
59-60; J. Ebach, Weltordnung ..., 218-19. Le texte est publié
dans J. Nougayrol - E. Laroche - Ch. Virolleaud - C.F.A. Schaeffer,
Ugaritica, V (Paris : Imprimerie Nationale, 1968) 585, avec le
découpage sdqm s̆r. Comme ce texte est le seul exemple possible
pour la paire sdq // ms̆r dans la littérature ougaritique, la
question de la division des mots et de l'interprétation reste

ouverte.

(108) Pour ces deux termes, voir The Assyrian Dictionary, VIII (1971)
       468-72: "kittu A (kettu)" : 1. truth, justice, correct procedures,
       loyalty, fidelity, correctness, normal state, treaty, 2. (with
       ina, ana, kî) truly, in truth, duly, loyally, justly (in adver-
       bial use); X (1977) 116-19 : "mīšaru A (mešaru, mešeru)" : 1.
       redress (as a legislative act to remedy certain economic mal-
       functions, OB only), 2. justice (in general), 3. (name of a
       month in OB Alalakh). Sous d) (p. 117): personifièd and deified.
       Voir aussi : W.W. Graf Baudissin, Kyrios als Gottesname ..., III,
       400-402 : "Kettu, Mešaru und Šamaš als Götter der Gerechtigkeit
       bei den Babyloniern"; H. Ringgren, Word and Wisdom, 53-59; M.
       Liverani, "Συδυκ e Μισωρ", Studi ..., 50-74; H. Cazelles,
       "De l'idéologie royale", The Gaster Festschrift, 59-73; M. Wein-
       feld, Justice and Righteousness in Israel and the Nations.
       Equality and Freedom in Ancient Israel in Light of Social Justice
       in the Ancient Near East (en hébreu; PPFBR; Jerusalem : The Magnes
       Press, The Hebrew University, 1985).

(109) Cf. J.A. Fitzmyer, "'Now This Melchizedek ...' (Heb. 7,1)",
       CBQ 25 (1963) 311-12; R.A. Rosenberg, "The God Ṣedeq", HUCA 36
       (1965) 167-68.

(110) Cf. K. Budde, "Die Herkunft Ṣadok's", ZAW 52 (1934) 42-50; H.H.
       Rowley, "Zadok and Nehushtan", JBL 52 (1939) 113-41; H.H. Rowley,
       "Melchizedek and Zadok (Gen 14 and Ps 110)", Festschrift Alfred
       Bertholet zum 80. Geburtstag (éd. W. Baumgartner - O. Eissfeldt -
       K. Elliger - L. Rost; Tübingen : J.C.B. Mohr, 1950) 451-72; A.
       Caquot,"Remarques sur le Psaume CX", Semitica 6 (1956) 33-52, spéc.
       pp. 51-52; J.J. Petuchowski, "The Controversial Figure of Mel-
       chizedek", HUCA 28 (1957) 127-36; H.E. DelMedico, "Melchisédech",
       ZAW 69 (1957) 160-70; E. Hauer, "Who was Zadok ?", JBL 82 (1963)
       89-94; J.A. Fitzmyer, "'Now This Melchizedek ...' (Heb 7,1)",
       CBQ 25 (1963) 305-21; R.A. Rosenberg, "The God Sedeq", HUCA 36
       (1965) 161-77; R.H. Smith, "Abram and Melchizedek (Gen 14,18-20)",
       ZAW 77 (1965) 129-53; R. Meyer, "Melchisedek von Jerusalem und

Moresedek von Qumran", Volume du congrès. Genève 1965 (VT.S 15;
Leiden : E.J. Brill, 1966) 228-39; M. Delcor, "Melchizedek from
Genesis to the Qumran Texts and the Epistle to the Hebrews",
JSJ 2 (1971) 113-35; F.L. Horton, The Melchizedek Tradition
(MSSNTS; Cambridge : Cambridge University Press, 1976) spéc. pp.
12-53 : "The Background Sources I : The Old Testament".

(111) Cf. "Melchizedek and Zadok (Gen 14 and Ps 110)", Festschrift
Alfred Bertholet. P. 470 on lit "... In the first three verses
the king is addressed by Zadok; in the fourth Zadok is addressed
by the king, who confirms Zadok in the priesthood. On this view
the reference to the order of Melchizedek, whose successor in
the Jebusite priesthood Zadok was, would be fully in place, and
if taken in conjunction with the story of Gen 14 would be of real
significance. As Abram had recognized the priesthood of Melchizedek, so David recognizes the priesthood of Zadok, and takes
a solemn oath in the name of Yahweh that Zadok is irrevocably
confirmed in the priesthood".

(112) Cf. "Zadok and Nehushtan", JBL 58 (1939) 130.

(113) Cf. "Zadok and Nehushtan", JBL 58 (1939) 131. Voir aussi E. Hauer,
"Who was Zadok ?", JBL 82 (1963) 90 : "Even if Zedek was not a
Jebusite deity, the root sdq is so closely associated with Jerusalem before and after the Hebrew conquest of the city that it
is likely that one bearing a name derived from it in the time
of David was a native of the city".

(114) En ce qui concerne cette situation, on peut considérer le scep-
ticisme de R.A. Smith, "Abram and Melchizedek (Gen 14,18-20)",
ZAW 77 (1965) 146-48 : "Some scholars have thought that the name
'Melchizedek' is valid evidence for Jerusalem as the locale of
the episode. They have noted that the element sdq which appears
in the name Melchizedek also appears several times in the Old
Testament in connection with Jerusalem : Adonizedek is a thir-
teenth century king of Jerusalem (Josh 10,1ff); Zadok is a high
priest under David and Salomon in the tenth century B.C.;
Zedekiah is a sixth-century B.C. Davidic king; and Jehozadak is

a sixth-century high priest (Hag 1,1). But this detail is incon-
clusive, for the sdq-element is widespread in West-Semitic names
in the second and first millennia B.C. Again, some scholars have
asserted that the use of the root sdq was somehow characteristic
of the Jerusalem religion; yet here, again, one can easily show
that sdq had wide and rich usage in West-Semitic languages, to
a degree that its use in a name cannot be said to point to any
particular place at all. Investigators have, furthermore, some-
times, asserted that a deity Sdq was worshipped in Jerusalem;
but if there was indeed ever such a deity there is no reason for
supposing that he was especially worshipped in Jerusalem. The
evidence from the sdq-element in the name is, then, not at all
compelling. It hardly needs to be pointed out that similar observations about wide diffusion can be made about the mlk-element
in the name. 'Melchizedek' could, then, have been king of any
one of many Canaanite cities".

(115) Cf. KAI 4,6.

(116) Mîso(ô)r apparaît dans plusieurs textes, seul ou avec d'autres
synonymes avec la signification de "plaine" : Dt 3,10; 4,43;
Jos 13,9.16.17.21; 20,8; 1 R 20,23.25; Is 40,4; 42,16; Jr 21,
13; 48,8.21; Za 4,7; Ps 26,12; 27,11. En Ml, il apparaît avec
un sens éthique, à vrai dire en parallélisme avec šalôm. On parle de l'alliance avec Lévi. Au verset 2,6b, Yahvé dit : "Dans l'intégrité et la droiture (b^{e}šalôm ûb^{e}mîsôr), il marchait avec moi
...". En Ps 67,5, mîsôr apparaît seul, en désignant la droiture
de Dieu dans la conduite des peuples.

(117) Cette forme apparaît une fois dans la littérature ougaritique
dans le nom bn mšrm - "fils de la justice"; voir C.H. Gordon,
Ugaritic Textbook, texte 2030:A:8. W. Baumgartner - J. Stamm,
Hebräisches und aramäisches Lexikon zum Alten Testament. Liefe-
rung II (1974) 548, cite les désignations suivantes de la signification de ce mot : ebene Bahn, Ordnung, Aufrichtigkeit, Gerad-
heit, Wahrheit.

(118) Mêšarîm apparaît encore sans lien avec sdq en Is 26,7; Ps 17,2;

75,3; 99,4; Pr 23,16.31; Ct 1,4; 7,10; Dn 16,6; 1 Ch 29,17.

(119) Cf. Krt,12-13 et KAI 4,6.

(120) Cf. "The God Ṣedeq", HUCA 36 (1965) 170-77. Voir aussi G. Widengren, The Akkadian and Hebrew Psalms of Lamentation as Religious
Documents. A Comparative Study (Stockholm : Bokförlags Aktiebo-
laget Thule, 1937) 71. Sans exposer ses raisons l'auteur interprète sdq en Ps 17,1; 85,11.12.14; 89,15 à la lumière de la
divinité Sdq : "Jahve is here combined with Ṣedek who was another
old Canaanitic deity. Ṣedek is also mentioned as an independent
deity, though belonging to Jahve's retinue and subordinate to
him". Pareillement, J. Ebach, Weltentstehung ..., 216-23, ne
différencie pas suffisamment le vocabulaire sur la notion de
justice dans la Bible hébraïque et les traditions non bibliques.
M. Liverani, au contraire, voit bien la position de la paire
sdq // yšr dans la Bible hébraïque et dans les cultures non bibliques. Dans "Συδυκ e Μισωρ", Studi ..., 67, il dit: "Manca
ovviamente una esplicita documentazione sulla divinizzazione
di Giustizia e Rettitudine, ma espressioni che abbiamo citate,
come quella di Salmi, 85.14 e quella di Salmi, 89.15 e 97.2, le
due personificazioni esercitano rispetto a Yahwé una funzione
che in una religione politeistica sarebbe esercitata da divinità
secondarie (nel caso specifico : Kittum e Misharum rispetto a
Shamash nelle religione babilonese). La mancata attestazione è
in sostanza da attribuirsi alle caratteristiche particolari
delle testimonianze relative ad Israele, e alla scarsezza estre-
ma di testimonianze relative alle altre popolazioni".

(121) Cf. "Melchizedek and Zadok (Gen 14 and Ps 110)", Festschrift
Alfred Bertholet, 464-65.

(122) Voir aussi le deuxième chapitre, 5. : "Les données au-delà de la
structure de la langue et l'étude comparative".

DEUXIEME PARTIE

ANALYSE DES TEXTES CONCERNANT LA JUSTICE DE DIEU

Dans la Bible hébraïque on est surpris par une grande dispro-
portion en ce qui concerne l'occurrence de la notion sdq en rapport
à Dieu dans chacun des livres. Dans la littérature prophétique,le
Livre d'Isaïe occupe une place spéciale concernant la justice de Dieu.
La plupart des passages se trouvent dans les chapitres 40 - 66. Le
contexte est en général semblable. C'est pourquoi, ordinairement, il
n'est pas difficile de désigner la signification fondamentale de la
racine sdq. Le plus souvent ce terme se rapporte à Dieu dans le Livre
des Psaumes. Comme chaque psaume est une unité en soi, les Psaumes
représentent un champ idéal pour une recherche sémantique contextuelle. Dans les autres livres, sdq se rapporte rarement à Dieu. Mais le
contexte est parfois très large et complexe.

La Septante et les Targums, traductions les plus anciennes sont
d'une particulière importance pour juger de l'histoire de l'interprétation. Les Septante ont conditionné l'écriture du Nouveau Testament
et l'interprétation des pères grecs et souvent aussi latins. Par
ailleurs, les Targums servaient de texte de base à la plupart des
exégètes juifs. Il faut, naturellement, savoir que nous n'avons pas
à notre disposition la Bible hébraïque entière dans la traduction
araméenne. De même pour les commentaires anciens. Comme il ressort
de la bibliographie,ni les pères de l'Eglise, ni Calvin et Luther
n'ont commenté tous les livres bibliques. Les commentaires existants
prêtent à cette notion un intérêt très variable.

I. LE LIVRE D'ISAÏE

1,27 - la justice de Dieu en tant que bienveillance de Dieu

Parmi les exégètes prévaut l'opinion selon laquelle les versets 27-28 ne sont pas d'origine dans le Livre d'Isaïe, mais se sont glissés entre les versets 26 et 29 seulement dans la période d'après l'exil. Ils forment en effet une unité, tant sous l'aspect de la forme que sous celui du contenu. Nous nous trouvons devant l'exemple classique de parallélisme antithétique, on ne peut donc pas interpréter le verset 27 sans le verset 28. Le texte est le suivant :

27   Sion sera rachetée par le droit (b^{e}mišpat),
        et ceux qui reviendront, par la justice (bisdāqāh).
28   Mais infidèles et pécheurs seront brisés ensemble,
        ceux qui abandonnent Yahvé périront.

La raison de la ruine des injustes est présentée très clairement. Leur destin est scellé, parce qu'ils "abandonnent Yahvé". Comment explique-t-on la délivrance ? Est-ce par leur propre justice ? Le sujet de la paire mišpat // s^{e}daqah n'est pas évident dans le texte. On doit s'interroger sur cette question, jusqu'à présent discutée. S'agit-il d'une qualité de l'homme ou d'une qualité de Dieu ?

Parmi les exégètes modernes, d'aucuns optent pour le sujet humain de la justice (1). Cependant, l'opinion contraire prédomine (2). Mais dans celle-ci, des difficultés relatives à l'interprétation de la nature de la justice de Dieu surgissent. Pense-t-on à la justice rétributive, c'est-à-dire à la justice punitive (iustitia vindicativa seu punitiva) ? Il est étonnant que quelques-uns défendent cette position (3). A l'évidence, la structure antithétique des versets 27-28 leur a échappé. Il est vrai que, dans cette antithèse, on parle de jugement, mais seulement au verset 28, en rapport avec les infidèles qui seront anéantis. Au contraire, Dieu rachètera (pādāh) les habitants de Sion. Comment peut-il les racheter avec un jugement juste dans le sens juridique ? L'un des axiomes fondamentaux de la Bible,

c'est que Dieu ne rachète pas l'homme, après avoir considéré les
oeuvres de ce dernier, mais par sa charité. Il le détruit uniquement
à cause de sa chute. En effet, la paire de synonymes mišpāt // sᵉdāqāh
désigne ici de façon évidente la charité de Dieu sauveur envers
le peuple fidèle. S'il s'agit du "jugement juste", il ne peut s'appliquer qu'au peuple de l'Alliance : Dieu prouve librement sa propre
fidèlité lorsqu'il intercède activement en faveur de son peuple.

*Dans l'exégèse juive, prédomine la supposition selon laquelle
Sion sera délivrée en raison de la justice appliquée par le peuple
fidèle d'Israël. On est d'autant plus surpris par la Septante, pour
laquelle la traduction de mišpāt est κρίμα - "jugement", tandis que
sᵉdāqāh est ἐλεημοσύνη - "miséricorde". On peut comprendre d'après
le contexte qu'on pense au jugement // miséricorde de Dieu. Evidemment, cette traduction a exercé une influence décisive sur l'explication des pères grecs, d'après laquelle Dieu délivre son peuple par
la miséricorde. Un bel exemple d'une telle interprétation se trouve
chez Jean Chrysostome (4). Au contraire, le sens du jugement selon
la traduction de Jérôme, l'emporte chez les pères latins (5). En
appliquant ce passage, Thomas d'Aquin définit exceptionnellement le
terme de justice. Il interprète la justice en tant qu'égalité (6).
Luther voit dans cette notion l'acte divin de la justification. Calvin
souligne qu'on pense ici à la justice de Dieu qui, indépendamment de
l'homme, peut racheter l'Eglise.*

5,16 - Dieu sera élevé dans la justice

Ce verset est ainsi que le verset 1,27 le composant du parallélisme antithétique (15//16). Cependant, l'antithèse est ici plus
expressive. Le contraste homme // Dieu est défini surtout par le contraste des verbes humilier // exalter :

15 Le mortel a été humilié, l'homme a été abaissé
   et les yeux des orgueilleux sont baissés.

16 Mais Yahvé Sabaot fut exalté par le droit (bammišpāt),
   le Dieu saint a révélé sa sainteté par la justice (bisdāqāh).

Le problème fondamental de cette antithèse réside dans l'hypothèse d'une relation causale entre l'humiliation de l'homme et
l'exaltation de Dieu. La justice de Dieu s'affirme-t-elle donc dans
le jugement de l'homme orgueilleux ?

La caractéristique capitale des structures antithétiques les
plus diverses réside dans le fait que les pôles opposés n'ont pas de
relation causale entre eux, mais simplement expriment le contraste,
en se fondant sur les exigences ontologiques et encore plus sur les
exigences morales (7). A en juger par tout cela, l'antithèse en question constate simplement deux faits inévitablement opposés. L'orgueil
de l'homme sera nécessairement abaissé puisqu'il n'a aucun fondement
positif pour l'existence. Au contraire, la justice de Dieu subsistera
car elle s'identifie à la révélation de la puissance et de la sainteté de Dieu. Bet devant mišpāṭ et sᵉdāqāh se rapporte à la qualité
divine de justice et non au jugement (8). La justice de Dieu est ici
probablement le triomphe du règne divin dans le monde, comme le montre
l'antithèse.

Malgré cela, les exégètes de tous les temps optaient presque à
l'unanimité pour l'interprétation dans le sens du jugement, selon le
principe typique de la rétribution. Il semble que dans le Judaïsme,
le Targum représente une exception. Il utilise pour le mot hébraïque
ṣᵉdāqāh le mot zᵉkûtā', qui correspond essentiellement à la signifi-
cation habituelle de délivrance du mot hébraïque (9). Mais les exé-
gètes Juifs plus récents attribuent à ce verset une signification
judiciaire. Rachi dit que Dieu exaltera son nom dans le monde quand
il jugera le peuple et se révèlera saint parmi "les justes" qui reste-
ront. Kimhi fait ressortir encore plus le jugement sur "les méchants
d'Israël". Les Septante traduisent sᵉdāqāh par δικαιοσύνη, la Vulgate
par iustitia. Ceci explique probablement que les pères de l'Eglise
interprètent sans exception le texte en question dans le sens judici-
aire (10). Pendant la période scolastique, l'opinion d'Albert le Grand
est caractéristique de l'interprétation judiciaire : Dieu se révélera
saint dans la justice, car il récompensera chacun selon ses mérites
(11). Les interprètes plus récents optent pour la plupart pour le
Judaïsme classique et la tradition chrétienne, bien que plusieurs

supposent que notre parallélisme antithétique n'est pas le composant
originel de la menace, mais un élément surajouté ultérieurement (12).

La revue globale de l'histoire de l'exégèse donne donc l'impression que les interprètes tant Juifs que Chrétiens ont été soumis à
la conception juridique de la notion de "justice", conception qui
s'est répandue dans toute la civilisation européenne. Les Juifs du
Moyen Age écrivaient en hébreu, mais ils saisissaient bien des choses
selon les critères européens.

10,22 - la délivrance du reste

Ce verset fait partie de l'unité des versets 20-23 dont le texte
est le suivant :

20   Ce jour-là, le reste d'Israël et les suivants de la maison
            de Jacob
        cesseront de s'appuyer sur qui les frappe;
        ils s'appuieront en vérité sur Yahvé, le Saint d'Israël.
21   Un reste reviendra, le reste de Jacob, vers le Dieu fort.
22   Mais ton peuple serait-il comme le sable de la mer, ô Israël,
        ce n'est qu'un reste qui en reviendra :
        destruction (killāyôn) décidée, débordement de justice
            (s^{e}dāqāh) !
23   Car c'est une destruction bien décidée
        que le Seigneur Yahvé Sabaot exécute au milieu de tout le
        pays.

Le lien avec le mot "destruction" ne permet pas de voir dans la
s^{e}dāqāh la signification de délivrance. La situation actuelle du texte
hébraïque intégral montre que la justice de Dieu se révèle surtout
dans le jugement des méchants qui ne reviendront pas. C'est ainsi que
presque tous les exégètes contemporains interprètent le texte. H.
Cazelles constitue une exception intéressante. Là également, il prend
une direction opposée, car nulle part dans la Bible hébraïque il
n'admet l'aspect judiciaire de la notion de "justice". Il constate une
perspective prophétique et messianique du texte. Pour des raisons de

rythme, il supprime au verset 22 le mot problématique "destruction" et, au verset 23, il le juge comme une glose. En définitive, il voit au verset 22 le message messianique suivant : le peuple d'Israël sera comme le sable de la mer; dans le reste, apparaîtra un homme actif qui débordera de justice (13).

Les interventions de la correction de Cazelles dans le texte hébraïque sont douteuses. Mais son résultat correspond essentiellement aux premières traductions; celles-ci sont, pour cette raison, d'autant plus dignes d'attention. Il est étonnant que Cazelles n'ait pas cherché appui justement là pour son interprétation. La Septante ne rapporte même pas le nom "destruction". A sa place, on trouve le mot "parole" (λόγος). C'est pourquoi, le sens des versets 22-23 a une tout autre signification : le reste se sauvera et Dieu accomplira la parole (sur la délivrance du reste) dans la justice (δικαιοσύνη). Le mot "justice" a donc ici évidemment une signification salvifique. Le Targum aussi va dans le même sens. Au verset 23, on parle de la destruction des méchants. Mais le verset 22, qui concerne le sens du mot "justice", est traduit de la manière suivante : "Même si ton peuple est comme le sable de la mer, ô Israël, le reste qui n'a pas péché et ceux qui se sont détournés du péché, pour ceux-là on fera des oeuvres majestueuses qui se révèleront en magnificience et qui seront faites dans la justice(z^ekû)". Le sens salvifique est donc évident.

Parmi les exégètes juifs du Moyen Age, Rachi et Kimhi divergent dans l'interprétation. Selon Rachi, le verset 22 signifie: "Le prophète a dit à Ezéchias. Si ton peuple est comme le sable de la mer, la justice du reste qui reviendra, empêchera la destruction complète qui devrait s'abattre sur eux et évitera sa survenue". Rachi voit donc dans le texte la justice de l'homme et non celle de Dieu. Kimhi, au contraire, utilise exclusivement le sens de la justice rétributive de Dieu et dit : "Ceux qui reviendront, même s'ils sont nombreux comme le sable de la mer, s'appelleront reste car, quand la majorité règne, la minorité s'appelle reste. Ainsi, la plupart des gens d'Israël seront anéantis et sur eux tombera une destruction complète, qui les emportera dans la justice et les brisera, car ils sont méchants; mais le reste, qui représente la minorité, reviendra à Dieu".

Aucun des pères de l'Eglise n'aborde la question de la significa-
tion de la justice du verset 22. Albert le Grand, Luther et Calvin
n'approfondissent pas assez le sujet.

24,16 - gloire au Juste (juste)

Le verset commence : "Des confins de la terre, nous avons entendu
des psaumes : gloire au Juste (saddîq)...". On ne peut pas distinguer
avec certitude à partir du contexte si le mot "Juste" s'applique à
Dieu ou à l'homme. Toute la tradition juive voit dans ce mot l'homme
juste. Il en est de même pour les Septante qui utilisent .
le terme εὐσεβῆς - "pieux". Les pères de l'Eglise ne prennent
pas position sur ce sujet. Albert le Grand voit dans le "Juste" le
Dieu juge qui rétribue chacun selon son bon ou mauvais mérite (14).
Mais, parmi les exégètes contemporains les opinions divergent. Cependant les raisons qui font supposer que l'hymne concerne Dieu sont plus
convaincants. On trouve des exemples semblables de l'attribut divin
"Juste" en : Ex 9,27; Is 45,21; Ps 7,10; 11,7; 116,5; Jb 34,17. Le
contenu de l'attribut sera plus évident lorsque, après l'analyse de
tous les textes, on aura clarifié le sens plus général de la justice
de Dieu.

28,17 - la justice de Dieu, mesure de Sion

Il est évident qu'on ne peut pas expliquer suffisamment ce verset-
là en dehors de l'unité intégrale des versets 14-22 et en particulier
des versets essentiels 15-18. Le texte exprime l'opposition entre la
décision des gouverneurs du peuple de conclure l'alliance avec les
enfers et de faire du mensonge notre refuge (v. 15) et la réponse déter-
minée de Yahvé (vv. 16-22). Les caractères stylistiques et linguistiques nous montrent que les versets 15-18 surtout composent une unité
organique originale de nature antithétique :

15   Vous avez dit : "Nous avons conclu une alliance avec la mort,
     avec le shéol, nous avons fait un pacte.

Quant au fléau menaçant, il passera sans nous atteindre,

car nous avons fait du mensonge notre refuge,

et dans la fausseté nous nous sommes cachés".

16 C'est pourquoi, ainsi parle le Seigneur Yahvé :

Voici que je vais poser en Sion une pierre,

une pierre de granit, pierre angulaire, précieuse,

pierre de fondation bien assise :

celui qui s'y fie ne sera pas ébranlé.

17 Et je prendrai le droit (mišpāt) comme mesure et la justice

(sᵉdāqāh) comme niveau.

Mais la grêle balaiera le refuge de mensonge

et les eaux inonderont la cachette;

18 votre alliance avec la mort sera rompue,

votre pacte avec le shéol ne tiendra pas.

Quant au fléau destructeur, lorsqu'il passera,

vous serez piétinés par lui.

La réponse de Dieu est positive (vv. 16-17a) et négative (vv. 17b-18). La partie négative est l'opposition criante de la thèse des gouverneurs du peuple. Les motifs et les expressions des chefs du peuple apparaissent de nouveau dans la réponse divine, mais dans un sens diamétralement opposé.

Quel rôle jouent les versets 16-17a ?

La relation directe antithétique entre les versets 15 et 17b-18 nous montre clairement que les versets 16-17a sont une unité parti-culière. On a ici une image de la construction des fondements pour un nouvel édifice. L'architecte, pour bâtir, se sert du fil à plomb et du niveau. Dans la description en question ce sont le "droit" et la "justice". Il est compréhensible que leur sujet est Dieu et non l'homme, car Dieu est l'architecte. En cela réside tout le fondement de l'affirmation : "celui qui s'y fie, ne sera pas ébranlé".

Maintenant apparaît le véritable fondement de l'antithèse : confiance dans le mensonge // confiance en Dieu. Il est inévitable que les gouverneurs du peuple qui bâtissent sur le mensonge périssent, tandis que ceux qui se fient au "droit" et à la "justice" de Dieu

demeurent. Peuples, fidèle et infidèle, s'affrontent. La raison du
conflit est dans la relation avec la justice de Dieu, qui est la
mesure de Sion. Seule la justice de Dieu peut être un refuge fiable
pour l'homme. Le reste n'est que mensonge, tromperie qui mènent à la
perte.

*Dans l'histoire de l'exégèse, on ne rencontre que peu de signes
clairs d'une compréhension du caractère tranchant de cette antithèse.
D'habitude, les traductions troublent l'image intégrale du texte, car
elles ne traduisent pas tous les éléments de façon cohérente. Dans
la Septante, on dit au verset 17a que le "jugement" (κρίσις) sera
"pour l'espérance" (εἰς ἐλπίδα) et on traduit le mot "justice"
par "ma miséricorde" (ἐλεημοσύνη μου). Il est évident que le sujet
de la paire "droit" // "justice" est Dieu et que les deux mots n'ont
pas de sens juridique, judiciaire. Dans le Targum, le verset 17a est
traduit tellement à la lettre qu'on ne peut pas distinguer de quelle
façon le traducteur l'a compris. Il le rapporte probablement au roi,
car du verset 16 il dit que Dieu installera en Sion un roi puissant.
On trouve une situation semblable chez Rachi et Kimḥi, puisque tous
les deux voient au verset l'annonce du futur roi messie. Et parmi
les pères de l'Eglise, Cyrille, Jérôme et Haymon commentent expressément le verset 17. Tous l'interprètent de façon christologique et
y voient l'annonce du futur jugement. Jérôme dit que le juge rétribuera "chacun selon ses propres oeuvres" (15). Haymon a littéralement
une formulation identique, de nature rétributive. Albert le Grand va
franchement dans le sens rétributif de l'interprétation, puisqu'il
utilise même l'expression* iudicium retributionis *(16). Calvin interprète différemment. Dans la "justice" et dans le "jugement", il voit
l'expression de l'administration convenable de l'Eglise.*

*Parmi les exégètes contemporains, d'aucuns voient dans la paire
"droit" // "justice" une qualité humaine (17). Au contraire, R.B.Y.
Scott par exemple parvient très bien au sens intégral de notre texte
(18). H. Cazelles interprète le texte d'une manière assez détaillée
et essentiellement dans le même sens (19).*

33,5 - la justice de Dieu sauvera Sion

Les versets 1 à 6 du chapitre 33 d'Isaïe constituent une unité qui annonce la fin de la violence de l'étranger sur le peuple d'Israël. Aux versets 5 et 6 ressort la forte confiance dans la délivrance de Sion :

5   Yahvé est exalté car il trône là-haut,
     il comble Sion de droit (mišpāt) et de justice (s^{e}dāqāh).
6   Et ce sera la sécurité pour tes jours :
     sagesse et connaissance sont les richesses qui sauvent.

Les exégètes plus récents suivent pour la plupart la tradition plus ancienne (20). H. Wildberger au contraire voit dans la paire "droit" // "justice" la notion de salut (Heil) avec les nuances de signification suivantes : paix, sécurité, prospérité, bonheur (Ruhe, Sicherheit, Gedeihen, Glück) (21). Il est donc clair que la paire désigne l'oeuvre divine.

Le passage intégral 33,1-6 est plein de problèmes relevant de la critique textuelle. C'est pourquoi il n'est pas possible de définir avec exactitude le sens de notre paire "droit" // "justice". Il en est de même pour quelques autres termes. Il semble cependant que l'interprétation de H. Wildberger convient le mieux au message essentiel de ce passage. Le "salut" est le sujet-clé; y^{e}šû^{c}ah se rencontre tant au verset 2b que 6b. Selon toute apparence, la paire en question est synonyme de ce mot.

Les traductions et les commentaires nous montrent que la paire "droit" // "justice" a été comprise comme une qualité du peuple de l'alliance. Une telle impression ressort déjà dans la Septante. Mais le Targum est sur cette question univoquement clair : "puissant est Yahvé, qui a logé sa Sekina dans le plus haut des cieux; lui, qui a promis de remplir Sion avec seulement ceux qui feront un vrai jugement et justice (dîn diqšôt ûz^{e}kû)". Rachi ne commente pas la paire; quant à Kimḥi, il fait sienne l'interprétation du Targum et la cite même à la lettre. Parmi les pères de l'Eglise, Cyrille et Haymon abordent expressément ce sujet. Cyrille voit dans Sion l'Eglise du Christ.

*Celle-ci a remplacé la Jérusalem terrestre qui n'a pas reconnu la
justice (δικαιοσύνη) de Dieu et du Père, c'est-à-dire le Christ. La
nouvelle, la vraie Sion est pleine de droit et de justice. Le droit
(κρίσις) devrait être un jugement juste (δικαιοκρισία) dans chaque
affaire. Il semble donc que Cyrille interprète le "droit" comme la
qualité des fidèles et la "justice" comme le Christ lui-même. Haymon
voit ici l'expression du jugement juste du roi Ezéchias sur les habitants de Sion.*

41,2 - la réussite de la libération de Cyrus, selon le projet divin

Les versets 1 à 7 du chapitre 41 forment une unité qui commence
par l'appel au procès (mišpat). Après l'introduction, au verset 2 la
question est posée :

Qui a suscité de l'Orient

celui que la justice (sedeq) appelle à sa suite,

Auquel Il livre les nations,

et assujettit les rois ?

Son épée les réduit en poussière

Et son arc en fait une paille qui s'envole.

Les cantiques sur Cyrus dans 41,21-29; 42,5-9; 44,24-28; 41,1-7.
9-13; 46,9-11; 48,12-15 nous font déduire que dans notre verset l'objet de la question solennelle est bien Cyrus. Dieu l'a suscité,
lui a donné en présent sa sedeq, qu'on ne peut traduire ici que par
bonheur, succès ou victoire (22). L'avènement de Cyrus est l'oeuvre
divine qui annonce la libération d'Israël du joug babylonien.

*Evidemment, la tradition juive ne pouvait pas se familiariser
avec l'idée qu'un roi païen pourrait être bénéficiaire de la sedeq de
Yahvé. Les Targums déjà considèrent Abraham comme l'homme de l'Orient;
il est "l'élu d'entre les justes dans la vérité" (b^ehîr saddîqayya'
biqšôt) (23). Rachi, par exemple, dit que Dieu amena Abraham de l'Aram,
situé en Orient. La justice l'accompagnait à chaque pas. Mais Ibn Ezra
cependant préfère rapporter expressément le verset à Cyrus. L'interprétation des pères de l'Eglise est conditionnée par la traduction*

des Septante et de la Vulgate. Les Septante traduisent le verset 2a
par : "qui a suscité de l'Orient la justice (δικαιοσύνη) ?" Et la
Vulgate dit : Quis suscitavit ab oriente iustum ? Tous les pères
de l'Eglise voient le Christ dans le mot "justice" ou bien "juste".
Jérôme est particulièrement explicite à ce sujet (24). Cependant,
Jérôme cite, outre son interprétation christologique, certains auteurs
pour lesquels le mot "juste" se rapporte à Cyrus, et aussi l'inter-
prétation juive concernant Abraham. Albert le Grand voit Cyrus au
sens littéral, mais le Christ au sens mystique. Le "Juste" rétribuera
chacun avec justice. Pour Calvin, il s'agit d'Abraham; il le décrit
comme le type de l'éternelle justice divine, que Dieu charitablement
offre aux fidèles. La vocation d'Abraham est le fondement de la foi
de l'Eglise, qui veut que la justice de Dieu ou son salut soit éter-
nel.

41,10 - la main droite victorieuse de Yahvé

Is 41,10 est intégré dans la partie centrale de l'oracle du salut 41,8-13 et dit :

Ne crains pas car je suis avec toi,
ne te laisse pas émouvoir car je suis ton Dieu;
je t'ai fortifié et je t'ai aidé,
je t'ai soutenu de ma droite victorieuse (yāmîn sidqî).

Le verset 10b dit littéralement : "je t'ai soutenu avec la droite
de ma justice" (yāmîn sidqî). Dans la plupart des traductions contemporaines, le génitif qualificatif est rendu heureusement par : "la
droite salvifique, victorieuse, juste". Le Targum traduit bien littéralement "la droite de ma justice" (yāmîn qûstî); les Septante
parlent de "avec ma droite juste" (τῇ δεξιᾷ τῇ δικαίᾳ μου) et la
Vulgate de "avec la droite de mon juste" (dextera iusti mei).

L'interprétation de cette partie du verset est en tous temps
très rare. L'exégèse juive n'en discute même pas. Parmi les pères de
l'Eglise, Jérôme et Haymon sont l'exception. Jérôme voit dans "la
droite de mon juste" le "Seigneur Sauveur". Il explique en effet
qu'il n'est pas convenable que le chrétien s'effraye du peuple juif

*ni de toute personne qui lutte contre lui. Haymon ajoute : "avec la
droite de mon juste, c'est-à-dire avec la puissance de mon Fils, je
t'ai fortifié". Luther accentue le contraste entre son propre effort
et la rédemption grâce à la justice de Dieu. Seule la justice de Dieu
peut racheter l'homme (25). Calvin commence par la constatation générale que la Bible, sous le mot "justice", ne comprend pas seulement
l'égalité, mais surtout la fidélité que Dieu témoigne en sauvant son
peuple devant les agressions des méchants.*

42,6 - la justice de Dieu comme dessein salvifique

Parmi les exégètes plus récents, il y a des différences considé-
rables relatives à la désignation de l'unité à laquelle appartient
le verset suivant : 1-9; 5-9; 5-7. Il est évident que les versets 6-7
composent une unité immédiate de pensée et de structure :

6 Moi, Yahvé, je t'ai appelé dans la justice (b^esedeq),

je t'ai saisi par la main,

je t'ai façonné et je t'ai destiné à être

l'alliance du peuple et la lumière des nations,

7 pour ouvrir les yeux des aveugles,

pour extraire du cachot le prisonnier,

de la prison ceux qui habitent les ténèbres.

Il semble que l'on puisse définir le plus convenablement ces
deux versets comme l'oracle de la vocation. Qui est appelé ? Sur ce
point, les opinions dans toute l'histoire de l'exégèse divergent. On
mentionne les possibilités suivantes : l'Israël historique et idéal,
Moïse, Job, le prophète lui-même, Cyrus, Zorobabel, le messie. Il nous
importe, plus encore que de connaître l'objet de l'appel de Dieu, de
définir le sens du mot "dans la justice", qui désigne la manière ou
bien le but de la vocation. Le contexte de délivrance est si évident
qu'aujourd'hui tous les exégètes voient ici le sens de délivrance.
K. Elliger par exemple traduit b^esedeq tout simplement par "heilvoll"
(26).

Où en est-on dans l'exégèse plus ancienne ?

Les Septante, le Targum et la Vulgate traduisent à la lettre

avec les termes habituels δικαιοσύνη, qᵉṣôt, iustitia. La traduction
seule ne peut pas donner l'orientation de l'interprétation. Rachi et
Ibn Ezra pensent que "je t'ai appelé" s'adresse à Isaïe, mais ils ne
commentent pas "dans la justice". Au verset 6b, Kimhi comprend l'annonce du retour de l'exil. Selon cette conception, il voit dans le
mot "dans la justice" l'expression de la bienveillance de Dieu envers
le peuple d'Israël. Cyrille rapporte le verset 6 au Christ et aux
vrais prophètes, par opposition aux faux qui parlaient "de leur coeur".
Au Christ et aux vrais prophètes s'applique l'assurance du père :
"Moi je t'ai appelé, par ma bonne volonté (εὐδοκία) seulement, dans
la justice, je t'ai amené". Procope a une interprétation de "justice"
très semblable. Jérôme met le texte intégral 42,1-9 en relation avec
le Christ. De la phrase "moi, Seigneur, je t'ai appelé dans la justice" il dit : "qu'il ne serait pas seulement le Dieu des Juifs, mais
aussi des peuples". A l'évidence, n'a-t-on pas compris la "justice"
dans le sens de l'impartialité, de l'égalité (aequitas) ?

Plus tard, Thomas d'Aquin mérite d'être mentionné en premier.
Il dit que la justice de Dieu se montre dans l'accomplissement de la
promesse relative au Christ (27). Dans l'interprétation christologique, Luther voit tout l'accent mis sur la notion de "justice". Le
Christ a été appelé pour enseigner et diffuser la justice. En dehors
du Christ, il n'existe en effet que le péché. Moïse et toutes les
lois comme d'ailleurs toutes les doctrines du monde, en comparaison
de la doctrine du Christ, n'apportent rien à la justice, qui soit
valable devant Dieu. Calvin finalement réussit parfaitement à comprendre le sens fondamental hébraïque du terme de "justice", bien que
lui aussi interprète le texte de façon christologique. Dieu, qui a
désigné le Christ pour renouveler l'Eglise, agit uniquement de sa
propre justice. Le mot "justice" désigne la solidité, comme s'il
disait "fidèlement" (28).

42,21 - la justice de Dieu en tant que fidélité de Dieu

Pendant l'exil babylonien, on se plaignait sans doute fréquemment du Dieu aveugle et sourd devant la détresse de son peuple.
Aux versets 42,18-25,la réaction devant de tels reproches est évidente :

"Qui est aveugle si ce n'est mon serviteur, qui est sourd comme le messager que j'envoie ?..." (v. 19). Israël qui est ici le "serviteur" // le "messager" n'a pas été frappé par le malheur, parce que Dieu était aveugle et sourd devant lui, mais, au contraire, le malheur est survenu parce que le peuple était aveugle et sourd devant sa loi (v. 24). Dieu au contraire voulait sauver le peuple justement avec la loi. C'est pourquoi dans le centre de l'unité intégrale le projet de Dieu apparaît comme diamétralement opposé à la situation réelle :

Yahvé a voulu à cause de sa justice (1^ema^{c}an sidqô),
rendre la Loi grande et magnifique.

Quel sens prend ici la justice de Dieu ? Exactement le même que celui que l'on attribue à l'injustice du peuple. Dieu se rapporte à sa justice dans le temps précédant l'infidélité du peuple. Lui-même était fidèle et, en accord avec l'intention salvifique pour son peuple, il voulait exalter la loi à condition que le peuple reste fidèle à celle-ci, alors qu'il exalterait son peuple. Mais le peuple l'a abandonné, c'est pourquoi l'effet de sa conduite est diamétralement contraire au projet bienveillant de Dieu pour lui. Il semble que dans notre verset le mot "fidélité" soit la signification la plus juste du mot sedeq (29).

L'exégèse plus ancienne ne s'intéresse que peu au sujet. Dans le Targum, 1^ema^{c}an sidqô est traduit "à cause de la justification (zakkā'ûtā') d'Israël". Pour les Septante, le sujet de "pour qu'il soit justifié" (ἵνα δικαιωθῇ) n'est pas évident; la Vulgate quant à elle rapporte ṣedeq à Israël : "pour le sanctifier" (ut sanctificaret eum). Parmi les autres sources chrétiennes et juives, on ne trouve l'interprétation du terme de "justice" clairement exprimée que chez Ibn Ezra. Il semble qu'il la saisisse dans le sens rétributif.

Les deux réformateurs ont laissé sur ce verset un commentaire digne de considération. Luther fait ressortir d'abord le contraste entre la justice de Dieu et la justice de l'homme. La justice de Dieu établit la nouvelle loi merveilleuse de la foi et avec cela supprime l'ancienne loi de Moïse. Par conséquent, la justification est possi-

*ble uniquement par la foi au Christ et en sa grâce sans tenir compte
de ses propres mérites et oeuvres. Calvin développe son interprétation dans le même sens. Quand le prophète dit que le Seigneur est prêt
et bienveillant, il montre qu'il n'a pas d'autre penchant que lui-
même. Il exprime cela dans un sens plus complet quand il ajoute
l'expression "à cause de sa justice" : "Il exclut donc tout ce que les
hommes pouvaient apporter. Aucune autre raison ne pousse Dieu à montrer sa bonté si ce n'est qu'il est juste. C'est que chez les hommes,
on ne pourrait trouver aucun mérite ni vertu. Cela se rapporte surtout
aux Juifs, puisque ce sont eux qu'il a choisis pour l'adoption" (30).*

45,8 - Dieu crée la délivrance

En raison de son utilisation dans la liturgie de l'Avent, le verset suivant est très connu et populaire. Il représente une unité
intellectuelle et littéraire bien définie, dont le fondement est dans
l'unité précédente 45,1-7, solennelle description poétique de l'unicité de Yahvé, qui se manifeste dans la libération des peuples et
d'Israël par le roi Cyrus. Le verset 8 dit :

Cieux, épanchez-vous là-haut,

et que les nuages déversent la justice (sedeq),

que la terre s'ouvre et produise le salut (yeša^c),

qu'elle fasse germer en même temps la justice (s^{e}dāqah).

C'est moi, Yahvé, qui ai créé cela.

Le demi verset - "C'est moi, Yahvé, qui ai créé cela" - nous montre que Dieu est le sujet de tous les termes fondamentaux qui désignent
tous les biens désirables. De quels biens s'agit-il ? C'est en considérant la structure poétique du verset intégral que l'on peut avoir
la réponse la plus fiable à cette question. Il est évident que les
termes "cieux + nuages" // "terre" forment la paire polaire qui désigne
la totalité. Le sens en est le suivant : d'en haut et d'en bas, c'est-
à-dire de partout que le salut se produise. La synonymie des notions
sedeq, yeša^c, s^{e}dāqah est fortement soulignée par la fonction de pola-
rité des termes opposés. Tous les termes expriment donc plus ou moins
le même bien, le salut. Dans l'avènement de Cyrus, le prophète voit

déjà le fondement d'une explosion lyrique enthousiaste. L'accumula-
tion des synonymes ici ne surprend pas; elle caractérise en effet la
plupart des textes du Deutéro-Isaïe. Certes, le style hymnique ne permet
pas de définir plus précisément le sens de chaque terme. Peut-être
le prophète reste expressément au niveau des définitions générales
de l'action divine à l'aube d'une nouvelle période de l'histoire.

*La revue de l'exégèse plus ancienne fournit quelques traits
caractéristiques. Les Septante traduisent le verset assez littéralement; on a du mal à saisir de quelle façon le traducteur a compris
la "justice". Le Targum traduit ainsi : "Que les cieux offrent d'en
haut, que les nuages abondent de bonté (ṭûbā'); que la terre s'ouvre
et les morts vivent, que la justice se manifeste en même temps; moi,
Yahvé, je les ai créés". Il est surprenant que le targumiste propose
"que les morts vivent" pour la traduction hébraïque "que la terre
produise le salut". Il n'est pas dans notre intention de nous interroger ici sur les motifs.*

*Rachi est trop avare de paroles pour que nous puissions établir
son interprétation du terme de "justice". Ibn Ezra et Kimḥi au contraire détaillent plus. Ibn Ezra voit dans "les cieux" // "les nuages"
la métaphore des anges. Il estime qu'il faut interpréter le texte comme un ordre donné aux anges de faire déverser la justice et d'aider
au succès du salut et de la vérité. "C'est moi, Yahvé, qui ai créé
cela" se rapporte, selon lui, à Cyrus; ce dernier ferait la justice
dans le monde. Kimḥi interprète sedeq dans un sens essentiellement
sotériologique. Quant au verset 8a, il dit que le texte parle de la
métaphore du salut (tᵉšûʿāh,), auquel Israël participera, comme si
les anges des cieux venaient lui offrir leur aide.*

*Parmi les pères de l'Eglise, Cyrille est le plus universel. Il
rapporte le texte d'abord à Cyrus, qui devrait libérer Israël et bâtir
le temple de Jérusalem. Mais il voit en Cyrus l'image d'Emmanuel-
Christ, qui a sauvé toute l'humanité et l'a réconciliée avec le Père.
Christ a fondé son temple, l'Eglise. Selon lui, on pourrait comprendre
la "justice" comme des commandements de justice et de discipline, et
aussi comme la justice des Evangiles, dont le maître est le Christ
lui-même. Il dit enfin que l'on pourrait voir dans la miséricorde et*

la justice Jésus-Christ lui-même. Christ est devenu pour nous la misé-
ricorde et la justice, car il a intercédé pour la rémission de tous
nos anciens péchés et nous a accordé la justice qui peut nous faire
participer à tous les biens. Procope s'appuie évidemment sur Cyrille
et donne en gros une interprétation semblable.

Jérôme aussi parle de deux interprétations possibles. Il constate
que d'aucuns voient en Cyrus la raison de l'exclamation de joie. Les
autres au contraire comprennent le texte comme une annonce prophétique
de l'avènement du Seigneur. Il est bien évident, par la traduction,
que pour Jérôme prévaut l'interprétation christologique. Il traduit
les mots abstraits şedeq *// yeša^c concrètement par "juste" // "Sau-*
veur" : *"Rorate, caeli, desuper, et nubes pluant iustum; aperiatur*
terra, et germinet Salvatorem, et iustitia oriatur simul. Ego Dominus
creavi eum". *Haymon aussi touche ici à notre sujet. Il dit que Christ*
est juste *parce qu'il n'a pas péché, il est* justice *car il justifie*
les fidèles (32).

Parmi les exégètes plus récents, il n'y a que Calvin qui mérite
d'être vraiment retenu. Il définit de nouveau excellemment le sens
fondamental du terme hébraïque de "justice". Avec ce mot-là, le prophète
désigne la fidélité avec laquelle Dieu protège et conserve son peu-
ple (33).

45,13 - la rectitude de la décision de Dieu

Le verset suivant est la conclusion de l'unité 45,9-13; il dit :

C'est moi qui l'ai suscité dans la justice (b^{e}şedeq)
et qui vais aplanir toutes ses voies.
C'est lui qui reconstruira une ville
qui rapatriera mes déportés,
sans rançon ni indemnité,
dit Yahvé Sabaot.

Le rôle de ce verset est assez clair. L'unité commence avec un
double "malheur" pour qui discute avec Dieu (vv. 9-10), et cela fait
suite à la réponse de Dieu sous forme d'oracle de salut. Celui qui a
tout créé, a aussi appelé Cyrus "dans la justice". La réponse de Dieu

réside dans l'accent mis sur le fait que sa décision à l'égard de
Cyrus est juste. L'avènement de Cyrus est en harmonie avec le projet
de Dieu, avec l'histoire, c'est-à-dire avec la "justice de Dieu" (34).
C'est pourquoi personne ne peut disputer avec lui.

Où en est-on avec l'interprétation à une époque plus ancienne ?

*Les Septante traduisent à la lettre; dans le Targum b^{e}sedeq est
traduit par* biqšôt *- "en vérité"; dans la Vulgate, on trouve* in iustitiam *- "dans la justice". Rachi et Ibn Ezra ne commentent pas le mot*
b^{e}sedeq. *Mais Kimḥi le rapporte à Cyrus. La justice s'affirmera dans
le fait que Cyrus sortira Israël de l'exil et détruira ceux qui le
haïssent et l'asservissent. Parmi les pères de l'Eglise, Jérôme et
Procope citent trois variantes relatives à l'objet de l'appel de Dieu :
Cyrus, Zorobabel, Christ; cependant il ne commente pas l'expression*
b^{e}sedeq. *Au contraire, Cyrille prend position dans le cadre de l'interprétation christologique : Christ a été suscité avec la justice qui
n'est pas faite ou acquise par l'étude, mais qui existe avec lui depuis
le commencement. Haymon voit dans la justice l'expression de l'universalité de la rédemption du Christ (35).*

*Parmi les exégètes plus récents, Albert le Grand interprète ce
verset dans le sens habituel de rétribution (36). Calvin au contraire
se prononce expressément contre toute forme d'interprétation rétributive et avertit de nouveau que* sedeq *désigne la fidélité. Dieu témoigne
sa fidélité en accomplissant ses promesses et en sauvant son peuple
(37).*

45,18-25 - vérité-fidélité, salut-victoire

Les versets 45,18-25 constituent du point de vue littéraire et
du point de vue de la pensée une unité à part, bien qu'ils naissent
organiquement du texte précédent. Le terme de "justice" apparaît ici
même cinq fois. L'homogénéité de la pensée dans le texte montre qu'on
peut traiter ensemble tous ces exemples. Le texte est le suivant :

18   Car ainsi parle Yahvé,
       le créateur des cieux :
       C'est lui qui est Dieu,

qui a modelé la terre et l'a faite,

c'est lui qui l'a fondée;

il ne l'a pas créée vide,

il l'a modelée pour être habitée.

Je suis Yahvé, il n'y en a pas d'autre.

19 Je n'ai pas parlé en secret,

en quelque coin d'un obscur pays,

je n'ai pas dit à la race de Jacob :

Cherchez-moi dans le chaos !

Je suis Yahvé qui proclame la justice (sedeq),

je m'exprime avec droiture (mêšarîm)

20 Rassemblez-vous et venez ! Approchez tous ensemble,

survivants des nations !

Ils sont inconscients ceux qui transportent

leurs idoles de bois,

qui prient un Dieu qui ne sauve pas.

21 Annoncez, produisez vos preuves,

que même ils se concertent !

Qui avait proclamé cela dans le passé,

qui l'avait annoncé jadis,

n'est-ce pas moi, Yahvé ?

Il n'y a pas d'autre Dieu que moi.

Un dieu juste et sauveur ('el-saddîq ûmôšiaᶜ),

il n'y en a pas excepté moi.

22 Tournez-vous vers moi et vous serez sauvés,

tous les confins de la terre,

car je suis Dieu, il n'y en a pas d'autre.

23 Je le jure par moi-même,

ce qui sort de ma bouche est la vérité (sᵉdaqāh),

c'est une parole irrévocable :

Oui, devant moi tout genou fléchira,

par moi jurera toute langue

24 en disant : En Yahvé seul

sont la justice et la force (sᵉdaqôt waᶜoz).

Jusqu'à lui viendront, couverts de honte,

tous ceux qui s'enflammaient contre lui.

25   En Yahvé seront justifiées (yisd^{e}qû) et se loueront
      toute la descendance d'Israël.

Dans ce texte, la liaison entre la création et la délivrance est
caractéristique. Les oeuvres précédentes de Dieu servent de fondement
à l'annonce de la délivrance qui est adressée tant au peuple d'Israël
en exil qu'à tous les autres peuples. L'universalisme messianique est
ici très clair. Les mots-clés de tout le texte sont des racines de
signification apparentée : sdq (vv. 19.21.23.24.25) et yš^c (au Hifil)
- "sauver, racheter" (vv. 20.21.22). Le contexte et le parallélisme
sedeq // mêsarîm montrent que, au verset 19, la justice de Dieu
signifie la fidélité, c'est-à-dire la vérité de la parole de Dieu.
Au verset 21, nous trouvons les synonymes saddîq // môšia^c. Il est
d'autant plus évident qu'ici la justice de Dieu correspond à la délivrance. "Dieu juste" annonce à son peuple le salut, la victoire (38).
Au verset 23, nous pouvons apercevoir dans le terme de "justice"
l'aspect de vérité, d'harmonie complète entre la parole divine et
l'accomplissement, c'est-à-dire les oeuvres divines. Au verset 24,
nous trouvons un synonyme nouveau : s^{e}daqôt // ^{c}oz. La forme au pluriel
du mot "justice" lui donne un accent majeur (39). La signification
est, bien sûr, la même que dans les autres exemples où l'on rencontre
la forme au pluriel (Jg 5,11; Mi 6,5) : les oeuvres salvifiques effica-
ces de Dieu.

Le verset 25 est un peu problématique, car ici on ne rencontre
pas le substantif "justice" mais la forme verbale. On traduit le verset à la lettre de la façon suivante : "En Yahvé seront justifiées et
se loueront toute la descendance d'Israël". Cependant le contexte intégral nous montre que la "justification" signifie l'oeuvre salvifique
de Dieu. La descendance d'Israël ne pourra atteindre la délivrance
ou la victoire qu'en Dieu (40). Cette signification devient d'autant
plus évidente si nous considérons la relation antithétique entre les
versets 24b et 25 : les ennemis seront couverts de honte, la descendance d'Israël au contraire célèbrera le triomphe (cf. 16//17).

Il est intéressant de constater que, tant dans la Septante que
dans le Targum, le texte intégral est traduit en réalité à la lettre.

La raison en est peut-être dans le fait que le texte est très clair
et offre à peine quelques problèmes relevant de la critique textuelle.
Cette manière de traduire fait que l'on a du mal à comprendre ce que
les traducteurs entendaient par le mot "justice". Cependant dans l'exégèse juive médiévale, la situation relative à ce problème est un peu
meilleure. Rachi ne s'explique que sur le verset 23. La justice consiste dans le fait que Dieu accueille tous les pénitents et que devant
lui tout genou fléchit. Ibn Ezra commente très brièvement les versets
23 et 25. Au verset 23, il attribue à la "justice" la signification
de "vérité"; au contraire au verset 25, il comprend dans le verbe
"seront justes, justifiés" l'expression de la foi en Dieu. Kimhi saisit au verset 21 la fidélité de Dieu à la parole, au verset 23 le serment de Dieu selon lequel, à la fin des temps, toutes les extrémités
de la terre reviendront à Dieu et seront sauvées. Il explique le verset 25 en usant de la forme de l'antithèse : les peuples seront couverts de honte, la race d'Israël sera au contraire justifiée grâce à
son culte authentique.

   L'interprétation christologique des pères de l'Eglise ne nous
surprend pas. Jérôme dit à propos du verset 19 que Dieu disait aux
Juifs "la justice" // "ce qui est juste", c'est-à-dire la vérité, afin
que ceux-ci suivent la vérité de l'Evangile. Mais ils n'ont pas répondu
à l'appel, c'est pourquoi il a appelé les païens à se convertir. En
ce qui concerne le verset 21, il dit que Dieu est juste, car il n'est
pas le Dieu d'un seul peuple mais du monde entier. Il traduit le verset
24a de la façon suivante : "à moi sont les justices (justitiae) et le
pouvoir (imperium)". Il met cette phrase dans la bouche de tout homme,
qui reconnaît le Christ, c'est pourquoi il ajoute dans le commentaire :
"non pas du peuple juif". Tous les peuples viendront à Dieu; ceux qui
ont auparavant rejeté l'Evangile seront couverts de honte. La race
d'Israël descendant des apôtres et croyant au Christ, atteindra la
justice et la gloire (v. 25).

   Malgré son interprétation christologique, Cyrille s'approche le
plus de la signification originelle hébraïque de la justice de Dieu.
Cela est évident dans le commentaire sur le verset 21. A propos du
verset 19, il pense que la justice est la loi de Moïse puisque c'est

lui l'arbitre de justice. La loi, en parlant de justice, annonce en même temps la force de la vérité, c'est-à-dire l'enseignement du Christ; c'est que Moïse a parlé du Christ. Du verset 21, il dit par antithèse : "Les injustes sont des esprits funestes et méchants ...; au contraire, le Dieu de l'univers est juste et sauveur, il prête son secours aux opprimés, libère des liens ceux qui sont dépouillés et délivre les enchaînés des chaînes des péchés, il éclaire ceux qui sont dans les ténèbres, réconforte ce qui est affaibli, soulève ce qui est gisant et convertit ce qui est égaré". Au sujet du verset 25, il pense que ceux qui ont connu l'avènement du Christ ont obtenu la justification par la foi.

Procope commente le verset 19 de manière semblable à Cyrille. Mais, du verset 21, il dit, de façon plus originale, que Dieu est juste, parce qu'il a annoncé l'avènement du Christ et qu'il appelle avec une parole juste tous les peuples à la rédemption; en outre, il est juste dans son opposition aux esprits méchants, qui attaquent la nature humaine; enfin, il est juste, car il inculque la peur à ceux qui pèchent. Il observe, pour le verset 25, que la race d'Israël est constituée par les fils d'Israël qui ont été les premiers messagers de l'Evangile; ceux-là et leurs descendants seront justifiés et atteindront la gloire.

Comment se situent les autres interprètes ?

Albert le Grand, bien sûr, continue avec sa formule typiquement rétributive. La justice de Dieu consisterait dans le fait que Dieu rétribue chacun selon ses mérites (41). Thomas d'Aquin, Luther et Calvin n'ont pas exprimé leur opinion sur la notion de justice dans ce texte.

46,12-13 - le peuple loin du salut // le salut, grâce à Cyrus, est proche

Ces deux versets représentent la conclusion du chapitre 46 tout entier, qui apporte au peuple d'Israël sceptique et rebelle le message résolu de la délivrance. Mais le contexte réel de ce sommet commence déjà au verset 45,18. Du verset 45,18 au verset 46,13 ressort le thème de la futilité des idoles face au vrai Dieu unique. Le chapitre 46

est l'avertissement et l'incitation adressés au peuple d'Israël à
rejeter les idoles et à s'attacher à son Dieu. Le triple impératif
(vv. 3.9.12) donne le ton de cette partie. Que le peuple se souvienne
des oeuvres précédentes de Yahvé, qui sont la garantie de la délivrance dans le présent et dans le futur. L'homme du projet de Yahvé, Cyrus,
est déjà en route (v. 11). Les événements nouveaux sont comme un appel
au peuple au coeur dur :

12   Ecoutez-moi, hommes au coeur dur
       vous qui êtes loin de la justice ($s^e\bar{d}\bar{a}q\bar{a}h$),

13   j'ai fait venir ma justice ($s^e\bar{d}\bar{a}q\bar{a}h$), elle n'est pas loin,
       mon salut ($t^e\check{s}\hat{u}^c\bar{a}h$) ne tardera pas.
       Je mettrai en Sion le salut ($t^e\check{s}\hat{u}^c\bar{a}h$),
       je donnerai à Israël ma gloire.

Il est tout à fait évident, d'après le contexte, la relation
antithétique entre les deux versets et le parallélisme avec $t^e\check{s}\hat{u}^c\bar{a}h$,
que dans les deux cas, $s^e\bar{d}\bar{a}q\bar{a}h$ désigne le salut. L'antithèse "près" //
"loin" a une valeur particulière. Les versets 12-13 sont manifeste-
ment une synthèse antithétique du texte intégral 45,18 - 46,13 qui met
Yahvé en opposition avec les idoles futiles. La conclusion logique
est donc que ceux qui peut-être se fient plus aux idoles qu'à lui sont
loin du salut. Le peuple, sceptique peut-être par principe, affirmait
que le salut est loin. Le peuple se trouvait en réalité loin du salut,
parce qu'il pensait en être éloigné. Au contraire, Dieu avertit que
le salut est proche (42).

*Dans l'interprétation plus ancienne, il n'y a que quelques posi-
tions claires sur la notion de "justice". Le Targum et les Septante
font une traduction très littérale. Rachi rapporte le verset 11 à
Abraham au lieu de Cyrus. Kimḥi le rapporte aux Babyloniens. Ceux-ci
sont "durs de coeur et féroces envers Israël". Ils sont "loin de la
justice", car ils ne se comportent pas justement envers Israël. Jérôme
attribue au terme "justice" une signification salvifique et rétributive. "Ceux au coeur dur sont loin de la justice, car ils ne croyaient
pas que Dieu, en sa bonté, a rapproché la justice pour qu'elle vienne
au monde. Jérôme voit dans la justice tant l'annonce du Christ que le
salut de Sion par l'homme, qui a été appelé d'un pays lointain pour*

qu'il venge les injustices d'Israël et de Jérusalem pervertie et qu'il
détruise Babylone. Haymon interprète le texte directement de façon
christologique.

Parmi les interprètes plus récents, Calvin est le seul à expli-
quer expressément la notion en question. Calvin part du parallélisme
entre les notions "justice" // "salut". Ce parallélisme lui dit que
"justice" désigne le secours que Dieu accorde à son peuple. La meil-
leure preuve de la justice de Dieu est donc justement dans le fait
que Dieu conserve, protège et délivre son peuple (43).

48,18 – l'obéissance est la condition du bonheur

Si seulement tu avais été attentif à mes commandements !
Ton bonheur (šalôm) serait comme un fleuve
et ta justice (s^{e}daqah) comme les flots de la mer.

Voici une exclamation dans la mosaïque des déclarations sur les
oeuvres divines dans l'histoire. La promesse du salut futur a son
fondement dans l'expérience du passé. Dieu a toujours accompli ses
promesses. Cependant, il ne peut pas passer à côté des exigences de
fidélité, d'obéissance. Si le peuple était parfois en détresse et se
sentait privé de la "justice" de Dieu, ce n'était pas à cause de l'infidélité de Dieu, mais en raison de l'injustice du peuple. Le but du
chapitre 48 est d'annoncer le salut futur (vv. 10-22). La déclaration
du verset 18 montre assez évidemment que cette promesse comme celles
du passé n'est pas sans condition.

Les Septante et le Targum ont une belle traduction littérale,
utilisant le parallélisme correspondant εἰρήνη // δικαιοσύνη, š^{e}lam //
z^{e}kût. Dans le Targum, à la phrase "alors ton bonheur serait comme un
fleuve" a été rajouté "Euphrate". Parmi les exégètes juifs et chrétiens
on mentionnera Kimḥi, Luther et Calvin. Kimḥi imprime un sens salvi-
fique à la justice en disant : "Alors ton bonheur serait comme un fleuve
et la main de l'ennemi ne règnerait pas sur toi ... et la justice,
qu'il t'aurait donnée, comme les flots de la mer ...". Luther nous
étonne en mettant la notion de justice en relation avec l'administra-
tion de l'Eglise (44). Calvin interprète ici la justice dans le même
sens.

50,8 - Dieu sauve le serviteur en le proclamant juste

Pour interpréter ce verset, il est indispensable de prendre en considération le contexte intégral de Is 50,4-9 qui est connu comme le troisième chant du Serviteur de Yahvé. Le texte est clairement décomposé en deux parties antithétiques : 4-6 // 7-9. Dans la première partie, le serviteur est victime de l'ennemi; dans la deuxième partie, il se réjouit de son salut grâce à Dieu. Le passage de la première à la deuxième partie est nettement défini par l'adversatif waw :

7 Le Seigneur Yahvé va me venir en aide,

   c'est pourquoi je ne me suis pas laissé abattre,

   c'est pourquoi j'ai rendu mon visage dur comme la pierre,

   et je sais que je ne serai pas confondu.

8 Il est proche, celui qui justifie (masdîqî).

   Qui va plaider contre moi ? Comparaissons ensemble !

   Qui est mon adversaire ? Qu'il s'approche de moi !

9 Voici que le Seigneur Yahvé va me venir en aide,

   quel est celui qui me déclarerait coupable (mî hû' yarsi°enî) ?

   Les voici tous qui s'effritent comme un vêtement,

   rongés par la teigne.

La déclaration "Le Seigneur Yahvé va me venir en aide" paraît deux fois (vv. 7a.9a) et a donc une signification décisive. Mais ce qui importe le plus dans cette deuxième partie c'est l'opposition des verbes "justifier" // "déclarer coupable" : "Il est proche celui qui me justifie" (v. 8a) // "quel est celui qui me déclarerait coupable ?" (v. 9a) (45). C'est dans cette antithèse que réside la véritable opposition entre la première et la deuxième partie du chant. Les enne-mis trouvent un fondement à l'oppression du Serviteur en l'accusant d'être injuste, mais Dieu le sauve en le proclamant juste. Il existe une relation très étroite entre l'accusation et l'anéantissement, d'un côté, et la justification et le salut de l'autre. Le but est l'anéan-tissement ou le salut. Le juste ne peut être sauvé des mains d'ennemis perfides que par celui qui peut faire valoir sa justice (cf. 54,17 mais aussi 51,5). Il paraît évident au Serviteur qu'il ne peut s'agir que du Dieu "juste". C'est pour cela que la déclaration "Le Seigneur Yahvé va me venir en aide" se répète deux fois.

Le poète se sert ici du "rib-pattern", formule de conflit ou
de procès (46). Cependant, il semble que le véritable arrière-plan
ne soit pas seulement judiciaire. Cela dépasse le simple conflit légal.
Il s'agit de la logique la plus noire de la violence. Dans la Bible
hébraïque se rencontre fréquemment l'appel des justes à la délivrance
des mains des ennemis qui les accusent sans raison d'injustice afin
de pouvoir les anéantir au nom de la justice. Cette méthode perverse
n'a-t-elle pas été considérée en tout temps comme le moyen le plus
efficace entre les mains des tenants du pouvoir ? L'adversaire, qui
méconnaît l'injustice, doit être anéanti. C'est pourquoi il faut le
proclamer criminel devant le public. Mais, en même temps, il faut
s'assurer que personne ne cherche à démontrer sa justice. Vers qui
se réfugiera, en définitive, le juste, si ce n'est vers Dieu ? En
fait, c'est lui le dernier, le seul vrai Sauveur.

C. Westermann se demande si l'on peut encore proposer au Serviteur dans cette situation une quelconque justification ou réhabilitation. Il pense qu'en 50,4-9 on ne peut pas trouver une réponse (47).
N'est-ce pas dans ce paradoxe que s'exprime au mieux le sommet de la
foi biblique dans l'efficacité du Dieu Sauveur ? Nous avons ici un
nouvel exemple de l'espoir d'Abraham contre tout espoir, reposant sur
l'ultime, sans doute le plus réel des réalismes.

*L'interprétation de la justice dans ce verset, dans la tradition
plus ancienne, est relativement pauvre. L'exégèse juive dans son ensemble la rapporte, de façon évidente, au prophète. Dans le Targum,
on trouve le substantif : "Ma justice (z^ekûtî) est proche". Ailleurs,
la traduction est très littérale. Rachi dit seulement : "Dieu est près
de moi, pour qu'il me proclame juste (zākāh) dans le jugement". Ibn
Ezra dit : "Le temps est proche, où je me montrerai juste dans les
prophéties". L'interprétation de Kimḥi est très semblable.*

*Parmi les exégètes plus récents, rien n'est vraiment digne d'in-
térêt.*

51,1-8 - justice // salut

La situation de la notion justice est dans cette unité semblable à celle qui se trouve dans le passage 45,18-25. Ici pareillement elle se renouvelle cinq fois. Il est très approprié de traiter toutes ces occurrences dans leur ensemble en tenant compte du contexte intégral, car le texte est une unité thématique claire. Le texte est le suivant :

1 Ecoutez-moi, vous qui êtes en quête de justice (sedeq),

vous qui cherchez Yahvé.

Regardez le rocher d'où l'on vous a taillés

et la fosse d'où l'on vous a tirés.

2 Regardez Abraham votre père

et Sara qui vous a enfantés.

Il était seul quand je l'ai appelé,

mais je l'ai béni et multiplié.

3 Oui, Yahvé a pitié de Sion,

il a pitié de toutes ses ruines;

Il va faire de son désert un Eden

et de sa steppe un jardin de Yahvé;

on y trouvera la joie et l'allégresse,

l'action de grâces et le son de la musique.

4 Ecoute-moi bien mon peuple,

ô ma nation, tends l'oreille vers moi.

Car une loi va sortir de moi,

et je ferai de mon droit la lumière des peuples.

5 Soudain ma justice (sedeq) approche, mon salut (yeša^c) paraît,

mon bras va punir les peuples.

Les îles mettront en moi leur espoir

et compteront sur mon bras.

6 Levez les yeux vers le ciel,

regardez en bas vers la terre;

oui, les cieux se dissiperont comme la fumée,

la terre s'usera comme un vêtement

et ses habitants mourront comme de la vermine.

Mais mon salut (y^{e}šû^{c}āh) sera éternel,

et ma justice (s^{e}dāqāh) demeurera intacte.

7 Ecoutez-moi, vous qui connaissez la justice (sedeq),

peuple qui mets ma loi (tôrāh) dans ton coeur.

Ne craignez pas les injures des hommes,

ne vous laissez pas effrayer par leurs outrages.

8 Car la teigne les rongera comme un vêtement,

et les mites les dévoreront comme de la laine.

Mais ma justice (s^{e}dāqāh) subsistera éternellement

et mon salut (y^{e}šū^{c}āh) de génération en génération.

Ce texte solennel et riche à tous points de vue exprime de façon différente une homogénéité thématique et formelle. Ici encore beaucoup plus qu'ailleurs dans le livre du Deutéro-Isaïe prédomine l'allocution de Dieu à la première personne. Trois fois apparaît l'appel : "Ecoutez ..." (vv. 1ab.4a.7ab). On trouve le mot <u>sedeq</u> ou <u>s^{e}dāqāh</u> cinq fois (vv. 1a.5a.6c.7a.8b). Le texte est donc un appel accentué aux exilés à se tourner en toute confiance vers leur Dieu qui apporte le salut.

Le contexte sotériologique et eschatologique et le parallélisme avec le mot <u>yeša^c</u> ou <u>y^{e}šū^{c}āh</u> montrent incontestablement que la notion de <u>sedeq</u> ou de <u>s^{e}dāqāh</u> aux versets 5a.6c.8b porte une signification sotériologique. Les exégètes contemporains ont la même opinion. Le verset 5a a une grande parenté avec 50,8a. Quant aux versets 6c et 8b, ils servent à une expression antithétique d'une espèce particulière. Au verset 6a, il s'agit de l'appel à la contemplation du ciel et de la terre. Il s'agit d'un exemple classique de mérisme, d'expression d'une totalité avec des parties, des oppositions. Le ciel et la terre représentent toute la vérité existante. Au verset 6a, la même paire contraire de mérisme sert à accentuer que tout, absolument tout aura une fin. Cette thèse avec son côté négatif souligne la déclaration de Dieu au verset 6c : "Mais mon salut (y^{e}šū^{c}āh) sera éternel et ma justice (s^{e}dāqāh) demeurera intacte". Le verset 8a concerne les hommes qui, en insultant les justes, expriment leur propre méchanceté. De tels hommes ne méritent que l'annonce de leur destruction. Mais le salut de Dieu sera durable. Pour les deux antithèses on trouve un beau parallélisme d'idées dans le passage 40,6-8 qui se conclut avec un parallélisme antithétique semblable sans la notion de "justice". Pour l'élément antithétique des versets 6c et 8b, on trouve une déclaration semblable en Ps 112,3b : "Sa justice (s^{e}dāqāh) demeure à jamais". Enfin, on rencontre en Mt 24,35 un parallélisme antithétique pareil : "Le ciel et la terre passeront, mais mes paroles demeureront".

Quelle signification a la notion sedeq aux versets 1 et 7 ?
Pour ce qui est du verset 1, les exégètes plus récents, en se fondant
sur le contexte, optent pour le sens sotériologique (48). Quant au
verset 7, la situation est au contraire différente en raison du parallélisme avec la tôrāh - "la loi". Là peut-être,la justice de Dieu ne
désigne pas le salut de Dieu en lui-même, mais les ordonnances de Dieu.
Mais il est compréhensible que le but des ordonnances de Dieu est de
donner le bien-être à l'homme, c'est-à-dire le salut.

La tradition juive a laissé de façon surprenante, peu de témoi-
gnages nous permettant de saisir le sens de la justice dans ce texte.
Les Septante et le Targum traduisent essentiellement à la lettre. Cepen-
dant, la notion de ṣedeq ou de s^edāqāh n'est pas toujours traduite par
le même mot. Dans la Septante, on trouve le mot δικαιοσύνη aux ver-
sets 5.6.8. En revanche, au verset 1, on trouve τὸ δίκαιον - "ce qui
est juste", au verset 7 apparaît le mot κρύσις - "jugement". Dans le
Targum, nous trouvons, aux versets 5.6.7., z^ekût - "justice", mais,
aux versets 1 et 7, qûštā' - "vérité". Rachi et Ibn Ezra ne com-
mentent le texte intégral que brièvement et n'abordent que peu la notion
de justice. Kimḥi au contraire cite un certain nombre de fois la notion
dans son commentaire, relativement étendu, mais il n'explique pas sa
signification.

Parmi les pères de l'Eglise il faut citer Jérôme, Cyrille et Hay-
mon. Jérôme interprète le texte d'une manière décidément si christo-
logique que le mot abstrait ṣedeq est traduit deux fois de façon concrè-
te : "Mon juste est proche, mon sauveur est apparu" (v. 5a) (49);
"Ecoutez-moi, vous qui connaissez le juste, ô peuple" (v. 7a) (50).
Cyrille nous offre une interprétation christologique unique particu-
lièrement détaillée, claire et approfondie de la notion de "justice".
Au verset 1, il comprend la justice à travers le Christ, qui, en se
fondant sur la foi, justifie l'impie, libère de toute souillure ceux
qui en sont porteurs, sanctifie dans l'Esprit et sert d'intermédiaire
à l'honneur splendide de l'adoption. Du verset 5, il dit que le Père
appelle le Fils sa justice : "C'est que nous ne sommes point justifiés

en lui par les oeuvres qui se font en justice, que nous aurions faites
nous-mêmes, mais par sa grande miséricorde. Il n'est pas venu en ce
monde pour le juger, mais pour qu'il soit sauvé grâce à lui. Et il
n'est pas sauvé autrement que par sa grande bonté ... Nous avons donc
été sauvés dans la justice du Dieu et Père, c'est-à-dire dans le Christ,
sauvés et consacrés, alors que nous nous sommes purifiés de l'ordure
de la bassesse. Mais si c'est le Christ lui-même qui dit cela : Vite
approche ma justice, on peut comprendre la justice comme étant sa
grâce, qui justifie, ou comme l'annonce évangélique et divine ... Il
appelle la justice aussi salut, et cela de plein droit. Elle nous
tire de tout mal. Elle nous libère des attaches de la mort et nous
guide vers la vie éternelle ...". Haymon interprète la notion de
"justice" aux versets 5 et 6 : le Père appelle son Fils juste (jus-
tice) car il sauve et justifie ses élus.

Parmi les exégètes plus récents, on ne considèrera qu'Albert le
Grand et Calvin. Albert met sedeq, *au verset 1, en relation avec*
la loi (51). Calvin, au contraire, en ce qui concerne le verset 5,
refuse l'interprétation rétributive et dit que la justice désigne la
protection de Dieu, sa bonté, sa fidélité dans l'accomplissement des
promesses (52).

54,11-17 - Dieu sauvera Jérusalem

11 Malheureusement, battue par les vents, inconsolée,
  voici que je vais poser tes pierres sur des escarboucles,
  et tes fondations sur des saphirs;

12 je ferai tes créneaux de rubis,
  tes portes d'escarboucle
  et toute ton enceinte de pierres précieuses.

13 Tous tes enfants seront disciples de Yahvé,
  et grand sera le bonheur (šalôm) de tes enfants.

14 Tu sera fondée dans la justice (s^{e}dāqāh),
  libre de l'oppression : tu n'auras rien à craindre,
  libre de la frayeur : elle n'aura plus prise sur toi.

15 Voici : s'il se produit une attaque, ce ne sera pas de mon
    fait;

quiconque t'aura attaquée tombera à cause de toi.

16 Voici : c'est moi qui ai créé le forgeron

qui souffle sur les braises

et tire un outil à son usage;

c'est moi aussi qui ai créé le destructeur, pour anéantir.

17 Aucune armée forgée contre toi ne saurait être efficace.

Toute langue qui t'accuserait en justice, tu la déclarerais

coupable (tarši‵î).

Tel est le lot des serviteurs de Yahvé,

la victoire (s^{e}daqāh) que je leur assure.

Oracle de Yahvé.

Ce texte est une prophétie manifeste de la délivrance. L'allocution est tout du long directe, à la deuxième personne, sauf au verset 17c. Le poète part de la métaphore de l'architecte qui fait le projet d'une merveilleuse construction et plonge dans le gouffre quand il faut se défendre devant les agresseurs. Ainsi, on pourrait subdiviser l'ensemble en deux parties : 11-14a; 14b-17. Au verset 14a, la notion s^{e}daqāh, qui forme avec šalôm (v. 13b) un parallélisme, résume le merveilleux message positif au premier chapitre. Ces deux notions désignent le bien-être, le salut qui sera l'oeuvre de Dieu pour le peuple (53). Dans cette assurance réside le dernier fondement du deuxième sous-chapitre qui, sous un aspect négatif, parle des oeuvres divines. Le peuple ne doit craindre aucune agression, car Dieu, le créateur, est un défenseur fiable devant l'ennemi. Au verset 17c, on trouve un résumé impersonnel de cette assurance.

Il est évident d'après l'ensemble que le doublet s^{e}daqāh, assurance du salut divin, est l'élément fondamental de l'unité du texte. En quoi réside le fondement de l'assurance divine ? Il est clair qu'il s'agit essentiellement d'une libre décision de Dieu et non pas d'une réponse de Dieu aux mérites du peuple. Cependant, une condition de principe pour l'oeuvre de Dieu ressort ici. Le peuple doit se montrer "juste". L'injustice était, en effet, toujours à la base des discours judiciaires. On ne peut laisser de côté le verset 17b, où il est dit : "Toute langue qui t'accuserait en justice, tu la déclarerais coupable

(tarší‛î)". Le peuple doit donc se montrer innocent. Après cela Dieu
agira sans aucun obstacle contre les ennemis, pour le bien du peuple.

*L'histoire de l'interprétation est relativement modeste. Pour
la Septante, selon toute vraisemblance, la notion "justice" se rapporte dans les deux versets au sujet humain. En ce qui concerne le
verset 14, on peut supposer la même chose, en se fondant sur l'antithèse δικαιοσύνη // ἀδικία dans la traduction : "Tu seras fondée
sur la justice, fuis l'injustice et tu ne craindras pas et la peur
ne s'approchera pas de toi". Le verset 17 est traduit de la façon
suivante : "... et vous serez justes (δίκαιοι) pour moi". Le Targum
utilise z^e kûtā' (v. 14) et z^e kût (v. 17) dans une traduction assez
littérale. Rachi ne nous livre rien. Au contraire Ibn Ezra dit, en se
rapportant au verset 14, qu'Israël fera justice envers tous et n'op-
primera aucun peuple comme cela se faisait chez les peuples païens.
Kimḥi voit également au verset 14 le sujet humain. Jérusalem sera
élevée devant le monde par la justice qu'il rendra.*

*Parmi les pères de l'Eglise, on tiendra compte de Jérôme et Hay-
mon. Jérôme commente le verset 17 dans le sens rétributif. La justice
de ceux qui sont près de Dieu est dans le fait que la détresse présente sera rétribuée par la joie future (54). Au verset 14, Haymon
considère comme essentielle la foi dans le Christ. Quant au verset 17,
il constitue pour lui l'exemple classique d'interprétation rétributive de la justice (55).*

*Parmi les exégètes plus récents, il faut considérer Albert, Luther
et Calvin. Albert attribue au verset 17 sa formule rétributive caractéristique. La justice serait la rétribution des mérites (56). Luther,
au verset 14, met s^e dāqah en relation avec le sujet humain. Selon
lui, elle signifierait la vie, menée avec une conscience tranquille,
la disposition à la prière, à dominer la femme, les enfants et la
famille (57). Calvin voit dans les deux versets l'expression de la
justice de Dieu et il la comprend comme la direction divine de l'Eglise
et, en conséquence, sa solidité.*

<u>56,1 - bientôt se révèlera le salut de Dieu</u>

56,1 est l'unité qui introduit la troisième grande partie du
Livre d'Isaïe. Dans le texte, on trouve une grande quantité de motifs
et de vocabulaire du Deutéro-Isaïe. Cependant, la situation n'est plus
la même et le but de l'allocution aussi a changé. Le Deutéro-Isaïe
prêchait aux exilés, à Babylone, que la justice de Dieu, le salut par
Dieu, s'est rapproché. Ici, au contraire, on saisit l'allocution destinée aux rapatriés à Jérusalem et même aux étrangers, pour qu'ils
fassent justice, qu'ils respectent le sabbat, afin d'être participants
du futur salut par Dieu. Le verset d'introduction est le point essentiel de ce texte :

> Ainsi parle Yahvé :
> Observez le droit (mišpāt), pratiquez la justice (s^{e}dāqāh),
> car mon salut (y^{e}šû^{c}āh) est près d'arriver.
> ma justice (s^{e}dāqāh) de se révéler.

Il semble que le passage du verset 1 au verset 2 serait beaucoup
plus harmonieux si le verset 1b n'existait pas. Mais le poète a opté
pour un parallélisme intéressant "pratiquez s^{e}dāqāh" // "ma s^{e}dāqāh
va se révéler". Quelle relation existe-t-il entre la s^{e}dāqāh de l'homme et celle de Dieu ? Que nous révèle cette réciprocité ? N'est-ce
pas surtout que la s^{e}dāqāh ne désigne pas les oeuvres justes (Werk-
gerechtigkeit), mais la foi, la fidélité à la loi divine, l'harmonie
avec la volonté de Dieu ? (58). Il est vrai que le poète rappelle au
peuple de pratiquer la "justice", pour que la justice de Dieu, son
oeuvre salvifique, se fasse valoir. Mais la Bible n'autorise nulle
part la thèse selon laquelle Dieu offre son salut en se fondant sur
les oeuvres de l'homme. Les décisions et les oeuvres salvifiques de
Dieu sont, dans leur essence, toujours indépendantes des oeuvres humaines. Malgré cela, le théologien hébreu se rend compte que la décision
salvifique de Dieu n'est pas absolue, mais seulement conditionnelle.
On ne parvient à la réalisation que si le peuple pense et agit en
harmonie avec la sainteté de Dieu. Dans le cas contraire, ressort le
péché de l'homme, à cause duquel Dieu peut changer sa décision salvifique en jugement. La raison de l'incitation du prophète est donc
claire. Dans ce contexte, avec la phrase : "pratiquez la justice", il
veut en vérité dire : soyez fidèles; gardez-vous de la méchanceté qui,

seule, pourrait empêcher l'arrivée proche du salut par Dieu. Dans le
sabbat, il voit le critère décisif de la fidélité ou de l'infidélité
du peuple.

*La tradition juive est assez peu consistante en ce qui concerne
ce verset. Il en est autrement des Septante qui traduisent s^{e}dāqāh,
pour le verset 1b, par "miséricorde" (ἔλεος) et de cette manière
indiquent clairement la direction de l'interprétation surtout aux
pères grecs. Dans le Targum, le mot utilisé dans la traduction littérale du verset 1a est ṣidqātā', au verset 1b, c'est au contraire
z^{e}kût. Dans son commentaire, Rachi omet le verset entier. Ibn Ezra
n'aborde pas expressément la notion de "justice" mais il met "proche
est mon salut" en relation avec le messie. Il conclut en disant que
les péchés sont la cause de l'arrêt de l'avènement du messie. Mais
cela est la raison de l'exhortation dans le verset 1a. Si le peuple
pratique le "jugement", le salut pourra s'approcher. Dans un tel contexte, il est difficile d'interpréter "justice" autrement que dans un
sens salvifique. Kimḥi va dans le même sens qu'Ibn Ezra.*

*Il est intéressant de noter que parmi les pères de l'Eglise,
c'est déjà Jérôme qui s'appuie sur la traduction des Septante. L'interprétation christologique qui le caractérise lui dicte la conclusion
que le Christ est "la justice et la miséricorde de Dieu". C'est pourquoi il voit au verset 1a l'appel à une préparation convenable
à l'avènement du Christ (59). Cyrille trouve dans la traduction des
Septante un fondement bienvenu pour son interprétation approfondie qui
saisit excellemment le principe fondamental de la doctrine de Saint
Paul sur la justification. Par rapport au verset 1b, il dit : "Christ
est appelé (par le prophète) miséricorde et salut. Par lui, nous avons
obtenu la miséricorde, par la foi nous avons atteint le pardon et le
salut". Cyrille interprète avec cohérence également le verset 1a, dans
le sens du principe de Saint Paul, selon lequel "personne n'est justifié devant Dieu par la loi" (Ga 3,11). Dans le "jugement", il voit
"les jugements de Dieu" ou bien les commandements. Cependant, il se
rend compte que, pour atteindre la miséricorde de Dieu ou bien la justification, il ne suffit pas de respecter les lois divines ni de les
accomplir. Il faut être gardien des saints jugements et dépasser toutes*

*les mesures des oeuvres méritoires. Procope interprète le verset
entier dans le même sens. Haymon voit dans la justice de l'homme (v.
1a) l'expression de toutes les vertus (virtutes), qui justifient les
élus, par rapport au verset 1b, il dit au contraire que le Fils correspond à la justice du Père, car par lui il justifie tous les élus.*

*Parmi les exégètes plus récents, on ne mentionnera qu'Albert le
Grand. Il interprète encore la justice de Dieu (v. 1b) comme la rétribution des mérites. Entièrement conforme à cela est son interprétation
de la justice de l'homme (v. 1a) : "dans les oeuvres" (60).*

58,2.8 – le salut est atteint par celui qui ne néglige pas le droit de son Dieu

Aux versets 58,1-12 commence le thème du jeûne sous l'aspect
négatif (vv. 1-5) et positif (vv. 6-12). Aux versets 2-3a est
exprimée la lamentation introductive de Dieu sur le peuple :

2 C'est moi qu'ils recherchent jour après jour,
   ils désirent connaître mes voies;
   comme une nation qui a pratiqué la justice ($s^e\bar{d}\bar{a}q\bar{a}h$),
   qui n'a pas négligé le droit ($mi\check{s}p\bar{a}t$) de son Dieu.
   Ils s'informent près de moi des lois justes ($mi\check{s}p^e\hat{t}\hat{e}$-sedeq),
   ils désirent être proches de Dieu.
3 "Pourquoi avons-nous jeûné sans que tu le voies,
   nous sommes-nous mortifiés sans que tu le saches ?"

La difficulté d'interpréter les mots $s^e\bar{d}\bar{a}q\bar{a}h$/sedeq et $mi\check{s}p\bar{a}t$
ressort bien dans toutes les traductions, de l'origine à nos jours.
Les traductions sont littérales. Les Septante utilisent δικαιοσύνη
pour $s^e\bar{d}\bar{a}q\bar{a}h$ et κρίσις– "jugement" pour $mi\check{s}p\bar{a}t$ au verset 2b; mais
pour $mi\check{s}p^e\hat{t}\hat{e}$-sedeq, au verset 2c, on trouve κρίσις δίκαια – "jugement
juste". Sedeq au verset 8b est traduit par δικαιοσύνη. Dans le
Targum, on trouve pour le verset 2c dîn diq$^e\check{s}\hat{o}t$ – "jugement vrai,
juste"; sedeq est traduit au verset 8b par z^ekût. Il est vain de
rechercher dans les traditions juive et chrétienne des positions claires
relatives à la signification de ces notions. Dans les traductions contemporaines, $mi\check{s}p^e\hat{t}\hat{e}$-sedeq est traduit, la plupart du temps, par

"jugement juste" (61). Les commentateurs ne définissent qu'en passant et brièvement le sens de ce mot composé (62). Dans ces conditions, notre position dépendra exclusivement de la prise en compte de la signification habituelle du mot sedeq et du contexte intégral.

Il n'y a pas de raison que sedeq ait ici une signification juridique quelconque, du fait qu'il désigne constamment le salut, la délivrance, la bienveillance, le bien-être. A ce verset, comme d'ailleurs au verset 56,1, on ne peut pas laisser échapper la réciprocité entre s^{e}dāqah ou sedeq de l'homme et de Dieu. Le sens du verset 2 est que le peuple ne pratique pas "la justice" // "le droit"; c'est-à-dire qu'il n'est pas fidèle à Dieu et à sa loi authentique. Malgré cela, il questionne son Dieu à propos de mišp^{e}tê-sedeq. On explique aux versets 6-7 en quoi consisterait effectivement la justice du peuple et, en même temps, la justification des questions sur mišp^{e}tê-sedeq. Mais Dieu lui-même maintenant fait dépendre sa promesse salvifique de ces conditions (vv. 8-9a) :

8 Alors ta lumière éclatera comme l'aurore,

   ta blessure se guérira rapidement,

   ta justice (sedeq) marchera devant toi

   et la gloire (kabôd) de Yahvé te suivra.

9a Alors tu crieras et Yahvé répondra,

   tu appelleras, il dira : Me voici !

Dans cette promesse apparaît le sens du mot composé mišp^{e}tê-sedeq du verset 2c. Le peuple est en détresse et attend le salut venant de Dieu. Il jeûne pour paraître juste et le salut ne tardera pas à venir. Au contraire, au verset 8b, Dieu lui-même promet le salut à condition que le peuple soit vraiment "saint".

En quoi consiste donc la réciprocité entre la justice de l'homme et celle de Dieu. Un des principes fondamentaux de la Bible est que la délivrance ne peut être acquise qu'aux "justes", dévoués à Dieu et fidèles à l'alliance. La justice ne signifie pas les oeuvres méritoires, qui pourraient être la raison des oeuvres de Dieu et qui pourraient les compenser. Cependant, les justes peuvent espérer dans la justice de Dieu et aussi faire appel à leur fidélité. Ainsi donc, mišp^{e}tê-sedeq au

verset 2c peut désigner deux aspects : la sentence relative à la justice du peuple et en rapport avec cela l'oeuvre salvifique de Dieu.

Le sens salvifique de sdq, tant au verset 2c qu'au verset
8b, est également déduit, si l'on se fonde sur le contexte
direct et le parallélisme. La deuxième partie du verset 2c est la
suivante : "Ils désirent être proches de Dieu". Beaucoup traduisent
que le peuple désire s'approcher de Dieu. Cependant le contexte, en
particulier le verset 3a, est en faveur de la version proposée. Le
peuple qui jeûne, éprouve évidemment l'absence du salut, il regrette
l'éloignement de Dieu. Au verset 8b, on a un bel exemple de mérisme à propos du contraste "devant" // "derrière". Le sens de ce mérisme
est le suivant : partout sera visible le salut ou bien la majesté de
Dieu (63). Ce mérisme est évidemment une adaptation du mérisme utilisé
au verset 52,12 qui est la conclusion imposante de la libération
de l'exil (vv. 7-12) et est donc décidément une déclaration salvifique, selon laquelle Dieu - Sauveur est "partout" :

C'est Yahvé, en effet, qui marche à votre tête,

et votre arrière-garde, c'est le Dieu d'Israël.

Dans notre texte, le verset 9a continue la déclaration de salut de Dieu du verset 8. Les deux 'az - "alors", au début des versets
8 et 9 sont la réponse à "si" aux versets précédents 6-7. En même
temps, ils expriment l'unique alternative possible de l'appel injusti-
fié vers Dieu au verset 2.

59,9.14.16.17 - vivre dans le péché sans salut // le salut par la libre décision de Dieu

Le chapitre 59 est une unité composée de trois parties : la critique prophétique des péchés du peuple à la deuxième et à la troisième
personne du pluriel (vv. 1-8); la lamentation du peuple sur ses propres
péchés et sur l'éloignement du secours de Dieu, à la première personne
du pluriel (vv. 9-15a); la décision de Dieu de s'engager librement et
de faire justice aux méchants selon leurs oeuvres et, au contraire,
d'apporter le salut à ceux qui ont fait pénitence à Sion (vv. 15b-20).
Selon toute apparence, le verset 21 a été rajouté plus tard. La

structure du texte intégral est insolite dans le cadre de la littérature prophétique. Les exégètes plus modernes reconnaissent qu'il s'agit
d'une formule liturgique.

A première vue déjà, il est évident que le point de départ et le
but du chapitre entier sont le problème de la justice de Dieu, c'est-
à-dire sa présence efficace parmi le peuple de l'alliance. Le champ
lexical ou sémantique des racines $y\check{s}^c$ - "sauveur" (vv. 1.11b.16b.17a),
$g'l$ - "racheter" (v.20), $\underline{sdq}$ (vv. 4a.9a.14a.16b.17a), $\check{s}pt$ (vv. 4a.8a.
9a.11b.14a.15b) donne au texte, en apparence brisé, une unité formelle
et structurale. Aux versets 9a.11b.14a.15b, le vocabulaire de sens messianique apparaît même comme un refrain (64). Il est particulièrement
important que le champ sémantique cité se manifeste en majorité sous
forme de synonymes. Le sujet de la justice est généralement Dieu,
quelquefois il peut s'agir du peuple, mais cependant, exactement dans
le sens opposé. La synonymie et la réciprocité dialectique entre le
sujet divin et le sujet humain sont le fondement le plus fiable pour
la recherche de la signification de notre vocabulaire central.

Les versets d'introduction (1-2) indiquent la direction du texte
entier :

1   Non, la main de Yahvé n'est pas trop courte pour sauver
    $(\underline{m\bar{e}h\hat{o}\check{s}\hat{\imath}a^c})$,
    ni son oreille trop dure pour entendre.
2   Mais ce sont vos fautes qui ont creusé un abîme
    entre vous et votre Dieu.
    Vos péchés ont fait qu'il vous cache sa face
    et refuse de vous entendre.

L'accusation du peuple s'accentue si fortement que, au verset
4a, tout sans exception est défini comme peuple infidèle : nul n'accuse
à juste titre $(\underline{sedeq})$, nul ne plaide $(\underline{\check{s}apat}$ au Nifal) de bonne foi.
Au verset 8 apparaît, dans l'accusation, le parallélisme $\check{s}al\hat{o}m$ //
$mi\check{s}pat$: le peuple ne connaît pas le chemin de la paix, sur ses sentiers,
il n'y a point de droit.

La deuxième partie commence nettement avec la constatation des
conséquences de l'injustice générale du peuple. Si le prophète,

aux versets 51,5 et 56,1, pouvait assurer que le salut de Dieu était
"proche", le peuple (v. 59,9) doit maintenant se plaindre :

> Aussi le droit (mišpāt) reste loin de nous,
> la justice (s^edāqāh) ne nous atteint pas.
> Nous attendions la lumière, et voici les ténèbres,
> la clarté, et nous marchons dans l'obscurité.

Il n'est pas difficile de s'apercevoir que le sujet des mots
parallèles mišpāt // s^edāqāh est Dieu et qu'ils sont les caractéristiques de son salut. Une déclaration très semblable au verset 11b confirme cette impression :

> Nous attendons le jugement (mišpāt), et rien !
> le salut (y^ešû^cāh), et il demeure loin de nous.

Dans la suite de la lamentation, l'attention est attirée surtout
sur la stylisation du rapport causal entre l'injustice du peuple (v.
13a) et l'absence de secours de Dieu (v. 14a). Dans les deux exemples,
le poète utilise les racines swg et 'hr. Au verset 13a, le peuple
se plaint de sa faute :

> On est infidèle à Yahvé, on le renie,
> on se retire de derrière notre Dieu (w^enāsôg mē'ahar 'elōhênû).

Au verset 14a, on constate la conséquence :

> On repousse le jugement (w^ehussag 'āhôr mišpāt),
> on tient éloignée la justice (s^edāqāh).

Le verset 14a interrompt la succession des lamentations sur ses
propres égarements (65). Cependant aux versets 14b et 15a, la plainte continue et confirme la déclaration sur les conséquences au verset 14a.

Ainsi, le sort du peuple devrait être scellé sans issue. Si l'injustice est générale, il n'y a plus de possibilité réelle d'espérer
le salut. Cependant, Dieu nous surprend de nouveau. La troisième partie
(vv. 15b-20) constitue un tournant et indique une direction nouvelle.
Dieu ne s'arrête pas devant l'égarement du peuple. La décision de sa
délivrance surpasse les fautes de l'homme :

15b Yahvé l'a vu, il a jugé mauvais
qu'il n'y ait plus de jugement (mišpāt).

16 Il a vu qu'il n'y avait personne,
il s'est étonné que nul n'intervînt,
alors son bras devint son secours (tôšaᶜ),
et sa justice (sᵉdāqāh), son appui.

17 Il a revêtu comme cuirasse la justice (sᵉdāqāh),
sur sa tête le casque du salut (yᵉšûᶜāh);
il a revêtu comme tunique des habits de vengeance (nāqām),
il s'est drapé de la jalousie (qin'āh) comme d'un manteau.

Le motif du verset 16 se retrouve aussi en 41,28 et 63,5. Le
texte en 63,5 mérite notre attention, car il ressemble exceptionnellement au nôtre et contient également le champ sémantique de la
délivrance :

Je regarde : personne pour m'aider (ᶜôzer) !
Je montre mon angoisse : personne pour me soutenir !
Alors mon bras est venu à mon secours (tôšaᶜ),
c'est ma fureur qui m'a soutenu.

Dans les trois exemples, Dieu est le sujet. C'est surtout en
59,16 et 63,5 que ressortent l'unicité de Yahvé et sa volonté de sauver
son peuple. Ceci confirme bien que Dieu est également le sujet du
mišpāt du verset 15b, et donc avec un sens salvifique. Il ne plaisait
pas à Dieu que la "justice" du peuple, c'est-à-dire son salut, ne soit
pas évidente (66). C'est pourquoi le verset 16 exprime déjà sa décision
libre d'apporter malgré tout le salut; lui seul et personne d'autre.
Mais comment ? Malgré les péchés du peuple ? Dieu est-il prêt au compromis ? Pardonnera-t-il la faute ? Aura-t-il pitié du peuple ?

Au verset 17, la réponse est claire. Dieu se révèle en juge.
Il revêt l'équipement de guerre. La manifestation du Dieu juge fait
naître inévitablement l'antithèse : Dieu "revêt" tant la "justice" //
"salut" (v. 17a) que la "vengeance" // "l'ardeur (jalousie)" (v. 17b).
Aux versets suivants, on comprend facilement à qui s'adressent
l'une et l'autre paire. Il ne s'agit plus de l'opposition d'Israël à
ses ennemis extérieurs. La séparation adviendra à l'intérieur d'Israël

lui-même, qui est accusé d'une faute générale. Ce principe fait naître
l'antithèse entre les versets 18-19//20 : il rétribuera ses ennemis en
fonction de leurs oeuvres; mais pour Sion, pour ceux qui se converti-
ront, il viendra comme sauveur (gô'ēl).

Le verset 18 parle expressément de la rétribution. Cependant
l'étymologie de la rétribution n'a aucun lien avec le champ sémantique de la délivrance. Bien au contraire. L'antithèse nous montre de
façon définitive que la rétribution n'est valable que pour les méchants,
pour ceux qui ne peuvent pas être participants de la délivrance. C'est
que les méchants sont caractérisés par leurs oeuvres mauvaises et
Dieu rétribue leurs oeuvres. Les justes, en revanche, ne sont pas rachetés en raison des oeuvres. Les justes sont ceux qui se convertis-
sent et montrent ainsi leur volonté d'être fidèles à Dieu. Si l'on
considère ce principe, la conclusion du texte est paradoxale. Le
prophète constate la faute générale du peuple et, en conséquence,
l'impossibilité d'être atteint par la main salvifique de Dieu. Mais
Dieu, à ce moment-là, montre encore qu'il n'a pas "désespéré" de son
peuple. La porte décisive est encore toujours ouverte : la conversion.
Peut-être s'agit-il seulement de la conversion du reste (67). Dieu
compte sur lui très sérieusement et en toute certitude. Sa justice,
son salut est le sceau irrévocable de sa fidélité. Le point de départ
et le but de sa justice est l'alliance. Le verset 21 révèle, à ce moment, sa fonction importante, toute considération sur sa datation mise
à part. L'alliance, la fidélité optimale du peuple envers elle, est la
perspective de la correspondance réciproque entre la justice de l'homme et celle de Dieu.

L'histoire de l'exégèse nous offre différents aspects. Pour les
Septante, dont la traduction est assez littérale, le sens du vocabu-
laire n'est pas très clair. Le problème se pose déjà, lorsqu'on consi-
dère le sujet Dieu // homme. Il est étonnant d'ailleurs que, au
verset 16b, on ne trouve point pour s^eḍāqāh comme d'habitude δικαιοσύνη
mais ἐλεημοσύνη - "miséricorde". Dieu donc délivre le peuple malgré
les péchés, dans sa miséricorde. Dans le Targum, s^eḍāqāh des versets
9 et 17 est traduit par le pluriel zakwān - "les oeuvres de justice".
Le verset 16b est un peu modifié : "Ainsi, il les a délivrés avec sa

main forte et avec la Parole (mêmar) de sa bonne volonté, il les a
soutenus". Le verset 17 est tout à fait surprenant : "il se manifestera
pour accomplir les oeuvres de justice (zakwān) pour son peuple; il
apportera la puissance et la délivrance avec sa Parole(mêmar)pour ceux
qui le craignent, pour qu'ils les exercent, en échange de la rétribution exacte, avec force sur ceux qui haïssent son peuple, et il se
vengera sur ses ennemis".

Rachi fournit quelques observations. En ce qui concerne mišpāṭ
au verset 9a, il dit que Dieu ne juge pas pour accomplir une vengeance, quand le peuple se plaint du tort causé par les ennemis.
Il voit la même signification aussi au verset 14a. Quant au verset
16a, il estime que la main de Dieu aidera Israël à se venger sur ses
ennemis. La sᵉdāqāh de Dieu consiste dans le fait "qu'elle tient et
renforce ses mains dans la vengeance, même si nous ne sommes pas dignes
d'être délivrés".

Kimḥi nous offre un commentaire très détaillé de ce texte. Par
rappport au verset 9, il dit que la raison du premier exil est le péché
d'Israël et la continuation de celui-ci est la conséquence du péché
des ancêtres, comme si Dieu faisait payer la faute des ancêtres à leurs
enfants. Dieu est juge selon le principe strict de la rétribution
"mesure pour mesure". Puisque les qualités "droit, justice et paix"
se sont éloignées du peuple, le "droit et la justice" de Dieu se sont
également éloignés de lui. Au verset 14, il suppose que le sujet
est évidemment l'homme. Il donne ici une définition unique des notions
mišpāṭ et sᵉdāqāh. Mišpāṭ signifie "juger entre deux individus en conflit, de façon à accorder la justice au juste et qu'on accuse l'injuste". Quant à sᵉdāqāh il signifie "donner au pauvre, lui accorder
sa bienfaisance et améliorer la relation entre les pauvres et les
riches". Par rapport au verset 16b, Kimḥi insiste sur la culpabilité
générale du peuple, et il indique que ce dernier pourrait aussitôt
revenir de l'exil, s'il se convertissait. Mais la pensée centrale est
que Dieu a conduit le peuple hors d'Egypte en raison de sa bonté et
de l'alliance qu'il a conclue avec les patriarches, et non pas à
cause des mérites du peuple. Au verset en question sᵉdāqāh est la promesse de Dieu de sauver lui-même le peuple de l'exil, car Dieu se

souvient de l'alliance qu'il avait conclue avec les patriarches et,
après eux, avec leurs descendants. Au verset 17, Kimhi voit très
bien l'antithèse. Il constate un langage symbolique concernant les
deux sortes d'équipements. L'un est l'équipement de "justice et de
salut" pour Israël, l'autre est, au contraire, celui de la "vengeance"
pour les ennemis. Le prophète compare l'équipement de la délivrance
à celui de la guerre. La cuirasse et le casque serviront à Israël
comme bouclier dans l'exil et pendant sa sortie d'Egypte, afin d'éviter
tout malheur. La délivrance durera depuis la guerre jusqu'à l'instal-
lation dans leur pays, mais aussi durant la guerre avec Gog et Magog
(68).

　　Des pères de l'Eglise, on doit d'abord tenir compte de Jérôme.
En critiquant sévèrement les Juifs dans leur conception de la justice,
il souligne le contraste entre les Juifs et les païens (vv. 9.11b.
14a.15b). Son commentaire du verset 9 est particulièrement caractéristique : la justice qui a été annoncée aux peuples, s'est éloignée
des Juifs (69). On attachera une plus grande attention encore au commentaire du verset 16b : "Avec sa main et sa justice, ou avec la miséricorde il l'a confirmé, que ceux qui voudraient se détourner de
l'égarement, ne se conserveraient pas par leurs mérites, mais par
la miséricorde de Dieu"(70). En ce qui concerne le verset 20, Jérôme
pense que le Sauveur sera le Christ, qui rachètera Sion avec son
sang. Dans son commentaire très bref, Walafrid Strabon explique le
sens de la justice au verset 16. Il dit que cette notion ne désigne pas les mérites de l'homme, mais la miséricorde de Dieu (71).

　　Albert le Grand et Thomas d'Aquin n'ont pas vis-à-vis de ce texte
une position digne d'attention. Luther se prononce sur les versets 14
et 16. Du verset 14 il dit que sdqh signifie le jugement et la justice.
Le jugement doit exister pour que nous nous détournions du mal, la
justice pour que nous fassions ce qui est bien (72). L'opinion de
Luther sur le verset 16 est beaucoup plus appropriée. Il souligne ici
que le peuple d'Israël n'atteindra pas le secours en raison de ses
mérites, Dieu seul le rachètera. Il l'aide avec sa justice, c'est-à-
dire avec sa grâce (73). Calvin se prononce sur la justice aux
versets 9 et 16. Dans les deux cas, il rappelle le caractère salvifique de cette notion.

61,3.10.11 - le salut des temps messianiques

Le chant sur la délivrance dans le chapitre 61 est valable pour
tous les temps (74). Ici le prophète se montre inégalable pour ce qui
est de la richesse des mots et des métaphores qui expriment la délivrance future et la dignité du peuple opprimé. La justice est encore la
notion centrale de l'annonce majestueuse. Elle apparaît dès la description introductive qui se conclut avec la proposition finale (v.
3c) :

> Et on les appellera térébinthes de justice (sedeq),
> plantation de Yahvé pour se glorifier.

Le texte entier est construit sur l'antithèse "maintenant" //
"autrefois". Ceux qui sont à présent meurtris et affligés bénéficie-
ront dans leur futur du secours de Dieu, c'est-à-dire de sa force.
Le verset 3c veut donc dire qu'ils seront, grâce aux nombreux dons de
Dieu, forts comme des térébinthes (75).

Aux derniers versets (10-11) apparaît la forme $s^e d\bar{a}q\bar{a}h$. Le
contexte et le parallélisme avec $ye\check{s}a^c$ - "salut" (v. 10) montrent
ici encore plus clairement qu'elle signifie la bénédiction de Dieu
(v. 9) :

> 10   Je suis plein d'allégresse en Yahvé,
>   mon âme exulte en mon Dieu,
>   car il m'a revêtu de vêtements de salut ($ye\check{s}a^c$),
>   il m'a drapé dans un manteau de justice ($s^e d\bar{a}q\bar{a}h$),
>   comme l'époux qui se coiffe d'un diadème,
>   comme la fiancée qui se pare de ses bijoux.
> 11   Car de même que la terre fait éclore ses germes
>   et qu'un jardin fait germer sa semence,
>   ainsi le Seigneur Yahvé fait germer la justice ($s^e d\bar{a}q\bar{a}h$),
>   et la louange devant toutes les nations.

*Dans la Septante, le mot $s^e d\bar{a}q\bar{a}h$ du verset 10 n'est pas traduit
par* δικαιοσύνη, *mais par* εὐφροσύνη *- "allégresse". Elle décide de
l'interprétation des pères grecs : le chrétien a revêtu dans le Christ
le salut et l'allégresse. Dans le Targum, on trouve au verset 3 rabr^e bê*

qûstā' - *"les princes de justice", au verset 10 zākû, au verset 11
z^ekûtā' . Les exégètes juifs du Moyen Age ne nous offrent rien à propos
de la justice dans ce texte.*

Jérôme traduit "térébinthes de justice" (v. 3c) par fortes iusti
tiae. *Il explique qu'il y voit la justice de Dieu. Les apôtres et les
hommes apostoliques recevront, après la période du chagrin, l'huile
de l'allégresse et s'appelleront générations de justice, ou bien ils
seront forts grâce à la justice de Dieu (76). A propos du verset 10
Jérôme voit la justice du Christ. Le chrétien, avec le baptême dans
le Christ, revêt le Christ et ainsi il a le vêtement de justice (77).
Quant au verset 11, Jérôme dit que le Seigneur fera germer la justice
et l'allégresse chez tous les peuples qui se rassembleront dans l'Eglise, et non seulement devant Israël, pour détruire la présomption des
Juifs.*

*Parmi les pères grecs, on est étonné par Cyrille. Au verset
3, il attribue un sujet humain à la justice et dit : "Ceux qui sont
dans le Christ, s'appellent 'une race élue, une nation sainte, un peuple acquis' (1 P 2,9), à cause de la beauté de la justice qui réside
en eux; je ne dis pas justice par la loi (κατὰ νόμον) mais je pense à celles qu'ils ont par les sentences du Rédempteur. La justice qui vient
par le Christ est incomparablement meilleure que celle qui est dans
la loi. Il a bien dit aux saints apôtres : 'Car je vous le dis : si
votre justice ne surpasse celle des scribes et des Pharisiens, vous
n'entrerez pas dans le Royaume des Cieux' (Mt 5,20)". Procope interprète le verset 3 de façon tout à fait identique et il est vraisemblablement dans la dépendance de Cyrille.*

*Dans les commentaires plus récents, on ne trouve rien de caracté-
ristique.*

62,1-2 - Dieu ne se reposera pas tant qu'il n'aura pas sauvé Jérusalem

Les chapitres 60-62 sont une unité thématique claire. Le chapitre
présent se développe donc organiquement à partir des chapitres précédents, cependant les voix sur l'amour de Dieu pour Jérusalem se font
encore plus décidées. Jérusalem ne sera plus "délaissée", désolée"
(v. 4), mais "ville recherchée, non délaissée" (v. 12). Les habitants
atteindront le salut (yeša^c) et s'appelleront "les rachetés de Yahvé"

(g^{e}ûlê YHWH). Sur Jérusalem Dieu déclare même : hepsî-bâh - "mon
plaisir est en elle" (v. 4). Aux versets 1b et 7ab, le prophète,
avec ^{c}ad - "jusqu'à", crée une tension dans l'attente du salut futur.
C'est en cela que réside la réponse à la formule caractéristique de
la plainte à propos des peines les plus variées : ^{c}ad mātay - "jusqu'à
quand". Les versets introductifs commencent précisément là où se
concluent les derniers versets du chapitre 61 et ainsi ne font que
confirmer la dimension salvifique de la justice de Dieu :

> 1 A cause de Sion je ne me tairai pas,
>
>   à cause de Jérusalem je ne me tiendrai pas en repos,
>
>   jusqu'à ce que sa justice (sedeq) jaillisse comme une clarté,
>
>   et son salut (y^{e}sû^{c}āh) comme une torche allumée.
>
> 2 Alors les nations verront ta justice (sedeq)
>
>   et tous les rois ta gloire (kabôd).
>
>   Alors on t'appellera d'un nom nouveau
>
>   que la bouche de Yahvé désignera.

Les Septante traduisent cet endroit à la lettre; sedeq *est rendu
par* δικαιοσύνη. *Dans le Targum, au contraire, le premier verset est
traduit assez librement : "jusqu'à ce que j'accomplisse le salut, je
ne donnerai pas le repos aux nations et jusqu'à ce que j'apporte la
consolation à Jérusalem, je ne donnerai pas la paix aux royaumes;
jusqu'à ce que sa lumière (n^{e}hōrā') se manifeste comme l'aube et que
son salut flambe comme une torche". Pour* sedeq *le targumiste choisit
donc l'expression n^{e}hōrā' - "lumière". Au verset 2 seulement il
le traduit par le significatif z^{e}kût. Parmi les exégètes juifs médiévaux, il n'y a que Kimhi qui nous offre un bref commentaire sur* sedeq
*dans les deux versets : "Sedeq que Dieu accomplira avec toi, sera ta
sedeq". Selon toute apparence donc Kimhi voit ici le symbole de la
notion de "délivrance".*

*Les exégètes chrétiens interprètent en général le texte express-
sément de façon christologique. Quant à Luther et à Calvin, ils apportent là quelques particularités. Luther comprend dans* sedeq *tant la
justice de l'homme que la justice de Dieu. La justice signifie pour
lui notre salut et la rémission des péchés. Mais Calvin cette fois*

pense au renouvellement de l'Eglise.

63,1 - Dieu parle du salut quand il se venge des ennemis

63,1-6 nous surprend par son sens dramatique exceptionnel. Les
questions (vv. 1ab.2) et les réponses (vv. 1c.3-6) donnent aux textes
une apparence de dialogue. Les sujets ne sont pas désignés mais il
est évident que Dieu seul répond aux questions. Le contenu de la réponse est synthétisé dans un bref parallélisme antithétique dans le
verset 4 :

Car j'ai au coeur un jour de vengeance (nāqām),
c'est l'année de ma rédemption (g^e'ûlîm) qui vient.

Par le verset introductif, il est évident que la vengeance est
adressée à Edom. Il est possible que le prophète voit dans ce nom le
type de tous les peuples étrangers qui oppriment Israël (78). Le salut
d'Israël suppose auparavant la vengeance sur les ennemis. Puisque le
vocabulaire sur la délivrance apparaît aussi aux versets 4b et 5,
le sens salvifique du mot s^{e}daqah au verset 1c est d'autant plus évident; surtout qu'il compose le parallélisme avec la racine yš^c. Le verset 1 dans sa totalité est le suivant:

Quel est donc celui qui vient d'Edom,
de Boçra en habits éclatants,
magnifiquement drapé dans son manteau,
s'avançant dans la plénitude de sa force ?
"C'est moi qui parle avec justice (bisdaqah),
qui suis puissant pour sauver (rab l^{e}hôšîa^c)".

L'utilisation de la préposition bet devant s^{e}daqah fait que quelques exégètes optent pour le sens moral de s^{e}daqah (79). Cependant,
c'est surtout le parallélisme qui fait pencher pour le sens salvifique
habituel.

*Les Septante traduisent le verset 1c de la façon suivante : "Moi,
qui parle justice (δικαιοσύνη) et jugement du salut". Le Targum :
"Il a dit, regarde, je me manifeste quand je parle dans la justice
(b^{e}zakû); devant moi la force est grande, pour que je sauve". Rachi*

voit dans la notion de s^edāqāh tant le sujet humain que le sujet divin,
cependant il n'explique pas la notion elle-même. Kimḥi l'interprète
dans le sens salvifique: "Ce que j'ai dit à Israël dans ma justice,
je l'ai fait, car je suis fort pour sauver, c'est-à-dire que j'ai une
grande force pour sauver Israël".

Parmi les pères de l'Eglise on retiendra Jérôme, qui surprend
avec son interprétation rétributive et judiciaire de la justice du
Christ : "... je parle justice pour rendre le mal aux méchants et le
bien aux bons"(80). Rupert de Deutz interprète de manière identique
(81). Haymon est tout aussi caractéristique en ce qui concerne l'in-
terprétation rétributive (82).

Plus tard viennent Thomas d'Aquin et Calvin. Le premier inter-
prète ici la justice comme le jugement de Dieu sur le peuple, le
deuxième en revanche, comme la fidélité de Dieu.

Conclusion

a) Constatations générales

L'analyse de chaque texte a montré que la signification fondamentale de la racine sdq est dans l'ensemble toujours la même. Elle
désigne la décision salvifique de Dieu, sa fidélité au peuple fidèle,
la fermeté, la fiabilité, la victoire. La justice de Dieu est l'expression de la liberté complète de Dieu. Ses raisons dépassent toutes
les normes de l'homme, sont indépendantes des mérites de celui-ci,
elles sont hors des possibilités de l'entendement humain. C'est que
la justice de Dieu signifie la manifestation, l'activité de Dieu, qui
est l'incontestable commencement et la fin de toute existence, de toute histoire. La justice de Dieu est Dieu lui-même, le Créateur, le
Sauveur dans le sens le plus complet de la parole. Eu égard à cela,
la signification fondamentale de la racine sdq est exceptionnellement
large. Elle est indéfinie en elle-même et il n'est pas possible de la
déterminer de manière satisfaisante. Au contraire, dans les différents
contextes, elle désigne les aspects les plus variés de l'unique et
même vérité positive. Elle s'affirme toujours comme l'unique objet
valable de la justice de l'homme, c'est-à-dire de la foi, de l'espérance,

de la fidélité. Elle représente pour l'homme l'alternative extrême,
la vie // la mort.

La justice de Dieu est universelle et cependant d'une nature
tout-à-fait positive. C'est pourquoi elle ne peut être valable incon-
ditionnellement pour l'homme. Seuls les justes peuvent en bénéficier,
c'est-à-dire les fidèles. Mais puisque les justes sont souvent les
victimes des méchants, la justice salvifique peut parfois s'identifier
avec leur jugement. Le jugement n'est jamais le but primordial et
positif de la justice de Dieu. Il se montre toujours seulement comme
le moyen de délivrer les justes. Il est la conséquence inévitable de
la justice de Dieu, c'est-à-dire la fidélité aux fidèles. Le jugement
ne peut pas être englobé dans la définition de la justice de Dieu. Le
principe rétributif n'est jamais son point de départ, mais seulement
l'exigence de son efficacité dans des situations précises.

b) Les synonymes et les antonymes

Les synonymes et les antonymes sont d'un grand secours dans la
quête d'une signification de la racine sdq. Dans les chapitres 40 -
66 prédomine le synonyme caractéristique de la racine yš^c - "sauver"
(45,8.21; 46,13; 51,5.6.8; 56,1; 59,16.17; 61,10; 62,1; 63,1). Outre
le contexte plus large, qui est expressément salvifique, cette notion
confirme de plus le sens primaire salvifique de la racine sdq. On peut
faire une constatation semblable pour les synonymes plus rares šalôm -
"paix, bonheur" (48,18; 54,13), ^{c}oz - "force" (45,24) et kabôd -
"gloire, magnificence" (58,8; 62,2), tôrah (51,7). Le synonyme mêšarîm -
"droiture" confirme fortement l'impression que sedeq au verset 45,19
signifie la "vérité".

Le deuxième synonyme le plus fréquent mišpat (1,27; 5,16; 28,17;
33,5; 56,1; 58,2; 59,9.14) est plus problématique. A la fois le contexte
et la notion même, dans les passages traités, plaident en apparence
pour le sens judiciaire et rétributif de la justice. Dans les dictionnaires, on trouve pour mišpat les désignations "droit, jugement"
qui en elles-mêmes ont peu de sens. Dans l'absence de contexte, elles
peuvent même égarer le lecteur. Cependant, la structure réelle des

textes et le contexte plus large montrent, d'une manière suffisamment
claire, que dans ces exemples est aussi représenté le sens fondamental salvifique, qui ne peut s'appliquer qu'aux justes. Si on parle
parfois du "jugement juste", on ne pense à celui-ci qu'en relation
avec le peuple de l'alliance, qui se rend compte de sa fidélité et
espère dans le jugement du salut. Il espère qu'il n'y a pas d'obstacle
pour le jugement de la justice charitable de Dieu. Le salut, tant par
sa nature que par ses motifs, surpasse les mérites du peuple. Les
passages concernés témoignent que la paire "droit" // "justice" en
général désigne la supériorité de Yahvé sur toutes les autres forces
et son jugement de salut pour le peuple fidèle. La supériorité de Dieu
et son jugement salvifique ont, en revanche, comme conséquence l'opposition irréconciliable aux forces impies, qui font face à la sainteté
de Dieu et anéantissent les justes.

Parmi les antonymes, on a rencontré d'abord la racine rš᷄c au
Hifil (50,9). La paire masdîqî - "celui qui me justifie" (50,8) //
mî hû' yaršî᷄c᷄enî - "quel est celui qui me déclarerait coupable ?
(50,9) est l'expression de l'opposition entre Dieu qui prend le parti
des fidèles et les forces ennemies qui ont des buts tout à fait opposés. Si Dieu justifie et sauve, aucune tentative d'accusation de la
part des méchants ne peut réussir (cf. 54,17). Dans le parallélisme
59,17a//17b apparaît l'antithèse des paires s᷄e᷄dāqāh + y᷄e᷄š᷄û᷄āh //
naqām + qin'āh. La déclaration antithétique nous montre Dieu dans les
vêtements de juge. Cependant, Dieu agit comme "juste" seulement envers
ses fidèles. Aux méchants est adressée sa "vengeance, jalousie". Ici
nous avons encore une preuve du sens non judiciaire de la justice de
Dieu. Il est vrai qu'on la trouve souvent dans un contexte judiciaire,
mais dans ce cas, elle recouvre seulement le côté positif de l'acte
judiciaire : le salut des fidèles. Bien entendu, Dieu ne fait pas valoir sa justice comme une rétribution pour les bonnes oeuvres concrètes,
mais se fonde sur sa décision salvifique permanente pour tous ceux
qui le reconnaissent et le confessent.

c) L'histoire de l'exégèse

L'histoire de l'exégèse commence avec les traductions les plus anciennes. En raison des affinités entre l'araméen et l'hébreu, on trouve convenable de débuter avec le résumé de la situation dans le Targum. Celui qui se rend compte des liens entre les langues, doit être surpris que le traducteur du Targum, dans le Livre d'Isaïe, ne traduise pas la racine sdq par les mots correspondants araméens de la même racine, lorsque le sujet est Dieu. Cela nous surprend d'autant plus que le traducteur du Targum, dans le Livre des Psaumes, a traduit la plupart des passages justement par les dérivés de cette racine. Dans le Livre d'Isaïe prédomine la racine zkh qu'on trouve sous différentes formes : z^ekût/z(ā)^{e}kûtā'/zākû au singulier (1,27; 5,16; 10,22; 28,17; 33,5; 45,8c.23; 46,12.13; 48,18; 50,8; 51,5.6.8; 54,14.17; 56,1b; 58,8; 59,14; 61,11; 62,2; 63,1). Dans les passages 45,24 et 59,9.17 apparaît la forme au pluriel zakwān. Les dérivés de la racine zkh sont encore le substantif zakkā'ûtā' (42,21), l'adjectif zakkay (45,21) et la forme verbale yizkôn (45,25). Puis apparaissent, outre les dérivés de la racine zkh, quelques autres notions voisines : q^ešôt/qûštā' (41,10; 42,6; 45,13.19; 51,1.7; 58,2; 61,3), tûbā' (45,8a), mêmār (59,16), n^ehôrā' (62,1). Aux versets 24,16 et 41,2 le traducteur du Targum met la notion de justice en relation avec le sujet humain : au pluriel saddiqayyā', ou bien au singulier sidqā'.

Les Septante et la Vulgate ont, pour la notion de justice, dans la plupart des cas les formes correspondantes de la même racine caractéristique : δικαιοσύνη, δίκαιος, δικαιοῦν; iustitia, iustus, iustificare(i). Les écarts en faveur de mots plus appropriés sont relativement rares. Dans la Septante, on trouve les substantifs : ἐλεημοσύνη (1,27; 28,17; 59,16), ἔλεος (56,1b), κρίσις (51,7), εὐφροσύνη (61,10), l'adjectif εὐσεβής (24,16). La Vulgate s'écarte seulement une fois avec le verbe sanctificare (42,21).

La revue des commentaires nous montre qu'une grande partie des exégètes a, dans l'ensemble, bien saisi le sens fondamental de la justice de Dieu. On distinguera tout particulièrement Cyrille d'Alexandrie et J. Calvin. Calvin est le seul à repousser avec cohérence l'interprétation selon le principe rétributif. D'autre part, on est surpris par l'incohérence de certains exégètes. Jérôme, Haymon, Rachi et Kimhi par exemple, parfois sans raison évidente, citent le principe caractéristique de la rétribution tandis, que par endroit ils constatent très bien le sens spécifique hébraïque. Les exégètes chrétiens en général s'approchent le plus de la signification hébraïque, quand ils mettent le mot "justice" en relation avec le Christ, qui représente pour eux le rédempteur du genre humain.

On ne peut pas encore se prononcer définitivement sur les raisons de l'incohérence qui se rencontre dans ce domaine. Cependant, quelques faits permettent déjà de nous orienter de manière assez fiable dans l'interprétation. Dans la civilisation européenne s'était peu à peu enracinée la notion juridique et rétributive de la justice. Pour cette raison, les interprètes purent l'insérer sans contrôle dans les textes bibliques; plus ils le faisaient, moins ils approfondissaient la connaissance de la langue hébraïque, le contexte spécifique des textes et le large contexte de la pensée originelle hébraïque. A ce sujet, Albert le Grand constitue un exemple particulièrement éloquent. Dans son commentaire du Livre d'Isaïe, la notion de justice n'est plus que la formule de rétribution. Les exégètes juifs non plus n'étaient pas épargnés par le juridisme de l'Europe occidentale. Rachi, Kimhi et Ibn Ezra écrivent en hébreu mais leur horizon de pensée est, dans une grande mesure, celui de l'Europe occidentale.

Une raison supplémentaire de l'interprétation selon le principe de rétribution est probablement la situation du peuple juif dans l'histoire. Les Juifs sont partout aux mains de forces ennemies dominantes qui leur sont hostiles. C'est pourquoi chez eux l'assurance biblique du salut pouvait, encore plus que chez les chrétiens, prendre valeur en même temps de jugement sur les ennemis. La justice salvifique de Dieu est devenue un cri de vengeance.

Mais pourquoi les exégètes n'ont-ils pas tous succombé au climat rétributif de l'Europe occidentale ? Une certaine constante du sens hébraïque s'est conservée tout au long des siècles. La raison décisive ne peut être ailleurs que dans la Bible. L'esprit qui émane des prophètes et des psaumes est trop singulier pour que des catégories étrangères puissent le déformer complètement. Dans la suprême synthèse biblique des raisons de l'intellect et du coeur, Yahvé ne peut guère être considéré, avant tout, comme le juge selon le principe monotone

de rétribution, sur les fondements des oeuvres de l'homme. La Bible
atteste que Dieu, absolument unique, est le seul juste, dans sa bonté
et sa fidélité, au-delà des mérites de l'homme et de ses évaluations
portant sur le bien et le mal. C'est pourquoi la définition du sens
d'une notion si fondamentale qu'est la "justice" ne peut pas seulement
être du domaine de l'étymologie. Il s'agit là d'un pressentiment qui
nous domine, qui reste ouvert aux formes d'expression les plus variées
mais, en même temps, dépasse toute terminologie.

II. LE LIVRE DES PSAUMES

Ps 4,2 - Dieu sauveur

Quand j'appelle réponds-moi, Dieu, ma justice ('elōhê sidqî) !
Dans la détresse tu m'as soulagé;
par pitié, écoute ma prière.

D'après ce verset introductif, il est clair que le psalmiste est
dans la détresse. Les versets suivants montrent que c'est un hasîd qui
met toute sa confiance en Dieu. Cela a une valeur d'autant plus grande
que certains lui contestent une telle confiance. L'auteur de cette
prière met un accent particulier sur sa confiance quand il réfute
leurs prétentions. Le présent conflit est la cause du style et des
idées particulièrement mouvementées de ce psaume. L'intégralité de ce
psaume montre que 'elōhê sidqî signifie littéralement "Dieu de ma
délivrance".

*La tradition nous offre peu de prises de position intéressantes
au sujet de ce verset. Les pères de l'Eglise se basant sur une traduction littérale "Dieu de ma justice" dans les Septante et la Vulgate,
la majorité pense qu'il s'agit ici de la justice du psalmiste ou de
celle du Christ. En revanche, Luther a bien vu la signification quand
il lie la justice avec la miséricorde de Dieu.*

Ps 5,9 - Dieu guide avec bienveillance

Le Ps 5 est surprenant par son opposition tranchante entre le
psalmiste confiant et les impies qu'il accuse devant Dieu. Cette opposition détermine la construction même du psaume dans les strophes :
2-4; 5-7; 8-9; 10-11; 12-13. La strophe introductive est suivie de
deux paires de strophes antithétiques. La signification clé est dans
la strophe 2 (vv. 5-7). Ici le psalmiste fait particulièrement ressortir la sainteté de Dieu, laquelle est incompatible avec toutes
les formes du mal. L'éloge du psalmiste à la sainteté de Dieu est bien
sûr en même temps la plus nette condamnation personnelle des malfaisants.

Malgré cela le psalmiste est loin d'une quelconque complaisance envers soi. La troisième strophe ouvre le deuxième noyau du psaume, sur la sainteté de Dieu; ce noyau est essentiellement lié avec le premier duquel il découle. Si la sainteté de Dieu est une qualité infinie alors on ne peut qu'attribuer à Dieu tout ce qui est positif dans l'homme, même le bonheur de pouvoir le louer et le servir :

8 Mais moi, grâce à ta fidélité (hesed),
  j'entre dans ta maison;
  avec crainte je me prosterne
  vers ton temple saint.

9 Seigneur, conduis-moi par ta justice (b^{e}sidqāteka)
  malgré ceux qui me guettent;
  aplanis devant moi ton chemin.

Ici il est possible de comprendre la signification du mot s^{e}dāqāh uniquement à partir du contenu intégral du psaume. Hesed (v. 8) et s^{e}dāqāh (v. 9) ne forment pas ici par hasard le champ lexical commun. Si le psalmiste doit tout attribuer uniquement à la hesed de Dieu qui est le signe distinctif de sa sainteté il ne peut demander à Dieu autre chose que sa s^{e}dāqāh, c'est-à-dire sa sainteté, sa fidélité, sa bonté, soit le guide de sa vie. C'est uniquement de cette façon qu'il aura vraiment le droit de s'opposer aux malfaisants car eux luttent exactement contre la "justice" de Dieu et ils refusent la bonne et charitable conduite divine du monde.

Les commentateurs anciens (uniquement chrétiens) nous offrent à ce propos quelques prises de position très intéressantes. Augustin met la justice de Dieu en opposition avec celle de l'homme qui est basée sur le principe de rétribution. La justice de Dieu en revanche, se montre bienfaisante aussi bien envers les bons qu'envers les méchants (83). Cassiodore conçoit la justice de Dieu dans le pardon au repentant (84). Très intéressant est Gerhoh : d'après lui, la justice de l'homme repose sur le principe de rétribution; en revanche, la justice de Dieu consiste dans le fait que Dieu rend le bien pour le mal (85). Calvin à ce propos désigne la justice de Dieu comme fidélité et clémence (86). Luther lie la justice de Dieu avec la justification de l'homme; en effet, la justice de Dieu prend toute sa valeur dans la miséricorde et dans la grâce divine qui justifient l'homme.

Ps 7,10.12.18 - Dieu est un juste juge

Au verset 10 de ce psaume apparaît l'expression 'elōhîm saddîq, et au verset 12 'elōhîm sôpēt saddîq. Ces expressions sont difficiles à traduire autrement que par "Dieu est juste" et par "Dieu est un juste juge". Ce n'est pas seulement la nécessité de la formulation mais aussi du contenu du psaume dans son intégralité. Le psalmiste est dans une détresse extrême, ses ennemis l'accusent injustement d'une mauvaise action et le persécutent (vv. 2-6). En danger de mort, le psalmiste répand devant Dieu des prières pour sa délivrance (vv. 2-3; 9-14). Au verset 10 (10a), il se sert du parallélisme antithétique :

Que cesse la méchanceté des impies !

Affermis le juste (saddîq) !

Car celui qui examine les coeurs et les reins,

c'est le Dieu juste ('elōhîm saddîq).

Aux versets 11 et 12, il poursuit :

11 Mon bouclier est près de Dieu,

le sauveur des coeurs droits.

12 Dieu est le juste juge ('elōhîm sôpēt saddîq)

un Dieu menaçant chaque jour.

Il semble qu'ici la notion de la justice de Dieu est dans l'impasse. Il est difficile de pressentir une signification unilatéralement salvifique de la justice de Dieu en rapport avec les justes. Il s'agit avant tout d'une relation binaire - psalmiste juste // persécuteur injuste. Le psalmiste fait appel au juste juge pour qu'il maîtrise ses ennemis et qu'il le sauve. Au fond, ne s'agit-il pas ici de la notion de la justice rétributive de Dieu ?

Une lecture attentive du psaume révèle que ce n'est pas le cas. Aussi, notre psaume utilise-t-il la notion de la justice de Dieu dans sa signification habituelle de délivrance. Le point de départ et le but de l'appel du psalmiste est sa propre délivrance, pour cette raison il s'en rapporte à sa propre justice et à sa propre fidélité (v. 9).

Mais la nature de sa situation personnelle exige que le cri pour sa
délivrance soit en même temps une demande pour la maîtrise de ses
ennemis. Cette demande ne se transforme pas dans le principe de rétribution. Le psalmiste a une telle confiance dans la puissance de la
justice divine qu'il voit déjà ses ennemis tomber dans leur propre
piège sans une intervention directe de Dieu (vv. 15-17). En cela consiste la délivrance du juste qui est persécuté injustement par ses
ennemis. La confiance dans l'efficacité de l'intervention salvifique
de la justice divine dicte au psalmiste une déclaration de reconnaissance (v. 18) :

> Je rendrai grâce à Yahvé pour sa justice (k^{e}sidqô),
> et je chanterai le nom de Yahvé, le Très-Haut.

*La tradition en ce qui concerne ce psaume est jusqu'à la Réforme,
aussi bien dans le Judaïsme que dans le Christianisme assez semblable.
Les traductions des Septante, du Targum et de la Vulgate sont tellement littérales qu'il est impossible de saisir comment les traducteurs
comprennent cette notion. Dans la Septante et dans la Vulgate, au
verset 10 le mot même de justice manque et pour cette raison il manque
aussi chez les pères de l'Eglise. Parmi les exégètes juifs, Kimhi
traite ce verset et l'expression "Dieu juste" et l'interprète selon
le principe de rétribution. Dieu va donner à chacun selon ses voies
et ses pensées. D'autant plus que Kimhi voit le principe de rétribution au verset 12. Rachi parle de la notion de justice uniquement au
verset 18 et l'interprète selon le principe de rétribution.*

*Parmi les pères de l'Eglise on trouve plusieurs commentaires sur
justice au verset 12. Tous, sans exception, sont des schémas rétri-
butifs (87). Chez Augustin et Cassiodore, le principe de rétribution
apparaît aussi sous une forme atténuée dans l'interprétation du verset
18 (88). Luther et Calvin traitent la notion de justice uniquement
au verset 18. Luther la comprend comme la miséricorde et la grâce divine avec lesquelles Dieu pardonne le péché de l'homme et le justifie
devant sa face. Calvin la comprend de nouveau comme fidélité de Dieu
(89).*

Ps 9,5-9 - Dieu juste défend les opprimés

Le verset introductif : "Seigneur, je rendrai grâce de tout mon coeur ..." (v. 2) est un point de départ pour l'appréciation de la notion de justice de Dieu dans ce psaume. Le psalmiste rend grâce pour le secours reçu. Les responsables de sa détresse sont des ennemis, qui sont dans le Livre des Psaumes un adversaire permanent de Dieu et de ses fidèles. A cause de leur violence permanente, les actions de grâce s'entrelacent inséparablement avec les prières. Il semble même que la cause des remerciements est justement la détresse présente. Quand le psalmiste dans sa détresse se retourne vers Dieu, le souvenir de tous les bienfaits passés qu'il a reçus renaît en lui et en cela il voit la garantie pour l'aide présente et future. Le Très-Haut (v. 3) est toujours le fidèle défenseur des pauvres et de ceux qui sont dans la détresse; il n'oublie pas le cri des malheureux (v. 13), c'est le credo du psalmiste. Le Très-Haut interviendra sûrement. A ce moment les ennemis périront, pour que les malheureux atteignent la liberté et la paix.

Dans le psaume apparaît le plus souvent la racine špt (5.8.9.17. 20) qu'on traduit par le mot "juger, juge, jugement". Aux versets 5 et 9, cette racine détermine la signification du mot sedeq qui est partout traduit par "justice". Pour rendre plus évidente la signification fondamentale de cette notion, voici la citation des versets 4-10 :

4   Mes ennemis, qui battent en retraite,
    trébuchent et périssent devant toi,

5   car tu as défendu mon droit et ma cause (mišpāṭî wᵉdînî);
    tu t'es assis sur ton trône, juste juge (šōpēṭ sedeq).

6   Tu as menacé des nations, fait périr l'infidèle (rāšāᶜ),
    effacé leur nom à tout jamais.

7   L'ennemi est achevé, ruiné pour toujours;
    tu as rasé des villes, le souvenir en est perdu.

8   Mais Yahvé siège pour toujours,
    il affermit son trône pour le jugement (lammišpāṭ).

9   C'est lui qui gouverne (yišpōṭ) le monde avec justice (bᵉsedeq)

et juge (yādîn) les peuples avec droiture (bᵉmêšarîm).

10 Que Yahvé soit une citadelle pour l'opprimé,
une citadelle pour les temps de détresse !

Le langage juridique-judiciaire dicte très facilement au lecteur
la signification rétributive špt et sdq. Pour cette raison, l'attention portée au contexte réel est d'autant plus importante. Les deux
notions apparaissent toujours par rapport aux opprimés. En effet, il
est très difficile de déterminer exactement leur signification. Pour
autant on peut ressentir clairement qu'ils désignent la conduite salvifique divine du monde, la défense de l'ordre divin du salut et la
protection des pauvres et des fidèles (90).

*L'examen de la tradition nous montre une situation bien étrange.
Dans les sources juives on ne trouve aucune interprétation de la
notion de justice. Dans la tradition chrétienne la différence dans
la traduction surprend tout d'abord; au v. 9, la Vulgate par exemple
traduit* sedeq *par* aequitas, mêšarîm *par* iustitia. *Chez les pères de
l'Eglise on trouve seulement deux très courts commentaires qui valent
la peine d'être signalés : tous les deux découlent du principe de rétribution (91). Parmi les plus récents on peut signaler Albert le Grand,
qui suit la Vulgate et conserve au verset 9* aequitas *qu'il interprète
de façon rétributive (92). En revanche, Luther considère comme impropre la traduction de la Vulgate; il comprend la justice comme grâce
par laquelle on est justifié dans la foi en Dieu.*

Ps 11,7 - Dieu fidèle sauve ses fidèles

La situation qui a dicté ce psaume est très clair. Le poète est
tellement exposé à ses ennemis qu'on lui conseille la fuite : "Filez
dans votre montagne, petits oiseaux !" (v. 1c). Mais le poète connaît
une autre solution. Son affirmation initiale "En Yahvé j'ai mon abri"
est fondée sur une conviction inébranlable que Yahvé apprécie le juste
et déteste le méchant (v. 5). Le méchant ne peut pas subsister devant
lui (6). De cela résulte la conclusion univoque (v. 7) :

Car Yahvé est juste (saddîq);
il aime les actes de justice (sᵉdaqôt),

et les hommes droits (yāšār) le regardent en face.

Que signifient les mots saddiq et s^{e}daqôt.? La déclaration ki saddiq YHWH signifie sans doute la fidélité de Dieu envers ses fidèles. Dieu prend parti seulement pour les fidèles et les sauve. Les "justices" que Dieu aime désignent les oeuvres justes des hommes ou bien ses propres "justices", c'est-à-dire ses actes salvifiques à l'égard de ses fidèles, en l'occurrence la défaite qu'il inflige à ses ennemis.

La tradition nous offre une situation assez surprenante. Dans le Targum, la traduction est tout à fait littérale. La Septante et la Vulgate s'éloignent de l'original au verset 7b par le fait qu'elles confondent le sujet et l'objet. "Sa face a vu la droiture - l'équité (εὐθύτης - aequitas)". Dans le commentaire juif on ne trouve aucune prise de position explicite, en ce qui concerne le sens dans lequel Dieu est juste. Dans de nombreux commentaires chrétiens se distinguent quelques exemples de modèle rétributif, dans d'autres on perçoit l'influence de la traduction modifiée déjà mentionnée (93).

Ps 19,10 - les "jugements" salvifiques de Dieu

Dans la deuxième partie de ce psaume apparaît une suite de désignations positives concernant la loi et ses synonymes, ainsi la racine sdq à la forme verbale (v. 10) :

La crainte de Yahvé est chose claire,

elle subsiste toujours;

les décisions de Yahvé sont la vérité (mišp^{e}tê-YHWH 'emet),

toutes elles sont justes (sād^{e}qû yahdāw).

Il est évident que la racine sdq a ici une signification salvifique.

L'interprétation de ce passage est dans toute l'histoire de l'exégèse si modeste, qu'aucune citation ne mérite d'être signalée. Aussi bien dans le Judaïsme que dans le Christianisme, l'accent est généralement mis sur l'aspect de la perfection, car les "jugements de Yahvé" prennent leur source en Dieu.

Ps 22,32 - annonce de la délivrance à la génération future

Le Ps 22 est célèbre surtout pour son expression de la détresse et de l'abandon. Les versets 1 à 22 nous ouvrent vraiment les précipices des ténèbres. Ici il ne s'agit pas d'interprétation d'un quelconque événement passé, les lamentations du psalmiste découlent de sa souffrance présente et immédiate. Le sceau final à ce psaume est donné par le Christ lui-même qui, juste avant sa mort sur la croix s'exclama "Mon Dieu, mon Dieu, pourquoi m'as-tu abandonné" (Mt 27,46; Mc 15,34).

Malgré cela,il n'y a dans le psaume aucune trace de désespoir; même lorsque les souffrances atteignent leur point culminant, c'est la confiance dans la délivrance qui prévaut. Aussi bien les lamentations que l'espoir deviennent une parole directement adressée à Dieu : "Nos pères comptaient sur toi; ils comptaient sur toi, et tu les libérais ..." (vv. 5-6).

"Toi, tu m'as fait surgir du ventre de ma mère ..." (vv. 10-11). Le présent et le passé se confrontent vraiment d'une façon critique et la lumière du passé est décisive. Celle-ci garantit que le présent va changer, le passé est le fondement du futur. Le thème du psaume est la délivrance. Les expressions de la délivrance déterminent le vocabulaire du psalmiste et celui de ses adversaires qu'il mentionne (vv. 5.6.9.12.20.21.22).

Au verset 23,on assiste à un revirement subit. Ici aussi la parole du psalmiste est directe mais l'ambiance est maintenant saine et sereine : "Je vais redire ton nom à mes frères et te louer en pleine assemblée". Une ère nouvelle a commencé, les souffrances atroces du présent sont déjà le passé. Le nouveau présent est simultanément le futur. Le revirement est différemment perçu. Certains pensent que la souffrance du psalmiste continue mais que, dans la lumière de la foi, il éprouve déjà la délivrance, d'autres pensent que la délivrance objectivement perceptible a déjà commencé. Quelle que soit la vérité, la réalité du psaume est que Dieu est l'unique sauveur de l'homme dans la détresse, tout le reste l'abandonne. Il est clair après cette constatation

(cf. vv. 25.27) que c'est uniquement Dieu qui reste fidèle au pauvre.
Après une telle expérience du Dieu Sauveur, seul le remerciement, qui
est en même temps une louange, est de mise. Le psalmiste ne connaît
pas de limite à cela, toute la terre, toutes les nations, même ceux
qui dorment sous la terre, vont reconnaître le royaume de Yahvé (vv.
28-30).

Le rôle des deux derniers versets, surtout du terme s^{e}daqah qu'il
contient, est maintenant plus qu'évident (94). L'expérience de la
fidélité de Dieu entraîne l'inséparable promesse de sa propre fidélité.
S^{e}daqah est le mot concluant concernant le Sauveur. Ce mot résume toutes les autres expressions du vocabulaire concernant la délivrance :

31 Une descendance servira le Seigneur;
   on parlera de lui à cette génération;
32 elle viendra proclamer sa justice (sidqatô),
   et dire au peuple qui va naître ce que Dieu a fait.

S^{e}daqah éclaire la totalité du psaume : dans le passé, c'était
l'expression de l'espoir des "pères" (v. 5); maintenant, c'est le pa-
trimoine du psalmiste et c'est aussi l'unique héritage valable pour
les générations futures (95).

*Etant donné l'importance du Ps 22 dans son intégralité, il est
étonnant que dans son interprétation jusqu'à la Réforme on ne trouve
aucune définition explicite de la notion de justice au verset 32.
Luther parle ici de la justice du Christ et de la justification à
partir de la foi, pour réfuter la thèse de la justification à partir
des actes. Calvin a bien vu la signification primaire et fondamentale;
dans la notion de la justice, il voit apparaître la fidélité de Dieu
(96).*

Ps 23,3 - Il me guide aux sentiers de justice

Le Ps 23 est une expression exceptionnelle de bonheur dans la
communion avec Dieu. Dieu est tout pour le psalmiste, c'est pourquoi
il peut lui faire une confiance absolue et ce n'est que de lui qu'il
attend tous les bienfaits. Très caractéristique est la composition
du psaume autour de deux motifs : celui du berger (vv. 1-4) et celui

de l'hôte (vv. 5-6). L'expression de confiance atteint son sommet dans
le dernier verset :

> Oui, bonheur et fidélité (tôb waḥesed) me poursuivent
> tous les jours de ma vie,
> et je reviendrai à la maison de Yahvé,
> pour de longs jours.

La totale confiance et l'ambiance de tranquillité montrent clairement la signification du mot sedeq au verset 3; le texte est le suivant :

> Il me conduit par les bons sentiers (b^ema^{c}g^{e}lê-sedeq),
> pour l'honneur de son nom (l^{e}ma^{c}an s^{e}mô).

Une importance toute particulière prennent les deux premiers
versets. Les "sentiers de justice" sur lesquels le conduit Yahvé, sont
pour le psalmiste les meilleurs. Le psalmiste ne s'en attribue pas à
soi-même le mérite, mais exclusivement à Dieu. Dieu conduit l'homme
confiant sur le sentier du salut à cause de sa fidélité envers soi-
même (97). Si Dieu est la dernière réalité qui maintient tout dans
l'existence, il est impossible d'imaginer autrement sa manière de
guider.

L'expression l^{e}ma^{c}an s^{e}mô rappelle étrangement le Ps 5,9 :

> Seigneur, conduis-moi par ta justice (b^esidqāteka)
> malgré ceux qui me guettent (l^{e}ma^{c}an sôr^{e}ray);
> aplanis devant moi ton chemin.

En quoi consistent les ressemblances et en quoi les différences ?
A part le thème traité et le style très proche, la ressemblance la
plus apparente est dans l'accent mis sur le fait que Dieu guide l'homme en toute liberté, motivé uniquement par sa bonté et sa fidélité.
La différence consiste dans le fait que Ps 23,3 connaît uniquement
l'aspect positif des motifs de la conduite divine et que Ps 5,9 a un
aspect négatif. Si la conduite divine s'impose à cause des ennemis,
alors apparaîtra définitivement leur impuissance aussi bien envers
Dieu qu'envers ses fidèles. Les adversaires vont reconnaître que l'unique guide de la vie humaine digne de confiance est Dieu. Il sera clair

pour eux que leur obstination n'a pas de sens. Dans le Ps 23, la même
idée de fond s'exprime dans la deuxième partie (v. 5) :

Devant moi tu dresses une table,
face à mes adversaires (neged šôr^{e}ray) ...

Parmi les exégètes anciens on trouve l'expression "sentier de
justice" uniquement auprès des pères de l'Eglise. D'après Augustin, ce
sont des sentiers étroits empruntés par le petit nombre. Plus tard,
Bède et Gerhoh disent à peu près la même chose. Cassiodore parle du
commandement fondamental de l'amour envers Dieu et le prochain. Atha-
nase parle des "dogmes" de l'Evangile. Calvin dans cette expression
comprend un sentier facile et droit sur lequel Dieu nous conduit.

Ps 24,5 - bonheur du Dieu sauveur

Le psaume est clairement composé par l'introduction (1-2) et deux
parties différentes aussi bien par leur style que par leur thème (3-6;
7-9). L'introduction et la deuxième partie ont le même contenu de base.
Avec les différentes formes poétiques, les métaphores et les rythmes
Yahvé créateur et maître de l'univers est mis en valeur. Mais l'intention principale, de toute évidence, dépasse l'aspect cosmique. L'introduction et la deuxième partie sont le cadre et l'idée de base qui
concernent la partie centrale.

Le message de la première partie (vv. 3-6) est à cause de cela
d'autant plus significatif. La grandeur du maître de l'univers signifie la grandeur et l'importance exceptionnelle du sanctuaire sur le
mont Sion - cela ouvre à l'homme toute la largeur et la profondeur de
la confiance dans le Maître universel - Sauveur. La confiance, bien
sûr, ne peut pas être inconditionnelle. La première partie commence
par la question : "Qui gravira la montagne de Yahvé ? Qui se tiendra
dans son saint lieu ?" (v. 3). La réponse se trouve aux versets
4 et 6. Les conditions mentionnées ne sont pas purement matérielles. Les
mérites de l'homme ne sont pas envisagés. Tout est centré sur la sincérité du coeur et sur le continuel attachement à Dieu. De cette façon,
il apparaît que c'est le verset 5 qui a une signification centrale.
Il annonce la promesse pour ceux qui remplissent les conditions men-

tionnées :

> Il obtient de Yahvé la bénédiction (b^{e}rākāh),
> et de son Dieu sauveur la justice (s^{e}dāqāh).

Nous avons là un parallélisme rare b^{e}rākāh // s^{e}dāqāh. A part
cela il est tout à fait évident que s^{e}dāqāh a une signification très
large de prospérité et de bonheur. Finalement cela est confirmé par
la dernière partie de ce verset qui dit littéralement : mē'elōhē
yiš^{c}ō - "du Dieu de son salut" (98).

*Un regard sur l'histoire de l'exégèse nous offre une heureuse
surprise. Aussi bien les Septante que la Vulgate traduisent s^{e}dāqāh
par le mot "miséricorde" (ἐλεημοσύνη - misericordia). Cette traduction était exactement reprise par les pères de l'Eglise. Luther lie
la notion de la justice avec l'Esprit Saint et la grâce de Dieu.
D'après Calvin, cette notion indique soit tous les bienfaits de Dieu,
soit les fruits de la justice.*

Ps 31,2 - le refuge dans la confiance en Dieu

Le psalmiste est dans une très grande détresse à cause des men-
songes des ennemis. Avec une confiance inébranlable,il se tourne vers
son Dieu sauveur. Ainsi dans le psaume s'entrelacent tout le temps la
prière pour le secours et le récit de la détresse, dans une atmosphère
de confiance inébranlable. Le lexique concernant la délivrance et les
déclarations sur la bonté de Dieu sont très riches. Tout cela confirme que le mot s^{e}dāqāh, qui apparaît déjà dans le verset introductif,
prend ici une signification explicitement salvifique qu'on pourrait
traduire même par le mot "fidélité" (99) :

> Yahvé j'ai fait de toi mon refuge,
> que je ne sois jamais déçu !
> Libère-moi par ta justice (s^{e}dāqāh) ...

*Les anciens commentateurs interprètent très rarement la signifi-
cation du mot s^{e}dāqāh. Cassiodore le comprend dans le sens salvifique
(100). Cyrille le comprend comme signe pour le Christ. De même Luther
voit ici la justice du Christ qui par la grâce et la miséricorde de*

Dieu devient aussi la nôtre. Calvin le comprend de nouveau comme fidé-
lité de Dieu qui se manifeste dans la protection des fidèles.

Ps 33,5 - ordre salvifique de Dieu

Le poète chante les louanges de Yahvé bienfaiteur. La <u>hesed</u> de
Yahvé est la notion centrale du psaume (5.18.22). En cela est exprimé
le fondement de l'espérance humaine. <u>Hesed</u> est l'objet de la demande
dans le dernier verset (v. 22), il est aussi le mot concluant sur lequel est fondé l'appel qui donne la raison des louanges (v. 5). De
cette façon, il est clair que ce mot détermine la signification de la
notion <u>s^{e}daqah</u> au verset 5. Pour la bonne compréhension de la signification dans le contexte, il est nécessaire de citer les cinq versets
d'introduction :

1   Justes (<u>saddîqîm</u>), acclamez Yahvé !
    La louange convient aux hommes droits (lay^{e}šarîm).

2   Rendez grâce à Yahvé sur la cithare;
    sur la harpe à dix cordes, jouez pour lui !

3   Chantez pour lui un chant nouveau,
    jouez de votre mieux pendant l'ovation.

4   Car la parole de Yahvé est droite (yašar),
    et toute son oeuvre est sûre (be'emûnah).

5   Il aime la justice et l'équité (s^{e}daqah ûmišpat);
    la terre est remplie de la fidélité (<u>hesed</u>) du Seigneur.

Comment comprendre la déclaration : "Il aime la justice et l'équité" ? (v. 5a) Si on la lit hors contexte, il semble clair qu'est sous-
entendue la justice humaine. Mais le contexte montre qu'il s'agit selon
toute vraisemblance d'une qualité de Dieu ou plutôt de son oeuvre (101).
Dans le texte tout converge vers Dieu sous l'aspect de sa fidélité et
de sa droiture. S^{e}daqah, mišpat et <u>hesed</u> sont donc des synonymes qui
qualifient Dieu; mais ils sont destinés à l'homme "juste" (cf. v. 1).
Que Dieu aime la justice et le droit signifie qu'il veut offrir à
l'homme les biens du salut qui témoignent sa bonté.

Le constat en ce qui concerne la tradition est simple. Parmi
les commentateurs juifs aucun n'interprète la notion de justice. Les

Septante et la Vulgate la traduisent comme en Ps 24,5 par le mot "mi-
séricorde". Par conséquent, tous les pères de l'Eglise se tiennent à
cette traduction. Luther parle de la justice provenant de la foi par
laquelle l'âme est justifiée, cela signifie grâce et miséricorde.

Ps 35,24.27.28 - la justice de Dieu dans la délivrance de l'innocent

L'ambiance et le thème de ce psaume sont constants à travers
tout le texte. Le psalmiste éprouve la suprématie extérieure des ennemis qui, avec de mauvaises intentions, l'accusent injustement. Déjà
le verset 1 introductif montre combien sera violent son cri vers Dieu.
Maintenant, c'est le psalmiste qui accuse ses ennemis. Son accusation
atteint un sommet persuasif dans les images antithétiques de son propre comportement envers ces ennemis, dans le temps de leur malheur et
le comportement de ces mêmes ennemis envers lui dans sa propre misère
(13-14//15-16).

Le psalmiste voit en Yahvé l'unique sauveur digne de confiance.
Son appel en 3b est caractéristique :

Dis-moi : "Je suis ton salut (y^{e}šû^{c}atek 'anî)" !

A partir de cette perspective il est possible d'expliquer les
versets 24-28 dans lesquels apparaît trois fois la notion de sedeq.
Voici le texte :

24 Selon ta justice (k^{e}sidq^{e}ka), défends mon droit (šopteni),
    Yahvé mon Dieu,

   et que je ne fasse pas leur joie !

25 Qu'ils ne disent pas :

   "Ah, ah ! nous n'en ferons qu'une bouchée".

   Qu'ils ne disent pas : "Nous l'avons avalé".

26 Qu'ensemble ils rougissent de honte,

   ceux qui se réjouissaient de mon malheur (ra^{c}atî) !

   Qu'ils soient vêtus de honte et de déshonneur,

   ceux qui triomphaient de moi !

27 Ceux qui voulaient pour moi la justice (sidqî) crieront de
        joie,

ils diront sans cesse : "Yahvé triomphe,
lui qui a voulu le bonheur de son serviteur (s^{e}lôm ^{c}abdô)".

28 Alors ma langue redira ta justice (sidqeka)
en te louant tous les jours.

Aux versets 24 et 28 la signification de la notion sedeq est
assez claire. Quand le psalmiste au verset 24 demande que Dieu juge
selon sa justice, manifestement il pense à la fidélité salvifique de
Dieu envers les innocents, parmi lesquels il se compte. Au verset 27,
la signification est plus problématique car le sujet de la notion sedeq
n'est pas Dieu, mais le psalmiste. S'agit-il ici de sa propre justification (102) ou peut-être du rétablissement de sa relation vitale avec
Yahvé ? (103). Le contexte nous montre qu'ici la signification est très
probablement, au moins dans sa substance, la même qu'aux versets 24 et
28. En 27b apparaît le synonyme salôm qui est un signe très clair de
l'oeuvre de Dieu. Quand Dieu intervient, le psalmiste fête sa sedeq -
"victoire". Si l'aspect de la justification est effectivement présent
dans cette notion, il est lié à la délivrance à laquelle il est subordonné.

Cette thèse est soutenue aussi par le fait d'une construction
exemplaire du parallélisme antithétique dans le rapport entre les versets 26 et 27. Le parallélisme est parfait. Le mot sidqî en 27a fait
contrepoids au mot ra^{c}atî de 26a et yigdal YHWH de 27b fait antithèse
à hammagdîlîm ^{c}alay de 26b. Les ennemis souhaitent au psalmiste des
malheurs, Dieu lui accorde victoire et bonheur. Ses ennemis se glori-
fient à ses dépens et lui peut se réjouir de son bonheur à cause de
la grandeur de Dieu. Vraiment tout est l'oeuvre de Dieu, qui abaisse
et damne l'orgueilleux mais sauve et rend heureux l'humble (cf. vv.
9-10). Le psalmiste donne pour sa part la réponse correspondante au
verset 28, dans la certitude d'être exaucé il exprime déjà comment il
va proclamer et glorifier la justice de Dieu, qui n'est rien d'autre
que sa fidélité, délivrance et bonheur.

*Il paraît incroyable que dans les commentaires anciens on ne
trouve presque pas d'explication claire de la notion de justice dans
ce psaume. Pour cette raison l'interprétation rétributive du verset*

24 chez Gerhoh (104) est d'autant plus intéressante. Luther ne définit même pas la notion de la justice de ce psaume.

Ps 36,7.11 - refuge de ceux qui ont le coeur droit

La particularité de ce psaume est l'antithèse extrêmement tranchée entre les versets 2-5//6-10; d'un côté on parle de l'extrême malignité des impies et de l'autre de l'infinie bonté de Dieu. Entre les deux parties, il n'y a aucun lien direct. Il n'est donc pas étonnant que parmi les exégètes on trouve des opinions affirmant qu'il s'agit ici de deux psaumes différents. La composition du psaume dans son intégralité nous montre quand même qu'il y a entre les deux parties un lieu organique. La clef pour la compréhension du psaume se trouve dans les trois versets de conclusion (105) qui disent :

11 Prolonge ta fidélité (hesed) pour ceux qui te connaissent
   et ta justice (s^{e}daqah) aux coeurs droits (l^{e}yišrê-lēb) (106).

12 Que l'arrogant ne mette pas le pied chez moi,
   que la main des infidèles ne me chasse pas !

13 Là sont tombés les malfaisants :
   renversés, ils n'ont pu se relever.

A partir de ces versets, il parait évident que le psalmiste se tourne vers Dieu à cause de la violence des impies. Cela nous donne la base pour la compréhension du rapport entre les deux parties antithétiques. Le psalmiste dans sa détresse met toute sa confiance en Dieu. D'autant plus pressante est l'"infidélité des injustes, d'autant plus grande est, à ses yeux, la fidélité de Dieu. D'une part, l'image des impies est très variée et colorée, d'autre part comme contre-poids apparaît une très riche collection de termes théologiques essentiels, qui servent à décrire la bonté salvifique de Dieu et sa fidélité. C'est sur cela que s'appuie finalement la prière du psalmiste dans la conclusion. La richesse des synonymes hesed (vv. 6.8.11), 'emûnah (v. 6) et mišpat (v. 7) nous montre que s^{e}daqah au verset 7 a la signification usuelle de fidélité salvifique. Cela est aussi confirmé par le verbe yš^c (Hifil) dans le même verset. M. Dahood a donc raison quand il traduit le verset 7ab de la façon suivante (107) :

Your generosity (s^{e}dāqāh) is like the towering mountains,
your providence (mišpāt) like the vast abyss.

*Dans la tradition ancienne, le verset 7 est relativement souvent
commenté. La notion de justice trouve aussi sa place dans le Midrash Tehilli
Il est surprenant que les versets 7a et 7b n'aient pas une signification synonymique mais antithétique. Etant donné que le Midrash part de
l'opposition "montagne" // "abîme", les notions s^{e}dāqāh // mišpāt deviennent antithétiques. S^{e}dāqāh désigne les bienfaits des oeuvres divines
en faveur des bons, mišpāt la condamnation des malfaisants : "Comme
l'abîme n'a pas de fond ainsi la condamnation (mišpāt) des injustes n'a
pas de fin; comme les montagnes sont grandes et hautes, ainsi grandes
et sublimes sont les bonnes oeuvres (s^{e}dāqōt)". Le Midrash se sert
encore d'une autre comparaison pour accentuer la suprématie de la justice divine sur l'exigence de la condamnation : "Comme les montagnes
pèsent sur l'abîme pour qu'il ne se soulève pas et n'engloutisse
pas le monde, ainsi, les bonnes oeuvres pèsent sur les injustices pour
que les habitants de la terre ne périssent pas le jour du jugement".
A cette occasion, il cite Mi 7,19 qui dit : "Une fois de plus aie pitié
de nous ! foule aux pieds nos fautes ...".*

*Parmi les commentateurs juifs du Moyen Age, Kimḥi prête beaucoup
d'attention au verset 7. Son point de départ est au fond le même que
dans le Midrash. La bonté de Dieu (s^{e}dāqāh) sera aussi grande que sont
grandes les hautes montagnes. Dieu va exercer son jugement (mišpāt),
enfonce les impies dans l'abîme d'où jamais ils ne pourront sortir.
Kimḥi mentionne aussi le dicton caractéristique des pères : "Si ta
bonté (s^{e}dāqāh) n'était pas comme les plus hautes montagnes, qui pourrait subsister devant tes jugements (mišpāṭîm) qui sont comme d'immenses
abîmes". Finalement Kimḥi, aussi au verset 11, définit la notion s^{e}dāqāh :
"Elle est le bien qui est réservé aux coeurs droits".*

*Parmi les pères de l'Eglise, l'explication est généralement moins
claire; malgré cela, dans une très grande mesure la notion de la justice
conserve sa signification positive, souvent par rapport au Christ.
L'explication antithétique du rapport entre les versets 7a et 7b (108)
ainsi que la compréhension rétributive de la notion de justice au*

*verset 11 (109) sont mises en valeur. Luther mentionne la justice à
partir de la foi, mais il traite seulement le verset 7. Dans la notion
de justice, il voit une expression concernant l'Eglise qui est puri-
fiée par la justice de Dieu. La justice par la foi est très haute et
elle est invincible car elle accomplit des choses grandes et merveil-
leuses. Calvin en ce qui concerne le verset 7 surpasse l'allégorie
de l'abîme, qui se rapporte dans le sens traditionnel aux mystères
des jugements de Dieu, et il parle des profondeurs de la providence
divine avec laquelle Dieu régit toute chose. Au verset 11 Calvin voit
une signification pluraliste de la notion de justice : la défense du
peuple de Dieu et de son innocence, la punition pour ses mauvaises
actions, la maîtrise de ses ennemis; la fidélité de Dieu dans la pérennité de sa bonté et de ses bienfaits envers tous ceux qui le
contrent.*

Ps 40,10-11 - bonne nouvelle de la délivrance

Dans ce psaume s'entrelacent le remerciement et la demande, en
relation avec l'époque contemporaine, passée et présente, laquelle
détermine la division du psaume en deux parties fondamentales 1-11;
12-18. Il semble que la clef pour la compréhension du psaume dans son
intégralité est dans la deuxième partie. Le psalmiste se tourne vers
Dieu dans la détresse et conclut ses prières par un parallélisme antithétique caractéristique concernant les impies et les justes (14-16//
17-18).

Le fondement théologique de la prière du psalmiste est donné
dans la première partie. Le psalmiste commence sa poésie avec le souvenir très vif de l'oeuvre salvifique passée (vv. 1-6) et bénit l'homme qui met sa confiance en Yahvé (v. 5). Il est conscient que même
sa prière de remerciement et ses hymnes de louanges sont l'oeuvre de
Dieu (v. 4). Son dévouement à Dieu ne connaît pas de limite. L'attitude fondamentale de sa vie est l'obéissance aux commandements de Dieu.
Ce n'est que de cette attitude que peuvent découler les versets 10-11
qui sont la conclusion de la première partie et en même temps le point
de départ de la deuxième; voici leur traduction :

10 Dans la grande assemblée, j'ai annoncé ta justice (sedeq);
   non, je n'ai pas retenu mes lèvres,
   Yahvé, tu le sais !

11 Je n'ai pas caché ta justice (sidqāt^{e}kā) au fond de mon coeur,
   j'ai parlé de ta loyauté et de ton salut ('emûnāt^{e}kā
   ût^{e}sû^{c}at^{e}kā),
   je n'ai pas dissimulé ta fidélité et ta vérité (ḥasd^{e}kā
   wa'amitt^{e}kā)
   à la grande assemblée.

Le contexte intégral du psaume et la particulière richesse des
synonymes puisés dans la très riche terminologie hébraïque concernant
l'alliance et la délivrance, ne laissent pas de doute que sedeq/sedāqāh
désignent l'oeuvre salvifique de Dieu. Cela est confirmé par la plupart
des exégètes et des interprètes d'aujourd'hui. En particulier presque
tous traduisent sedeq du verset 10 par le mot "délivrance".

*Dans les interprétations anciennes les définitions de la notion
de la justice dans ce psaume sont relativement nombreuses. Parmi les
exégètes juifs, seul Kimhi prend une position explicite. Il la comprend
comme la bonté de Dieu; cela est évident aussi à partir de la notion
hesed avec laquelle il caractérise sa signification. Chez les pères de
l'Eglise, on est surpris par la fréquente réfutation explicite de la
signification juridique de cette notion. Ils soulignent qu'il s'agit
ici de la justice de Dieu en opposition avec la justice légale, ou plutôt de la justice par la foi (110). Luther mentionne la justice par la
foi. Calvin a un excellent commentaire concernant le verset 11. La
justice de Dieu est la protection et les biens que Dieu accorde à son
peuple. La délivrance est l'effet de la justice (111).*

Ps 48,41 - la droite de Yahvé est pleine d'une bonté qui délivre

Le mont Sion et la ville sacrée de Jérusalem doivent leur gloire
à Yahvé qui les a choisis pour sa demeure et de ce fait pour lieu de
sa bienveillante délivrance. Cette croyance caractéristique des Hébreux
prend toute son importance dans le Ps 48. Devant la ville s'arrêtent
horrifiées toutes les forces ennemies (vv. 5-8), si celle-ci est défen-

due par Yahvé. Cette foi dicte au peuple fidèle la confession de la
pleine confiance et de la joie :

9   Ce que nous avions entendu dire, nous l'avons vu
    dans la ville de Yahvé, le tout-puissant,
    dans la ville de notre Dieu :
    Dieu l'affermit pour toujours.
10 Dieu, nous revivons ta fidélité (hesed)
    au milieu de ton peuple.
11 Ta louange, comme ton nom, Dieu,
    couvre l'étendue de la terre.
    Ta droite est pleine de justice (sedeq);
12 la montagne de Sion se réjouit,
    les villes de Juda exultent
    à cause de tes jugements (l^{e}ma^{c}an mišpatêka).

Dans ces contextes, le mot sedeq ne peut être interprété autrement
que dans le sens de la délivrance. Cela est ressenti par un grand nombre d'interprètes et d'exégètes contemporains (112). Cela augmente la
probabilité qu'il faut aussi comprendre le mot mišpatîm en 12c de la
même façon, c'est-à-dire dans un sens salvifique non judiciaire (113).

*Parmi les exégètes anciens, il y a peu de prises de position qui
méritent une attention; dans le Judaïsme, il n'y en a même pas. Cyrille
comprend la justice comme "jugement juste", Brunon d'Asti souligne
l'aspect de rétribution. Gerhoh y voit la miséricorde envers les justes.
Luther mentionne la justice par la foi et Calvin encore une fois parle
à juste titre de la fidélité de Dieu (114).*

Ps 50,6 - avertissement devant l'alliance mensongère

Le Ps 50 est un phénomène particulier dans le Livre des Psaumes;
il semble qu'il appartient plutôt à la littérature prophétique qu'à
ce livre. Le psalmiste joue le rôle prophétique de critique de son
peuple. La raison est l'incompatibilité entre la ferveur pour le culte
et les transgressions de la loi de Dieu. La virulence de sa critique
dans la partie centrale du psaume correspond à la présentation universaliste de l'épiphanie de Dieu dans la partie introductive (vv. 1-6) :
Dieu ordonne au ciel et à la terre c'est-à-dire à toute créature de

rassembler ses ḥasîdîm (v. 5) pour qu'il prononce sur eux son jugement
(voir dîn au verset 4 et šopēt au verset 6). Le verset 6 montre déjà
l'orientation de la partie centrale du psaume :

> Et les cieux proclament sa justice (sidqô) :
> Le juge (šopēt), c'est Dieu !

Plusieurs choses peuvent amener le lecteur à voir dans ce psaume
le théâtre du jugement sous les couleurs les plus sombres avec des
conséquences et des fins punitives; il pourrait penser qu'ici la notion
de sedeq représente une justice judiciaire de Dieu. Mais le psaume dans
son intégralité confirme la signification habituelle, salvifique, de
cette racine. Aux versets 16-21, le psaume effectivement exprime une
critique, très vive même, mais, cette critique reflète l'intérêt de
Dieu pour le peuple de l'alliance, qui comprend cette alliance trop à
sa manière (voir versets 5 et 16). Le but de l'intervention de Dieu
n'est pas la punition mais la délivrance. C'est pourquoi tout le psaume
résonne comme une mise en garde devant le sentier qui mène à la perdition. Le verset final (v. 23) dit :

> Qui offre la louange comme sacrifice me glorifie,
> et il prend le chemin où je lui ferai voir le salut (yēšaᶜ)
> de Dieu.

Il est difficile de déterminer définitivement la signification
des notions sedeq et šopēt (v. 6) dans le contexte de ce psaume, mais
la signification fondamentale est assez claire : Dieu sauveur confirme
sa fidélité envers le peuple de l'alliance et le met en garde devant
une alliance mensongère qui conduit à la perdition. Son intervention
est nécessaire pour que les ḥasîdîm retrouvent le bon chemin qui mène
à la délivrance, autrement dit que les reṧāᶜîm (v. 16) se convertis-
sent (115).

*L'ancienne interprétation est, en ce qui concerne la notion de
justice dans ce psaume, très pauvre. Chez les pères de l'Eglise on
dépiste, par-ci, par-là, quelques allusions sur la justice rétributive.
Bède et Gerhoh concluent exceptionnellement qu'il s'agit de la justification (116), Luther parle de la fidélité de Dieu
qui donne à chacun selon ses mérites. Calvin souligne la justice de*

Dieu en opposition avec la prétention des Juifs concernant leur propre
justice.

Ps 51,6.16 - justification dans le jugement et la délivrance

L'exclamation introductive "Aie pitié de moi ..." donne le ton
à tout le psaume, qui est célèbre par le caractère unique de la profonde
reconnaissance par l'homme de sa propre culpabilité. C'est justement
pour cela que les diverses expressions concernant le péché ne réson-
nent pas d'une manière sombre, mais suscitent l'ambiance d'une extraor-
dinaire chaleur et d'espoir. La conscience de la culpabilité n'est
évidemment pas née autant de ses propres ténèbres que de la rencontre
avec Dieu qui peut effacer cette culpabilité. Dans l'antithèse aigüe,
propre culpabilité // sainteté de Dieu, prévaut l'inébranlable aspira-
tion de la plus profonde expérience de la justice de Dieu qui signifie
le salut. Au verset 6, le psalmiste confesse :

> Contre toi, et toi seul, j'ai péché,
>
> ce qui est mal à tes yeux, je l'ai fait,
>
> ainsi tu seras juste (1^ema^{c}an tisdaq) quand tu parleras,
>
> irréprochable (tizkeh) quand tu jugeras.

Il n'est sûrement pas sans intérêt de savoir si la particule
1^ema^{c}an au verset 6b a une valeur finale ou consécutive (117), mais,
la signification fondamentale ne peut pas dépendre de cette question.
L'intégralité du verset exprime une vérité mathématique : d'autant plus
injuste est l'attitude de l'homme envers Dieu, d'autant plus juste apparaît l'attitude de Dieu envers l'homme; même s'il s'agit de sentence.
Dans cette règle, le psalmiste ne voit pas à l'oeuvre le principe rétributif basé sur les actes bien déterminés. Dans un éventuel jugement
de Dieu il ne voit pas une condamnation indispensable. Il sent et il
sait que toutes les voies de Dieu sont justes. Il est impossible que
Dieu ne soit pas justifié devant l'homme. Dieu est toujours fidèle et
souhaite seulement le salut de l'homme. Un tel Dieu a le droit et le
devoir de juger les sentiers de l'homme. Le psalmiste reconnaît concernant sa propre infidélité, la sentence de Dieu, mais il est incapable
de donner le motif de condamnation. De toute la profondeur de la connaissance et de l'espoir, il crie miséricorde. Maintenant la miséricorde

est l'unique sentier qui mène au salut, don gratuit, qui dénie à
l'homme tout droit de l'exiger. Au verset 16,le cas de salut par la
grâce se transforme en louange née de la profonde gratitude du fidèle :

Mon Dieu, Dieu sauveur ('elohê t^{e}sû^{c}atî), libère-moi du sang;
que ma langue crie ta justice (sidqāteka) !

Il est compréhensible que l'histoire de l'exégèse surtout en ce
qui concerne le verset 6 offre un panorama très varié. Les Septante
traduisent le verset 6b d'une manière finale : "Afin que tu sois justifié (ὅπως ἄν δικαιωθῆς) dans tes paroles et que tu triomphes (καὶ
νικήσῃς) si l'on te met en jugement". Le point intéressant de cette
traduction consiste dans le fait que ce n'est pas Dieu qui juge l'homme
mais c'est l'homme qui juge Dieu. Quand il s'avère que l'homme comme
juge est injuste, alors l'opposition entre la justice de Dieu et l'injustice de l'homme s'affirme d'autant plus. Paul a trouvé dans l'opposition ainsi disposée un heureux moyen d'expression, quand dans l'épître
aux Romains il pousse à l'extrême l'opposition entre l'homme radicalement pécheur et l'intégrité de la justice de Dieu. Pour cette raison,
il est d'autant plus persuasif quand il parle de la légitimité de la
sentence divine sur ceux qui furent infidèles et de la nécessité de la
miséricorde pour tous ceux qui l'acceptent (cf. Rm 3,1-8). Il est évident que Paul comprend cette opposition dans le même sens que le psalmiste, c'est-à-dire dans le sens de la tradition hébraïque où πίστις
et δικαιοσύνη de Dieu signifient la fiabilité de Dieu ou sa fidélité
concernant les rapports de l'alliance, et ἀπιστία ou ἀδικία de l'homme signifient la défaillance de l'homme ou plutôt son infidélité
concernant les mêmes rapports (118).

*Parmi les interprètes juifs, Rachi et Kimhi commentent les versets
6 et 16 juste assez pour nous faire comprendre qu'ils les entendent
dans le sens biblique. La Vulgate suit, au verset 6, la traduction des
Septante. Pour cette raison dans toute la tradition patristique l'accent
est mis de temps à autre sur l'antithèse entre la justice de l'homme
et celle de Dieu (119). En ce qui concerne le verset 16,on ne s'éloigne
pas de la signification authentiquement biblique (120). Luther commente
les deux versets. Comme on peut s'y attendre,au verset 6,il radicalise*

*l'antithèse hébraïque entre la justice de Dieu et le péché de l'homme.
Au verset 16, il comprend la justice comme grâce de Dieu avec laquelle
il pardonne aux pécheurs et les prend en pitié. Calvin, au verset 6,
souligne le fait que la justice de Dieu est mise en relief justement
à cause du péché de l'homme. Au verset 16, il comprend la justice à
nouveau comme la bonté de Dieu et sa fidélité.*

Ps 65,6 - Dieu répond à son peuple par sa fidélité

"Dieu qui es en Sion, la louange te convient ..." est l'introduction qui mérite toute notre attention, car ce psaume est l'hymne
de louange par excellence. Le poète est d'une qualité rare. Avec un
très grand soin, il divise le poème en trois parties pour pouvoir louer
la grandeur et la bonté de Dieu sous trois aspects différents. Tout
d'abord, il parle de la révélation de la bonté de Dieu pour Sion (vv.
2-5); suit un poème au Dieu créateur qui jusqu'aux extrêmes limites
de l'univers révèle sa puissance (vv. 6-9); d'autant plus étonnante est
la troisième partie (vv. 10-14) où le poète subitement retourne des
dimensions cosmiques sur la terre où il voit Dieu à l'oeuvre comme un
agriculteur. Il fait tout le nécessaire pour que la nature se couvre
de toute sa splendeur et qu'elle crie d'allégresse et de joie à son
Seigneur (v. 14). Dans l'introduction, c'est le poète qui parle à Dieu,
à la fin, il remet parole et chant à la nature. Cette inclusion donne
au psaume un sceau très fort de constance de la louange. Tout cela
met en évidence la signification et le rôle des mots justice et salut
au verset 6 qui dit :

> Avec justice (b^{e}sedeq), tu nous réponds par des merveilles,
> Dieu notre sauveur ('elōhê yiš^{c}enû),
> sécurité de la terre entière
> jusqu'aux mers lointaines.

Il s'agit ici d'une expression théologique synthétique clé de
tout ce qui est d'habitude exprimé par une très riche symbolique. Tout
le contexte montre très clairement que sedeq désigne la fidélité de
Dieu, la bonté, le salut (121). Une confirmation supplémentaire de cette
signification est donnée par la parallélisme avec yeša^c.

L'histoire de l'exégèse est encore une fois surprenante. Les Septante omettent la notion de la justice et pour cette raison la notion est inconnue chez les pères grecs. Dans les commentaires juifs, on ne trouve pas de définition de la notion de sedeq. *La Vulgate traduit par* **aequitas.** *Cassiodore l'interprète dans le sens rétributif (122). Luther et Calvin ne commentent pas cette notion.*

Ps 69,28 - les méchants ne pourront pas atteindre le salut

Ainsi que dans le Ps 22 ici aussi le juste souffrant, dans sa détresse, abandonné de tous, crie vers Dieu. Ses ennemis poussent ses souffrances à l'extrême. On a l'impression que l'abîme entre les ennemis impies et le juste qui souffre devient d'autant plus grand qu'il s'accroche à Dieu et à son sanctuaire (vv. 10-12). Avec ses prières, le psalmiste rend cet abîme encore plus profond. Dans l'extrême solitude, il met tout son espoir en Dieu; de cette façon, il se distingue définitivement de ses persécuteurs. Il prie pour la délivrance et la justice de Dieu, mais la délivrance des mains de ses ennemis impitoyables n'est possible que si Dieu les anéantit (vv. 23-26). Le rapport entre le psalmiste et ses ennemis doit radicalement changer. Le principe que seulement les justes peuvent atteindre la justice de Dieu dicte au psalmiste une prière sans concession (vv. 28-29) :

28 Impute-leur faute sur faute;
   qu'ils n'aient plus accès à ta justice ($s^e\bar{d}\bar{a}q\bar{a}h$)! (123)
29 Qu'ils soient effacés du livre de vie,
   qu'ils ne soient pas inscrits avec les justes (saddîqîm) !

Ici, il est tout à fait clair que l'aspect judiciaire selon le principe rétributif est totalement incompatible avec la notion de $s^e\bar{d}\bar{a}q\bar{a}h$. Tout le mystère de sedeq/$s^e\bar{d}\bar{a}q\bar{a}h$ de Dieu est dans le fait qu'elle peut être attribuée uniquement au juste, cependant qu'elle est retirée aux malfaisants à cause de leur méchanceté.

Dans la tradition, on trouve seulement quelques exemples d'interprétation de la notion de justice. Kimḥi parle de $s^e\bar{d}\bar{a}q\bar{a}h$ *parallèlement avec* tôbah; *de cette façon, il est possible de reconnaître la*

signification salvifique de cette notion. De même façon, les pères de
l'Eglise, là où ils commentent ce passage, comprennent cette notion
dans le sens positif, c'est-à-dire dans sa signification sotériologique
(124). Luther mentionne la justice qui procède de la foi. Calvin voit
au verset 28b l'expression de l'idée que les malfaisants sont totale-
ment étrangers à Dieu.

Ps 71,2.15.16.19.24 - la fidélité de Dieu

Ce psaume est une prière pour la délivrance. Le psalmiste répète
toujours le même appel mais il utilise des notions très variées qui
expriment la délivrance. Son espoir est la $s^e daq\bar{a}h$ de Dieu répétée
cinq fois dans ce psaume et qui, en tenant compte du contexte, se définit de la meilleure façon par "fidélité" (125). Le premier exemple apparaît déjà dans l'exclamation introductive (v. 2) :

Tu vas me délivrer, me libérer, dans ta justice ($b^e sidq\bar{a}t^e q\bar{a}$).
Tends l'oreille vers moi, sauve-moi.

La fidélité de Dieu n'est pas seulement le dernier refuge pour
l'homme dans la détresse, elle est aussi pour le juste le dernier objet
de louange. Le psalmiste exprime cela au milieu du psaume en disant
aux versets 15-16 :

15 J'ai tout le jour à la bouche les récits
   de ta justice ($s^e daq\bar{a}h$) et de ton salut ($t^e s\hat{u}^c \bar{a}h$),
   et je n'en connais pas le nombre.

16 J'ai part aux prouesses du Seigneur Yahvé;
   de toi seul j'évoque la justice ($s^e daq\bar{a}h$).

De même façon, au verset 19 :

Si haute est ta justice ($s^e daq\bar{a}h$), Dieu !
Toi qui as fait de grandes choses,
Dieu, qui est comme toi ?

Dans la deuxième moitié du psaume prévaut la promesse du psalmiste qui va chanter les louanges à la fidélité de Dieu. Le psalmiste est
tellement confiant dans l'efficacité de la délivrance divine qu'il la
ressent déjà. De cette façon, il transforme sa prière en chant de louange.
Aussi, dans la dernière partie règne la même ambiance. Le verset 24 dit :

Et ma langue, tout le jour,

redira ta justice (s^{e}daqah),

car c'est la honte et l'infamie

pour ceux qui cherchaient mon malheur.

La tradition à propos de la justice de Dieu dans ce psaume est
assez riche; pour l'essentiel, elle correspond tout à fait à la signi-
fication hébraïque fondamentale de la racine. En ce qui concerne le
verset 2, on trouve aussi un commentaire dans le Midrash Tehillim:"Quand tu m
délivres, tu ne me délivres pas à cause de la justice et des oeuvres
justes qui sont nôtres, mais aujourd'hui et demain délivre -nous par
ta propre justice ..." Ibn Ezra au verset 2 voit le juste jugement des
ennemis, au verset 15 les oeuvres salvifiques du passé et au verset
19 la justification des justes et les grandes oeuvres de Dieu. Kimḥi
explique surtout les versets 1.15.19. Il utilise la notion de la justice
en même temps que la notion de bonté : Dieu montre à Israël sa justice
bienfaisante.

Presque tous les pères de l'Eglise abordent soit dans l'un, soit
dans l'autre verset, la notion de justice. C'est l'interprétation christ-
ologique qui prévaut : la justice du Père est le Fils; par notre foi
au Fils de Dieu nous aussi nous recevons cette justice. Augustin a une
interprétation particulièrement riche, il souligne surtout l'aspect de
la justification des pécheurs par la justice de Dieu (126). Cassiodore
est intéressant car, dans le verset 2, il souligne l'aspect de la misé-
ricorde (127). Pour son point de vue positif, il faut mentionner tout
spécialement Albert le Grand (128). Luther encore une fois parle de
la justification par la foi et Calvin aux versets 15 et 16 défend sa
thèse bien connue sur la fidélité de Dieu (129).

Ps 72,1.2.3.7 - prière pour la réalisation de la justice salvi- fique de Dieu

Le psaume est, du début à la fin, une prière pour le roi. Cependant l'objet de la prière n'est pas la grandeur personnelle du roi
mais la réalisation de l'ordre salvifique divin dans le peuple fidèle.
La justice de Dieu est la raison et le but exclusif du royaume terres-

tre. Le psalmiste en réalité ne prie pas pour que règne le roi d'Israël,
mais il prie pour qu'à travers le roi terrestre, Yahvé règne sur son
peuple. A cause de cela dans la prière de ce psaume s'impose d'une
manière toute particulière un langage universaliste du salut. On est
en présence de dimensions universelles, terrestres et cosmiques, d'une
vision prophétique aux confins du possible. Il va de soi que le Targum
voit dans ce psaume la prophétie de l'avènement du royaume du messie
et l'Eglise ancienne une forme d'épiphanie divine par le Christ.

Dans ce psaume prévaut clairement un vocabulaire concernant la
délivrance, "les pauvres" sont le centre d'intérêt. Toutes les prières
pour le roi visent à la délivrance des pauvres des forces destructrices
des tyrans. Cela est mentionné ouvertement aux versets 4 et 12-14.

La perspective salvifique du psaume dans son intégralité montre
quelle est la signification de la racine sdq qui apparaît quatre fois
dans les sept premiers versets. Voici le texte de ces versets :

1 Dieu, confie tes jugements (mišpāṭêkā) au roi,
   ta justice (sidqāt^{e}kā) à ce fils de roi.

2 Qu'il gouverne ton peuple avec justice (b^{e}sedeq).

3 Que les montagnes portent la prospérité (šālôm) pour le peuple,
   et les collines, dans la justice (bisdāqāh) !

4 Qu'il fasse droit (yišpoṭ) aux humbles du peuple,
   qu'il soit le salut (yôšîa^c) des pauvres,
   qu'il écrase l'exploiteur !

5 Que l'on te craigne,
   tant que soleil et lune brilleront,
   jusqu'au dernier des siècles !

6 Qu'il descende, comme l'averse sur les regains,
   comme la pluie qui détrempe la terre !

7 Pendant son règne, que le juste (saddîq) soit florissant,
   et grande la prospérité (šālôm),
   jusqu'à la fin des lunaisons !

La prière commence par l'exclamation pour que Dieu lui-même donne
son mišpāṭ // s^{e}daqah au roi. D'après cela, il est clair que les paires
de synonymes sedeq // mišpāṭ au verset 2 et šālôm // s^{e}daqah au verset

3 ont la même signification fondamentale salvifique de la justice de
Dieu, même si le sujet direct n'est plus Dieu mais le roi. Au verset
7, on trouve dans le texte hébraïque la forme saddîq. La signification
du psaume dans son intégralité, le parallélisme avec šalôm en 7b ainsi
que certains manuscrits et anciennes traductions donnent à penser que
le nom sedeq est ici sous-entendu.

*Dans toute l'exégèse ancienne, on ne trouve aucune définition
explicite de la notion de justice dans ce psaume. Il est compréhensible
que les pères de l'Eglise voient le Christ qui règne avec justice sur
le monde dans le "fils de roi". Luther parle de la justice par la foi.
Calvin parle d'un royaume idéal bien établi en contraste avec les rois
qui refusent Dieu et gouvernent avec violence selon leur volonté.*

Ps 85,11.12.14 - la délivrance viendra sûrement

On peut constater que ce psaume est divisé en trois parties :
2-4; 5-8; 9-14. Dans la première partie, il s'agit de la bienveillance
passée de Dieu envers son peuple fidèle; dans la deuxième partie, le
peuple dans la détresse présente crie vers Dieu pour la délivrance; et
dans la troisième partie, le psalmiste personnellement constate ce que
Dieu dit à ceux qui lui sont fidèles. Cette disposition et ces périodes
temporelles montrent que la clé pour la compréhension du psaume dans
son intégralité est la deuxième partie. Le peuple qui se trouve dans
la détresse se rappelle vivement la bienveillance de Dieu dans le passé
et voit en cela la garantie pour la toute proche intervention salvifique de Dieu dans sa situation présente. A la lumière d'une foi inébranlable, le psalmiste aperçoit déjà le message de Dieu concernant le salut
(vv. 9-10).

La promesse du salut est exprimée dans la troisième partie d'une
façon exceptionnelle par une suite de synonymes qui ont tous une signification salvifique : yeša^c (voir aussi v. 8b), kābôd (v. 10b), hesed
(v. 11a, voir aussi v. 8a), 'emet (vv. 11a-12a), šalôm (v. 11b), sedeq
(vv. 11b.12b.14a). De tout cela, il ressort que sedeq a une signification
explicitement salvifique. A cause de nombreux synonymes, on le traduit
malgré tout par "justice". Les versets 11-14 disent :

11 Fidélité et Vérité se sont rencontrées,

elles ont embrassé Paix et Justice.

12 La Vérité germe de la terre

et la Justice se penche du ciel.

13 Yahvé lui-même donne le bonheur,

et notre terre donne sa récolte.

14 La Justice marche devant lui,

et ses pas tracent le chemin.

Dans l'héritage des exégètes anciens, on ne trouve rien de parti-culier à part l'opinion de Luther qui dans le commentaire concernant le verset 14 parle de la justice du Christ qui précède tout acte méri-toire humain. Si les exégètes chrétiens mentionnent la notion de la justice, ils interprètent cette notion généralement dans le sens chris-tologique, comme le fait Calvin.

Ps 88,13 - miracle de la délivrance par Dieu

Ce psaume est du début à la fin exceptionnellement sombre. Le poète est de toute évidence dans une détresse mortelle, il parle de la tombe, de grandes terreurs de Dieu, d'éloignement de ses amis. Malgré tout, le psalmiste ne tombe pas dans le désespoir. Bien au contraire; toutes les images ténébreuses et ses cris croissants sont l'expression de l'unique espoir que Dieu va le sauver. Déjà l'exclamation introduc-tive du psalmiste est adressée à Dieu sauveur (v. 2) :

Yahvé, mon Dieu sauveur ('elohê-y^{e}sû^{c}atî) !

le jour, la nuit, j'ai crié vers toi.

Maintenant quand sa vie est en péril, il lui reste Dieu, unique sau-veur. Pour cela il s'accroche à lui de toutes ses forces et veut vivre.

Le désir de la délivrance n'est pas égoïste, le psalmiste ne tient à sa vie pour lui-même, mais pour la louange de Dieu. Le psaume culmine aux versets 11-13 :

11 Feras-tu un miracle pour les morts ?

Les trépassés se lèveront-ils pour te célébrer ?

12 Dans la Tombe peut-on dire ta fidélité (hesed),

et dans l'Abîme dire ta loyauté (ʾemûnāh) ?

13 Ton miracle se fera-t-il connaître dans les Ténèbres,

et ta justice (sᵉdāqāh) au pays de l'Oubli ?

Nombreux sont les miracles que les vivants peuvent proclamer. Dans sa
délivrance hypothétique, le psalmiste voit un nouveau miracle pour lequel il manifestera à Dieu sa gratitude et le louera. Dans le contexte des miracles divins, de la bonté et de la fidélité de Dieu, il
a montré clairement que la notion sᵉdāqāh désigne d'une manière nette,
les oeuvres salvifiques de Dieu (130).

*Dans tout l'héritage de l'ancienne exégèse, on trouve concernant
notre texte à peine deux brèves observations datant de l'époque des
pères de l'Eglise. Bède qui désigne la notion de la justice comme grâce
mérite toute notre attention (131).*

Ps 89,15.17 - le secours de Dieu

Le critère thématique montre clairement la composition du psaume.
Après la partie introductive (vv. 2-5), le psalmiste dit d'abord à quel
point Yahvé est exceptionnel comme créateur et maître de l'univers (vv.
6-19); suit la description de la promesse donnée par le passé concernant la pérennité et la gloire de la dynastie de David (vv. 20-38);
la phrase : "C'est toi pourtant qui as rejeté, méprisé ton messie ..."
est le début des lamentations concernant la misère du roi aujourd'hui
rejeté (vv. 39-46) ; "Jusqu'à quand, Yahvé ? ..." (v. 47) et l'appel à
Dieu pour qu'il se rappelle enfin sa promesse passée et qu'il change
le destin du roi humilié.

De cette succession des différentes parties, il apparaît que la
première (vv. 6-19) est la plus importante; elle est le fondement de
tout le reste. Aussi bien la description historique de la promesse que
l'appel final pour que Dieu intervienne enfin dans la misère du présent
sont basés sur la connaissance d'un Dieu créateur fort. Cette partie
est la base du lexique théologique classique, qui est le lien le plus
remarquable de tout le psaume. Dans le psaume, on est surpris de la
fréquence de la paire hesed // ʾemet (2.3.15.25.34.50; cf. aussi 6.9.
29.38). Tout tourne autour de la question de la fidélité de Dieu. Ce

fait est d'une importance décisive pour déterminer la signification de la notion sedeq au verset 15 et s^edāqāh au verset 17. Il semble opportun de citer les versets 15 à 19 :

15   La justice et le droit (sedeq ûmišpāt) sont les bases de
        ton trône;

        la fidélité et la vérité (hesed we'emet) précèdent ta face.

16   Heureux le peuple qui sait t'acclamer !
        il marchera à la lumière de ta face, Seigneur !

17   A ton nom, ils danseront de joie tout le jour,
        à cause de ta justice (s^edāqāh) ils se redressent.

18   Oui, tu es leur force éclatante;
        tu redresses notre front par ta faveur.

19   Notre bouclier dépend du Seigneur,
        et notre roi, du saint d'Israël.

Le contexte intégral et les synonymes nous montrent que sedeq, au verset 15a, a une signification habituelle de salut et en substance désigne la fidélité de Dieu envers le peuple de l'alliance. La traduction la plus appropriée de s^edāqāh au verset 17 est "secours" (132).

Dans l'ancienne exégèse, on n'a personne d'autre à citer que Luther qui dit qu'on peut devenir juste spirituellement uniquement à l'aide de la justice par la foi.

Ps 94,15 - justice salvifique de Dieu

Il semble que ce psaume soit bien composé d'une introduction (vv. 1-2) et de cinq strophes : 3-7; 8-11; 12-15; 16-19; 20-23. Il est caractéristique que, dans l'introduction, le cri de vengeance ouvre largement l'abîme entre le psalmiste et les méchants qui cherchent à lui prendre la vie. Le psalmiste attend que Dieu, le juge, intervienne et anéantisse les malfaisants; en cela consistera son salut. Dans la quatrième strophe (vv. 16-19), il exprime sa confiance en Dieu tandis qu'il se trouve entre les mains des injustes. Dans la strophe centrale 3 (vv. 12-15), il bénit tous ceux qui vivent selon la loi:

12   Heureux l'homme que tu corriges, Yahvé,
        que tu enseignes par ta loi,

13   pour le reposer des mauvais jours

pendant que se creuse une fosse pour les impies.

14 Car Yahvé ne délaisse pas son peuple,

il n'abandonne pas son héritage :

15 on jugera de nouveau selon la justice (sedeq),

et tous les coeurs droits (kol-yiśrê-lēb) s'y conformeront.

Le verset 15 est particulièrement difficile. Dans le texte hébraïque apparaît le mot sedeq, or Symmaque et les Septante présupposent
saddîq. C'est pour cette raison que les traducteurs et les commentateurs prennent des positions diverses. Parmi ceux qui acceptent sedeq,
certains l'interprètent dans le sens habituel de la justice salvifique,
d'autres dans le sens rétributif (133). En effet, le contexte intégral
du psaume peut donner raison à l'interprétation rétributive. Or le
contexte immédiat et plus restreint parle résolument de la signification salvifique habituelle. La strophe 3 parle du salut des justes.
Mišpaṭ au verset 15 est destiné uniquement aux justes. Tout cela présuppose d'autant plus le signe distinctif de la justice salvifique de
Dieu, c'est-à-dire sedeq.

*Le Judaïsme ancien n'offre aucune explication claire de notre
notion. Parmi les pères de l'Eglise, certains voient la justice humaine
mise en jugement (134), d'autres le Christ (135); on peut aussi trouver
l'exemple de l'interprétation rétributive (136). Luther et Calvin n'ont
aucune interprétation à ce propos qui vaille la peine d'être mentionnée.*

Ps 96,13 - les biens du jugement de Dieu

Le psaume est du début jusqu'à la fin un appel à toute la création pour qu'elle proclame la grandeur et la puissance de son créateur
et de son sauveur. Malgré un enthousiasme permanent, il n'est pas
difficile de constater où est l'accent principal du psaume. La raison
pour laquelle le psalmiste invite toute la création à la louange ce
sont les oeuvres de Dieu, son salut (v. 2), ses merveilles (v. 3).
Toute la création devrait proclamer l'épiphanie de l'unique vrai Dieu,
le juge (vv. 10.13). Voici les trois derniers versets :

11 Que les cieux se réjouissent, que la terre exulte,

et que grondent la mer et ses richesses !

12 Que la campagne tout entière soit en fête,

que tous les arbres des forêts crient alors de joie,

13 devant Yahvé, car il vient,

car il vient pour gouverner (lišpōt) la terre.

Il gouvernera le monde avec justice (yišpōt-tēbēl bᵉsedeq)

et les peuples selon sa loyauté (wᵉᶜammîm be'emûnātô).

De nouveau, le contexte sera le critère décisif pour déterminer en quoi consiste le gouvernement de Dieu "en justice" (bᵉsedeq). Déjà le contexte le plus large montre que l'épiphanie de Dieu, qui a dans son essence une signification eschatologique, est destinée, comme bonne nouvelle, au peuple fidèle. Au verset 10c, il est dit que Dieu "juge les peuples avec droiture (bᵉmēšarîm)"; 13b affirme que Dieu gouverne le monde (les peuples) selon sedeq // 'emûnāh. Dieu est par son essence véridique et digne de confiance et à cause de cela son gouvernement, ses "jugements" en faveur du peuple fidèle ne peuvent être que les vrais biens du royaume de Dieu sur la terre.

De l'histoire de l'exégèse, on peut seulement citer Augustin et Luther. Augustin interprète la notion de la justice dans sa signification judiciaire (137), Luther la met en relation avec la foi.

Ps 97,2.6 - la délivrance par le roi universel

De la même façon que dans le Ps 96, le psalmiste parle aussi ici sous une très forte impression du règne universel de Dieu. Yahvé est Dieu, le roi unique, les autres dieux ne sont rien devant lui; ce Dieu unique vient comme sauveur des justes. Le verset 2 apporte la déclaration significative :

Ténèbres et nuées l'entourent;

la justice et le droit (sedeq ûmišpāt) sont les bases de son trône.

Il ne peut plus y avoir de doute, le couple sedeq // mišpāt ne désigne pas la justice de Dieu selon le principe rétributif, mais l'aide efficace de Dieu au peuple fidèle (138). Cela apparaît encore plus clairement au verset 6 où le mot sedeq est en parallèle avec kābōd et on pourrait même le traduire par le mot "délivrance" (139) :

Les cieux ont proclamé sa justice (sedeq)

et tous les peuples ont vu sa gloire (kābôd).

Parmi les exégètes juifs, on découvre à propos du verset 6 une
position claire. Kimhi voit ici la pluie de pierres et le feu de sou-
fre tombant du ciel sur les injustes. La justice de Dieu et son honneur
devraient consister dans le fait que Dieu juge les injustes jusqu'à
leur extermination. Les pères de l'Eglise le ressentent différemment.
Augustin pense que les cieux annoncent la justice du Christ. Eusèbe
a une interprétation christologique en ce qui concerne le verset 2.
D'après lui, le Christ règne en nous pour qu'il justifie par la foi
ceux qui étaient dans le péché (140). Cyrille se prononce sur les deux
versets d'une manière semblable : Dieu n'a pas justifié les pécheurs
d'après leurs bonnes oeuvres mais à cause de sa miséricorde (141).
Luther aborde les deux versets avec sa thèse typique sur la justifi-
cation par la foi.

Ps 98,2.9 - salut, la profonde essence de Dieu

Ce psaume, et surtout son début et sa fin, est très semblable
au Ps 96. Ici aussi le psalmiste appelle à louer Dieu qui entre sur
la scène du monde. La description de la bonté de Dieu est d'une part
encore plus universaliste que dans le Ps 96 et d'autre part encore plus
particulariste. D'un côté le psaume porte les traits de l'universalisme très caractéristique du Deutéro-Isaïe, de l'autre les expressions
bêt yiśrā'ēl et 'elōhênû (v. 3) révèlent une théologie particulariste,
israélite, de l'alliance. Le contexte intégral et un vocabulaire très
expressif de délivrance montrent clairement ce qui est sous-entendu
dans les notions s^{e}dāqāh (v. 2) et sedeq (v. 9). S^{e}dāqāh au verset 2
peut sans aucune arrière-pensée être traduit par la notion de "salut"
(142). Les trois premiers versets sont une entité très homogène; pour
cette raison, on les cite ensemble :

1 Chantez à Yahvé un chant nouveau,
   car il a fait des merveilles.
   Sa droite, son bras très saint
   l'ont rendu vainqueur.

2 Yahvé a fait connaître sa victoire ($y^e\check{s}\hat{u}^c\bar{a}h$);
aux yeux des nations il a révélé sa justice ($s^e d\bar{a}q\bar{a}h$).

3 Il s'est rappelé sa fidélité, sa loyauté ($\underline{hesed}/$'$em\hat{u}n\bar{a}h$),
en faveur de la maison d'Israël.

Jusqu'au bout de la terre, on a vu
la victoire ($y^e\check{s}\hat{u}^c\bar{a}h$) de notre Dieu.

C'est une atmosphère de fête, de victoire et de joie parce que
l'épiphanie de Dieu est destinée à toute la création. Les trois derniers
versets disent :

7 Que grondent la mer et ses richesses,
le monde et ses habitants !

8 Que les fleuves battent des mains,
qu'avec eux les montagnes crient de joie

9 devant Yahvé, car il vient
pour gouverner la terre ($\underline{li\check{s}p\bar{o}t \, h\bar{a}\,'\bar{a}res}$).
Il gouvernera le monde avec justice ($\underline{yi\check{s}p\bar{o}t\text{-}t\bar{e}bel \, b^e sedeq}$)
et les peuples avec droiture ($\underline{w^{ec}amm\hat{i}m \, b^e m\hat{e}sar\hat{i}m}$).

Après tout cela, il est impossible de penser que le verset 9 annonce un jugement de Dieu basé d'une façon quelconque sur le principe
de la rétribution. Il ne s'agit pas du tout d'un jugement comme nous
l'entendons mais de la manifestation de l'aide de Dieu à son peuple.
Tout montre que sedeq désigne "la plus profonde essence de Dieu" (143).
Dieu va "juger" en pleine compatibilité avec son essence, c'est-à-
dire il va gouverner le monde.

*L'ancienne exégèse nous offre ici peu de matière. Kimhi au ver-
set 9 touche la notion de justice par une très brève déclaration que
Dieu dans son jugement va donner aux justes le bien et aux injustes le
mal. Parmi les pères de l'Eglise, Théodoret a une très courte interprétation rétributive en disant que le premier avènement du Seigneur était
sous le signe de la miséricorde et le deuxième sera sous le signe de
la justice (144). Albert le Grand au verset 2 met la notion de la justice en relation avec le Christ et au verset 9 la comprend dans le
sens rétributif (145). Luther mentionne la justice provenant de la
foi par laquelle le Christ nous justifie.*

Ps 99,4 - les biens du Saint d'Israël

Comme les Ps 96, 97 et 98, celui-ci parle du règne de Dieu, mais
ce règne se limite uniquement à Israël; il est désigné par les noms :
Sion (v. 2), Jacob (v. 4), Moïse et Aaron (v. 6) et le mot 'elōhênû
(vv. 5.8.9). Le phénomène singulier de ce psaume est le triple "Il
est saint" qui termine chacune des trois premières strophes de ce psaume. Il va de soi que c'est sous cet aspect—là qu'il faut juger la
signification de la notion s^edāqāh qui apparaît au verset 4 en parallélisme avec mišpāt. La deuxième strophe de ce psaume dit :

4   La force d'un roi c'est d'aimer le droit (mišpāt).
    C'est toi qui as établi la droiture (mêšarîm).
    Le droit et la justice (mišpāt ûs^edāqāh) en Jacob,
    c'est toi qui les as faits :
5   Exaltez Yahvé notre Dieu,
    prosternez-vous devant son piédestal !
    Il est saint !

Au verset 4 apparaissent trois synonymes : mišpāt (deux fois),
mêšarîm et s^edāqāh; de tous, il est dit que Dieu les a "faits". Il est
clair qu'ils désignent les biens de Dieu pour Israël. Avec une certaine réserve, on peut dire de toutes ces notions qu'elles ne désignent
pas seulement une manifestation externe de Dieu mais l'essence même
de Dieu.

*Les commentaires anciens en ce qui concerne ce psaume surpren-
nent tous. Nulle part on ne trouve une définition explicite de la
notion de justice. On peut mentionner Luther qui parle de la justice
par la foi.*

Ps 103,6.17 - les bontés de Dieu issues de sa miséricorde envers
l'homme

Ce psaume est un hymne de louange classique des Hébreux, aussi
pur par sa forme que par son contenu. Le début et la fin sont des ap-
pels très semblables à la louange, exprimés par la répétition du verbe
bārak. La première et la dernière phrase sont identiques, l'objet de
la louange est entre autre le règne de Dieu sur l'univers (v. 19).

Cependant, cet aspect a un rôle très subordonné. Tout le poids du
psaume repose sur l'expérience de la bonté de Dieu qui rend heureux.
La notion la plus caractéristique de tout le psaume est la hesed (vv. 4.
8.11.17), mais la notion de la miséricorde (racine rhm : vv. 4.8.13)
est aussi très importante. Le psaume ne parle pas de la bonté de Dieu
dans le sens le plus général mais surtout de sa miséricorde envers
l'homme, radicalement périssable et pécheur. Le verset 10 mérite une
attention particulière :

> Il ne nous traite pas selon nos péchés,
>
> il ne nous rend (gāmal) pas selon nos fautes.

Cette phrase attire l'attention sur le verset 2b (et vice-versa) : "...
il n'oublie aucune de ses largesses (gemûl)". Les critères de la récompense de Dieu ne sont nullement les oeuvres de l'homme. Au-delà de la
possibilité et de l'impossibilité de ses mérites Dieu a pitié de lui.
Quiconque le "craint", c'est-à-dire chaque être qui l'adore, peut participer à sa bonté (cf. vv. 11.13.17).

   La signification fondamentale de s^{e}dāqāh, qui apparaît au pluriel
au verset 6, est déjà assez claire. Une forme plurielle semblable apparaît en Jg 5,11; 1 S 12,7; Mi 6,5; Dn 9,16. Tous ces passages sont
des exemples éminents de désignation des oeuvres salvifiques de Dieu.
C'est une raison supplémentaire pour que la plupart des commentateurs
modernes voient ici les oeuvres salvifiques de Dieu, sa fidélité et
sa bonté (146). Le verset 6 dit :

> Yahvé accomplit des actes de justice (s^{e}dāqôt),
>
> il fait droit (mišpatîm) à tous les exploités.

Si on juge d'après la signification habituelle de cette notion, d'après
le contexte et d'après le parallélisme avec hesed, la signification
au verset 17 ne peut être autre (147) :

> Mais la fidélité (hesed) de Yahvé,
>
> depuis toujours et pour toujours,
>
> est sur ceux qui le craignent,
>
> et sa justice (s^{e}dāqāh) pour les fils de leurs fils ...

L'ancienne interprétation correspond en grande partie à la

signification réelle de la notion de justice dans ce psaume. Les Sep-
tante et la Vulgate traduisent s^e dāqōt par le mot "miséricordes" au
pluriel (ποιῶν ἐλεημοσύνας ὁ κύριος, faciens misericordias Dominus).
Il est alors compréhensible qu'à cela correspond l'interprétation des
pères latins et grecs. Au sujet de ces versets, le Midrash se prononce
aussi; la notion de justice est désignée par trois termes sotériolo-
giques se référant aux passages correspondants de l'Ancien Testament :
pardon (Is 55,7), salut (Ps 130,7), secours - délivrance (Ps 68,21).
En ce qui concerne le verset 17, la situation diffère sensiblement. Il
semble que Kimhi comprend s^e daqah comme un synonyme du mot hesed. Cer-
tains pères de l'Eglise font allusion au principe de rétribution.
Luther parle de la justice qui vient de la foi pour le présent et de
la justice de la glorification pour l'avenir.

Ps 111,3 - la générosité de Dieu envers le peuple fidèle

Le psaume est une louange expressive qui commence par un "Alléluia". Une autre caractéristique de ce psaume est qu'il est composé
selon le schéma acrostiche alphabétique. Il n'est pas étonnant que les
mêmes motifs et les mêmes expressions se répètent plusieurs fois dans
le psaume qui est relativement court; le psaume dans son intégralité
présente ainsi un caractère de réflexion sapientiale. Du point de vue
thématique, le psaume est centré sur les "oeuvres de Dieu" (cf. la racine 'sh aux versets 2.3.4.6.7). Il est évident à partir du verset 5
que le psalmiste parle sous l'aspect de l'alliance (b^e rît). Toutes les
oeuvres de Dieu sont destinées au peuple de l'alliance; cette desti-
nation est désignée par différents adjectifs ou noms correspondants.
Une telle expression est s^e dāqāh au verset 3 :

Son action éclate de splendeur
et sa justice (s^e dāqāh) subsiste toujours.

Si on en juge d'après le thème central du psaume et d'après les expressions synonymes individuelles, s^e dāqāh semble désigner la générosité
de Dieu (148).

Parmi les interprètes anciens, on peut mentionner seulement quel-
ques noms chrétiens. Cassiodore met le mot "justice" en relation avec

le jugement futur, Athanase avec la parole de l'Evangile, Bède avec
la justification, Gerhoh admet la signification rétributive, la jus-
tification des pécheurs d'après la reconnaissance des péchés et le
pardon. Albert le Grand pense au principe rétributif (149). Luther
parle de la justice qui vient de la foi; il pense que la justice est
dans la reconnaissance de l'opposition totale entre Dieu et l'homme :
A Dieu, il faut donner tout ce qui lui est dû, "l'honneur et toutes
choses et à l'homme ce qui lui revient, déshonneur et rien".

Ps 116,5 - remerciement à Dieu fidèle

Le psaume est le remerciement de l'homme qui se compte parmi
les hasîdîm (cf. v. 15). Les remerciements vont à Dieu qui a sauvé le
psalmiste d'une détresse extrême (v. 6). L'expérience de la délivrance dicte au psalmiste sa déclaration d'amour (v. 1), la foi inébranlable (v. 10), la "coupe du salut" (v. 13), le sacrifice d'action de
grâce (v. 17), l'accomplissement des promesses (vv. 14.18). Finalement,
le psaume se transforme en Alléluia (v. 19). Bien vite on peut constater que la déclaration du psalmiste sur la bonté de Dieu atteint son
sommet aux versets 5-6 :

5   Yahvé est bienveillant et juste (hannûn YHWH w^{e}saddîq);
    notre Dieu fait miséricorde (we'lōhênû m^{e}rahēm).

6   Yahvé garde les gens simples;
    j'étais faible, et il m'a sauvé (w^{e}lî y^{e}hôsîa^c).

Les synonymes hannûn et m^{e}rahēm confirment que saddîq ici désigne la
fidélité de Dieu (150). Une telle signification salvifique est confirmée aussi par la racine yš^c (v. 6b).

En ce qui concerne ce passage, on ne trouve dans l'exégèse juive
aucune prise de position. Parmi les pères de l'Eglise, on peut mention-
ner uniquement Augustin, Cassiodore et Bède; tous ont des avis sembla-
bles : la justice s'affirme dans la flagellation ou plutôt la pénitence
des pécheurs. Enfin, Luther dit que Dieu est juste car il justifie, il
sauve les bons et damne les méchants.

Ps 119,7.40.62.75.106.123.137.138.142.144.160.164.172 - la loi
salvifique de Dieu

Ce psaume est unique par plusieurs aspects : premièrement, il est
de loin le plus long de tous les psaumes; deuxièmement, il est composé
selon le principe acrostiche alphabétique de telle façon que dans
l'ordre alphabétique huits versets de suite commencent par la même lettre; troisièmement, le psaume maintient la concentration thématique
et la réflexion sapientiale. Les versets ont pour la plupart le caractère de dictons de sagesse qui ne sont pas liés entre eux directement
dans un ensemble organique.

Le psalmiste parle tout le temps de la parole (promesse) de Dieu
et de sa loi. La loi est la source de toute sa joie et de la sagesse
de la vie. Cette loi est la raison et l'unique critère de son combat
avec les présomptueux malfaisants (zēdîm - $r^e\check{s}a^c$îm) qui le persécutent sans motif. De cela découle sa prière permanente pour que Dieu
continue de le protéger, de le sauver et de le maintenir en vie. La
concentration thématique et la forme acrostiche expliquent bien la
répétition du vocabulaire et les expressions stéréotypées. Tout le
temps reviennent les mêmes expressions synonymes pour la "loi". De
même pour les mots la "parole (promesse)" et "respecter, protéger"
(la loi). L'attention est aussi attirée par la répétition de toute
une série d'autres verbes et d'autres noms : enseigner, aimer, haïr,
espérer, se réjouir, réfléchir, donner la sagesse, maintenir dans la
vie, bonne voie, voie mensongère, etc.

Quelle est la situation en ce qui concerne le vocabulaire de la
délivrance en général et quelle est la signification de la notion
sedeq/$s^e d\bar{a}q\bar{a}h$?

Pour la compréhension de notre notion, la répétition du vocabulaire de la délivrance à travers tout le psaume est d'une importance
capitale; aussi bien dans les formes nominales que dans les formes
verbales. Le psalmiste a "l'espoir" dans la délivrance divine, et prie
Dieu pour qu'il la lui donne. Très important est le vocabulaire concernant l'alliance et le salut : les racines $y\check{s}^c$, hsd, 'mn ('mt). La

signification habituelle, salvifique, de la notion de justice est ici
évidente car cette notion se répète comme le synonyme de ces racines
ou bien comme symbole pour la loi qui est pour le psalmiste le guide
de sa vie, source d'espoir, l'unique voie possible et le seul critère
de la fidélité. On est alors surpris que presque sans exception tous
les commentateurs et traducteurs traduisent notre notion à chaque occurrence par "justice (juste)".

Vu que le psalmiste répète un si grand nombre d'expressions et
de formes, il n'est pas étonnant que la notion de justice se répète
aussi dans les mêmes termes dans des déclarations semblables. Aux versets 7.62.106.160.164 se répète l'expression mišpᵉtê sidqekā qu'on
pourrait rendre même par "tes décisions salvifiques". Voici les versets
concernés :

> 7 Je te célébrerai d'un coeur droit
>   en étudiant tes justes décisions.
>
> 62 En pleine nuit je me lève pour te célébrer
>   à cause de tes justes décisions.
>
> 106 J'ai juré, et je le confirme,
>   de garder tes justes décisions.
>
> 160 Le principe de ta parole, c'est la vérité ('emet);
>   toute décision de ta justice est éternelle.

L'expression 'imrat sidqekā au verset 23 a une signification très semblable :

> Mes yeux se sont usés à attendre ton salut (yᵉšûᶜāh)
> et à chercher les ordres de ta justice.

Deux fois apparaît sedeq ᶜēdōtêkā :

> 138 Tu as promulgué tes édits selon la justice
>   et une parfaite fidélité.
>
> 144 Tes édits sont la justice éternelle;
>   donne-moi du discernement et je vivrai.

De même est sedeq mišpātêkā au verset 75 :

> Je reconnais, Yahvé, que tes décisions sont justes,
> et que tu avais raison de m'humilier.

Dans les autres passages, les expressions varient mais le sens montre toujours la même direction du salut et de la fidélité :

40 Oui, j'aime tes préceptes;
     par ta justice fais-moi revivre.

137 Yahvé, tu es juste (saddîq),
     et tes décisions sont droites (w^{e}yašar mišpatêka).

142 Ta justice est justice éternelle,
     et ta Loi est la vérité ('emet).

172 Que ma langue chante tes ordres,
     car tous tes commandements sont la justice.

Dans l'ancienne exégèse, on peut à ce propos mentionner quelques constatations. Les traductions sont toutes littérales. Les Septante ont partout δικαιοσύνη ou δίκαιος, la Vulgate emploie iustitia *et quelquefois aussi* aequitas *(vv. 40.75.144.172). Dans l'exégèse juive, il vaut la peine de signaler le Midrash en ce qui concerne le verset 123. Il semble que* sedeq *est compris comme synonyme du mot* ḥesed *(v. 24) quand il dit qu'en nous il n'y a pas de mérite ni de bonnes oeuvres et que Dieu nous traite par sa grâce. Rachi et Kimḥi attribuent* sedeq *du même verset à la promesse de Dieu. Parmi les pères de l'Eglise, il est impossible de trouver autre chose que quelques courtes remarques affirmant que la justice de Dieu est le Christ. Albert le Grand a une interprétation dans le sens rétributif en ce qui concerne les versets 142 et 160 (151).*

Luther définit la notion de justice à chaque verset. A part l'interprétation habituelle dans le sens de la justice par la foi (v. 40.142) d'autres points de vue sont ici représentés : la justice de Dieu place l'esprit plus haut que la chair, dans le jugement de la justice de Dieu sont accomplis le jugement sur la chair et la justification de l'esprit (vv. 7.144.172); les sentences de la justice de Dieu sont les paroles de la croix (vv. 62.106); la justice de Dieu signifie l'Evangile (v. 123); seul Dieu est juste car dans le Christ il justifie tout par l'homme nouveau (v. 137); la justice de Dieu juge les oeuvres de l'homme ancien et justifie l'homme nouveau (v. 164). Calvin constate que la notion de justice n'a pas de signification

univoque (v. 40) mais il présume qu'elle désigne la bonté de Dieu en-
vers tous les siens. Au verset 123,il attribue de la même façon que
Rachi et Kimhi cette notion aux promesses de Dieu en disant que les
promesses de Dieu envers son peuple ne sont pas vaines.

Ps 129,4 - Dieu "juste" sauve de la détresse

Qu'est-ce qui est le plus caractéristique pour l'histoire du
petit peuple d'Israël vivant à la frontière entre deux grandes civilisations, sinon la détresse et la menace d'extermination ? Malgré cela
tout Israélite croyant peut puiser la confiance et le courage dans
son histoire passée car il est conscient qu'il vit sous la protection
de la justice de Dieu qui est toujours efficace dans la délivrance de
son peuple fidèle. Un tel espoir contre tout espoir est mis fortement
en valeur dans la première partie du présent psaume :

1   Que de fois, dès ma jeunesse, on m'a combattu,
    - qu'Israël le redise ! -
2   que de fois, dès ma jeunesse, on m'a combattu,
    sans rien pouvoir contre moi.
3   Des laboureurs ont labouré mon dos,
    ils ont tracé leurs longs sillons,
4   Yahvé est juste (saddîq),
    il a brisé les cordes des infidèles (r^{e}sa^{c}îm).

"Dieu est juste" est une déclaration emphatique (cf. Ps 7,10). Le
contexte montre très clairement sa signification salvifique (152).

L'ancienne exégèse dans l'ensemble ne donne aucune clarifica-
tion de ce passage valant la peine d'être signalée.

Ps 143,1.11 - délivrance par la grâce de Dieu

Nous avons là de nouveau une prière pour la délivrance. Le psalmiste dans une très grande détresse à cause de ses ennemis se tourne
directement vers Dieu plein de bonté. Au début et à la fin,il en
appelle à sa s^{e}dāqāh. Il n'y a pas de doute, cette notion a ici la
signification salvifique; cela est évident à partir du contexte le
plus immédiat et du parallélisme. Les versets introductifs disent :

1   Yahvé, écoute ma prière,

     prête l'oreille à mes supplications,

     par ta fidélité ('emûnāh), par ta justice (s^{e}dāqāh),

     réponds-moi !

2   N'entre pas en jugement (b^{e}mišpāt) avec ton serviteur,

     car nul vivant n'est juste devant toi (kî lō'-yisdaq

     l^{e}pānêkā kol-hāy).

Le verset 2 a la signification clé pour la compréhension de tout
le psaume car il nous montre la vraie raison de la prière du psalmiste.
Le psalmiste est conscient de l'injustice fondamentale de l'homme (cf.
Ps 14,3; 130,3; Jb 4,17; 9,2; 25,4), c'est pourquoi il souligne d'autant plus la bonté de Dieu. La signification exacte de la déclaration
"car nul vivant n'est juste devant toi" n'est pas évidente à partir
du seul verset. S'agit-il de la justification à partir des oeuvres,
ou uniquement de la fidélité ? Le psalmiste est contraint de reconnaître que ses qualités ne peuvent être la raison d'une intervention
salvifique de Dieu. Ce que Dieu fait, ce que l'homme peut attendre de
lui est l'expression de sa pure bonté, de sa fidélité, de sa grâce.
La s^{e}dāqāh de Dieu dépasse la s^{e}dāqāh de l'homme.

Les derniers versets expriment à leur façon le même fondement
de la prière :

11 A cause de ton nom (l^{e}ma^{c}an-šimkā), Yahvé, tu me feras vivre;

     par ta justice (b^{e}sidqāt^{e}kā) tu me sortiras de la détresse;

12 par ta fidélité (b^{e}hasd^{e}kā) tu extermineras mes ennemis

     et tu feras périr tous mes adversaires,

     car je suis ton serviteur.

Quand le psalmiste prie pour que Dieu le sauve "à cause de son nom"
exprime assez clairement que les raisons de l'aide sont en Dieu. La
s^{e}dāqāh de Dieu est pur don et grâce de Dieu (153).

*Les positions des exégètes anciens correspondent à la significa-
tion fondamentale de la justice de Dieu à l'exception de Kimḥi qui
est le seul parmi les interprètes juifs à se prononcer. D'après lui
Dieu est juste car il voit qu'avec le psalmiste est la justice et avec
ses ennemis est la méchanceté (v. 1). Parmi les interprètes chrétiens,*

Augustin a bien compris que la notion de justice (v. 1) signifie la
grâce de Dieu que l'homme ne peut atteindre par ses oeuvres mais par
la foi (154). Après lui arrivent à une conclusion semblable Cassiodore
(v. 11) (155) comme Bruno le Chartreux (v. 1) (156) et Albert le Grand
(v. 1) (157). Luther parle de la justification par la foi. Dans le
commentaire, il souligne très fortement pour les deux versets qu'il
s'agit dans le psaume de la grâce. Dieu ne nous fait pas vrais et justes
à cause de notre justice mais à cause de la foi en Christ. Calvin réfu-
te toute idée de mérite et de récompense. La justice de Dieu signifie
la bonté de Dieu avec laquelle il nous protège (158).

Ps 145,7.17 – la bonté et la fidélité du royaume de Dieu

Le Ps 145 est une louange expressive du royaume de Dieu qui
est caractérisé par la puissance, par la bonté et par la fidélité.
Parmi les désignations les plus fondamentales qui caractérisent le
royaume de Dieu, il y a bien sûr la justice de Dieu. Au verset 7, cette
notion apparaît en parallélisme avec **tûb** ce qui est une preuve supplémentaire pour sa signification habituelle de l'alliance et de la délivrance (159) :

On célébrera le souvenir de tes immenses bienfaits (rab-tûb),
on acclamera ta justice (s^{e}dāqāh).

La signification est en substance la même au verset 17 où la notion
apparaît comme adjectif en parallélisme avec **hāsîd** (160) :

Yahvé est juste (saddîq) dans toutes ses voies,
fidèle (hāsîd) en tous ses actes.

Dans l'ancienne exégèse, on trouve de nombreuses déclarations con-
cernant la notion de justice dans ce psaume. Ibn Ezra et Kimhi pensent,
en ce qui concerne le verset 17, que Dieu est juste car il donne la
nourriture à toute la création. Augustin surprend positivement avec
son commentaire du verset 7; dans la notion de justice, il comprend
la grâce de Dieu. Par la grâce de Dieu on a été créé, par elle
on est transformé, justifié; on ne peut rien attribuer à nos propres
mérites (161). Une idée semblable se trouve chez Gerhoh et Luther. Les
deux parlent de la justification par la justice de Dieu (162). A part

*ces prises de position,on trouve aussi quelques déclarations dans le
sens rétributif (163), et des allusions qu'est ici sous-entendue la
rectitude générale de l'action de Dieu. Le dernier aspect est surtout
caractéristique pour Calvin.*

Conclusion

a) Constatations générales

Le contexte et les synonymes dans le Livre des Psaumes, dans la
plupart des cas, montrent clairement que la notion de justice a ici une
signification salvifique. La justice de Dieu est la forme sous laquelle
apparaissent toutes les qualités de Dieu. Elle signifie avant tout la
fidélité de Dieu dans la délivrance de son peuple fidèle. Dans tous les
cas, c'est un don de Dieu gratuit. Quand l'homme prie pour obtenir la
justice de Dieu, il ne peut nullement se référer à ses mérites mais
éventuellement à sa fidélité envers Dieu, s'il est réellement fidèle.
Ainsi, par exemple le psalmiste fidèle peut grâce à la bonté de Dieu
entrer dans son sanctuaire et prier Dieu pour qu'il le guide dans sa
fidélité, en revanche, les infidèles malfaisants ne tiennent pas devant
son regard (Ps 5). Le psalmiste fidèle peut prier Dieu pour qu'il le
conduise "à cause de son nom", c'est-à-dire librement, motivé uniquement
par sa bonté et sa fidélité (Ps 23).

Parfois, le contexte judiciaire immédiat ou, par exemple, les
déclarations que Dieu est un "juste juge", semblent mettre en question
la valeur universelle des constatations mentionnées ci-dessus. Mais le
contexte plus large montre quand même que la justice de Dieu a aussi
dans ces cas une signification salvifique. Le terme "jugement" signifie
que Dieu conduit le monde. Pour les fidèles, cela signifie dans tous les
cas la fidélité de Dieu et son salut. Il est évident que le salut des
justes signifie souvent la maîtrise des malfaisants qui menacent les
justes ... (cf. Pss 7 et 9). Le "jugement" de Dieu signifie quelquefois
aussi l'avertissement au peuple d'avoir à se tenir dans les sentiers
de Dieu pour pouvoir participer à la justice salvifique de Dieu (Ps 50).

b) Les synonymes et les antonymes

Les synonymes de la racine sdq sont particulièrement nombreux dans
le Livre des Psaumes. On mentionne ici toutes les formes de synonymes
qui apparaissent dans les contextes particuliers, ainsi que les plus
significatifs du contexte général. Les noms : yeša^c (65,6; 85,8.10),
y^{e}šûʿāh (89,27; 98,2.3; 119,123), t^{e}šûʿāh (40,11; 51,16; 71,15), ʾemet
(19,10; 40,11; 71,22; 85,11.12; 89,15; 119,106.142), ʾemûnāh (33,4;
36,6; 40,11; 88,12; 89,2.3.6.9.25.34.50; 96,13; 98,3; 119,75.138; 143,1),
b^{e}rākāh (24,5), hesed (5,8; 33,5; 36,6.8.11; 40,11; 85,8.11; 88.12;
89,2.3.15.25.34.50; 98,3; 103.4.8.11.17; 143,12), kābôd (85,10; 97,6),
mêšārîm (9,9; 96,10; 98,9; 99,4), mišpat (33,5; 36,7; 48,11; 72,1.2; 89,15;
94,15; 97,2; 99,4; 103,6), šalôm (35,27; 72.3.7; 85,11); les adjectifs :
hannûn (116,5), hāsîd (145,17), m^{e}rahēm (116,5); les verbes : l^{e}hôšîaʿ
(36,7; 98,1; 116,6), zākāh (51,6).

Les contextes et la nature des synonymes, dans la plupart des cas,
confirment d'une façon univoque la signification salvifique de la justice
de Dieu; cela montre que mišpat non plus n'a pas une signification judiciaire rétributive, mais désigne la conduite universelle de Dieu et sa
providence sur le monde.

A partir de la signification fondamentale de la justice de Dieu,
on voit immédiatement quels peuvent être en principe les antonymes de
cette notion. Si cette notion désignait le châtiment, l'unique antonyme
possible serait la miséricorde de Dieu. Or la situation est justement
inverse car cette notion par la nature propre de Dieu signifie justement la miséricorde, l'antonyme peut être uniquement la colère de Dieu
ou plus généralement son infidélité. L'antonyme de la colère est dans
la Bible hébraïque une éventualité permanente, une menace continuelle
en cas d'infidélité du peuple. Dans le Livre des Psaumes, pour autant,
il n'apparaît pas dans une confrontation immédiate avec la racine sdq,
car dans ce livre, le plus souvent, ce n'est pas Dieu lui-même ou son
prophète (excepté par exemple le Ps 50) qui parle, mais le "juste"
repenti, qui est dans la détresse. Celui-ci prie pour obtenir la justice de Dieu, c'est-à-dire le bien-être, la fidélité et la miséricorde.
En Ps 89 surgit, dans un contexte plus large, l'opposition fidélité //

infidélité (6-19+20-38//39-46) non pas comme la constatation d'une
situation définitive mais comme le fondement de la prière pour que Dieu
se souvienne enfin de sa promesse passée et témoigne sa fidélité dans
la détresse extrême du temps présent.

Pour la pleine compréhension du but de la justice de Dieu, il est
très important de prêter attention aux antonymes qui ont trait à la
justice de l'homme. Ce qui caractérise les psaumes est l'insoluble conflit entre les justes et les injustes. Plus on souligne que la justice
de Dieu signifie le don gratuit de Dieu aux justes, plus la condamnation tombe sur les injustes - infidèles, qui d'aucune façon ne peuvent
participer à cette justice. La justice de Dieu est en principe destinée
à chacun, à la condition qu'il réponde dans la fidélité et dans la
confiance. Le mur de la séparation entre les justes et les injustes en
ce qui concerne la participation aux biens de la justice de Dieu est
l'infidélité de l'homme. Enfin il est vrai, ce que constate déjà Augustin, que même quand Dieu punit les pécheurs, il ne leur inflige pas
son mal mais il les abandonne à leur propre mal (164).

Le conflit entre les justes et les injustes est dans le Livre des
Psaumes la situation la plus caractéristique de la détresse dans laquelle le psalmiste juste prie pour obtenir la justice de Dieu, son salut.
La justice de Dieu se manifeste par la délivrance de la main des malfaisants.

c) L'histoire de l'exégèse

Etant donné que le contexte et les synonymes, dans la plupart des
cas, montrent clairement que la justice de Dieu signifie délivrance et
non condamnation selon le principe de rétribution, il est compréhensible
que les exégètes de tous les temps aient particulièrement bien saisi
la signification de cette notion dans le Livre des Psaumes. Cependant
il est surprenant que dans certaines sources on ne puisse que rarement,
ou pas du tout, constater comment les traducteurs ou les interprètes
comprennent cette notion. Cela est valable en premier lieu pour toutes
les anciennes traductions qui sont inhabituellement de fidèles transpo-
sitions littérales du texte original. Il n'y a presque pas de paraphra-

ses. Déjà le Targum est tellement littéral que l'on peut difficilement
parler de l'interprétation de notre notion. Dans le Targum, on est
surpris par la multitude des variantes araméennes pour la racine sdq :
les noms s^edāqāh (4,2; 22,32; 35,24), sidqāh (5,9; 7,18; 31,2; 35,28;
36,11; 40,11; 51,16; 71,2.19.24; 72,1; 88,13; 97,6; 98,2; 103,17;
119,40.142.160; 143,1; 145,7), sidqā' (23,3; 40,10; 72,2; 85,11.12.
14; 119,62), sidqātā'/sidq^etā' (24,5; 33,5; 48,11; 65,6; 89,15.17;
94,15; 96,13; 98,9; 99,4; 103,6; 119,142.144.172), sidqûtā' (36,7;
71,15.16), sedeq (35,27; 119,123.164; 143,11), z^ekût/z^ekûtā' (9,9;
50,6; 72,3; 111,3; 119,106); les adjectifs : saddîqā' (11,7; 69,28;
72,7), zakkā'āh (7,10.12; 9,5; 116,5; 129,4), zakka(')y (119,75.137;
145,17); la forme verbale (19,10; 51,6).

Les Septante utilisent presque exclusivement la notion δικαιοσύνη
ou δίκαιος; compte tenu de la traduction qui est, dans tous les cas,
littérale, il est impossible de savoir si le traducteur comprend cette
notion dans sa signification grecque classique ou bien s'il souhaite
par cette notion exprimer la signification hébraïque caractéristique.
Ce doute est justifié aussi dans trois exceptions quand le traducteur
utilise le mot ἐλεημοσύνη (24,5; 33,5; 103,6). Dans la Vulgate, la
situation est essentiellement la même. Dans la traduction, on trouve
dans la plupart des cas iustitia, quelques fois aequitas (9,9; 97,13;
119,40.75.144.172; 143,11). Dans les Ps 24,5; 33,5; 103,6, la Vulgate
utilise aussi le mot misericordia. A partir de là, on peut en toute
certitude conclure que la Vulgate dépend des Septante. Les commentateurs juifs classiques, c'est-à-dire le Midrash et les commentaires
de Rachi, de Ibn Ezra et de Kimhi sont assez surprenants car on y
trouve rarement une définition explicite de la notion de justice. Le
plus souvent, il est impossible de savoir avec certitude comment ils
comprennent cette notion.

Les pères de l'Eglise dépendent soit de l'une, soit de l'autre
traduction. Relativement rares sont les définitions de la notion de
justice. Dans la plupart des cas, ils interprètent cette notion dans
le sens christologique, en disant que la justice de Dieu est le Christ.
Le Nouveau Testament leur dicte souvent une interprétation paulinienne
de la justice de Dieu dans le sens de la justification par la foi.

Les interprétations de notre notion chez Albert le Grand, dans ses commentaires sur le Livre des Psaumes, sont plus variées que dans ses commentaires du Livre d'Isaïe. L'interprétation rétributive est beaucoup moins mise en avant et on peut trouver aussi des exemples de l'interprétation dans le sens salvifique.

Luther et Calvin méritent une mention toute particulière car ils consacrent généralement beaucoup plus d'attention à la notion de justice et ils empruntent des voies originales. Chez Luther prévaut nettement l'interprétation christologique dans le sens de la théologie paulinienne de la justification. On trouve presque toujours la même affirmation que la justice de Dieu signifie la justice par la foi au Christ par laquelle on devient juste devant Dieu. Luther a bien vu quand il souligne que la justice de Dieu est le don de Dieu gratuit, la miséricorde de Dieu qui n'a rien à faire avec les mérites de l'homme. Cependant, on peut se poser des questions à propos de sa réduction de la notion très générale de la justice de Dieu dans l'Ancien Testament au point de vue spiritualiste de la justice dans le Nouveau Testament.

Calvin est le premier à avoir mis en doute clairement la théologie luthérienne de la justification à l'intérieur de l'Ancien Testament, même s'il ne polémique pas avec Luther. Calvin reste dans le monde de l'Ancien Testament et il voit comment les Hébreux conçoivent la justice de Dieu comme la fidélité qui s'exprime sous les formes les plus variées dans la protection et dans le continuel salut du peuple de Dieu.

III. LES AUTRES LIVRES DE LA BIBLE HEBRAIQUE

Ex 9,27; 23,7 - Yahvé est juste et ne justifie pas les méchants

En Ex 9,27, le texte dit :

Pharaon fait appeler Moïse et Aaron et leur dit :
"Cette fois, j'ai péché; c'est Yahvé qui est juste (saddîq),
moi et mon peuple, nous sommes coupables (r^{e}ša^{c}îm).

Le contexte immédiat et élargi montre avec certitude ce que signifie là l'antithèse saddîq // raša^c. Il s'agit du rapport entre le
projet et la volonté de Yahvé et ceux de Pharaon. Une telle relation
montre que c'est le plus fort qui a raison. Le Pharaon persistait dans
sa volonté, persuadé d'avoir raison tant qu'il n'avait pas éprouvé la
manifestation de la suprématie absolue de Yahvé. C'est alors qu'il
découvre soudainement que, devant le maître de l'univers, il ne peut
avoir raison. Les fléaux qui s'abattent sur l'Egypte, en ce cas concrètement, la grêle, témoignent sans équivoque de sa culpabilité. Le
Pharaon représente le raša^c jusqu'au moment où il se plie au dessein
de Yahvé et à sa volonté.

En Ex 23,7, on peut lire :

Ne fais pas périr l'innocent ni le juste, car je ne justifierai
pas le coupable (lô'-'asdîq raša^c).

Là encore,on souligne la limite insurmontable entre les justes et les
coupables. Le coupable devant Dieu ne peut jamais paraître juste et
c'est pourquoi il ne peut participer à la bienveillance salvifique
de Dieu.

*Dans la Septante, le Targum et la Vulgate, le premier exemple
est traduit littéralement. Mais dans le deuxième exemple, seul le
Targum a une version identique au texte massorétique; dans la Septante, la partie finale du verset est traduite à la deuxième personne : "... et ne justifie pas (καὶ οὐ δικαιώσεις) le méchant à cause
des présents"; quant à la Vulgate, elle la traduit avec une autre
expression négative :* quia aversor impium. *Le Midrash Rabba commente*

*brièvement 9,27 : Dieu avait agi justement avec les Egyptiens, car il
les avait avertis. Rachi interprète 23,7 dans le sens judiciaire : Dieu
dans son jugement ne justifiera pas le coupable, s'il sort innocent
de la main du juge; il dispose de nombreux messagers, pour qu'ils le
tuent dans son lit. Dans les autres commentaires juifs, il n'y a pas
d'interprétation de la notion de justice.*

*Parmi les exégètes chrétiens, Calvin mérite d'être mentionné :
en 9,27, il interprète la justice de Dieu dans le sens judiciaire :
selon lui le Pharaon a mérité la punition car il a trop longtemps défié
Dieu le juste juge.*

Dt 4,8; 6,25; 24,13; 32,4; 33,21 - les lois salvifiques, la bonté et le salut de Dieu

En Dt 4,7-8, on lit l'admiration pour les biens d'Israël :

Quelle est en effet la grande nation dont les dieux se fassent
aussi proches que Yahvé notre Dieu l'est pour nous chaque fois
que nous l'invoquons ? Et quelle est la grande nation dont les
lois et coutumes soient aussi justes (huqqîm ûmišpatîm saddîqîm)
que toute cette Loi que je vous prescris aujourd'hui ?

Il apparaît que "les lois et coutumes ... justes" (cf. Ps 119,7)
signifient les lois et les coutumes salvifiques. Salvifiques, car elles
viennent de Dieu et dirigent l'homme vers la communauté bienheureuse
en Dieu.

Dt 6,24-25 recommande pour l'instruction des enfants :

.. Et Yahvé nous a ordonné de mettre en pratique toutes ces lois,
afin de craindre Yahvé notre Dieu, pour que nous ayons du bonheur
(l^{e}tôb lanû) tous les jours et qu'il nous garde en vie, comme il
nous l'a accordé jusqu'à présent. Telle sera notre justice (s^{e}daqah) :
garder et mettre en pratique tous ces commandements devant Yahvé
notre Dieu, comme il nous l'a ordonné.

Dans les commentaires contemporains prédomine l'opinion que s^{e}daqah
désigne, au verset 25, la justice de l'homme, non pas la justice de
Dieu (165). Mais on trouve aussi des exceptions. La Septante et la

Vulgate voient déjà dans s^{e}daqāh le sujet divin; elles la traduisent
par "miséricorde" (ἐλεημοσύνη, adj. misericors). Voici la traduction de la Vulgate du verset 25 : " Eritque nostri misericors si
custodierimus et fecerimus omnia praecepta eius coram Domino Deo nos-
tro sicut mandavit nobis". En effet, il est possible que le mot
désigne ici les biens salvifiques que Dieu offre à son peuple, si
celui-ci s'en tient fidèlement à l'alliance (166).

En Dt 24,13 il y a un exemple fort semblable, c'est pourquoi la situation de l'interprétation est la même. Le texte est un commandement
relatif à la restitution du gage du pauvre :

> Tu le lui rendras au coucher du soleil, il se couchera dans son
> manteau, il te bénira et ce sera une bonne action (s^{e}daqāh) aux
> yeux de Yahvé ton Dieu.

Les Septante (pas la Vulgate), là également, traduisent s^{e}daqāh par
"miséricorde" : καὶ ἔσται σοι ἐλεημοσύνη ἐναντίον Κυρίου τοῦ θεοῦ
σου. Les traductions plus récentes comprennent le mot comme la
justice humaine, ou bien la justification devant Dieu. Il en est de
même dans les commentaires. Il semble que les deux interprétations
soient également possibles.

En Dt 32,4 apparaît saddîq comme un attribut direct de Dieu. Dans
quel sens Dieu est-il juste ici ? Le verset 4 fait suite à un appel
préalable à la glorification de Dieu. Il dit :

> Il est le Rocher, son oeuvre est parfaite,
> car toutes ses voies sont le Droit (mišpāt).
> C'est un Dieu fidèle ('el 'emûnah) et sans iniquité,
> il est juste et droit (saddîq w^{e}yašar hû')

Le contexte et les synonymes attestent qu'il s'agit là de la
signification salvifique de la justice de Dieu accordée au peuple
d'Israël dans toute son histoire (cf. surtout v. 15).

Dt 33,21 surprend en raison du sujet de la justice. Dans la
deuxième partie du verset, il est dit de Gad :

> Il a accompli la justice de Yahvé (sidqat YHWH ^{c}asah) et ses
> sentences (mišpatâw) sur Israël.

On peut comprendre la déclaration présente par la collaboration de
Gad aux oeuvres de Dieu au profit du peuple d'Israël et l'accomplissement par lui des sentences salvifiques de Dieu.

*Quant aux anciennes traductions, il est bon de mentionner une
fois encore que les Septante en 6,25 et 24,13 traduisent s^{e}daqah
par ἐλεημοσύνη, et la Vulgate en 6,25 par* misericors. *Le Targum d'
Onkelos a, en général, une traduction littérale. Pour la notion de
justice, on y trouve* qaššît - *"véritable" (4,8),* z^{e}kûtā' - *"mérite"
(6,25),* z^{e}kû - *"mérite" (24,13),* zakka'y - *"juste" (32,4), au pluriel*
zakwān - *"les justices" (33,21) (167). Le Targum Neofiti 1 a* zakyayn,
c'est-à-dire le pluriel de zakkay - *"juste" (4,8),* z^{e}kû - *"mérite"
(6,25; 24,13),* zakkayy - *"juste" (32,4),* z^{e}kûtāh - *"justice" (33,21).
En ce qui concerne le Targum Neofiti 1,il faut observer que les versets 32,4 et 33,21 y sont deux fois plus étendus, bien que cela ne
change pas directement le contexte du vocabulaire sur la justice (168).*

*Il semble que Rachi, en 32,4, comprend la justice de Dieu dans
le sens rétributif, mais la déclaration "a accompli la justice
de Yahvé" de 33,21 est comprise dans le sens de la fidélité de Yahvé
à la promesse qu'ils passeront le Jourdain et conquerront la terre
promise. Ibn Ezra, commente 6,25 en disant que, dans la déclaration
"telle sera notre justice", certains voient l'annonce de la rétribution dans le futur. Mais lui-même fait appel au sens littéral (*pešat*)
et il estime qu'on pense ici à l'engagement des Israélites à accomplir
la volonté de Dieu, c'est-à-dire ses commandements et ses lois; en
cela, les peuples verront leur justice. Dans la déclaration sur Gad
accomplissant la justice de Yahvé (33,21), Ibn Ezra voit la réalisation du voeu des Gadites de se battre contre les ennemis.*

Jg 5,11; 1 S 12,7 - les victoires et les bontés de Dieu

Le cantique de Débora (Jg 5) est un hymne particulier à Dieu,
qui a aidé son peuple à vaincre l'ennemi puissant. Il débute par l'invitation à la louange (vv. 2-3). Les passages antithétiques font
suite et sont interrompus par une invitation renouvelée à la louange
(vv. 9-11ab). Le poème a une structure tout à fait antithétique pour
que l'opposition entre les différentes situations ou la différence

entre le destin du peuple hébreu sous la conduite de Dieu et celui
de l'ennemi puisse ressortir le plus possible : 4-5//6-8; 11c-15ab//
15c-17//18; 19//20-22; 23//24; 25-27//28-30; 31a//31b (169). Dans la
deuxième invitation à la louange, au verset 11, apparaît deux fois
l'expression "justices" (sidqôt) en relation avec le sujet divin. Dans
les traductions et commentaires contemporains, on trouve pour ce mot
presque exclusivement des expressions comme par exemple "les oeuvres
salvifiques de Yahvé", "la victoire de Yahvé", "les bienfaits de
Yahvé". Dans le contexte présent, il s'agit véritablement de l'unique
interprétation sensée. Le texte des versets 9-11ab est donc le suivant :

> Mon coeur va aux chefs d'Israël,
>
> avec les libres engagés du peuple !
>
> Bénissez Yahvé !
>
> Vous qui montez des ânesses blanches,
>
> assis sur des tapis,
>
> et vous qui allez par les chemins, chantez,
>
> aux acclamations des pâtres, près des abreuvoirs.
>
> Là on célèbre les bienfaits de Yahvé (sidqôt YHWH),
>
> ses bienfaits pour ses villages en Israël ? (sidqôt pirzōnô
>
> b^eyiśrā'ēl).

En 1 S 12,7, il y a le même mot pour désigner les bienfaits passés de Dieu envers le peuple élu. Le verset 12,7 comporte une partie
du discours d'adieu de Samuel et dit :

> Comparaissez maintenant; que je plaide avec vous devant Yahvé et
> que je vous rappelle tous les bienfaits (kōl-sidqôt) que Yahvé
> a accompli à votre égard et à l'égard de vos pères.

Aussi pour ce passage, les traductions et les commentaires plus récents sont d'accord qu'il s'agit d'oeuvres salvifiques de Dieu, de
victoires ou de bienfaits.

*Puisque le cantique de Débora est dans l'ensemble un poème très
archaïque et difficile, on ne peut pas être surpris que les traductions plus anciennes soient essentiellement des paraphrases. Dans
le Targum, le verset 11 est même trois fois plus long que le texte*

original; cependant, il n'est pas possible de savoir comment on com-
prend le mot "justice". La première fois, le traducteur du Targum le
traduit au pluriel (zakwātā'), la deuxième fois au singulier (zākût).
La Septante, dans une traduction un peu adaptée, exprime "les justi-
ces" seulement dans le premier cas comme l'objet de la vénération de
Dieu (au singulier δικαιοσύνη); dans le deuxième cas, les Septante
voient dans ce mot les justes (δίκαιοι) d'Israël: "les justes sont
renforcés en Israël". On est enfin surpris par la traduction de la
Vulgate : "... ubi collisi sunt currus et hostium est suffocatus exer-
citus ibi narrentur iustitiae Domini et clementia in fortes Israhel".
1 S 12,7 est traduit littéralement tant par le Targum que par les
Septante avec le mot caractéristique pour "justice", au pluriel
zakwātā', au singulier δικαιοσύνη. Mais la Vulgate nous surprend
encore avec l'interprétation claire de la notion de "justice" dans
le sens hébraïque : "Nunc ergo state ut iudicio contendam adversum
vos coram Domino de omnibus misericordiis Domini quas fecit vobiscum
et cum patribus vestris".

Parmi les exégètes, Calvin mérite toute notre attention. Il offre
un commentaire étendu et fort heureux sur 1 S 12,7. Selon lui, la
notion de justice est une expression impropre pour la grâce divine;
elle ne désigne pas le jugement sévère de Dieu, mais la perfection
de la conduite correcte en Dieu (170).

1 R 8,32 - la justification des justes

A la consécration du temple, Salomon dans sa prière de bénédiction exprime entre autres une demande de rétribution adéquate de la
part de Dieu (vv. 31-32) :

Supposé qu'un homme pèche contre son prochain et que celui-ci
prononce sur lui un serment imprécatoire et le fasse jurer devant
ton autel dans ce Temple, toi, écoute au ciel et agis; juge entre tes serviteurs, pour inculper le coupable (l^eharsîa^c rasa^c)
en faisant retomber sa conduite sur sa tête, et pour justifier
le juste (l^ehasdîq saddîq), en lui rendant selon sa justice
(k^esidqātô).

La forme antithétique de la demande de rétribution est une preuve
évidente que la racine sḏq n'exprime pas la justice de Dieu dans le
sens de la rétribution juste pour les méchants et les justes. Si sḏq,
en tant que substantif, désigne les oeuvres salvifiques de Dieu ou
bien la bonté de Dieu pour le peuple fidèle, le verbe "justifier"
les justes, en opposition avec la condamnation des injustes, signifie
la reconnaissance de la fidélité des justes, pour qu'ils puissent
bénéficier de la justice salvifique de Dieu. L'antithèse est donc
créée par la sentence de Dieu qui met dans une opposition irréconciliable les saddîqîm et rᵉšāᶜîm, à l'égard de la participation à la
justice salvifique de Dieu. Si cette sentence représente la rétribution de Dieu, il faut savoir que la "justification" des justes couvre
uniquement l'aspect positif de la rétribution, c'est-à-dire la récompense.

Quel est le critère de la sentence ? Probablement pas les oeuvres
en elles-mêmes. Chez les méchants ce ne sont pas tant leurs oeuvres
concrètes qui leur retombent sur la tête, que la corruption radicale
de leur coeur. Semblablement, les justes ne sont pas justifiés pour
récompense de leurs oeuvres, mais en raison de leur fidélité ou de
leur amour pour la vérité. Cela ressort aussi de la circonstance qui
est mentionnée en ce qui concerne la sentence de Dieu. Il s'agit du
serment, donc de la question du vrai ou du faux témoignage devant
Dieu. Le serment est un test assez fiable de la justice ou de l'injustice de l'homme. On a toujours reconnu que l'homme s'attire la
malédiction sur sa tête avec un faux serment.

Les traductions anciennes sont toutes littérales et expriment
la justification avec des mots habituels. Les Septante ont une anti-
thèse : ἀνομηθῆναι ἄνομον // δικαιῶσαι δίκαιον; *le Targum:*
1ᵉhayyābā' hayyāb // 1ᵉzakkā'āh zakkā'āh; *la Vulgate* condamnans
impium // iustificansque iustum. *Dans les commentaires, il n'y a pas*
de définition des notions elles-mêmes.

Jr 9,23; 11,20; 12,1; 23,6; 31,23; 33,16; 50,7; 51,10 - les
oeuvres de Dieu sont justes et signifient le salut

Il faut juger Jr 9,23 en relation avec les versets 22-23 qui
sont antithétiques :

22 Ainsi parle Yahvé :

Que le sage ne se glorifie pas de sa sagesse,

que le vaillant ne se glorifie pas de sa vaillance,

que le riche ne se glorifie pas de sa richesse !

23 Mais qui veut se glorifier, qu'il trouve sa gloire en ceci :

avoir de l'intelligence et me connaître,

car je suis Yahvé, qui exerce la bonté (hesed),

le droit et la justice (mišpat ûs^{e}daqah) sur la terre.

Oui, c'est en cela que je me complais,

oracle de Yahvé !

Dans cette antithèse, les synonymes hesed, mišpat et s^{e}daqah
sont présentés sous un aspect expressément positif, en fonction d'une
définition caractéristique de la bienveillance de Dieu et de sa présence sur la terre; la justice de Dieu signifie donc ici la bonté de
Dieu et sa fidélité.

Jr 11,20 est la déclaration qui peut nous donner l'impression
que la justice de Dieu a un sens rétributif. Le texte dit :

Yahvé Sabaot, qui juges avec justice (šopet sedeq),

qui scrutes les reins et les coeurs,

je verrai ta vengeance contre eux,

car c'est à toi que j'ai exposé ma cause.

L'interprétation de la notion de justice sera adéquate, si l'on juge
uniquement dans le cadre de l'unité dans laquelle elle apparaît,
c'est-à-dire au verset 20a. Là, Jérémie déclare la foi en l'appréciation juste par Dieu de l'homme juste. Cette foi lui donne la certitude
que, devant Dieu, ce sera lui le justifié, et non ses ennemis. Cependant, cette confiance ne suffit pas à Jérémie. Persuadé que Dieu
estimera justement sa justice, il exige déjà les conséquences pour
les ennemis : la vengeance de Dieu. Il s'agit d'un grand pas en avant,
qui a son fondement dans le malheur de Jérémie, et non pas dans la
notion sedeq. Šopet sedeq gouverne le monde en faveur des justes, en
les délivrant, s'il est nécessaire, de la main des injustes. La

"vengeance" contre les ennemis ne peut donc pas être considérée comme
la "justice" de Dieu elle même, mais comme la conséquence nécessaire
de la justice salvifique de Dieu.

La foi en la rectitude de l'action de Dieu ou bien de sa sentence
ressort aussi en 12,1. Jérémie dit :

Tu es trop juste (saddîq 'attah), Yahvé,

pour que j'entre en contestation avec toi.

Cependant je parlerai avec toi de question de droit :

Pourquoi la voie des méchants est-elle prospère ?

Pourquoi tous les traîtres sont-ils en paix ?

Ici s'expriment l'opposition entre la foi traditionnelle selon laquelle Dieu a toujours raison face à l'homme et les sentiments du prophète. Jérémie, bien qu'il se rende compte que la justice de Dieu
outrepasse l'intelligence de l'homme pour qu'il puisse juger l'action
de Dieu, laisse libre cours à son insatisfaction en raison des difficultés de la vie. Comme poète, le prophète se sert d'une image
forensique. Mais ça ne veut pas dire qu'il s'agisse ici du "sens forensique" de la justice de Dieu. On peut parler seulement d'une présentation forensique, selon le principe de l'analogie, mais qui n'a rien
à faire avec le vrai sens de la notion de la justice de Dieu elle-
même.

Jr 23,5-6 parle du futur roi. Il l'appelle "germe juste" (semah
saddîq), car il exercera dans le pays "le droit et la justice" (mišpat
ûs^{e}daqah). Son nom sera "Yahvé notre justice" (YHWH sidqenû). Ce nom
exprime la foi en une action directe de Dieu au niveau du futur roi
messianique, avec une action qui ne peut être rien d'autre que le
salut pour le peuple entier (171). Le texte de Jr 23,5-6 se répète
presque entièrement en Jr 33,15-16. La différence consiste dans le
fait que la promesse ne vaut pas pour un seul représentant de la
dynastie de David, mais pour la dynastie de David en tant que telle.

Une promesse semblable vaut aussi pour le pays de Juda : Jr
31,23 annonce, après la chute de Jérusalem, que, dans le futur, dans
le pays de Juda et dans ses villes, on dira :

Que Yahvé te bénisse,

toi, demeure de justice (n^{e}wēh-sedeq),

toi, sainte montagne (har haqqōdeš) !

Là aussi la notion de justice signifie le salut qui ne peut être donné que par Dieu (172). C'est évident aussi en Jr 50,7 où la même appellation apparaît comme la désignation de Dieu : la "demeure de justice" signifie la demeure de justice de Dieu, c'est-à-dire des biens salvifiques de Dieu. Le texte est lié à l'annonce de la destruction de Babylone, ce qui signifie la libération d'Israël converti. Converti, car les fléaux passés étaient une juste punition pour l'injustice d'Israël. Le verset 7 rapporte la déclaration :

Tous ceux qui les trouvaient les dévoraient,

leur ennemis disaient : "Nous ne sommes pas en faute

puisqu'ils ont péché contre Yahvé, la demeure de justice (n^{e}wēh-

sedeq),

et contre l'espoir (miqwēh) de leurs pères - Yahvé !"

Le contexte montre que n^{e}wēh-sedeq représente là la désignation pour la source des bontés salvifiques de Dieu.

Jr 51,10 parle encore de façon différente de l'oeuvre salvifique. Dans le contexte de l'annonce de la vengeance irréversible de Dieu sur Babylone, le poète acclame dans ce verset-là le salut de son peuple :

Yahvé a fait éclater notre justice (sidqōtênû),

Venez ! Racontons dans Sion

l'oeuvre (ma^{c}asēh) de Yahvé notre Dieu.

Le contexte ainsi que le parallélisme avec le mot oeuvre (ma^{c}asēh) et sa forme au pluriel nous montrent à l'évidence que le mot s^{e}dāqāh a la signification habituelle de salut (173).

Les Septante, le Targum et la Vulgate donnent une traduction littérale des expressions caractéristiques de la justice. Il mérite d'être mentionné que les Septante en 23,6 traduisent YHWH sidqēnû par le nom propre : Κύριος Ιωσεδεκ. Dans le Targum, on trouve les formes suivantes : hisdā' w^{e}dîn diqšôt w^{e}zakû - (Yahvé accorde sa) *"bonté, le vrai jugement et justice" (9,23);* dayyān diqšōṭ *- (Yahvé est) "le vrai juge" (11,20);* zakkay *- (Yahvé est) "juste" (12,1); pluriel* zakwān *(23,6);* mᵉdôr qᵘštayh *- "la demeure de sa vérité" (31,23);* zakwān *(33,16);* mimmidôr qᵘšteh *- (les Israélites se sont retirés) "de la demeure de sa vérité" (50,7);* zᵉkûtānā' *- (Yahvé a révélé) "notre justice" (51,10).*

En 51,10 Rachi voit exprimée la justice des pères. A propos de 9,23 David Kimḥi dit que l'oeuvre "du droit et de justice" est la reconnaissance de Dieu; en 50,7, il comprend la "demeure de justice" comme l'accomplissement de la volonté de Dieu au niveau du peuple.

Calvin définit expressément la signification de la notion de justice en 9,23 : selon lui, elle n'est pas en opposition avec la miséricorde comme on le dit en général, mais elle signifie la protection fidèle par Dieu du peuple de Dieu (174). Il met en relation 23,6 avec le Christ qui apporte à l'humanité la justice salvifique de Dieu; il met en relation 33,16 avec le Christ et l'Eglise. En 50,7, il définit encore la notion de justice, cette fois dans le sens de fermeté et de rectitude (175). En 51,10, Calvin voit exprimée la reconnaissance des droits du peuple d'Israël en opposition aux Babyloniens violents. Il souligne que la notion de justice ne peut pas désigner les mérites sur les fondements desquels le peuple d'Israël recevrait ce qui lui a été promis.

Os 2,21; 10,12 - la promesse de la fidélité salvifique de Dieu

Os 2,21 fait partie de la promesse majestueuse de Yahvé, de conclure dans le futur avec Israël une alliance éternelle (vv. 21-22) :

21   Je te fiancerai à moi pour toujours;
    je te fiancerai dans la justice et dans le droit (bᵉsedeq
        ûbᵉmišpaṭ),
    dans la tendresse et la miséricorde (ûbᵉhesed ûbᵉraḥamîm);
22   je te fiancerai à moi dans la fidélité (bᵉ'emûnāh),
    et tu connaîtras Yahvé.

Dans ce texte et en relation avec les synonymes existants, sedeq en réalité ne peut signifier rien d'autre que les dons du salut (176).

Encore plus évident est le sens salvifique que reçoit la
notion de sedeq en Os 10,12. Là, le prophète présente la sedeq divine
comme réponse à la s^{e}daqāh humaine et à la hesed :

Faites-nous des semailles selon la justice (lisdaqāh),
moissonnez à proportion de l'amour (l^{e}pî-hesed);
défrichez-vous des terres en friche :
il est temps de rechercher Yahvé,
jusqu'à ce qu'il vienne faire pleuvoir sur vous la justice (sedeq).

En majorité, les traducteurs et les exégètes comprennent le passage "moissonnez à proportion de l'amour", en suite du premier passage
"faites-vous des semailles selon la justice", dans le sens : "pour que
vous moissonniez à proportion de l'amour" (177). Cependant, il s'agit
là très évidemment d'un exemple classique de mérisme, à savoir, exprimer la totalité par des termes opposés. Le sens de l'invitation
figurative : "Faites-vous des semailles (zir^{ec}û) selon la justice,
moissonnez (qis^{e}rû) à proportion de l'amour" est : Faites tout en harmonie avec les exigences de l'alliance; ce faisant, vous accomplirez
les conditions pour l'avènement de la justice salvifique de Dieu (178).
La justice de Dieu et la justice de l'homme sont des dimensions corrélatives. La justice humaine, bien sûr, ne signifie pas les mérites
qui compenseraient en valeur le salut de Dieu. La justice humaine
représente la fidélité ou bien la loyauté envers l'homme et Dieu, qui
accorde sa fidélité salvifique gratuitement et seulement aux fidèles.
La corrélation entre la justice de l'homme et celle de Dieu est ici
structuralement exprimée sous forme d'inclusion : lakem lisdaqah ...
sedeq lākem (179).

*Dans les traductions plus anciennes, on peut trouver quelques
écarts plus importants par rapport au texte original. Les Septante
traduisent le texte en 2,21 littéralement; quant au Targum, au lieu
de "Je te fiancerai ...", il commence par : "Je vous fortifierai devant
moi pour les siècles des siècles, je vous fortifierai devant moi dans
la vérité, dans le jugement, la bonté et la miséricorde (b^{e}qûšṭā'
ûb^{e}dînā' ûb^{e}ḥisdā' ûb^{e}raḥamê)". La Vulgate a une traduction littérale
avec iustitia pour ṣedeq. Les Septante interprètent 10,12 d'une façon*

assez indépendante : "Moissonnez-vous pour la justice, moisonnez pour
le fruit de la vie, allumez-vous la lumière de la reconnaissance, cher-
chez le Seigneur jusqu'à ce que les fruits de la justice (δικαιοσύνη)
vous parviennent". Le Targum : "Faites-vous de bonnes oeuvres, marchez
sur le chemin de la justice, fortifiez-vous l'enseignement de la loi;
voyez, les prophètes vous parlent dans tous les temps : vivez dans la
crainte de Dieu; maintenant, en fait, il se manifeste et il vous ap-
portera la justice (zakwān)". *La Vulgate : "Seminate vobis in iustitia,*
metite in ore misericordiae, innovate vobis novale, tempus autem requi-
rendi Dominum cum venerit qui docebit vos iustitiam".

Parmi les exégètes, on mentionnera Calvin et Luther. En 2,21,
Calvin comprend la justice comme la rectitude de l'action de Dieu.
Luther prend position envers la notion de justice en 2,21 et il la
comprend dans le sens de justification.

Jl 2,23 - la pluie pour le salut

Ce verset est une invitation à la joie en raison de la bienveillance de Dieu :

Fils de Sion, jubilez,

réjouissez-vous en Yahvé votre Dieu !

Car il vous a donné

la pluie d'automne pour vous sauver (’et-hammôreh lisdāqāh),

il a fait tomber pour vous l'ondée,

celle d'automne et celle du printemps, comme jadis.

Le contexte exige décidément une telle interprétation, qui d'ailleurs prédomine dans les traductions et les commentaires plus récents;
on la trouve dans les traductions suivantes : ZB, TOB et RSV (180). Malgré cela, doutes et difficultés ne sont pas supprimés; il s'agit du
mot môreh - "maître" (deux fois), où l'on attendait yôreh - "première
pluie". Pour cette raison, les théories les plus variées ressortent
dans l'interprétation: la forme originelle serait yôreh qui peut facilement se transformer en môreh. Dans la tradition des rabbins, la
première pluie a le rôle du maître, etc. On est même parvenu à la supposition que Jl 2,23 et Os 10,12 seraient à l'origine du "maître de

justice" de Qumran (181). Cette thèse peut même s'appuyer sur la traduction de la Vulgate, qui traduit yôreh sedeq lākem (Os 10,12) par
"qui docebit vos iustitiam", et kî-natan lākem 'et-hammôreh lisdāqāh
par "quia dedit vobis doctorem iustitiae". Cette traduction nous surprend d'autant plus qu'elle n'a pas de fondement dans la Septante où
môreh est traduit par βρώματα - "nourriture".

*Parmi les exégètes, on ne mentionnera que Luther. Pour la notion
de justice, il propose le sens d'indulgence ou bien de miséricorde (182).*

Mi 6,5; 7,9 - les bienfaits salvifiques de Dieu dans l'histoire

Le premier exemple de la justice de Dieu se trouve à la fin de
la célèbre lamentation sur son peuple (6,3-5) :

3   Mon peuple, que t'ai-je fait ?

en quoi t'ai-je fatigué ? Réponds-moi.

4   Car je t'ai fait monter du pays d'Egypte,

je t'ai racheté de la maison de servitude;

j'ai envoyé devant toi Moïse,

Aaron et Miryam.

5   Mon peuple, souviens-toi donc :

quel était le projet de Balaq, roi de Moab ?

Que lui répondit Balaam, fils de Béor ?

... de Shittim à Gilgal,

pour que tu connaisses les justes oeuvres de Yahvé (sidqôt

YHWH).

Dans le contexte présent, sidqôt YHWH ne peut être traduit autrement que par les bienfaits salvifiques de Dieu ou victoires. Si l'on
constate cette signification dans la racine en général, quand le sujet
est Yahvé, cela est d'autant plus exact lorsqu'il s'agit de la forme
au pluriel (cf. Jg 5,11; 1 S 12,7; Ps 103,6; Dn 9,16). Dans les traductions et les commentaires, prédomine la bonne interprétation (183).
L'aspect du salut acquiert ici un poids spécial en raison de l'antithèse avec l'ingratitude du peuple.

En 7,9, l'interprétation de la notion de justice doit tenir compte
de la déclaration résolue de rétribution pour les ennemis au verset 10.

C'est pourquoi, il est d'autant plus nécessaire de considérer l'unité
intégrale des versets 8-10 :

8   Ne te réjouis pas à mon sujet, ô mon ennemie :
    si je suis tombée, je me relèverai;
    si je demeure dans les ténèbres,
    Yahvé est ma lumière.

9   Je dois porter la colère de Yahvé,
    puisque j'ai péché contre lui,
    jusqu'à ce qu'il juge ma cause
    et me fasse droit (mišpāt);
    il me fera sortir à la lumière ('ôr),
    et je contemplerai ses justes oeuvres (s^{e}daqāh).

10 Quand mon ennemie le verra,
    elle sera couverte de honte,
    elle qui me disait : "Où est-il Yahvé, ton Dieu ?"
    Mes yeux la contempleront,
    tandis qu'elle sera piétinée
    comme la boue des rues.

La signification générale caractéristique de la notion s^{e}daqāh
parle d'elle-même pour son sens de salut en ce passage (184). Elle
ne permet pas de supposer en même temps en elle un sens rétributif,
tel qu'il est exprimé au verset 10c. Le salut, pour le prophète
humilié, ne signifie pas obligatoirement et automatiquement l'humiliation des ennemis. Une telle relation n'existe qu'en certaines
circonstances, c'est-à-dire quand la délivrance des humiliés n'est
possible que par l'humiliation de leurs oppresseurs.

*Les traductions anciennes sont littérales, c'est pourquoi il
n'est pas possible de savoir comment on a compris la notion de justice.
Rachi et Ibn Ezra interprètent la justice de Dieu en 6,5 comme sa
bonté. Calvin nous offre encore pour les deux passages une excellente
interprétation de la notion de justice. Il la comprend comme une expression pour la bonté de Dieu, sa fidélité et sa vérité (185).
Luther voit dans les deux cas le sens de justification.*

So 3,5; Za 8,8; Ml 3,20 - la fiabilité de Dieu et le triomphe du salut

En 3,1-4, le prophète Sophonie s'adresse avec des mots amers aux habitants de Jérusalem, surtout contre ses chefs politiques et religieux. Il leur reproche d'avoir renié Dieu et d'avoir agi avec une violence extrême. Mais au verset 5, il déclare tout le contraire sur Dieu :

> 5 Au milieu d'elle, Yahvé est juste (saddîq);
> il ne commet rien d'inique (ᶜawlāh);
> matin après matin, il promulgue son droit (mišpāt),
> à l'aube il ne fait pas défaut.
> Mais l'inique (ᶜawwāl) ne connaît pas la honte.

L'antithèse entre les versets 1-4 et 5 ne fait que confirmer que la déclaration "Yahvé est juste" désigne la fidélité de Dieu ou bien sa fiabilité. En faveur de cette signification parle la structure intégrale du texte 3,1-5. L'antithèse śārêhā bᵉkirbāh 'arāyôt šo'agîm (3,3a) // YHWH saddîq bᵉkirbāh - "les princes au milieu d'elle sont des lions rugissants" // "au milieu d'elle, Yahvé est juste", mérite une attention particulière. Dieu donc ne fait pas tout ce que les chefs humains font. Aussi, l'opposition avec la racine ᶜwl mérite d'être soulignée : Yahvé ne fait pas d'iniquité (ᶜawlāh), mais l'inique (ᶜawwāl) ne connaît pas la honte (3,5).

Chez Zacharie, le passage 8,7-8 forme une unité :

> 7 Ainsi parle Yahvé Sabaot.
> Voici que je sauve mon peuple
> des pays d'orient
> et des pays du soleil couchant.
> 8 Je les ramènerai
> pour qu'ils habitent au milieu de Jérusalem.
> Ils seront mon peuple
> et moi je serai leur Dieu,
> dans la fidélité et la justice (be'emet ûbisdāqāh).

Dans ce contexte, aucune raison ne nous fait douter que les synonymes 'emet et sᵉdāqāh soient un hendiadys et désignent donc la même vérité fondamentale : la fidélité de Dieu, sa fiabilité, sa fermeté.

Ml 3,13-21 est une unité qui est caractérisée par l'amertume de ceux qui craignent Dieu à cause de la prospérité des méchants. La réponse de Dieu annonce le jugement futur :

> Alors vous verrez la différence entre un juste et un méchant, entre qui sert Dieu et qui ne le sert pas. Car voici : le Jour vient, brûlant comme un four. Ils seront de la paille, tous les arrogants et malfaisants; le Jour qui arrive les embrasera - dit Yahvé Sabaot - au point qu'il ne leur laissera ni racine ni rameau. Mais pour vous qui craignez mon Nom, le soleil de justice (šemeš s^{e}dāqāh) brillera, avec la guérison (marpe') dans ses rayons ... (vv. 18-20).

Là, šemeš s^{e}dāqāh ne peut être rien d'autre que le salut de Dieu ou bien la victoire (186). Dans la perspective eschatologique, elle figure comme une promesse digne de confiance pour tous les fidèles et ainsi elle s'oppose au destin des infidèles, que la damnation attend. Il est évident ici également que la notion s^{e}dāqāh en elle-même ne signifie pas le jugement rétributif de Dieu, mais seulement le salut pour les justes.

Les traductions anciennes sont encore essentiellement littérales. Le Targum a pour saddîq *en So 3,5* zakka'ah, *pour* be'emet ûbisdaqah *en Za 8,8* biqšôt ûb^{e}zākû, *pour* šemeš s^{e}dāqāh *en Ml 3,20* šimša' d^{e}zākû. *Les commentaires juifs n'expliquent pas la notion de justice. Calvin la comprend en Za 8,8 dans le sens de la stabilité de la bonté de Dieu, de la sincérité et fidélité envers le peuple. Quant au "soleil de justice" en Ml 3,20, il l'interprète de façon christologique. Luther comprend So 3,5 également de façon christologique.*

Jb 8,3; 34,17; 36,3; 37,23 - la rectitude universelle de l'action de Dieu

Dans sa réponse (chapitres 6 - 7) au discours d'Eliphaz (chapitres 4 - 5) Job se lamente sur le poids insupportable de sa souffrance et sur la dureté de ses amis, afin d'amener Dieu lui-même à l'action

de délivrance. Le nouvel interlocuteur Bildad commence son discours
avec la question suggérée par le souci de prouver que la justice de
Dieu est incontestable (8,3; cf. 34,12) :

> Dieu peut-il fléchir le droit (mišpāt),
> Shaddaï fausser la justice (sedeq) ?

C'est une question de principe, mais elle figure là aussi comme
critique de la lamentation de Job et invitation à l'espoir. Le discours de Bildad est surtout un encouragement, comme s'il voulait dire
que Dieu prend le parti des justes et les sauve (8,5-7.21). Il est
alors évident que les notions synonymiques mišpāt et sedeq sont com-
prises dans le sens habituel de salut, en relation avec les justes (187),
non pas dans le sens de rétribution, ce qui d'ailleurs ressort remar-
quablement dans tous les discours des amis. L'action de Dieu selon
le principe de rétribution peut parfois représenter seulement un
aspect de la mise en valeur très générale de la rectitude absolue de
l'action de Dieu.

Dans un contexte similaire, Elihou pose une question semblable
de même sens fondamental (34,17) :

> Un ennemi du droit (mišpāt) saurait-il gouverner ?
> Oserais-tu accuser (taršîaᶜ) le Juste (saddîq) tout-puissant ?

En 36,3,Elihou dit encore :

> Je veux tirer mon savoir de très loin,
> et à Celui qui m'a fait je donnerai raison ('etten-sedeq).

Il semble qu'ici sedeq ne peut signifier autre chose que la rectitude
universelle de la conduite de Dieu avec l'homme, y compris l'action
de Dieu selon le principe rétributif.

Elihou conclut ses discours en jugeant la justice de Dieu incompréhensible (37,23-24) :

> 23 Lui, Shaddaï, nous ne pouvons l'atteindre.
> Suprême par la force et l'équité (mišpāt),
> maître en justice (sᵉdāqāh) sans opprimer,
> 24 il s'impose à la crainte des hommes;
> à lui la vénération de tous les esprits sensés !

Il est clair qu'on ne peut pas comprendre convenablement ces
textes, si on ne considère pas les présupposés des orateurs, qui ne
sont pleinement évidents qu'à la lumière du Livre de Job dans son
ensemble. Le discours de Bildad dans le chapitre 8 nous montre cela
de manière particulièrement claire. Bildad relie le principe général
de causalité (cf. 8,11) et le principe de rétribution, que tous les
amis de Job comprennent d'une manière unilatérale. Selon leur opinion,
Dieu est si lié à l'exigence de la justice rétributive, qu'il doit
punir chaque injustice de l'homme et récompenser la justice. Comme
tous les autres textes des amis de Job, le contexte immédiat de la
question en 8,3 (c'est-à dire 8,1-7) montre clairement que Bildad
part du principe mentionné (188). Aux yeux de Bildad, Dieu sans aucun
doute se conduit correctement envers Job. Pour Job, il n'existe qu'un
chemin vers le bonheur perdu : la conversion (cf. 8,5-7.20-21).

Le fond rétributif de la question de Bildad en 8,3 ne signifie
pas d'ailleurs que la paire mišpaṭ // sedeq désigne tout simplement
la justice rétributive de Dieu. Avec cette question, Bildad dépasse
le simple principe de rétribution. D'un côté, il se représente le
malheur de Job, de l'autre surtout l'hypothèse théologique, que Dieu
sûrement n'abandonne pas le juste. Il veut faire comprendre à Job
que Dieu, par la nécessité intérieure de sa fidélité, accorde à ses
fidèles les biens salvifiques, c'est-à-dire sa justice (sedeq). Il
n'y a pas de doute que Bildad aussi, qui d'ailleurs se cramponne au
principe de rétribution, se rend compte que la loi de rétribution
est soumise au but ultime de la justice de Dieu : au salut. La subordination de la loi rétributive stricte à ce but consiste dans le fait
que la punition n'est pas une fin en elle-même, ne signifie pas la
satisfaction de Dieu offensé, mais figure comme le signe de l'avertissement de Dieu et son appel à la fidélité personnelle, qui est la
condition première pour une réception effective des biens salvifiques
de Dieu, c'est-à-dire sa justice.

Les discours de Yahvé dans les chapitres 38 - 42 complètent ceux
des amis de Job en éclairant la subordination générale de la loi
rétributive à la justice de Dieu absolue et salvifique et à sa sagesse, devant laquelle l'homme doit se taire. Cela signifie la relati-

vité du principe rétributif. Le principe de la justice absolue de Dieu rend relatif le principe de rétribution, en permettant ou bien en postulant même une opposition complète entre elle et le cours extérieur des événements dans le monde : les malheurs et la souffrance ne sont pas la conséquence indispensable de la justice rétributive de Dieu, qui répondrait forcément à la justice ou bien à l'injustice de l'homme, mais elle est une partie intégrante du plan incompréhensible de la justice transcendantale de Dieu et de sa sagesse. La justice de Dieu devient ainsi une catégorie complètement transcendantale, sans aucun rapport avec les mesures humaines.

Ce n'est que dans cette perspective que la question de Bildad en 8,3 acquiert l'horizon le plus large d'une foi en l'action toujours juste de Dieu, dont le but, dans toute son activité, est le salut des fidèles. Mais cette voie se dessine également dans les déclarations d'Elihou en 34,17; 36,3; 37,23, en dépit des allusions fréquentes à la rétribution. Les déclarations d'Elihou se situent dans le contexte de ses protestations contre les accusations de Job et de sa conviction que Dieu a toujours raison dans son action. Cela apparaît déjà évident dans l'explication initiale de la réaction d'Elihou (32,2) : "Sa colère s'enflamma contre Job parce qu'il prétendait avoir raison contre Dieu (^{c}al-sadd^{e}qô napšô me'elôhîm)". Il est manifeste dans l'ensemble des discours d'Elihou, en quel sens Job prétendait être plus juste que Dieu : il affirmait qu'il était sans faute et que Dieu l'opprimait donc injustement (33,8-11); il se querellait avec Dieu parce qu'il ne lui répond pas mot pour mot (33,13); il affirmait avoir raison et avoir été atteint par la flèche mortelle alors qu'il était innocent, pour montrer que l'amitié avec Dieu ne sert guère à l'homme (34,5-9); il ne croit pas à l'avantage de la justice sur l'injustice (35,2-3).

A cause de ces accusations de Job, Elihou, en tant que défenseur de la justice de Dieu, ressent la nécessité d'instruire Job du contraire. Les trois versets dans lesquels apparaît la racine sdq (34,17; 36,3; 37,23) ont donc un rôle apologétique. Sur quoi s'appuie la foi d'Elihou en la justice de Dieu ? Ne serait-ce pas

justement sur la validité de la loi rétributive, que Job en apparence
si prétentieusement remet en question ?

Quelques versets nous montrent qu'effectivement Elihou pense à
la rectitude de l'action de Dieu selon la loi rétributive (34,11.18-28;
36,6-9.12-13.17).Cependant ce n'est pas là le fondement, le noyau et
le but de son apologie. L'accent principal est mis sur la constatation
que Dieu est le créateur, que l'univers entier témoigne de sa grandeur
et de sa sagesse et que l'homme donc ne peut le saisir (34,13-17;
35,5; 36,22 - 37,24). La deuxième source de l'apologie d'Elihou est
la certitude que Dieu désigne à tout homme des buts positifs. S'il
frappe l'homme, il le fait pour l'avertir de la chute définitive et de
la damnation (33,14-30; 36,5-15). Le discours sur la rectitude de
l'action de Dieu selon la loi rétributive ne signifie pas encore que
l'orateur reconnaît et admet uniquement cet aspect de la justice de
Dieu.

En définitive, on peut conclure qu'Elihou considère la rectitude
de toute action de Dieu dans le sens le plus large, y compris sa conduite envers l'homme selon la loi de rétribution, lorsqu'il met la
notion sdq en relation avec Dieu. En niant que Dieu bouleverse l'ordre
de la justice, il veut souligner que toute action de Dieu se déroule
sous le signe de l'ordre mystérieux et élevé du salut. Ainsi, il nie
la thèse de Job selon laquelle l'activité de Dieu lui est nuisible (189).

*L'histoire de l'interprétation nous offre quelques éléments qui
méritent d'être mentionnés. Les Septante traduisent un peu librement,
cependant cela n'a pas de conséquence essentielle pour la notion de
sdq. En 8,3, ils la traduisent par* τὸ δίκαιον, *en 34,17 par* δίκαιος
(accusatif, le sujet est Dieu), en 36,3 par δίκαια *(le sujet est
Elihou), en 37,23 par* τὰ δίκαια *(le sujet est Dieu). Le Targum
donne une traduction littérale. En 37,23 il ne traduit pas* s^edaqah,
en 8,3 on trouve ṣidqa', *en 34,17* zakka'y, *en 36,3* sidq^eta'. *Dans le
Targum de Qumrân, ces versets manquent. La Vulgate, comme les Septante,
ne traduit pas strictement à partir de l'original. En 8,3, on trouve :
"... et Omnipotens subvertit quod justum est ?", en 34,17 : "...
quomodo eum qui iustus est in tantum condemnas ?", en 36,3 : "...
operatorem meum probabo iustum", en 37,23 : "... magnus fortitudine et*

iudicio et iustitia, et enarrari non potest".

Parmi les pères de l'Eglise, Brunon d'Asti et Jérôme abordent notre question dans un contexte plus large. Ils comprennent la notion de justice dans le sens rétributif, cependant ils mentionnent aussi le caractère incompréhensible de l'oeuvre de Dieu. Julien d'Eclane interprète 34,17 de manière originale. Selon lui, seule la rigueur du jugement mène le pécheur vers le salut; c'est pourquoi, Dieu ne peut pas apparaître injuste, quand il juge (190). A l'évidence, il a trouvé ce motif dans une traduction adaptée de la Vulgate. Dans son commentaire, Thomas d'Aquin définit la notion de justice en 8,3 et 34,17; il la comprend dans le sens rétributif (191).

Lm 1,18 - Dieu est juste, car il a agi avec droiture

Dans le premier chapitre, le poète des Lamentations pleure sur les ruines de Jérusalem. Il est naturel qu'il se pose des questions sur les causes du malheur. La réponse qu'il trouve ne peut surprendre. Incontestablement, à l'arrière-plan se trouve Dieu qui dirige toute l'histoire. Mais le coupable est le peuple d'Israël parce qu'il n'a pas été fidèle à l'alliance avec Dieu. Il n'est pas arrivé au peuple une injustice inouïe et il est sûr que Dieu n'est pas devenu infidèle. Le théologien biblique à la vision prophétique ne peut accuser Dieu, même au temps du plus grand malheur, mais il le justifie solennellement. Au verset 18, il dit :

> Yahvé, lui, est juste (saddîq hû' YHWH),
> car à ses ordres je fus rebelle.
> Ecoutez donc, tous les peuples,
> et voyez ma douleur.
> Mes vierges et mes jeunes gens
> sont partis en captivité.

Faut-il comprendre la déclaration saddîq hû' YHWH comme une promulgation de la loi de rétribution ? Pour pouvoir répondre, il faut dire que cette déclaration ne reflète pas la question de savoir si la justice de Dieu consiste en la juste rétribution des actes humains, mais celle de savoir si la situation existante est en accord avec l'axiome que l'action de Dieu est toujours correcte. La déclaration n'est donc pas une promulgation de la loi de rétribution, mais une apologie post factum de la croyance en la rectitude universelle de l'action de Dieu qui ne peut admettre absolument aucune exception.

Plus le moment du malheur est dramatique, plus la théodicée du théologien biblique est paradoxale. Le sommet de tout le poème se situe proprement dans la foi inébranlable en la rectitude de l'action de Dieu (192). En cela réside aussi le dernier fondement de l'espoir, car il appelle le peuple à la pénitence et indique ainsi l'unique chemin véritable vers la vie.

Parmi les traductions anciennes, seul le Targum est digne d'attention car son texte est incomparablement plus long que l'original. Le Targum n'est pas ici qu'une paraphrase mais une interprétation élargie avec application au roi Josias (193).

Dn 8,14; 9,7.14.16.24 - la rectitude de l'action de Dieu et son salut

Dans la vision du bélier et du bouc (8,1-27) les versets 13 et 14 forment une partie spéciale; ils disent :

J'entendis un saint qui parlait, et un autre saint dit à celui qui parlait : "Jusques à quand la vision : le sacrifice perpétuel, désolation de l'iniquité, sanctuaire et légion foulés aux pieds ?" Il lui dit : "Encore deux mille trois cents soirs et matins, alors le sanctuaire sera rétabli dans son droit (nisdaq qōdeš)".

Les Septante, Théodotion et la Vulgate traduisent la partie finale de la façon suivante : "... et le sanctuaire sera purifié". La plupart des traductions plus récentes la traduisent dans le sens juridique : "... après, le temple sera réintégré dans son droit" (194). Il est clair que d'après l'écrivain, seul Dieu peut être l'auteur réel de la prochaine "réintégration", de la délivrance ou du triomphe du sanctuaire, mais le contexte ne permet pas de savoir comment il imagine cet événement.

Dans le chapitre 9, les deux aspects fondamentaux de la racine

sdq sont représentés : la rectitude de l'action de Dieu en opposition
avec l'iniquité de l'homme et l'oeuvre salvifique de Dieu ou sa miséricorde. En 9,7, on peut lire une brillante antithèse :

> A toi, Seigneur, la justice (s^{e}daqāh), à nous la honte (bōšet)
> au visage, comme en ce jour, à nous, gens de Juda, habitants de
> Jérusalem, tout Israël, proches et lointains, dans tous les pays
> où tu nous as chassés à cause des infidélités commises à ton
> égard.

On peut discuter sur la signification de l'attribution de la justice
à Dieu par l'écrivain, en se fondant sur le contexte et l'antithèse :
l'action de Dieu est juste, même si le peuple a été frappé par le malheur. Le malheur ne remet pas en question la justice de Dieu, mais
dévoile l'injustice de l'homme ou son infidélité.

Cette reconnaissance est expressément accentuée en 9,14 :

> Yahvé a veillé à la calamité, il l'a fait venir sur nous. Car
> juste (saddîq) est Yahvé notre Dieu, dans toutes les oeuvres
> qu'il a faites, mais nous, nous n'avons pas écouté sa voix.

Quand l'écrivain, au verset 15, accentue de nouveau le péché du peuple,
au pluriel, il continue au verset 16 :

> Seigneur, par toutes tes justices (sidqôt), détourne ta colère
> et ta fureur de Jérusalem, ta ville, ta montagne sainte, car à
> cause de nos péchés et des fautes de nos pères, Jérusalem et ton
> peuple sont en opprobre à tous ceux qui nous environnent.

Le contexte et la forme au pluriel sidqôt (cf. Jg 5,11; 1 S 12,7; Mi
6,5; Ps 103,6) montrent sans équivoque que la justice de Dieu signifie
les oeuvres salvifiques de Dieu, ici surtout la miséricorde (195).

En 9,24, sdq est d'une importance particulière car tout le texte
9,24-27 représente un intérêt exceptionnel. Le verset 24 dit :

> Sont assignées septante semaines
> pour ton peuple et ta ville sainte
> pour mettre un terme à la transgression,
> pour apposer les scellés aux péchés,

pour expier l'iniquité,

pour introduire éternelle justice (sedeq ʿōlāmîm),

pour sceller vision et prophétie,

pour oindre le saint des saints.

Presque tous traduisent sedeq ʿōlāmîm par l'expression "justice éternelle", mais dans les commentaires, on peut aussi trouver l'interprétation selon laquelle il s'agit là du sens salvifique de la justice
de Dieu (196).

*En 9,7, les Septante traduisent sᵉdāqāh par δικαιοσύνη. Cependan-
dant, deux versets plus loin (v. 9), ils traduisent par la même expression le mot raḥamîm - "miséricorde". On pourrait en déduire de quelle
façon le traducteur comprend la notion δικαιοσύνη dans d'autres passages du Livre de Daniel. Il faut signaler que Théodotion traduit en
9,16 ṣidqôt par ἐλεημοσύνη - "miséricorde". Rachi interprète sᵉdāqāh
en 9,7 dans le sens judiciaire et rétributif. Calvin offre une interprétation explicite de la notion de justice en 9,16. Il la comprend
comme la bonté gratuite de Dieu ou bien sa fidélité (197).*

Esd 9,15; Ne 9,8.33; 2 Ch 12,6 - la rectitude de la conduite de Dieu

Quand Esdras, au chapitre 9, se prononce contre les mariages
mixtes, il interprète l'exil comme la punition en raison de la faute
des pères; quant au salut du reste, il l'interprète comme l'oeuvre de
la miséricorde de Dieu. En 9,15, on peut lire :

Yahvé, Dieu d'Israël, tu es juste (saddîq 'attāh) car nous sommes
restés un groupe de rescapés, comme c'est le cas aujourd'hui.
Nous voici devant toi avec notre faute ! Oui, il est impossible
à cause de cela de subsister en ta présence (198).

Néhémie pour la première fois utilise la notion de justice dans
le sens de fidélité aux promesses de l'alliance (199). En 9,7-8, il
dit d'Abraham :

7   Tu es Yahvé, Dieu,
    qui fis choix d'Abram,

le tiras d'Ur des Chaldéens

et lui donnas le nom d'Abraham.

8   Trouvant son coeur fidèle devant toi,

tu fis alliance avec lui,

pour lui donner le pays du Cananéen,

du Hittite et de l'Amorite,

du Perizzite, du Jébuséen et du Girgashite,

à lui et à sa postérité.

Et tu as tenu tes promesses,

car tu es juste (kî saddîq 'attah).

Dans la suite, Néhémie reconnaît l'infidélité des pères et la miséricorde de Dieu. Néhémie est oppressé par l'exil qu'il ne peut expliquer
autrement que par la punition de Dieu en raison de l'infidélité d'Israël.
Mais la reconnaissance de la miséricorde de Dieu lui suggère cependant
une demande (9,32-33) :

32   Et maintenant, ô notre Dieu,

toi le Dieu grand, puissant et redoutable,

qui maintiens l'alliance et la bonté,

ne compte pas pour rien tout cet accablement

qui est tombé sur nous, sur nos rois, nos chefs,

nos prêtres, nos prophètes et tout ton peuple,

depuis le temps des rois d'Assur

jusqu'à ce jour.

33   Tu as été juste (w^e'attah saddîq)

en tout ce qui nous est advenu,

car tu nous a montré ta fidélité (kî-'emet ^{c}asîta),

alors que nous agissions mal (hirsa^{c}nû).

La demande est fondée sur des postulats caractéristiques de la foi
biblique. Elle n'est possible qu'à partir du moment où l'homme admet
le caractère incontestable de la justice de Dieu, c'est-à-dire de la
rectitude de son activité.

2 Ch 12,6 est un exemple assez semblable. Le prophète Shemaya
déclare au roi Roboam pourquoi il est impuissant devant le pharaon
Sheshonq (12,5) :

Ainsi parle Yahvé : vous m'avez abandonné, aussi vous ai-je aban-
donnés moi-même aux mains de Sheshonq.

Au verset 6, on lit :

Alors les officiers israélites et le roi s'humilièrent et dirent :
"Yahvé est juste (saddîq)".

Dans la situation telle qu'elle est décrite, la déclaration "Yahvé est
juste" signifie que la conduite de Dieu envers l'homme est toujours
juste.

Cette brève présentation des quatre déclarations sur la justice
de Dieu concerne, comme les exemples du Livre de Job, le rapport entre
la foi en la rectitude de l'action de Dieu en général et la loi rétributive. Ainsi,ces exemples exigent aussi un éclaircissement plus
approfondi. Les quatre déclarations apparaissent dans un contexte très
semblable à la confession de sa propre faute. Il s'agit de la réaction
au malheur qui a frappé le peuple ou le roi. Mais le malheur devait,
au moins dans le subconscient, éveiller la question : Dieu n'est-il
pas devenu infidèle à ses promesses ? Cependant,le peuple reconnaît
que la raison du malheur ne doit pas être cherchée en Dieu, mais dans
sa propre faute. Comment pourrait-on accuser Dieu qui, dans toute la
tradition est décrit comme le Dieu saint et juste ?

Mais pourquoi le peuple se limite-t-il à une seule raison de son
malheur, c'est-à-dire à sa faute ? Pourquoi ne se libère-t-il pas de
la sensation du lien causal inexorable entre le malheur et la faute ?
Est-ce que la déclaration "Tu es juste" ne signifie pas dans ce cas-
là une réduction de la foi en la justice de Dieu conçue uniquement
selon la loi rétributive ?

La considération de la situation qui se reflète dans les déclarations citées est une clé décisive pour tenter de répondre à ces
questions. Les textes présentés ne posent pas en principe que la sdq
de Dieu se manifeste par la loi rétributive. Le peuple repenti parle
en se fondant sur l'expérience. En supportant le poids du malheur,
il prend conscience aussi du poids de la faute des pères et de sa
propre infidélité. La confession de la faute peut donc ne pas être

seulement une déclaration a priori et théorique se fondant sur le malheur pour justifier Dieu, mais bien plutôt être l'expression d'une
véritable expérience de la faute. Le peuple, qui reconnaît vraiment sa
propre faute, voit simplement comment la faute a engendré le malheur
présent. Peut-être que chez les Hébreux, l'expérience profonde de la
faute a contribué de façon décisive au fait que Dieu figurait toujours
comme Dieu absolument saint et juste.

Certes, là encore, une chose joue un rôle important : la foi dans
la dépendance absolue de toutes choses par rapport à la volonté et à
la force du Créateur et, en rapport avec cela, la foi en la divine providence. A cause de cette hypothèse, les Hébreux voient partout à
l'oeuvre la main de Dieu. Rien ne se passe fortuitement sans sa volonté,
ou sa permission, même le malheur présent ne pouvait pas advenir par
hasard. En principe, on pourrait penser - dans le sens des discours de
Yahvé du Livre de Job (chapitres 38 - 42) - qu'il s'agit de raisons
plus hautes, qui ne sont réservées qu'à la sagesse de Dieu. Une telle
réflexion ne peut atteindre la foi en la justice absolue de toute
l'activité de Dieu. Mais si le peuple reconnaît un lien causal entre
le malheur et sa propre faute, il peut d'autant plus facilement déclarer : "Tu as été juste en tout ce qui nous est advenu ..." (Ne 9,33).
Cette déclaration prend son origine dans la foi que Dieu agit toujours
justement et donc exprime beaucoup plus que la seule loi rétributive.
Elle comprend la foi en la miséricorde de Dieu, ce qui signifie espérer
que Dieu prendra parti pour le peuple repenti et qu'il lui accordera
de nouveau sa justice salvifique. Finalement,cela signifie la foi en
un rôle éducatif de la punition.

Ne 9,8 mérite une attention particulière car ici la déclaration
sur la justice de Dieu exprime sans équivoque la foi en la fidélité
de Dieu envers les promesses données. Quand il mentionne la conclusion
de l'alliance avec Abraham, il n'oublie pas de dire que le coeur
d'Abraham était fidèle (ne'emān). Il est vrai que Dieu fait alliance
selon sa propre volonté, mais en exigeant que le peuple lui reste
fidèle. Ses promesses à l'égard des biens sont conditionnelles. Elles
lient Dieu à la seule condition que le receveur reste fidèle. Si

parfois, dans l'histoire, on a rompu avec les promesses, la raison
ne venait pas de Dieu, mais de l'homme. C'est la conclusion du chapitre 9 du Livre de Néhémie qui atteint son sommet théologique justement
dans la déclaration sur la justice de Dieu : "Tu as été juste en tout
ce qui nous est advenu, car tu nous as montré ta fidélité, alors que
nous agissions mal" (9,33).

*Quant à la situation dans les traductions plus anciennes, mérite
seulement d'être mentionné le fait que les Septante, en Esd 9,15, ont
pour ṣaddîq* ἀληθινός; *sinon, les traductions sont essentiellement
littérales avec le vocabulaire habituel pour la notion de justice.*

Conclusion

a) Constatations générales

La diversité des textes que nous avons traités dans ce chapitre,
ne permet pas de faire un résumé du contenu fondamental de la justice
de Dieu aussi général que dans les chapitres des livres d'Isaïe et
des Psaumes. Pour aboutir à la connaissance la plus exacte et la plus
complète de l'ensemble des textes, il faudra, dans les conclusions,
tenir également compte de l'individualité de leur contenu et de leur
structure. Nous résumerons nos connaissances actuelles en ce qui concerne la racine sdq dans les textes particuliers d'abord en trois points,
concernant successivement les formes nominale, adjectivale et verbale.

aa) Les deux formes nominales

En Dt 6,25; 24,13; 33,21; Jg 5,11; 1 S 12,7; Jr 9,23; 11,20;
23,6 = 33,16; 31,23; 50,7; 51,10, Os 2,21; 10,12; Jl 2,23; Mi 6,5;
7,9; Za 8,8; Ml 3,20; Jb 8,3; 36,3; 37,23; Dn 9,7.16.24 apparaît
sedeq ou bien s^{e}daqah. Le contexte et les synonymes montrent clairement, pour la plupart, quel est le sens de cette notion : les oeuvres
salvifiques, le salut, les victoires, la fidélité, la bienveillance,
la miséricorde, la bonté de Dieu. Mais, dans quelques exemples, la
définition du sens est plus difficile. En Jr 11,20, par exemple, šopet
sedeq à première vue désigne la justice rétributive de Dieu, car Jérémie exprime expressément le désir de vengeance de Dieu sur les ennemis.

Mais en réalité on peut constater que la sedeq n'est mise en relation qu'avec la première partie du verset 20 : "Yahvé Sabaot, qui juges avec justice, qui scrutes les reins et les coeurs". A un certain degré d'interprétation,on peut formuler la phrase de la façon suivante : "Yahvé Sabaot, toi qui règnes selon le principe du salut, qui scrutes les reins et les coeurs". Jérémie attend de Dieu la délivrance, parce qu'il peut faire appel devant lui à l'innocence. Mais, en raison de l'impuissance devant les ennemis, le désir de salut s'étend au désir de vengeance contre eux. Jérémie ne voit donc pas dans la vengeance l'essence de la justice de Dieu, mais seulement le moyen indispensable pour l'affirmation de la justice de Dieu dont ne peuvent bénéficier que les justes.

En Jb 8,3; 36,3; 37,23, l'effort pour reconnaître la justice de Dieu peut donner l'impression que la manifestation de la justice de Dieu consistait précisément dans la juste punition de l'injustice de Job. Si nous considérons le contexte global, il nous montre que le mot sedeq/s^{e}daqah contient, là aussi, le sens du salut. La déclaration que Dieu ne bouleverse pas la justice a la signification positive que Dieu est irréprochable dans toute son activité et sa conduite envers l'homme. Le principe de la notion de justice dans le sens de rectitude de son gouvernement sur le monde ne connaît aucune exception. Il est donc clair qu'il englobe aussi le comportement selon le principe rétributif. Il est décisif en tout cela que le but indirect ou direct de toute l'activité de Dieu est le salut de l'homme. Quand Dieu frappe l'homme à cause de son infidélité, il l'appelle à la fidélité pour qu'il puisse atteindre le vrai but de sa vie.

En Dn 9,7, s^{e}daqah apparaît dans le cadre de la description de l'infidélité d'Israël et de sa punition par l'exil. La constatation du lien causal entre la faute et la punition signifie en même temps la confession de la justice de Dieu. Sur le fondement de la punition, il apparaît que Dieu avait eu raison quand il appelait le peuple, autrefois et récemment, à la pénitence et à la fidélité. Maintenant seulement le peuple reconnaît que le salut n'est que dans le retour vers Dieu, qui est la source de son existence. C'est pourquoi, il lui demande la miséricorde (9,9.15-19).

bb) La forme adjectivale

En Ex 9,27; Dt 4,8; 32,4; Jr 12,1; So 3,5; Jb 34,17; Lm 1,18;
Dn 9,14; Esd 9,15; Ne 9,8.33; 2 Ch 12,6 apparaît l'adjectif saddîq.
En général, il exprime l'aspect qui, dans les livres d'Isaïe et des
Psaumes, ne joue pas un rôle central : la rectitude universelle de
l'action de Dieu. Si Pharaon en Ex 9,22, en tant que force politique
qui veut assumer le rôle de Dieu, reconnaît à la fin que Yahvé est juste,
alors que lui est injuste, il exprime incomparablement plus que la
rectitude ou l'iniquité occasionnelle de l'un ou l'autre bloc. La force
de Pharaon est définitivement ébranlée, Yahvé, par contre, brille comme l'unique vainqueur incontestable. C'est pourquoi seul Yahvé a le
droit de décider du sort du peuple hébreu.

L'exemple, en Dt 32,4, est moins expressif, parce que, dans le
contexte poétique et hymnique avec des synonymes caractéristiques, se
forme le champ sémantique habituel de salut. Entre autres, la description de l'ingratitude du peuple, en 32,5-18, montre aussi que la déclaration sur la justice de Dieu, en 32,4, concerne la rectitude de
l'activité de Dieu dans le sens de la délivrance. Le caractère absolument irréprochable signifie au contraire que Dieu ne peut nullement
laisser de côté le jugement lorsque le peuple devient infidèle (32,19-
42).

"Tu es trop juste, Yahvé, pour que j'entre en contestation avec
toi", en Jr 12,1 est l'expression de la foi traditionnelle en la rectitude incontestable de toute l'activité de Dieu, en conflit cependant
avec les données de l'expérience. Les exemples de la réussite des injustes face à l'oppression des justes peut parfois compromettre la
confiance dans la justice de Dieu. Chez Jérémie, la foi en la justice
de Dieu reste en fait intacte. Elle l'amène à appeler l'intercession
de Dieu qui, semble-t-il, supporte injustement l'oppression des injustes.
Jb 34,17 est thématiquement un exemple semblable. Saddîq désigne le
Créateur puissant, dont la justice est si incontestable qu'aucun jugement humain se référant aux difficultés de la vie humaine ne peut être
convenable.

"Yahvé, lui, est juste" en Lm 1,18 retentit sur les ruines de

Jérusalem. Le peuple est capable d'exprimer ce credo quand s'est écroulé
en lui tout fondement de sa fierté caractéristique et qu'il éprouve
les conséquences de la faute des pères et de sa propre infidélité. Dn
9,14 est un exemple similaire de confession du peuple repenti. A partir
du contexte direct, on peut voir sous quel aspect on parle ici de la
justice de Dieu. Il est vrai que Daniel, en général, déclare que Dieu
est juste dans toutes ses oeuvres, mais il pense à la punition par laquelle Dieu voulait pousser le peuple à la fidélité, pour qu'il puisse
recevoir les biens salvifiques. Puisque même cela, n'a pas donné les
résultats escomptés, il est d'autant plus vrai que Dieu est juste en
ce qui concerne les ruines présentes sur la terre promise. Cependant,
même le sort présent du pays n'est pas scellé. Actuellement aussi tout
se passe en harmonie avec la sainteté de Dieu et sa justice. Maintenant
aussi Dieu appelle à la pénitence, qui est la condition indispensable
pour obtenir les biens de salut. Puisqu'à présent le peuple s'en rend
compte, Daniel peut en son nom conclure la demande de confiance dans
la miséricorde de Dieu (9,17-19).

Esd 9,15; Ne 9,8.33; 2 Ch 12,6 dans une situation semblable expriment la conscience du peuple de la rectitude de la conduite de Dieu à
son égard. Même si l'on pense ainsi à la visite punitive de Dieu, on
sent, en arrière-plan, la foi en la délivrance de l'homme par Dieu. Il
est possible qu'Esdras, en 9,15 avec la déclaration saddîq 'attāh
exprime directement la miséricorde de Dieu, qui se manifeste dans la
délivrance du "reste" pécheur, mais repenti. On pourrait supposer cela
en se fondant sur la suite : "... car nous sommes restés un groupe de
rescapés, comme c'est le cas aujourd'hui".

cc) Les formes verbales

En Ex 23,7; 1 R 8,32; Dn 8,14 apparaissent des formes verbales
différentes. Ex 23,7 fait partie d'un cadre légal, c'est pourquoi, dans
la recherche du sens de la forme lo'-'asdîq rasa', on ne peut pas
s'appuyer sur un contexte plus large. Malgré cela, la signification
est bien évidente, et cela à partir de la forme même de la déclaration,
qui est négative. Si Dieu ne justifie pas l'injuste, il lui refuse
toute sa bienveillance. Il est bien entendu que cela signifie pour

l'injuste le jugement de Dieu, sa condamnation. Mais de la déclaration négative, résulte le sens de la forme verbale positive l^{e}hasdîq : seul le juste peut être justifié, et cela signifie pour lui d'être désigné pour les biens salvifiques de Dieu. Il est évident qu'il en est ainsi d'après l'antithèse l^{e}harsîa^c // l^{e}hasdîq en 1 R 8,32. Par nature, l^{e}harsîa^c désigne la condamnation, dans laquelle est incluse la punition convenable, selon le principe rétributif. Au contraire, l^{e}hasdîq, diamétralement opposé, désigne l'accueil et la réhabilitation des justes ou des fidèles; par nature, il inclut au moins la promesse, sinon même la remise effective des biens.

Dn 8,14 emploie la forme au Nifal : nisdaq qōdes. En tout cas, qu'il s'agisse de l'annonce de la purification ou de la libération ou que le sanctuaire "sera rétabli dans son droit", le texte exprime la promesse du salut ou bien du triomphe que l'écrivain sacré ne peut attribuer qu'à Dieu.

b) Les synonymes et les antonymes

Dans les textes de ce chapitre ne prédomine pas, comme dans les livres d'Isaïe et des Psaumes, le ton méditatif et hymnique, qui par nature tend à répéter la même idée et le même sentiment en usant d'expressions identiques et synonymiques. Dans ce chapitre, on trouve plusieurs nuances de la notion de justice. Tout cela explique qu'il y ait ici aussi un nombre restreint de synonymes. Cependant, en dehors de quelques synonymes déjà connus, apparaissent quelques nouveaux. Mais, on est surpris par le fait que les synonymes apparaissent presque exclusivement à côté des deux formes nominales alors que, dans ce chapitre, c'est justement la forme adjectivale saddîq qui joue un rôle extrêmement important. L'adjectif synonymique apparaît seulement une fois : yāsār (Dt 32,4). Les formes nominales sont les suivantes : 'emet (Za 8,8; Ne 9,33), 'emûnāh (Dt 32,4; Os 2,22), 'ôr (Mi 7,9), hesed (Jr 9,23; Os 2,21), mišpat (Dt 32,4; 33,21; Jr 9,23; Os 2,21; Mi 7,9; So 3,5; Jb 8,3; 34,17; 37,23), ma^{c}aseh (Jr 51,10), marpē' (Ml 3,20), miqwēh (Jr 50,7), qōdes (Jr 31,23), rahamîm (Os 2,21), tôb (Dt 6,24).

Les antonymes ici jouent un rôle plus important que dans le premier et le deuxième chapitre. On les a rencontrés en Ex 9,27; 1 R 8,32; So 3,5; Dn 9,7; Ne 9,33 (200). Ces exemples nous montrent l'étendue de signification ou les limites de la notion de justice. Cela vaut surtout pour Ex 9,27 et 1 R 8,32. Dans ces deux textes, l'antithèse est complète. L'exemple le plus pur d'antithèse est en 1 R 8,32; sous l'aspect de la pensée et de la forme, l'opposition est totale. D'ailleurs, les trois traductions classiques (la Septante, le Targum et la Vulgate) ont conservé les éléments de l'antithèse. Cette antithèse montre le plus clairement que Dieu peut "justifier" exclusivement les saddîqîm en leur accordant ses biens.

c) L'histoire de l'exégèse

Comme dans les livres d'Isaïe et des Psaumes, le Targum, en ce qui concerne la notion de justice dans les autres livres, offre une image beaucoup plus variée que la Septante et la Vulgate. Il nous faut citer ici toutes les formes nominales, adjectivales et verbales avec tous les passages où elles apparaissent. Les substantifs sont les suivants : z^ekût/z(a)^{e}kûta'/zâkû/z^{e}kû au singulier ou au pluriel (Dt 6,25; 24,13; 33,21; Jg 5,11; 1 S 12,7; Jr 9,23; 23,6; 33,16; 51,10; Os 10,12; Jb 2,23; Mi 6,5; 7,9; Za 8,8; Ml 3,20), sidqa' (Jb 8,3), sidq^{e}ta' (Jb 36,3) q^{e}sôt/qûsta' (Jr 11,20; 31,23; 50,7; Os 2,21); les adjectifs : zakkâ'ah (Ex 9,27; So 3,5), zakka(')y (Dt 32,4; Jr 12,1; Jb 34,17; Lm 1,18), qassît (Dt 4,8); le verbe : l^{e}zakkâ'ah (Ex 23,7; 1 R 8,32).

La Septante et la Vulgate présentent une utilisation assez constante du vocabulaire : δικαιοσύνη, δίκαιος, δικαιοῦν; dans la Vulgate iustitia, iustus, iustificare. Les changements en faveur de notions, qui par nature déjà désignent le caractère salvifique, ne sont pas fréquentes. C'est pourquoi les exemples existants sont d'autant plus importants. Dans la Septante apparaît ἐλεημοσύνη (Dt 6,25; 24,13) et ἀληθινός (Esd 9,15) et dans la Vulgate misericordia (1 S 12,7), misericors (Dt 6,25) et clementia (Jg 5,11). En Dn 9,16 Théodotion traduit sidqôt par ἐλεημοσύνη.

Dans les commentaires existants, les exégètes ne définissent que

rarement la notion de justice. La grande exception est encore Calvin
qui, là aussi, dans l'ensemble, définit excellement le sens hébraïque
de la notion de justice de Dieu. Mais il faut aussi mentionner Thomas
d'Aquin en ce qui concerne le Livre de Job et Luther qui dans la plupart
des cas interprète la notion hébraïque de justice dans le sens de la
théologie néotestamentaire de la justification. Parmi les exégètes
juifs Rachi surtout aborde notre notion.

NOTES

(1) Cf. E.J. Kissane, The Book of Isaiah, I (Dublin : The Richview
Press, 1941) 19 : "'Justice' and 'righteousness' here are quali-
ties of the remnant, not attributes of God"; A. Penna, Isaia
(SB; Torino/Roma : Marietti, 1964) 57.

(2) Voir surtout O. Proksch, Jesaja, I (KAT; Leipzig : W. Scholl, 1930)
49 : "So wird nicht an beth pretii zu denken sein, sondern an die
Form, in der die Erlösung vor sich geht, die göttlichen Ursprungs
ist".

(3) Voir surtout F. Nötscher, Die Gerechtigkeit Gottes bei den vorexilischen Propheten, 21-22.

(4) Cf. PG LVI,26 : "Aliunde vero ostendere volens, post longam cap-
tivitatem eos, non quod dignas poenas dederint, nec quod peccata
sua expiaverint, sed propter benignitatem Dei, in suam reduci
terram, quae salus magis est misericordiae, quam retributionis
vel premii, ideo subjunxit, Et cum misericordia".

(5) Voir aussi l'interprétation de Jérôme dans CChr.SL LXXIII,25.

(6) " ... iudicium est reducere ad equalitatem in qua consistit iustitia".

(7) Cf. J. Krašovec, Antithetic Structure in Biblical Hebrew Poetry
(VT.S 35; Leiden : E.J. Brill, 1984).

(8) Cf. H. Cazelles, "A propos de quelques textes difficiles relatifs
à la justice de Dieu dans l'Ancien Testament", RB 58 (1951) 184 :
"Comme ailleurs, ces deux termes, quelque sens qu'on leur donne,
sont des éléments de bonheur, de stabilité et de grandeur. Il
n'est nullement dit que c'est par eux que Dieu humilie le mortel
et l'abaisse".

(9) Cf. K. Koch, "Die drei Gerechtigkeiten. Die Umformung einer he-
bräischen Idee im aramäischen Denken nach dem Jesajatargum",
Rechtfertigung. Festschrift für Ernst Käsemann (éd. J. Friedrich
- W. Pöhlmann - P. Stuhlmacher; Tübingen/Göttingen : J.C.B. Mohr/
Vandenhoeck & Ruprecht, 1976) 245-67.

(10) Voir par exemple Basile, PG XXX,395 : "Per aequam retributionem eorum quae sunt prius commemorata, exaltatur Dominus Deus in judicio ..."; Cyrille, PG LXX,144 : "Extollitur vero Dominus Sabaoth in judicio et justitia, cum recto suo et sacrosancto calculo in populum superbum et voluptuarium animadvertit"; Jérôme, CChr.SL LXXIII,74 : "... et incurvatus fuerit homo, et humiliatus vir, et receperint omnes juxta merita sua : tunc exaltabitur Dominus in judicio, cujus prius injustum videbatur esse judicium, et Deus sanctus ab omnibus sanctificabitur in justitia"; Haymon accepte l'interprétation de Jérôme sous la même forme (PL CXVI,750).

(11) "... in iustitia, hoc est, quia retribuit unicuique secundum merita".

(12) Cf. par exemple B. Duhm, Das Buch Jesaia (HKAT 3/1; 5e éd.; Göttingen : Vandenhoeck & Ruprecht, 1968) 59; H. Wildberger, Jesaja (BKAT X/1; Neukirchen-Vluyn : Neukirchener Verlag, 1972) 190-92.

(13) Cf. "A propos ...", RB 58 (1951) 176-87.

(14) Littéralement : "Gloriam iusti, iudicis scilicet reddentis unicuique secundum meritum bonum et malum".

(15) Cf. CChr.SL LXXIII,364 : "... ut reddat unicuique secundum opera sua".

(16) Le texte intégral dit : "Et ponam in pondere iudicium, ac si dicat : In pondere culpae et in pondere boni meriti ponam iudicium retributionis. Et iustitiam in mensura, hoc est in mensura meritorum bonorum vel malorum ponam iustitiam retributionum".

(17) A. Penna, Isaia, 262, parle de "virtù sociali"; H. Wildberger, Jesaja, 1077, relie la foi et la justice en tant que qualités humaines.

(18) Cf. The Book of Isaiah. Chapters 1 - 39 (IB V; Nashville : Abingdon, 1980) 317 : "In contrast to this act of panic by the rulers, Isaish declares that faith in her own God is the only secure foundation of Zion's security, and that is justice and righteousness alone can erect a building that will stand".

(19) Cf. "A propos ...", RB 58 (1951) 182-84.

(20) Cf. B. Duhm, Das Buch Jesaia, 241 : "Zion ist voll von Recht und
Gerechtigkeit, weil es unter dem Gesetz lebt"; A. Penna, Isaia,
302 : "Ogni senso di rettitudine morale e ogni fedeltà pratica
all'ideale della giustizia sociale e distributiva sono conside-
rati effetto di una particolare benevolenza divina (32,1.16)".

(21) Cf. Jesaja, 1290.

(22) Cf. P.-E. Bonnard, Le Second Isaïe. Son disciple et leurs édi-
teurs. Isaïe 40 - 66 (EBib; Paris : J. Gabalda, 1972) 108; K.
Elliger, Deuterojesaja (BKAT XI/1; Neukirchen-Vluyn: Neukirchener
Verlag, 1978) 120; R.P. Merendino, Der Erste und der Letzte.
Eine Untersuchung von Jes 40 - 48 (VT.S 31; Leiden : E.J. Brill,
1981) 126-27 : le point de vue sur le sens fondamental de sdq
dans le Deutéro-Isaïe et le Trito-Isaïe. Dans le Deutéro-Isaïe,
il voit les aspects de signification : "Heil, Treue Jahwes,
Wahrheit, Recht".

(23) Ainsi la Polyglotta de Walton, mais dans J.F. Stenning, Targum
of Isaiah (Oxford : Clarendon Press, 1949), nous trouvons le texte
b^{e}hîr sidqā' biqšôt - "l'élu avec la justice dans la vérité".

(24) Cf. CChr.SL LXXIIIA, 464 : "Quis suscitavit ab oriente iustum,
sive iustitiam ? Neque enim Iudaeorum tantum Deus, sed et gentium,
qui vocavit Christum Dominum Salvatorem ...".

(25) Cf. WA XXX/2,29 : "Haec generalis est pestis omnium impiorum glo-
riari propria iusticia. Haec autem verba pertinent ad confirma-
tionem nostras fidei".

(26) Cf. Deuterojesaja, 222. Voir aussi R.P. Merendino, Der Erste und
der Letzte, 243 : "Der Text wäre zu übersetzen : ich Jahwe habe
dich gerufen als der Heil und Recht Stiftende". F. Delitzsch,
Commentar über das Buch Jesaia (BCAT III/1; Leipzig : Dörfling
& Franke, 1889) 435, explique sdq : "Gottes gnadenratschluss-
gemässes, heilsordnungsgemässes Verhalten. Es bed. dasselbe was
wir neutestamentlich Gottes heilige Liebe nennen, welche weil
sie eine heilige ist den Zorn gegen ihre Verächter zur Kehrseite

hat, aber übrigens nicht nach dem Gesetz der Werke, sondern nach dem Gesetz der Gnade mit den Menschen handelt".

(27) "Ego dominus vocavi te Filium meum, ab eterno predestinando ad unitatem divinae personae, in iustitia, id est ut iustus sim implens promissa".

(28) "Certum tamen est, stabilitatem notari hac voce : ac si dictum esset fideliter".

(29) Cf. SP; ZB; B. Duhm, Das Buch Jesaia, 319; C. Westermann, Das Buch Jesaja. Kapitel 40 - 66 (ATD 19; Göttingen : Vandenhoeck & Ruprecht, 1966) 89.

(30) "Excludit enim quidquid homines afferre possent. Nec vero alia de causa adducitur Dominus ad benefaciendum, quam quod iustus est. Nihil enim meriti aut dignitatis in hominibus reperietur. Specialis autem in Iudaeis erat ratio, quos solos adoptione dignatus erat".

(31) Cf. CChr.SL LXXIII,507 : "Duplex huius loci interpretatio est".

(32) Cf. PL CXVI,944 : "Ipse est justitia : quia ipse justificat credentes in se".

(33) "Iustitiae vero nomine nihil aliud intelligit quam fidem, qua Dominus suos tuetur et conservat".

(34) Cf. B. Duhm, Das Buch Jesaia, 344: "B^e sedeq, in Gerechtigkeit, d.h. so wie es recht war, wie ich musste und durfte"; A. Penna, Isaia, 466 : "Tutto cio si effetuerà per la giustizia, ossia in perfetto accordo con i decreti eterni di Dio". C. Westermann, Das Buch Jesaja. Kapitel 40 - 66, propose la traduction : "Ich habe ihn erweckt in Gnaden ...".

(35) Cf. PL CXVI,946 : "Ego suscitavi eum ad justitiam : subauditur, ut sit salvator, non solum Judaeorum, sed etiam et gentium".

(36) "In iustitiam, exsequendam scilicet in bonos et in malos".

(37) "Saepius vero iustitia in scripturis pro fide accipitur : quod Dominus promissa praestando et tuendo servos iustitiam suam declaret. In eo enim patissimum relucet iustitia Dei, quod suos

servando summae et perfectae rectitudinis specimen edat".

(38) Cf. J. Muilenburg, The Book of Isaiah. Chapters 40 -66 (IB V;
Nashville : Abingdon, 1980) 533 : "The noun form sdyq, a righteous God, is not infrequently associated with salvation, and
this suggests the meaning of vindication, deliverance, or
victory. Thus the way is prepared for the momentous lines which
follow".

(39) En ce qui concerne la forme au pluriel, voir A. Ember, "The
pluralis intensivus in Hebrew", AJSL 21 (1904/5) 195-231; E.
Kautzsch - A.E. Cowley, Gesenius' Hebrew Grammar (Oxford : Clarendon Press, 1980) § 124; P. Joüon, Grammaire de l'Hébreu
Biblique (Rome : Bibl. Inst. Press, 1923, 1965) § 136fg.

(40) Cf. A. Penna, Isaia, 470 : "Il primo verbo in ebraico è saranno
giustificati, ma è evidente che, come in altri casi (per il
sostantivo cfr. anche il v. 24), non si parla di giustificazione
in senso teologico, ma in quello di liberazione, salvezza innanzi
tutto dalla condizione di deportati".

(41) Du verset 19, il dit : "Ego Dominus loquens iustitiam, ut unicuique reddatur pro meritis". Du verset 13 : "Iustitiae verbum,
hoc est verbum determinans iustitiam et iustitiae auctorem, qui
unicuique reddat pro meritis". Et finalement du verset 25 : "In
Domino iustificabitur, per iustitiam scilicet in praesenti, quae
datur ad meritum".

(42) P.-E. Bonnard, Le Second Isaïe, 186; F. Delitzsch, Commentar
über das Buch Jesaia, 470, explique s^edaqah : "Die unbeugsame
Strenge mit welcher Gott seinen Heilsplan durchführt".

(43) Littéralement : "Hic magis perspicuum est quid sub iustitiae
nomine voluerit : nempe auxilium, quod Dominus populo suo pro-
mittebat. Idem ergo significat salutis et iustitiae nomine : quia
hoc maxime est illustre specimen iustitiae Dei, ubi conservat
suos, tutatur atque eripit ...".

(44) Cf. WA XXXI/2,392 : "'Et iustitia tua' i. e. Zedacka tua, admi-
nistracio et regnum et politia".

(45) En ce qui concerne l'antithèse se fondant sur les mêmes verbes "justifier" // "déclarer coupable", voir 1 R 8,32 (le sujet est Dieu); Pr 17,15 (le sujet est l'homme). Cf. aussi Ex 22,8; Jb 34,17; Ps 94,21; Rm 8,31-39. Cette antithèse est traitée d'une manière spéciale par D.R. Hillers, "Delocutive Verbs in Biblical Hebrew", JBL 86 (1967) 320-24.

(46) Cf. B. Gemser, "The rîb - or Controversy - Pattern in Hebrew Mentality", Wisdom in Israel and in Ancient Near East. Presented to Prof. H.H. Rowley (VT.S 3; Leiden : E.J. Brill, 1969) 120-37.

(47) Cf. Das Buch Jesaja. Kapitel 40 - 66, 187.

(48) Cf. J. Muilenburg, The Book of Isaiah. Chapters 40 - 66, 590 : "The word çédheq bears either an ethical or an eschatological meaning here ... Since the poem as a whole is eschatological, it is better to translate deliverance, 'vindication', or 'salvation'". Cf. B. Duhm, Das Buch Jesaia, 382; C. Westermann, Das Buch Jesaja. Kapitel 40 - 66, 188.

(49) Cf. CChr.SL LXXIIIA,559 : "Prope est iustus meus, egressus est salvator meus".

(50) Cf. CChr.SL LXXIIIA,563 : "Audite me qui scitis iustum, populus".

(51) Il dit ainsi : "Quod iustum est - persequi autem, quod iustum est, persequi legem, quia lex iustum est, et legale iustum generale iustum".

(52) Mot à mot : "Nec enim iustum intelligit quod iustam cuique mercedem reddat : sed quod optimus sit suorum custos, et erga eos beneficus, quod piis omnibus fidem praestat, ac servet promissa, quum eos eripit, nec tandem opprimi sinit".

(53) Cf. J. Muilenburg, The Book of Isaiah. Chapters 40 - 66, 640 : "The word carries ethical content, but includes more particularly in Second Isaiah the meaning of salvation and vindication. It means both the character of Jerusalem's citizens, who are taught by the Lord, and God's redemptive activity in her transformed life". Cf. aussi B. Duhm, Das Buch Jesaia, 411-13; C.

Westermann, Das Buch Jesaia. Kapitel 40 - 66, 223; A. Penna,
Isaia, 545, en ce qui concerne le verset 14 : "Il termine giustizia (eb. s^{e}dāqā), come spesso altrove, significa la prosperità,
la sicurezza e la salvezza nel senso messianico-escatologico".

(54) Cf. CChr.SL LXXIIIA,616 : "Et haec est iustitia eorum qui apud
Deum sunt, dicit Dominus, ut praesens tribulatio futuro gaudio
compensetur".

(55) Cf. PL CXVI,1000 : "Et haec est justitia eorum qui apud Dominum
sunt, ut pro labore praesentis vitae praemia aeterna percipiant,
et praesens tribulatio futuro gaudio comprehendatur".

(56) "Et iustitia eorum, quae est retributio pro meritis".

(57) Cf. WA XXXI/2,451.

(58) B. Duhm, Das Buch Jesaia, 419, affirme sans fondement que le
Trito-Isaïe contrairement au Deutéro-Isaïe parle de "Werkgerech-
tigkeit".

(59) Cf. CChr.SL LXXIIIA,629 : "... loquitur Esaias ad illius temporis
auditores, ut faciant cuncta, quae recta sunt, et parent se
adventui Salvatoris, quia ipse est iustitia et misericordia Dei".

(60) Le commentaire intégral est conçu par ces termes : "Et facite
iustitiam, in opere scilicet, ut quod ratio dictat secundum
voluntatem Dei esse faciendum, totum perficiatur in opere. Et
iustitia mea, quae est retributio pro meritis".

(61) Cf. RSV : "righteous judgments"; NEB : "righteous laws"; NIV :
"just decisions"; ZB : "Satzungen der Gerechtigkeit"; Einheitsübersetzung : "gerechtes Urteil"; BJ : "des lois justes"; TOB :
"des jugements selon la justice"; SP : "pravične sodbe".

(62) Cf. B. Duhm, Das Buch Jesaia, 435 : "Sie fragen Jahwe nach den
mšpty-sdq, nach den 'Rechten', die nach dem ius divinum beobach-
tet werden müssen von dem, der sdyq 57,1 sein will"; P.-E.
Bonnard, Le Second Isaïe, 372 : "En contrepartie ils exigent
(45,1) que Dieu de son côté se montre juste et leur fasse droit,
autrement dit intervienne à leur avantage". De même A. Penna,

Isaia, 568. J. Muilenburg, The Book of Isaiah. Chapters 40 - 66,
678, affirme le contraire de notre point de vue : "The thought
is not that they ask when the time of salvation will come".

(63) D'aucuns supposent dans sedeq le sujet humain. NIB, par exemple,
traduit : "Your righteousness shall be your vanguard and the glory
of the Lord your rearguard". Cette traduction est inacceptable
ne serait-ce qu'en considération du mérisme.

(64) P.-E. Bonnard, Le Second Isaïe, définit très bien le rôle central
de ces versets, et nous offre par ailleurs une excellente interprétation du texte intégral (pp. 384-96).

(65) Plusieurs exégètes proposent là aussi le sujet humain, car ils
ne considèrent pas assez le contexte plus large. Cf. B. Duhm,
Das Buch Jesaia, 445; C. Westermann, Das Buch Jesaja. Kapitel
40 - 66, 278; J. Muilenburg, The Book of Isaiah. Chapters 40 -
66, 693; A. Penna, Isaia, 577.

(66) P.-E. Bonnard, Le Second Isaïe, 392, voit ici exprimé le "jugement sanction" qui s'abattra sur le peuple.

(67) Dans le cadre de son interprétation universaliste christologique,
saint Paul accepte la traduction des Septante : "Le Sauveur viendra de Sion et il écartera l'infidélité de Jacob". Les Septante
voient donc déjà dans la "conversion", l'oeuvre de Dieu. Le
Targum donne une interprétation très semblable : "Et il viendra
à Sion en tant que Sauveur et pour soumettre à la loi les rebelles de la maison de Jacob".

(68) Le roi Gog et le pays de Magog sont mentionnés dans Ez 38 - 39.
Gog dévastera le pays d'Israël à la tête d'une armée de nombreux
peuples, mais Dieu à la fin le jugera pour le détruire définitivement. Selon la tradition du Talmud, la guerre entre Gog et
Magog aura lieu avant l'avènement du messie.

(69) Cf. CChr.SL LXXIIIA,683 : "Elongatum est iudicium a Iudaeis, quod
gentibus nuntiatum est. Et non apprehendet eos iustitia, quae
a nationibus comprehensa est".

(70)   Cf. CChr.SL LXXIIIA,687 : "Brachio suo atque iustitia, sive mise-
       ricordia confirmavit eum, ut qui voluerint ab errore converti,
       non suo merito, sed Dei clementia conserventur".

(71)   Cf. PL CXIII,1302 : "Et salvabit sibi - Pater, scilicet per
       Filium gentes, Et justitia ejus, vel misericordia secundum LXX
       confirmabit eum qui voluerit converti : non merito, sed miseri-
       cordia et justitia. Justum enim est ut poenitenti creaturae
       Creator parcat, quae meritis suis salvari non poterat".

(72)   Cf. WA XXXI/2,494.

(73)   Cf. WA XXXI/2,496.

(74)   Cf. J. Muilenburg, The Book of Isaiah. Chapters 40 - 66, 708 :
       "A poem such as this is not for an age but for all time".

(75)   Dans l'exégèse ancienne et plus récente, on a coutume de penser
       que sedeq exprime là la qualité éthique du peuple juste. Mais
       dans ce contexte, qui déborde d'expressions sur la justice de
       Dieu, d'oeuvres salvifiques de Dieu, l'aspect de la justice
       humaine serait trop étrange.

(76)   Cf. CChr.SL LXXIIIA,708 : "... fortes, Deique iustitiae ...".

(77)   Cf. CChr.SL LXXIIIA,712 : "Quotquot enim in Christo baptizati
       sumus, Christo induimur, et habemus tunicam iustitiae. Qui factus
       est nobis sanctitas, iustitia, et redemptio (1 Co 1,30)".

(78)   Dans le Talmud, Edom figure comme synonyme de gouvernement cruel,
       surtout de Rome. Mais au Moyen Age, les Juifs désignent de ce
       nom l'Europe chrétienne. Ainsi on ne peut pas être trop surpris
       de l'interprétation de ce verset par Ibn Ezra qui considère que
       cette déclaration est dirigée contre les Edomites, c'est-à-dire
       contre l'empire de Rome et de Byzance. Ces deux empires se nom-
       ment Edomites, sous le prétexte qu'ils ont accepté la religion
       Edomite, c'est-à-dire la religion chrétienne, laquelle serait
       née parmi les Edomites.

(79)   Cf. A. Penna, Isaia, 603 : "... Dio agisce con giustizia e par-
       la secondo tale virtù, ossia giudica, condanna o ricompensa

seguendo una norma morale ineccepibile".

(80) Cf. CChr.SL LXXIIIA,721-22 : "... loquor iustitiam, ut malis
mala et bonis retribuam bona".

(81) Cf. CChr.CM XXIII,1564 : "Ego, inquit, sum qui peccatum non feci,
nec inventus est dolus in ore meo, sive qui malis mala, et bonis
retribuam bona".

(82) Cf. PL CXVIII,1052 : "Ego sum qui loquor justitiam, reddens bonis
bona, justis praemia, malis autem et impiis mala, et aeterna
supplicia juxta quod merentur. Hoc quotidie implet, generaliter
vero in die judicii ...".

(83) Cf. CChr.SL XXXVIII,24 : "In tua iustitia autem, non in ea quae
videtur hominibus. Nam et malum pro malo reddere, iustitia
videtur; sed non est eius de quo dictum est : Qui facit oriri
solem suum super bonos et malos; quia et cum punit Deus peccatores, non malum suum eis infert, sed malis eorum eos dimit-
tit ...".

(84) Cf. CChr.SL XCVII,67 : "Ait enim : in tua iustitia, id est, dum
confitentibus parcis, seque paenitendo damnantes, aequissima
potentia tuae pietatis absolvis ...".

(85) Cf. PL CXCIII,702 : "... deduc me in justitia tua, quae differt
a justitia hominum : quia hominum justitia est reddere bona pro
bonis, et mala pro malis. Tua vero est justitia primitus pro
malis reddere bona, pro quibus bonis reddas bona meliora, et
majora".

(86) Littéralement : "Dei ergo iustitia hoc loco (sicut plurimis aliis)
pro fide et clementia eius capitur, quam in tutandis fidelibus
ostendit".

(87) Cf. Augustin, CChr.SL XXXVIII,44 : "Ipse iustus, qui reddet unicuique iuxta opera sua"; Cassiodore, CChr.SL XCVII,85 : "Iustus
dicitur Deus, quia tribuit unicuique in fine quod gesserit";
Rufin, PL XXI,675 : "Iste iustus, qui reddet unicuique secundun
opera sua"; Bède, PL XCIII,521 : "Sic dicit : Deus Pater, qui judex
justus est, reddens singulis pro meritis, et qui fortis est...";

Brunon d'Herbipolis , PL CXLII,65 : "Justus judex dicitur Deus, quia
tribuit unicuique in fine quod gessit"; Odon d'Asti, PL CLXV,
1161 : "Deus judex justus. Vere utique justus, qui et justos sal-
vat, et peccatores damnat".

(88) Cf. Augustin, CChr.SL XXXVIII,48 : "Vere, Domine, iustus es,
quando et iustos sic protegis, ut per te ipsum eos illumines,
et peccatores sic ordinas, ut non tua, sed sua malitia puniantur";
Cassiodore, CChr.SL XCVII,88 : "Secundum iustitiam eius, quoniam
et superbos facit sua crimina sustinere et humiles dignatur
absolvere".

(89) Littéralement : "Iustitia Dei hoc loco pro fide accipitur quam
servis suis praestat in tuenda eorum vita".

(90) Parmi les interprètes récents,on trouve seulement chez H. Gunkel,
Die Psalmen (HKAT; 5e éd.; Göttingen: Vandenhoeck & Ruprecht,
1968) 33, un point de vue clair à l'égard du verset 5: "Er (Jahve)
hat sich als gerechter Richter (šopet sedeq Jer 11,20) auf den
Richterstuhl gesetzt und des Dichters Rechtssache entschieden.
Gemeint ist, wie immer in solchen Bildern,dass der Fromme, bisher
leidend und damals von seinen Feinden geschmäht, jetzt zum
erhofften Glück gekommen ist. Diese Schicksalswendung wird als
ein Richterspruch Gottes empfunden, der seinen Frommen gerecht-
fertigt und dessen Widersachern Unrecht gegeben hat".

(91) Cf. Rufin, PL XXI,681 : "... sed sicut aequus et justus judicabit
orbem terrae in aequitate, nemini parcens, omnibus aequa retribuens"; Théodoret, PG LXXX,926 (traduction latine) : "Non enim
tantum in praesente vita propriam potentiam ostendit, verum etiam
et in futura terribile suum judicium demonstrabit, omnibus hominibus jus reddens, et pro dignitate unicuique retribuens".

(92) Littéralement : "... 'in aequitate', unicuique reddens sicut
meruit ...".

(93) Cf. Rufin, PL XXI,688 : "... Aequitatem vidit vultus ejus. Et
in bonis, et in malis videt aequitatem severitas vultus Dei.
Est autem aequitas, ut bona bonis, et mala retribuat malis";
Brunon d'Asti, PL CLXIV,732 : " ... quia justus est, et

justitiam diligit, secundum hoc, quod aequitas postulat, juxta
opera sua unicuique tribuit"; Odon d'Asti, PL CLXV,1170 :
"... Justitiam quidem diligit, quía unicuique digna operibus
merita tribuit : repetitio , aequitatem vidit vultus ejus"; Gerhoh,
PL CXCIII,804 : "... Unde recte illum justum judicem praedicamus :
quoniam in omnibus, quae ad probandos pios et torquendos impios
disponit, aequitatem vidit vultus ejus".

(94) Le texte est discutable du point de vue de la critique textuelle; par conséquent les traductions se distinguent entre elles.
Le contenu fondamental reste toutefois le même.

(95) Parmi les interprètes récents prédomine l'explication de cette notion dans un sens salvifique. Cf. Ch.A. Briggs, The Book of Psalms
(ICC; Edinburgh : T.& T. Clark, 1969) 201; H. Gunkel, Die Psalmen,
90; A. Weiser, Die Psalmen (ATD 14/15; 7e éd.; Göttingen: Vandenhoeck & Ruprecht, 1966) 147, 152.

(96) Il dit ainsi : "Iustitiae nomen hoc loco refertur ad fidem quam
in suis servandis praestat (Deus), cuius memorabile documentum
fuit Davidis liberatio ...".

(97) Le sens de ce passage a été bien expliqué déjà par H. Gunkel,
Die Psalmen, 99 : "Dieses Vertrauen verankert der Dichter, so
fest er immer kann, nicht in seinem eigenen Tun, auch nicht in
Gottes Barmherzigkeit, sondern in Gottes 'Namen'. Dabei ist
freilich nicht an eine bestimmte Erklärung des Wortes 'Jahve'
zu denken, die dem Dichter vorgeschwebt habe, sondern an Gottes
'guten Namen', an seine Ehre : er wird seine Verheissung erfül-
len, damit auf seinen Namen keine Schande falle". Voir aussi
A. Weiser, Die Psalmen, 154 : "Und weil er von Gott her sein
Leben hat beurteilen lernen, darum erscheint es ihm als eine
Führung Gottes 'in der Geleisen der Gerechtigkeit' (= Heil)".
Voir aussi O. Grether, Name und Wort Gottes im Alten Testament
(BZAW 64; Giessen : A. Töpelmann, 1934).

(98) Cf. Ch.A. Briggs, The Book of Psalms, I, 216 : "This latter (righteousness) is not in the sense of alms, as Septuagint, a meaning
not known to OT.; or in the sense of that which is ethically
right, which could hardly be bestowed upon him; but in the

meaning urged by the phr. God of his salvation, saving righteousness, righteousness of vindication, as usual". Voir aussi
A. Weiser, Die Psalmen, 157-58.

(99) Ainsi traduit M. Dahood, Psalms, I (AB 16; Garden City, New York:
      Doubleday & Company, 1966) 185; voir aussi son commentaire, p.
      187. Cf. E.G. Briggs, The Book of Psalms, I, 256: "In Thy righte-
      ousness, not ethical; but redemptive, vindicatory of the cause
      of His people, as usual in Pss. and Is."; H.J. Kraus, Psalmen
      (BKAT XV; 3e éd.; Neukirchen-Vluyn: Neukirchener Verlag, 1966)
      248 : "Die Präposition b^e in b^{e}sidqat qa legt die Auffassung
      nahe, als sei s^{e}daqah ein heilsamer Kraftbereich, in dem Jahwe
      Erhörung und Rettung schafft".

(100) Cf. CChr.SL XCVII,261: "In tua iustitia, id est qua consuevisti
      subvenire rogantibus, qui firmissime de tua maiestate configunt".
      Voir aussi Brunon d'Herbipolis, PL CXLII,132, qui suit Cassio-
      dore.

(101) Dans les commentaires récents, on ne trouve pas de points de
      vue explicites à l'égard de cette question. Pourtant, il semble
      que la plupart des interprètes supposent que le sujet de s^{e}daqah
      // mispat soit Dieu.

(102) Ainsi H. Gunkel, Die Psalmen, 150. Voir aussi RSV, NIV et M. Da-
      hood, Psalms, I, 210, 216, qui traduisent sedeq par "vindication".

(103) Cf. H.J. Kraus, Psalmen, 278.

(104) Cf. PL CXCIII,1342 : "Judica me secundum hoc quod justitia mea
      exigit a tua justitia. Fac mihi quod mereor, et illis, quod
      merentur".

(105) Cf. H.J. Kraus, Psalmen, 284 : "Beim Verständnis der wesentlichen
      Aussagen des Ps 36 wird man von 12 ausgehen müssen. Der Psalmist
      ist bedroht ...".

(106) Comme au verset 7, s^{e}daqah est traduit d'ordinaire par "justice".
      L'exception importante est RSV qui la rend par "salvation".

(107) Cf. Psalms, I, 217. Voir aussi H.J. Kraus, Psalmen, 283 : "In
      seiner 'Huld' und 'Treue' waltet Jahwe in s^{e}daqah und mispat

(7). Diese synonymen Begriffe weisen hin auf die unbestech-
liche Rechts- und Heilsordnung, die im Gottesbunde wirksam ist
und die sich gegen Verleumdung und Unrecht (4.12) durchsetzt".

(108) Cf. Augustin, CChr.SL XXXVIII,330 : "Sicut montes Dei iustitia
eius, qui per gratiam ipsius fiunt magni, sic et per iudicia
ipsius fiunt in profundo, qui merguntur in ultima".

(109) Cf. Eusèbe, PG XXIII, 322 (traduction latine) : "... praetende
misericordiam tuam et justitiam tuam, qua pro rerum dignitate
judicans, aliis secundum opera eorum retribuens, aliis promissa
tua confirmabis"; Cassiodore, CChr.SL XCVII,322 : "His rogat
praetendi misericordiam, ut et in isto saeculo sub Domini
pietate degant et in futuro iudicio praemia digna recipiant.
Hoc enim significat, iustitiam tuam his qui recto sunt corde
..."; Gerhoh, PL CXCIII,1351 : "Ipse (Christus) etiam Dei justitia, quia per illum justi justa praemia, injusti justa sortiun-
tur supplicia ...".

(110) Cf. Origène, PG XII,1411 (traduction latine) : "... annuntiavit
justitiam per fidem Jesu ... Porro de justitia ejus, tanquam
quae praestantior sit legali ..."; Cyrille, PG LXIX,991 (traduction latine) : "... Psalmista justitiam annuntiabat per fidem
Jesu... Porro notam Patri dicit justitiam suam, illam nempe
absconditam, quae legem umbramque excedit, id est evangelicam,
quam ipsemet Filius meliorem esse illa, quae per Moysen anti-
quis dictata fuit, declarat ..."; Augustin, CChr.SL XXXVIII,
438; Rufin, PL XXI,195 : "... Annuntiavi quod ex legalibus insti-
tutis justitia non fiat, sed ex te ... Justitia in hoc loco
intelligitur fides ..."; Bède, PL XCIII,695-96 : "... iustitiam tuam, id est, fidem tuam justificantem ..."; Bruno, PL
CLII,806 : "... justitiam omnem esse tuam, id est ex te, non
ex operibus legis, ut quidam male asserunt; vel justitiam
tuam id est a te fidelibus dandam, quam per Adam amiserunt ...";
Gerhoh, PL CXCIII,1449-50 : "Justitiam tuam, quae ex fide est,
quam tu inspiras, non justitiam operum, quae in lege sunt ...".

(111) Littéralement : "Iustitia est continua eius protectio, qua suos

tuetur, et benignitas, qua ipsos fovet ... <u>Salus</u> iustitiae
effectus est, quia Deus gratuitum suum favorem erga suos pro-
sequitur, assidue opem ferendo, donec salvos in solidum praes-
titerit".

(112) Cf. E.G. Briggs, <u>The Book of Psalms</u>, I, 403 : "... full of
righteousness, probably vindicatory and redemptive of His
city ..."; H. Gunkel, <u>Die Psalmen</u>, 208 : "Gnade, Treue"; A.
Weiser, <u>Die Psalmen</u>, 256 : "Des Heiles voll ist deine Rechte";
H.J. Kraus, <u>Psalmen</u>, 355 : "Mit Heil gefüllt ist deine Rechte";
M. Dahood, <u>Psalms</u>, I, 288 : "Your right hand is full of generosity"; <u>RSV</u> : "Thy right hand is filled with victory".

(113) Mišpaṭîm est traduit par la plupart "jugements", se rapportant
aux ennemis. Au contraire, M. Dahood, <u>Psalms</u>, I, 288, 293,
propose "acts of providence".

(114) Littéralement : "Porro tenendum est, quod alibi diximus, Iustitiam Dei accipi pro fide quam in suis tuendis servat, unde
inaestimabilis ad nos redit consolatio, quod in salute nostra
curanda velit iustus agnosci".

(115) Les interprètes récents ne portent pas l'attention sur la
notion <u>sedeq</u> dans ce psaume; H. Cazelles, "A propos de quelques textes difficiles relatifs à la justice de Dieu dans
l'Ancien Testament", <u>RB</u> 58 (1951) 184, traite ce passage, au
contraire, avec un intérêt spécial pour montrer que ce texte
n'a pas un caractère judiciaire mais plutôt d'avertissement.

(116) Cf. <u>PL</u> XCIII,742 : "... <u>justitiam ejus</u>, id est, fidem ejus
justificantem"; <u>PL</u> CXCIII,1596 : "... <u>iustitiam ejus</u>, videlicet justificationem ab eo esse".

(117) G. Castellino, <u>Libro dei Salmi</u> (SB; 3e éd.; Torino/Roma;
Marietti, 1965) 136, affirme :"l^{e}ma^{c}an ha sempre valore finale,
mai consecutivo". Au contraire, M. Dahood, <u>Psalms</u>, II (AB 17;
Garden City,New York : Doubleday & Company, 1968) 4, suppose
ici la proposition consécutive se référant au Ps 68,24 et Pr
2,20.

(118)   Cf. P. Stuhlmacher, Gerechtigkeit Gottes bei Paulus (FRLANT 87; 2e éd.; Göttingen : Vandenhoeck & Ruprecht, 1966) 84-86; E. Käsemann, An die Römer (HNT 8a; 3e éd.; Tübingen : J.C.B. Mohr, 1974) 73-85, spéc. p. 74; H. Schlier, Der Römerbrief (HThKNT 7; Freiburg/Basel/Wien : Herder, 1977) 93-96.

(119)   Cf. Augustin, CChr.SL XXXVIII,606 : " ... Superas enim omnes homines, omnes iudices, et qui se putat iustum, coram te iniustus est; tu solus iuste iudicas, iniuste iudicatus, qui potestatem habes ponendi animan tuam, et potestatem habes iterum sumendi eam. Vincis ergo cum iudicaris. Omnes homines superas, quia plus es quam homines, et per te facti sunt homines"; Cassiodore, CChr.SL XCVII,457 : " ... Unde nunc propheta confitetur talem contra se Dominum habere iustitiam, ut absolute superet, cum fuerit iudicatum"; Gerhoh, PL CXCIII,1605 : "... et vincas, cum judicaris a mundanis, non debere te reddere ea propter multa peccata mea; et manifesta, non ex meritis meis, sed sola justitia tua sermones de promissione mihi facta fore complendos. Tu solus justus es in te, alii per te".

(120)   Cf. Bède, PL XCIII,755 : " ... Quasi dicat : Non ero de numero illorum qui de meritis praesumentes, et suam justitiam statuere volentes, justitiae tuae noluerunt esse subjecti; et ideo non justitia meritorum, sed solam justitiam tuam gratis justificantem annuntiabo".

(121)   Plusieurs traducteurs récents traduisent sedeq simplement par "justice". ZB et Einheitsübetsetzung le traduisent, au contraire, par "Treue", RSV par "délivrance", M. Dahood, Psalms, II, 108, par "vindication".

(122)   CChr.SL XCVII,564-65 : "... Sed addidit in aequitate, ut illum adventum ipsius debuisses advertere, cum bonos segregat a malis et unicuique digna retribuit".

(123) S^edaqah est rendu dans ZB par "Heil"; chez H. Gunkel, Die Psalmen, 295 par "Gnade"; A. Weiser, Die Psalmen, 333 par "Heil"; H.J. Kraus, Psalmen, 479 par "Heil", 484 par "heilsame Sphäre der Gottesgemeinschaft". Cf. Ch.A. Briggs, The Book of

Psalms, II, 120 : "Let them not come into Thy righteousness, share in the saving righteousness bestowed by God on His faithful servants".

(124)   Cf. Théodoret, PG LXXX,1410 (traduction latine) : " ... quasi diceret, impone ipsis impie viventibus dignam poenam, et ne bona consequantur, quae justis distribuere soles"; Cassiodore, CChr.SL XCVII,618 : " ... ne intrent in iustitiam Domini, id est ne participes Christo fiant in illo regno iustitiae"; Bède, PL XCIII,850 : "... in justitiam tuam, id est, in operibus justificatis fidei tuae"; Brunon d'Asti, PL CLXIV,960 : "'Et non intrent in tuam justitiam'. Quid est enim in tuam justitiam, nisi in locum in quo justi et justitia habitat ? per quem utique illa habitatio supernae felicitatis significatur"; Gerhoh, PL CXCIV,262 : "Et non intrent in justitiam tuam, quae ex fide est ...".

(125)   Cf. M. Dahood, Psalms, II, 170—71.

(126)   Cf. CChr.SL XXXIX,934 (v. 2) : " ... Ergo in tua iustitia, non in mea. Quia mea quid ? Praecessit iniquitas. Et cum ero iustus, tua iustitia erit; quia iustitia mihi abs te data iustus ero, et sic erit mea, ut tua sit, id est abs te mihi data. In eum enim credo qui iustificat impium, ut deputetur fides mea ad iustitiam. Erit ergo et sic iustitia mea; non tamen tamquam propria mea, non tamquam a meipso mihi data, sicut putabant illi qui per litteram gloriabantur, et gratiam respuebant ..."; 953 (v. 15) : "Os meum enuntiabit iustitiam tuam, non meam. Inde adiciam super omnem laudem tuam, quia et quod iustus sum, si iustus sum, iustitia tua est in me, non mea; tu enim iustificas impium"; 958 (v. 16) : " ... Iustitia tua sola me liberat; mea sola non sunt nisi peccata ...".

(127)   Cf. CChr.SL XCVII,629 : " ... Cum dicit : In tua iustitia, misericordiam petit divinam : illius quippe est iustitiae parcere supplicanti. Sic enim aequitati ipsius placitum est homini remittere, qui sua noscitur facta damnare".

(128)   Du verset 2, il dit : "'In justitia tua'. Hic secundum, humilis

petitio : et petuntur duo. Primo, liberatio a malo. Secundo,
bonorum collatio".

(129)   Du verset 15, il dit : "Saepius vero antehac docui, non vocari
Dei iustitiam qua cuique rependit quod suum est, sed fidem
quam suis praestat in ipsis fovendis, tuendis, ac liberandis".
De même, il dit du verset 16 : la justice de Dieu signifie la
fidélité de Dieu concernant ses promesses.

(130)   La plupart des traducteurs rendent ici s^{e}dāqah par "justice".
RSV la traduit par "saving help", ZB par "Heil". E.G. Briggs,
The Book of Psalms, II, 247, affirme : "This editor questions
whether the divine attributes kindness and faithfulness, as
expressed in wonders and righteous acts, shall be made known
in this realm of the dead, implying a negative answer".

(131)   Cf. PL XCIII, 951 : " ... et justitia, id est, gratia tua justificans ...". Voir aussi Bruno, PL CLII, 1103 : " ... justitia
tua, id est numquid cognoscent ipsae gentes omnem justitiam
esse a te non a se ...".

(132)   M. Dahood, Psalms, II, 309, se décide pour "generosity". Mais
d'ordinaire, on rend cette notion par "justice".

(133)   Cf. E.G. Briggs, The Book of Psalms, II, 290 : " ... justice
will be done in vindicating the people of God and bestowing
upon the enemies just retribution"; A. Weiser, Die Psalmen,
425, note : "Wörtlich : Zur Gerechtigkeit (= Heil) wendet sich
das Gericht".

(134)   Cf. Augustin, CChr.SL XXXIX, 1318 : "Modo enim iustus quisquis
hic fuerit, ad hoc est ut patiatur mala et toleret : patiatur
tempus passionis, et venit dies iudicationis ... Qui habent
modo iustitiam, nondum iudicant. Primo est enim habere iustitiam, et postea iudicare : primo patibur malos, et postea
iudicat malos ..."; Bède, PL XCIII, 988 : "Quasi dicat : Nunc
justitiam habe, nunc justitiam tene, dum nondum poteris judicium habere. Sancti enim apostoli prius justitiam habuerunt,
id est, impios homines toleraverunt, postea judicabunt. Et
ipse Dominus noster Jesus Christus prius voluit judicari,

quam judicare. Prius enim tempus passionis, deinde tempus judi-
cationis : prius tempus humiliationis, deinde tempus exalta-
tionis; ergo nunc justitiam tene, si tandem judicium vis
habere".

(135)   Cf. Cyrille, PG LXIX,1235; Théodoret, PG LXXX,1635.

(136)   Cf. Gerhoh, PL CXCIV,573 : "... quoadusque justitia convertatur in judicium, id est donec justus judex Christus a patientia
convertatur in judicium, ut reddat unicuique secundum opera
sua ...".

(137)   Cf. CChr.SL XXXIX,1353. Vulgate rend sedeq par "aequitas",
mot qu'acceptent tous les pères latins. Augustin l'interprète :
"Quid autem aequius, quid verius, quam ut non exspectent misericordiam de iudice, qui noluerunt facere misericordiam, antequam veniret iudex ? Qui autem voluerunt facere misericordiam,
cum misericordia iudicabuntur".

(138)   Cf. H. Brunner, "Gerechtigkeit als Fundament des Thrones",
VT 8 (1958) 426-28.

(139)   Cf. A. Weiser, Die Psalmen, 433 : "Das hebräische Wort (sedeq)
sagt mehr als seine deutsche Übersetzung; es umschliesst die
gesamte Ordnung und den Inhalt des göttlichen Heils und könnte
hier direkt mit 'Heil' wiedergegeben werden ..."; H.J. Kraus,
Psalmen, 673 : "Die Himmel künden (wie Herolde) von Jahwes
sedeq (vgl. 2). Parallel zu kabôd hat sedeq hier die Bedeutung : 'imponierender Heilserweis'".

(140)   Cf. PG XXIII,1227 (traduction latine) : " ... In nos quippe regnavit Christus, ut fide justificaret eos qui in peccato erant.
Judicio autem est usus plane divino, ac humanissimo : judicavit
enim, non ex operibus justitiae, sed secundum misericordiam
suam magnam ...".

(141)   Cf. PG LXIX,1247 (traduction latine) : "Regnavit enim super
nos Christus, ut fide justificaret eos qui erant in peccatis.
Usus est autem etiam Deo digno et benigno judicio : justifica-
vit enim non ex operibus justitiae, sed secundum multam miseri-

cordiam suam ..."; col. 1250, du verset 6 : "Coelos hic vocat
non elementum ipsum, sed eos qui in coelo sunt, id est sanctos
angelos : hi justitiam Dei ac Patris annuntiant. Servavit enim
eos qui in terra sunt, justificans ipsos in fide Christi. Sic
enim plena facta est terra gloria ejus ... Declaratam enim
fidem annuntiabit justus, cum fides eorum ad justitiam repu-
tetur".

(142) Cf. H. Gunkel, Die Psalmen, 426 (traduction) : "seine Gnade";
427 : " ... diese göttliche Heilstat geschieht um Israels
willen; so beweist Gott seine 'Gerechtigkeit' an seinem Volke
..."; E.G. Briggs, The Book of Psalms, II, 307 : "His victory //
His righteousness, the vindicatory, practical exhibition of
His righteousness on behalf of the oppressed, as usual in
Hebrew literature"; H.J. Kraus, Psalmen, 678 : "Wie in Jes 40 -
55 bildet Ps 98 den synonymen Parallelismus y^{e}šû^{c}āh - s^{e}dāqāh,
durch den s^{e}dāqāh ganz in die Bedeutung 'Heil' hineinrückt".

(143) Cf. A. Weiser, Die Psalmen, 436 : "Dass das innerste Wesen
Gottes - d.h. seine Gerechtigkeit - offenbar werde, das ist
der Sinn des im Fest gefeierten göttlichen Advents".

(144) Cf. PG LXXX, 1663.

(145) Littéralement : "'Revelavit justitiam suam', id est, Christum,
qui dicitur justitia, quia justificat" (v. 2); "Quasi diceret :
Sic judicabit singulorum merita, et post 'judicabit populos',
eis retribuendo 'in aequitate', sicut aequum est, hoc est,
secundum sua merita ..." (v. 9).

(146) Cf. RSV : "vindication"; ZB et Einheitsübersetzung : "Taten des
Heils"; H. Gunkel, Die Psalmen, 441 (traduction) : "helfende
Taten"; A. Weiser, Die Psalmen, 452 : " ... Inhaltlich gesehen,
ist für den Verfasser die Gerechtigkeit Gottes die Stetigkeit
seiner Liebe und Huld, die sich in der Hilfe für die Gedrück-
ten kund gibt"; H.J. Kraus, Psalmen, 703 : "Gepriesen sind die
'Heilstaten Jahwes' in seinem erwählten Volk. S^{e}dāqôt sind
die in der Geschichte gewirkten Grosstaten Jahwes ..."; M.
Dahood, Psalms, III, 23 (traduction) : "vindication".

(147)   Cf. ZB : "seine Treue"; Einheitsübersetzung : "sein Heil"; H.
        Gunkel, Die Psalmen, 441 (traduction):"seine Treue"; E.G.
        Briggs, The Book of Psalms, II, 327 : " ... the kindness of
        Jahwe // His righteousness, which latter, here, as usual,
        must be His vindicatory, redemptive righteousness"; A. Weiser,
        Die Psalmen, 449 (traduction) : "sein Heil"; H.J. Kraus, Psal-
        men, 700 (traduction) : "sein Heil"; M. Dahood, Psalms, III,
        24 (traduction) : "his generosity".

(148)   Les traducteurs gardent le mot "justice". L'exception est
        M. Dahood, Psalms, III, 121, avec "generosity". Dans les
        commentaires on trouve de bonnes explications : E.G. Briggs,
        The Book of Psalms, II, 383 : "And his righteousness, vindica-
        tory, redemptive, as usual"; H.J. Kraus, Psalmen, 768 : "S^{e}da-
        qāh meint Bundes- und Heilstreue Gottes, in der Jahwe in
        allem seinem Tun zu der erwählten Gemeinschaft steht und sich
        unablässig (lā^{c}ad) bewährt".

(149)   Littéralement:"'Et justitia ejus', qua unicuique reddit quod
        suum est ...".

(150)   Les traducteurs récents traduisent saddîq d'ordinaire par le
        mot "juste". L'exception est H. Gunkel, Die Psalmen, 500,
        qui traduit "getreu". H.J. Kraus, Psalmen, 795, garde le mot
        "gerecht" (p. 792), mais il l'explique comme il suit : "Saddîq
        bezieht sich auf die Heilstreue, die Jahwe den hasîdîm im
        Bunde erweist".

(151)   Littéralement : "Ait ergo : Sic contemnor, nec curo, sed adhae-
        reo justificationibus, quia 'justitia tua', qua reddis uni-
        cuique juxta merita, supple, est 'justitia in aeternum',
        aeterna scilicet, et promittens aeterna bona bonis, vel aeterna
        supplicia malis" (du v. 142); "'omnia judicia justitiae tuae',
        quibus judicas tuis aeterna bona tribuenda, et malis aeterna
        supplicia" (du v. 160).

(152)   Cf. H. Gunkel, Die Psalmen, 558 (traduction) : "Jahve, der
        Getreue ..."; A. Weiser, Die Psalmen, 533 : " ... seine
        'Gerechtigkeit', d.h. die Bundestreue, mit der er mitten im

Unheil seine Heilsverheissungen wahrgemacht und die Fesseln
der Knechtschaft gesprengt hat"; H.J. Kraus, Psalmen, 867 :
"Mit dem Adjektiv saddîq wird Jahwe in seiner Bundes- und
Heilstreue gepriesen".

(153) A la différence de presque tous les interprètes récents,H.
Gunkel, Die Psalmen, 601-102, s^edāqāh traduit les deux fois
par "Gnade". ZB a au verset 1 "Gnade", au verset 11 "Treue".
L. Alonso Schökel, Salmos (Madrid : Ediciones Christiandad,
1972) 395, au verset 11 s^edāqāh traduit par "clemencia". A
propos de l'explication du sens, voir A. Weiser, Die Psalmen,
566, 568; H.J. Kraus, Psalmen, 936.

(154) Cf. CChr.SL XL,2063 : "Ne utcumque accipiatis, cum dicitur :
in tua iustitia. Commendatio est enim gratiae, ne unusquisque
nostrum iustitiam suam putet. Haec enim iustitia Dei est, quam
ut habeas Deus dedit ... in tua iustitia, non in mea; ut inve-
niar in illo non habens meam iustitiam, quae ex lege est, sed
eam quae est ex fide".

(155) Cf. CChr.SL XCVIII,1279 : "Hic gratia clementissimae divinitatis
ostenditur, quae nihil nostris meritis reddit, sed totum indul-
gentiae suae largitate concedit ... Nam quamvis omnia gratis
donet, iustitiae ipsius est supplicantes vivificare, quos
spiritus immundos crudeliter cernit impetere".

(156) Cf. PL CLIII,1384 : " ... exaudi me in tua justitia, id est in
consideratione justitiae tuae, Filii tui videlicet, per ejus
mortem peccatores justificas, ideoque justitia tua per empha-
sim dicitur ...".

(157) "In tua justitia exaudi me , id est, per tuam justitiam quam
mihi infudisti, quae est iustitia fidei, quam pro nihilo habeo,
si non exaudior".

(158) Cf. l'explication du verset 1 : "Cur iustitiam cum veritate
coniungat alibi ratio exposita fuit, neque enim sub iustitiae
nomine imaginari oportet meritum ac mercedem, ut inscite non-
nulli faciunt : sed iustitia Dei vocatur bonitas qua inducitur

ad suos tuendos. Eodem et _veritas_ spectat, quia optima est
fidei probatio, nunquam eos deserere quibus se auxilio fore
pollicitus est".

(159)   Cf. E.G. Briggs, The Book of Psalms, II, 525 (traduction) :
"saving righteousness"; H.J. Kraus, Psalmen, 949 : "S^{e}dāqāh,
synonym zu ṭûb, bezeichnet die Heilstreue Jahwes".

(160)   Cf. E.G. Briggs, The Book of Psalms, II, 528 : "Righteous, in
the vindicatory, redemptive sense".

(161)   Cf. CChr. SL XL,2094-95 : " ... haec considerantes in gratia
tua, Et iustitia tua exsultabunt. Haec, inquam, in tua gratia
considerantes, exsultabunt iustitia tua, non sua. Fratres, si
vultis eructare gratiam, bibite gratiam. Quid est, bibite
gratiam ? Discite gratiam, intellegite gratiam. Nos antequam
essemus, omnino non eramus; et facti sumus homines, cum ante
nihil essemus : deinde iam ipsi homines ex traduce illius pec-
catoris, et maligni eramus, et filii irae natura, sicut et
ceteri. Adtendamus ergo gratiam Dei, non solum qua fecit nos,
verum etiam qua refecit. Cui ergo debemus quia sumus, illi
debemus quia et iustificati sumus. Nemo quasi tribuat Deo quia
est, et sibi tribuat quia iustus est ... Ubi audis : gratia,
gratis intellege. Si ergo gratis, nihil tu adtulisti, nihil
meruisti; nam si meritis aliquid redditum est, merces est,
non gratia ...".

(162)   Cf. Gerhoh, PL CXCIV,965 : "Et hac _justitia_ tua considerat _exsul-
tabunt_, quia quod justi sunt, non virtuti suae, misericordiae
suae ascribunt confitentes...".

(163)   Cf. Brunon d'Herbipolis, PL CXLII,517 : "Justus vere Dominus
est, quia, cum nos verberat, aequitatem facit, quia peccatis
digna restituit"; Bruno, PL CLII,1398 : "Et etiam exsultabunt
justitiam tuam, id est ad tui laudem exsultanter narrabunt
justitiam tuam, scilicet hoc apud se dicent quia quod hic impios
punis, justo judicio facis, et hac occasione te laudabunt ...".

(164)   CChr.SL XXXVIII,24.

(165) Cf. S.R. Driver, A Critical and Exegetical Commentary on Deuteronomy (ICC; Edinburgh: T. & T. Clark, 1895) 96: "And if we
are careful to observe this law, we shall have done all that
we are required to do, and shall be accounted righteous before
Him"; G. von Rad, Das fünfte Buch Mose (ATD 8; 2e éd.; Göttingen : Vandenhoeck & Ruprecht, 1968) 47 : "Das hebräische Wort,
das nur behelfsmässig 'Gerechtigkeit' übersetzt werden kann,
bezeichnet das richtige Verhalten eines Menschen gegenüber
Ansprüchen, die andere oder ein anderer - in diesem Falle Gott -
ihm gegenüber haben ...". Voir aussi ZB, Einheitsübersetzung,
TOB.

(166) Cf. P. Buis - J. Leclercq, Le Deutéronome (SBib; Paris: J. Gabalda, 1963) 78 : "La 'justice' est un titre à être aimé de Dieu".

(167) Cf. I. Drazin, Targum Onkelos to Deuteronomy (New York : Ktav
Publishing House, 1982).

(168) Cf. A.Diez Macho, Neophyti 1. Targum Palestinense. Ms de la
biblioteca Vaticana. Tomo V : Deuteronomio (Madrid : Consejo
superior de investigaciones científicas, 1978).

(169) Pour la structure du cantique de Débora, voir J. Krašovec,
Antithetic Structure in Biblical Hebrew Poetry (VT.S 35; Leiden :
E.J. Brill, 1984) 19-37.

(170) Littéralement : "Iustitiae vox nonnunquam in sacris accipitur
pro gratia quam Deus fidelibus confert, improprie accepto nomine iustitiae : quae proprie opponitur Dei misericordiae, et
metuenda proponitur. Neque tamen scriptura iustitiae nomine
utitur, quum Dei iudicium cum severitate coniunctum describit :
sed perfectionem illam rectitudinis in Deo notat. Sed plerum-
que nostri respectu dicitur iustitia, quod se fidelem et iustum
Deus exhibeat, quum nos conservare ipsi placet, et quum beni-
gna manu suis beneficiis nos cumulat : aut ex periculis summis
liberat : quum nobis deficientibus vires sufficit. In istis
inquam Deus suam iustitiam patefacit".

(171) La ZB traduit déjà le nom dans ce sens : "Der Herr unser Heil".

A propos de l'interprétation, voir surtout H. McCord, "The
Meaning of Jhwh Tzidkenu ... in Jer 23,6; 33,16", RestQ 6
(1962) 114-21.

(172)   Cf. W. Rudolph, Jeremia (HAT 12; 3e éd.; Tübingen : J.C.B. Mohr,
1968) 199.

(173)   La TOB traduit ce mot par "salut", RSV par "vindication".

(174)   Littéralement: "Iustitia Dei non accipitur, ut vulgo nos loqui-
mur : et improprie loquuntur qui iustitiam Dei opponunt misericordiae. Unde proverbium vulgare, Provoco a iustitia ad
misericordiam. Scriptura aliter loquitur : iustitiam enim accipit
pro fideli custodia Dei, qua suos tuetur et conservat : iudicium autem pro rigore, quam exercet contra legis suae trans-
gressores".

(175)   Littéralement : "... Vocat autem habitaculum iustitiae habitaculum firmum aut fidele, Iustitia enim hic non accipitur proprio
sensu, sed quemadmodum pluribus scripturae locis significat
firmitatem vel rectitudinem ...".

(176)   Cf. H.W. Wolff, Dodekapropheton I. Hosea (BKAT XIV/1; 2e éd.;
Neukirchen-Vluyn : Neukirchener Verlag, 1965) 56-65. H.W. Wolff
traduit sedeq carrément par "Heil".

(177)   Cf. H.W. Wollf, Dodekapropheton I. Hosea, 232.

(178)   Cf. l'excellente interprétation dans W.R. Harper, A Critical
and Exegetical Commentary on Amos and Hosea (ICC; Edinburgh :
T. & T. Clark, 1905, 1973) 355-56 : "Here are given three suc-
cessive commands, each independent of the others, and all three
marking up to total of the activity which in the prophet's
thought is demanded of Israel. The second is not to be taken
as the consequence of the first; the three are necessary, as
the preparatory steps toward seeking Yahweh ...". Voir aussi
J. Krašovec, Der Merismus im Biblisch-Hebräischen und Nordwestsemitischen (BibOr 33, Rome : Biblical Institute Press,
1977) spéc. p. 98.

(179)   En 12c, sedeq est habituellement traduit et interprété comme

le "salut". Cf. ZB : "... auf dass er komme und euch Heil regnen lasse"; RSV : "... that he may come and rain salvation upon you"; TOB en note : "La justice a ici, comme dans bien des textes pro- phétiques, le sens de salut".

(180)   ZB traduit : "Und ihr Kinder Zions, frohlocket und freuet eich über den Herrn, euren Gott ! denn er hat euch Nahrung gegeben zum Heil und euch Regen gesandt, Herbstregen und Frühjahrsregen wie vordem"; la TOB : "... Il vous donne la pluie d'automne pour vous sauver ..."; RSV : "... for your vindication ...".

(181)   Cf. O.R. Sellers, "A possible Old Testament Reference to the Teacher of Righteousness", IEJ 5 (1955) 93-95; J. Rabinowitz, "The Guides of Righteousness", VT 8 (1958) 391-404; C. Roth, "The Teacher of Righteousness and the Prophecy of Joel", VT 13 (1963) 91-95; G. Jeremias, Der Lehrer der Gerechtigkeit (StUNT 2; Göttingen : Vandenhoeck & Ruprecht, 1963).

(182)   Littéralement : "... Caeterum vocabulum iustitiae quod hic est, pulchre vertitur per vocabulum clementiae vel misericordiae sicut et in psalmo versum est ...".

(183)   Cf. RSV : "The saving acts of the Lord"; ZB : "Wohltaten des Herrn"; TOB:"les victoires du Seigneur"; NEB : "the triumph of the Lord"; J.M.P. Smith, A Critical and Exegetical Commentary on the Books of Micah, Zephaniah and Nahum (ICC; Edinburgh: T. & T. Clark, 1911, 1974) 122: "The 'righteous deeds' ... are practi- cally Israel's God-given victories over her foes, which vindi- cate Yahweh as the strength and stay of his own righteous people ..."; H.W. Wolff, Dodekapropheton 4. Micha (BKAT XIV/4; Neukirchen-Vluyn : Neukirchener Verlag, 1982) 150 : ... Sidqôt YHWH ist damit zum eigentlichen alttestamentlichen Terminus und zugleich zum Interpretament für die 'Heilsgeschichte' geworden ...". L'article de L.L. Thomson mérite une attention spéciale:"The Jordan Crossing : sidqot Yahweh and World Buil- ding", JBL 100 (1981) 343-58. Page 346, on lit : "The story of the move across the Jordan from Shittim to Gilgal completes the narrative of the mighty deeds begun with God's promise to

Abraham that his seed would be a landed people. The crossing
itself is, however, rarely mentioned in the various confessio-
nal summaries in the OT. Only Micah alludes to it in any significant way. In the midst of a prophetic rib, he (on behalf of
Yahweh) addresses Israel in the imperative mood (the text may
be corrupt) : 'Oh my people, remember ... from Shittim to Gilgal, so that there be knowledge of the saving acts of the Lord
/sidqot Yahweh/' (Micah 6:5). In a fashion typical of biblical
composers, Micah does not seem to reflect on what exactly makes
Yahwe's sidqot true and real, where precisely his signs are
manifest, or how memory yields knowledge of God. The important
point is the recollection and recitation of the story (cf. also
Josh 4:6 - 7,21-24). Micah simply knots the sequence in the
recited story to divine activity".

(184)   Ici les traductions conservent, pour la plupart, le terme
        "justice". Les commentaires montrent que les auteurs en général,
        comprennent le terme dans le sens de salut. Voir par exemple
        J.M.P. Smith, A Critical and Exegetical Commentary on the Books
        of Micah, Zephaniah and Nahum, 146 : "The 'righteousness' of
        Yahweh, as in Is. 40-55, is here identical with the vindica-
        tion of Israël ..."; H.W. Wolff, Dodekapropheton 4. Micha, 186 :
        " ... ich werde seine Rettung erblicken ...", 197-98.

(185)   Pour 6,5, il dit : "Per iustitias intelligit beneficia, quemad-
        modum multis aliis locis. Nam iustitia Dei saepe accipitur non
        pro rectitudine, sed pro fide et veritate, quam servat erga
        suos : ita est relatio inter Deum et ecclesiam quoties ponitur
        hoc sensu nomen iustitiae. Ut ergo cognoscas iustitias Iehovae,
        hoc est, ut ipsa experientia tibi demonstret quam verax, quam
        beneficus, quam misericors semper fuerit Deus erga genus ves-
        trum ...". Pour 7,9, on lit : " ... Per Dei iustitiam intelli-
        gitur, ut alibi dictum fuit, gratia erga fideles, non quod
        rependat Deus operibus ipsorum salutem quam confert, sicuti
        stulte imaginantur profani homines. Arripiunt enim nomen illud
        iustitiae, et putant meritis nostris deberi quidquid benefi-
        ciorum gratis in nos Deus confert. Quare ? nam Deus hoc modo

ostendit suam iustitiam. Atqui longe est alia ratio huius lo-
quutionis. Deus enim ut ostendat quam sibi cara et pretiosa
sit nostra salus, dicit specimen suae iustitiae se praebere
velle in nobis liberandis. Caeterum, in hac voce iustitiae,
est relatio. Quia enim Deus pollicitus est salutem nostram
sibi curae fore, ideo iustus apparet quoties nos eripit ex
nostris miseriis. Iustitia ergo Dei non refertur ad merita operum, sed potius ad promissionem, qua se nobis obstrinxit. Et
ideo saepe etiam eodem sensu vocatur Deus fidelis. Denique idem
significat Dei iustitia et fidelitas".

(186) Cf. J.M.P. Smith, A Critical and Exegetical Commentary on the
Book of Malachi (ICC; Edinburgh : T. & T. Clark, 1912, 1961) :
"Righteousness is here practically equivalent to vindication
and victory, as is often the case in Is., chs. 40-66 ..."; F.
Horst, Die Zwölf Kleinen Propheten (HAT 14 ; 3e éd.; Tübingen :
J.C.B. Mohr, 1964) 274 : " ... Den andern naht Rechtfertigung
und Rechtmachung, Triumph und Heil als leuchtende Sonne und
schafft ihnen Genesung und jauchzende Freude". En note de la
TOB, on trouve l'explication suivante : "'Justice' implique ici
puissance et victoire, comme en Is 41,2". Voir aussi F. Vattioni, "Malachia 3,20 e l'origine della giustizia in Oriente",
RivBib 6 (1958) 353-60, qui présente l'expression šemeš s^{e}daqah
à la lumière de la place et de la signification de ce motif
dans l'Orient ancien en général.

(187) Cf. F. Horst, Hiob. 1. Teilband (BKAT XVI/1; 2e éd.; Neukirchen-
Vluyn : Neukirchener Verlag, 1969) 128 : "Er will Rechtheit, die
sich heilvoll und hilfreich auswirkt, weil sedeq Wesensäusserung seiner selbst ist ...".

(188) Cf. F. Horst, Hiob, 128-29, à propos de 8,3: "Er (Gott) will
Rechtheit, die sich heilvoll und hilfreich auswirkt, weil sdq
eine Wesensäusserung seiner selbst ist. Liegt es aber im gemei-
nen Rechts- und Rechtheitsverständnis so, dass solche iustitia
salutifera die iustitia distributiva umschlossen hält und

regiert, so stellt sich für Bildad wie für seine Freunde das
Verhältnis umgekehrt dar. Für sie steht Gott zum Recht, indem
er jedem in voller Unparteilichkeit das gibt und vergilt, was
ihm gebührt; solches Handeln allein genügt zur heilvollen Geord-
netheit der Lebensverhältnisse in der Welt".

(189)   Dans les commentaires plus récents, on cherche en vain la définition du sens des formes de la racine sdq aux quatre versets
cités. En ce qui concerne la signification de cette racine en
général dans le Livre de Job, voir J. Lévêque, Job et son Dieu.
I : Essai d'exégèse et de théologie biblique (EBib; Paris : J.
Gabalda, 1970) 272-77 : "Le verbe sdq dans le livre de Job".
Pour la relation entre la sdq et la rétribution dans le Livre
de Job, voir J. Krašovec, "Božje povračilo na splošno in v
Jobovi knjigi /God's Requital in General and in Job/", BV 45
(1985) 3-22.

(190)   Littéralement : "Numquid qui non amat iudicium sanare potest ?
Eius est errantem revocare correptionibus ad salutem, qui non
vult peccata spe impunitatis augere. Nolle autem vitia impunita
dimittere, hoc est amare iudicium. Ad vigorem ergo iudicii
causae respiciunt sanitatis. Et quomodo tu eum qui in tantum
iustus est condamnas ? Cum ille ad hoc iudicii proponat examen,
ne iniustus esse credatur".

(191)   Pour 8,3, on lit : " ... Haec dicebat Iob intendens quod poena
peccatorum et iustitiae praemium non sunt expectanda a Deo in
hac vita; Baldath autem, qui aliam vitam nesciebat, sic accepit
haec verba ac si Iob intenderet dicere quod Deus peccata non
punit nec benefacta remunerat, quod videtur esse divinae iustitiae contrarium, et ideo Baldath proponit dicens Numquid Deus
supplantat iudicium et Omnipotens subvertit quod iustum est ?,
quasi dicat : hoc sequitur ex tuis verbis si homines in hoc
mundo absque peccata punit aut ultra mensuram peccati, vel si
ad se reversis bona non reddit. Et notandum est quod iustitia
dupliciter corrumpitur, scilicet per astutiam alicuius sapientis
et per violentiam alicuius potentis; in Deo autem utrumque

est, et perfecta sapientia et omnipotentia, nec tamen per
sapientiam quae nomine Dei intelligitur quasi astute agens
supplantat iudicium, neque per omnipotentiam quasi violenter
subvertit quod iustum est". Pour 34,17, on lit : " ... Ad com-
mendationem autem divinae iustitiae primo assumit quod potentum
personas Deus non accipit sed eos arguit et punit pro suis
peccatis". Voir aussi la traduction française dans J. Kreit,
Job. Un homme pour notre temps. De Saint Thomas d'Aquin. Ex-
position littérale sur le livre de Job (Paris : Téqui, 1980).

(192)   Cf. H.J. Kraus, Klagelieder (Threni) (BKAT XX; 3e éd.; Neukirchen-Vluyn : Neukirchener Verlag, 1968) 33 : "Dieser Ausspruch
ist der Höhepunkt des Klageliedes, denn es wird nicht nur
betont, dass Jahwe die grosse Katastrophe gewirkt hat, es wird
vor allem zum Ausdruck gebracht, dass Gott in allem seinem
Wirken 'gerecht' war".

(193)   Cf. la traduction dans E. Levine, The Aramaic Version of Lamentations (New York : Herman Press, 1976; 2d printing 1981) 65 :
"By this word YHWH told the people of the House of Israël that
those who kill by the sword should not pass through their fand.
Josiah the king went and drew his sword against Pharaoh, encir-
cled in the plain of Megiddo, which he had not been commanded
to do. And he did not seek instruction from before YHWH. Therefore the archers shot at Josiah the king with arrows, and he
died there. Before his life expired, he moved his lip and said
'YHWH is in the right, for I have transgressed his word'. Hear
now, all peoples lamentations that Jeremiah lamented over
Josiah, and behold my anguish which has overtaken me after his
death. My maidens and my youths have gone into captivity".
Levine dit dans son commentaire : "Theodicy is characteristi-
cally blended into those biblical verses where punishment seems
inappropriate or excessive".

(194)   Cf. ZB; Einheitsübersetzung; RSV; BJ; TOB; J.A. Montgomery,
A Critical and Exegetical Commentary on the Book of Daniel
(ICC; Edinburgh : T. & T. Clark, 1927, 1972) 342-43; A. Benzen,

<u>Daniel</u> (HAT 19; 2e éd.; Tübingen : J.C.B. Mohr, 1952) 56; M.
Delcor, <u>Le Livre de Daniel</u> (SBib; Paris: J. Gabalda, 1971) 177.
La traduction de <u>NEB</u> mérite une attention spéciale: " ... then
the Holy Place shall emerge victorious".

(195)   Cf. <u>ZB</u> : " ... wie du allzeit barmherzig gewesen bist ..."; <u>RSV</u> :
"... according to all thy righteous acts ..."; <u>NEB</u> : "... by all
thy saving acts ..."; J.A. Montgomery, <u>A Critical and Exegetical</u>
<u>Commentary on the Book of Daniel</u>, 367 : "... acts-of-vindication
..."; A. Benzen, <u>Daniel</u>, 64; "... nach deiner Barmherzigkeit ...";
M. Delcor, <u>Le Livre de Daniel</u>, 191-92 : "Les sidqôt de Yahweh
sont ses actions salvifiques au cours de l'histoire ..."; G. Ken-
nedy, <u>The Book of Daniel</u> (IB VI; Nashville: Abingdon, 1956, 1980)
490 : " ... thy righteousness, i.e., all those righteous acts,
those mighty works God has wrought for his people to vindicate
his cause ..."; A.A.Di Lella, <u>The Book of Daniel</u> (AB 23; Garden
City, New York : Doubleday & Company, 1978) 239: "In keeping with
all your vindicating deeds ...".

(196)   Cf. J.A. Montgomery, <u>A Critical and Exegetical Commentary on</u>
<u>the Book of Daniel</u>, 375; G. Kennedy, <u>The Book of Daniel</u>, 494;
M. Delcor, <u>Le Livre de Daniel</u>, 195 : " ... Entendons ici, justice
au sens de salut comme en Is 45,17".

(197)   Littéralement : "Videmus ut Daniel hic excludat quidquid poteret
esse meriti in populo. Nihil hoc quidem erat, sed de stulta ima-
ginatione loquor quam vix possunt exuere homines. Semper enim
aliquid sibi arrogant, ac utcunque centies convicti sint suorum
scelerum, tamen cuperent conciliare sibi aliquo merito favorem
coram Deo. Hic autem Daniel excludit tales omnes respectus, quum
Deo proponit suas iustitias, neque id simpliciter, sed quum
adiungit, <u>secundum omnes iustitias tuas</u>. Qui iustitias Dei ac-
cipiunt pro iudiciis, imperite faciunt, ut homines non satis
exercitati in scripturis. Putant enim hic opponi Dei iustitias
misericordiis. Atqui scimus Dei iustitiam nobis patefieri in
beneficiis praecipue. Perinde est igitur ac si diceret Daniel
spem unicam populi esse, si Deus se ipsum respiciat, non autem

populi opera. Ergo *iustitias Dei* accipit pro liberalitate, pro
gratuito favore, pro constantia fide, pro ea protectione quam
servis suis pollicitus est. *Deus* ergo *secundum omnes iustitias
tuas*, inquit, hoc est, quoniam non fallis eos qui in te confi-
dunt, quia nihil frustra vel temere promittis ...".

(198)   Cf. W. Rudolph, *Esra und Nehemia* (HAT 20; Tübingen : J.C.B. Mohr,
        1949) 91 : "Viele Exegeten beziehen 15a auf die göttliche Straf-
        gerechtigkeit, aber das Vorhandensein eines Restes rescheint
        in 8 und 13b als Gnade Jahwes, wird also positiv gewertet, des-
        halb kann man es hier nicht plötzlich negativ verstenhen /'nur
        ein Rest'/, und danach hat sich die Deutung von *saddîq* zu
        richten : unsere Stelle ist ein meist übersehener Beleg für die
        das Vergeltungsschema durchbrechende Auffassung der göttlichen
        Gerechtigkeit als des göttlichen Heils- und Gnadenwaltens".
        Voir aussi la note dans la BJ : "La justice de Dieu se tempère
        de miséricorde, sinon il ne serait resté personne. C'est la
        justice salvifique, cf. Is 56,1; Rm 1,17".

(199)   Cf. W. Rudoph, *Esra und Nehemia*, 159 : "... *saddîq* ist hier fast
        ein Synonym von 'treu' ...".

(200)   Cf. D.R. Hillers, "Delocutive Verbs in Biblical Hebrew", JBL
        86 (1967) 320-24, spéc. pp. 320-21.

TROISIEME PARTIE

DISCUSSION SYNTHETIQUE ET COMPARATIVE DU VOCABULAIRE

ET DE L'INTERPRETATION

Toutes les constatations exposées dans la première partie, introductive, et la deuxième partie, centrale, constituent un bon fondement
pour la critique synthétique et comparative, de la notion de justice
de Dieu. Nous traiterons de cela en trois chapitres également. Dans
le premier chapitre, nous résumerons toutes les constatations fondamentales de l'analyse sémantique des textes, tant en ce qui concerne
la racine sdq sous ses différents aspects que les synonymes et antonymes. Dans le deuxième chapitre, on abordera surtout la question
touchant au rôle et à la signification des traductions anciennes dans
l'interprétation de la notion hébraïque de la justice de Dieu. On trai-
tera aussi de la problématique fondamentale de la sémantique de toutes
les langues bibliques. Pour que la comparaison ait l'étendue la plus
vaste possible, nous présenterons aussi le vocabulaire de la justice
de Dieu dans la Bible grecque des deux Testaments.

Dès les plus anciennes traductions, il apparaît évident qu'il
est difficile de trouver dans les autres langues les termes correspondant au mot hébraïque. C'est un problème important dans toutes les
traductions. C'est pourquoi, dans le troisième chapitre, nous parlerons
d'abord de la relation entre les formes de la racine hébraïque sdq et
les termes correspondants dans les langues indoeuropéennes. Une telle
comparaison enfin permet d'exprimer une opinion critique sur les questions de principe en ce qui concerne la relation entre l'étymologie
et la sémantique. Ainsi, on pourra enfin évaluer d'une manière critique
les questions fondamentales qui apparaissent dans l'histoire de l'exégèse jusqu'à nos jours. La deuxième partie du chapitre présentera une
critique plus synthétique et plus importante de toutes les constatations fondamentales dans le cadre du contexte linguistique et théologique global de la Bible.

Les opinions contestables dans l'exégèse nous montrent que là
aussi c'est la méthode qui importe le plus. Une méthode inadéquate
est la raison principale des assertions inexactes. Notre principe
fondamental sera de pouvoir parler ou ne pas parler de la notion de
la justice de Dieu à partir de l'analyse des textes à la lumière du
contexte littéral et théologique global. Nous essaierons de définir
les résultats de l'étude intégrale tant sous l'aspect positif que
négatif.

I. LA JUSTICE DE DIEU ET SON CHAMP SEMANTIQUE DANS LA BIBLE HEBRAÏQUE

1. Constatations générales

La constatation la plus importante est que, dans la Bible hébraïque, la notion de justice désigne le plus souvent les biens de Dieu que seuls les justes peuvent acquérir. Ainsi, il apparaît que les notions de la justice de Dieu et de la justice de l'homme sont corrélatives et qu'elles ont un caractère personnel. La justice de Dieu représente une promesse pour chaque homme, dans les catégories hébraïques, habituellement pour chaque membre de la communauté de l'alliance, mais en fait elle ne peut être acquise que par les justes. Malgré cela, les biens de la justice de Dieu ne figurent pas comme rétribution des oeuvres méritoires de l'homme. Ils sont dans leur nature même pur don de Dieu.

Considérée du côté divin, la justice de Dieu se manifeste comme une promesse ou une assurance. Du côté humain, elle figure comme l'espoir, fréquemment comme l'espérance contre toute espérance. Il existe deux raisons à l'espoir contre tout espoir : premièrement les menaces de la part des ennemis; deuxièmement la conscience de sa propre faute. Dans le premier cas, le juste espère et demande le salut, dans le deuxième cas, il reconnaît sa faute et celle de ses pères et implore l'indulgence de Dieu et la concession de ses biens salvifiques.

La notion de la justice de Dieu n'exprime que généralement et de façon indéfinie la bonté supérieure de Dieu et sa fidélité. C'est pourquoi on peut comprendre que la notion ait une étendue de signification très large. L'idéal ne peut pas être de définir exactement à tout prix la signification; le plus souvent il faut se contenter seulement d'une définition approximative de cette notion. L'analyse de tous les textes a montré qu'on peut prendre en considération les définitions suivantes : la bonté, la fidélité, le bonheur, le salut, les oeuvres salvifiques, la victoire, la réussite, la miséricorde, la rectitude de l'action de Dieu.

Puisque la justice de Dieu est, par sa propre nature, une notion
sotériologique, elle ne peut signifier la juridiction divine selon une
justice stricte. Si parfois, dans ce cadre de la notion de justice de
Dieu, apparaît aussi le motif de la rétribution, celui-ci joue toujours
un rôle secondaire; Dieu "se venge" sur les ennemis, quand cela devient
une voie nécessaire pour le salut des justes. A cette affirmation ne
sont qu'apparemment opposés les exemples où l'on parle de la rectitude de l'action de Dieu. C'est que les décisions sur la rectitude de
l'action de Dieu dans la punition ne sont pas des définitions de la
justice de Dieu, mais le post factum de l'interprétation d'un état
particulier.

Il est tout à fait logique que la confession de foi de l'homme
en la justice absolue de Dieu inclue la confession de sa propre faute.
Plus Dieu se montre saint et fidèle aux yeux de l'homme, plus ce dernier se rend compte des ténèbres et du poids de sa propre faute. Ce
n'est qu'après qu'il lui devient clair que Dieu non seulement n'est
jamais son débiteur, mais qu'il figure toujours comme Dieu miséricordieux, car il ne le punit pas malgré ses péchés. La conscience de sa
propre faute peut l'entraîner dans la prière pour que Dieu prenne pitié
de lui et ne se conduise pas envers lui selon la considération de
ses péchés. La miséricorde de Dieu est le contenu le plus saisissant
de la justice de Dieu; en revanche, la prière de l'homme repenti est
l'expression la plus élevée de la foi en la justice de Dieu (cf. Pss
51 et 103).

2. Formes de la racine sdq

Il n'est pas insignifiant que la racine sdq apparaisse sous des
formes diverses : le plus souvent sous la forme des substantifs sedeq/
s^{e}daqāh, plus rarement de l'adjectif saddîq et un certain nombre de
fois sous trois formes verbales (Qal, Nifal et Hifil). Quelle est la
raison du choix des formes et quel est le sens dans chaque cas ?

a) Les formes nominales sedeq/s^{e}daqāh

Dans la littérature la plus récente de l'exégèse, on s'est posé

la question de savoir s'il y a une différence de signification entre
les formes nominales sedeq et s^{e}dāqāh. La plupart des exégètes pensent que la signification est identique (1). Au contraire, quelques-
uns parlent de différence de signification : sedeq aurait le caractère
objectif ontologique, s^{e}dāqāh par contre le sens subjectif communautaire (2). Existe-t-il en réalité entre les deux formes une différence
à prendre en considération ?

Les textes nous montrent que, dans le Livre d'Isaïe, la forme
s^{e}dāqāh apparaît plus souvent que la forme sedeq; dans le Livre des
Psaumes, le rapport est légèrement en faveur de la forme s^{e}dāqāh; dans
les autres livres, s^{e}dāqāh est encore la forme la plus courante. Ni le
contexte, ni la combinaison avec les synonymes ne nous donnent quelque
fondement pour supposer qu'il y ait une différence de signification
entre les deux formes. On ne perçoit pas de critère objectif faisant
opter l'auteur pour l'une ou l'autre forme. Quelques exemples au moins
nous font supposer que le rôle décisif a été le désir de variété stylistique. Cette impression nous est fournie par les textes dans lesquels
apparaissent alternativement les deux formes (Is 45,8.18-25; 51,1-8;
Ps 40,10-11; 72,1-3; 89,15-17). Un exemple particulier est la déclaration sidqāt^{e}kā sedeq l^{ec}ôlam. L'état actuel des textes naturellement
n'est pas opposé à la thèse selon laquelle, dans une période antérieu-
re, il existait réellement entre les deux formes la différence de sens
mentionnée ci-dessus. Il semble cependant qu'on ne peut démontrer cette
thèse en se fondant sur les textes existants, c'est pourquoi elle ne
peut subsister que comme hypothèse.

b) La forme adjectivale

Nous sommes franchement surpris que, dans le Livre d'Isaïe, la
forme adjectivale ne soit pas utilisée. Dans le Livre des Psaumes,
on la rencontre sept fois (7,10.12; 11,7; 116,5; 119,137; 129,4;
145,17). Dans les textes restants, en revanche, elle joue un rôle
très important (Ex 9,27; Dt 4,8; 32,4; Jr 12,1; So 3,5; Jb 34,17; Lm
1,18; Dn 9,14; Esd 9,15; Ne 9,8.3; 2 Ch 12,6).

La comparaison entre les textes nous montre qu'il y a une raison

particulière à l'utilisation de la forme adjectivale. C'est qu'elle
ne se manifeste que dans les cas où l'auteur exprime la foi en la
rectitude générale de l'action de Dieu ou la foi en sa sentence juste
en faveur du juste. Dans ces cas-là, l'espoir d'acquérir les biens
salvifiques de Dieu ne ressort qu'indirectement : celui qui est justifié devant Dieu, peut espérer en ses biens, tandis que les injustes
seront exclus. Si l'on considère la motivation et le but du texte
avec la forme adjectivale, on peut en fait le diviser en quatre
groupes : 1) le souvenir, l'espoir et la confession de la foi en la
sentence juste, ou bien le salut dans le conflit avec les ennemis;
2) la confession de la foi en la justice de Dieu, quand celle-ci,
c'est-à-dire la rectitude de l'action de Dieu, est mise en doute par
une certaine situation ou par des personnes; 3) la confession de la
justice de Dieu, c'est-à-dire la "justesse" de Dieu en parallèle avec
la confession de sa propre faute dans le temps du malheur compris par
le fidèle comme une punition juste de sa faute; 4) la confession générale de la foi en la justice salvifique de Dieu ou bien en ses lois.
La forme adjectivale ne montre donc que dans quelques exemples le
caractère général et direct de salut caractéristique de la justice
de Dieu, qui est d'ailleurs exprimé par les deux formes nominales.
La raison la plus probable de choisir telle forme ou telle autre réside, en de tels exemples, dans la volonté de varier son style. Le Deutéro-
Isaïe qui, en général, aime les répétitions, n'a évidemment pas ressenti la nécessité d'utiliser aussi la forme adjectivale, quand il
présente la théologie univoque du salut.

c) Formes verbales

Les rares exemples de formes verbales ont trois objectifs :
1) ils déclarent généralement la justice de Dieu; 2) ils font l'apologie de la justice de Dieu; 3) ils expriment la justification des
justes dans le conflit avec leurs ennemis, en affirmant leur justice
comme condition du salut. Sdq apparaît au Qal en Ps 19,10 et 51,6.
Quand on étudie les textes dans lesquels est exprimée la foi en la
justice de Dieu, les textes où celle-ci n'est exprimée qu'indirectement méritent aussi d'être considérés. Un tel exemple figure en Ps

43,2 qui dit : "N'entre pas en jugement avec ton serviteur, car nul vivant n'est justifié (<u>yisdaq</u>) devant toi". La déclaration que nul homme ne peut être justifié devant Dieu, signifie, dans le sens positif, que seul Dieu est juste. La même idée ressort de la question ironique d'Eliphaz en Jb 4,17 : "Un mortel est-il juste (<u>yisdaq</u>) devant Dieu, en face de son Auteur, un homme serait-il pur ?" En Jb 9,2, Job lui-même déclare : "En vérité, je sais bien qu'il en est ainsi : l'homme pourra-t-il se justifier (<u>mah-yisdaq</u>) devant Dieu ?" En Jb 9,15.20; 10,15 au contraire, Job remet en question la justice de Dieu, en doutant que Dieu puisse prendre en considération sa justice et changer son sort. C'est pourquoi Sophar se croit obligé de défendre la justice de Dieu en niant la justice de Job. Au verset 11,2, il dit : "Le bavard restera-t-il sans réponse ? Suffit-il d'être loquace pour avoir raison (w^e'im-'îš š^epatayim yisdaq)" ? Cependant Job persiste dans son droit (13,18; cf. aussi 27,5-6) : "Voici : je vais procéder en justice (mišpat), conscient d'être dans mon droit (yada^ctî kî-'anî 'esdaq).

La constance de Job ne met qu'apparemment en question la justice de Dieu. En réalité, se produit l'effet contraire. Job persévère fortement pour voir reconnue sa propre justice, car il croit dans la justice absolue de Dieu. Il se rend compte qu'il ne pourra participer aux biens de la justice de Dieu que s'il est justifié devant Dieu. Par conséquent, tout le poids des discours de Job réside dans l'application à être justifié, ce qui est la condition préliminaire pour atteindre les biens de la justice de Dieu (3).

En Dn 8,14, on trouve <u>sdq</u> au Nifal; le texte ne présente pas spécialement de valeur théologique. Mais, en revanche, il faut consacrer beaucoup d'attention aux textes dans lesquels <u>sdq</u> apparaît au Hifil (Is 50,8; Ex 23,7; 1 R 8,32). Les passages sont d'une très grande importance, car ils montrent très clairement que les racines <u>sdq</u> et <u>rš^c</u> sont de parfaits antonymes. Cela signifie surtout que la justice de Dieu et la justice humaine sont deux notions corrélatives. La justice de Dieu n'est destinée qu'à ceux qui sont "justifiés" par Dieu, c'est-à-dire que Dieu reconnaît comme justes.

3. Les synonymes

Les synonymes qui apparaissent dans le champ sémantique avec la racine sdq sont déjà pour la plupart, dans leur essence, des notions salvifiques, messianiques et eschatologiques. Cela est vrai pour toutes les formes des racines 'mn, brk, twb, yš^c, kbd, šlm. Il paraît convenable de traiter maintenant mišpat et hesed. Dans la littérature de l'exégèse plus moderne, ces deux termes font l'objet d'une vive discussion. Les opinions sont franchement opposées, tant en ce qui concerne le sens fondamental des racines que le développement du sens pendant les différentes périodes et dans les différentes formes de textes.

a) Mišpat

B. Johnson est le dernier à résumer de manière détaillée les opinions des exégètes plus récents vis-à-vis de ce mot (4). En classant les aspects fondamentaux de signification, il pense qu'il faut rechercher le sens fondamental du terme dans le domaine de la jurisprudence et de la justice (Rechtsprechung, Gericht, Recht). Le sens qui s'ensuit serait la décision ou bien la constatation (Entscheidung, Beschluss, Feststellung). Mais d'après certains passages, le mot signifie aussi l'exigence, dans le sens d'un engagement positif pour quelque chose (Anspruch, Verlangen, Forderung). Au point 6, il mentionne aussi la signification de mesure ou bien de modération (Mass, Mässigkeit).

B. Johnson ne s'engage pas beaucoup au-delà de quelques rares définitions des significations, dans une interprétation qui irait jusqu'aux derniers fondements théologiques du mot. C'est pourquoi il faut particulièrement mentionner l'étude étendue plus ancienne de H.W. Hertzberg qui définit de façon plus appropriée le point de départ et qui nous offre aussi une interprétation synthétique théologique assez large (5). Hertzberg constate d'abord que le verbe sapat se traduit tantôt par "gouverner" (regieren), tantôt par "décider" (entscheiden). Pour le sens de "décider", il s'agit de la décision judiciaire de l'autorité suprême. C'est que porter une sentence est l'une des tâches essentielles des gouvernants (6). Quand le souverain exerce son pouvoir, il fait valoir sa volonté envers un objet donné (7). Dans la Bible, le pouvoir judiciaire propre à qui gouverne prend toujours valeur d'éthique religieuse. C'est pourquoi les "pauvres" justement pouvaient devenir objet caractéristique de mišpaṭ du souverain. Les "pauvres" sont en général la proie des puissants injustes. Il est du devoir du gouvernant de les protéger. Cela signifie qu'il est obligé d'intervenir dans le conflit judiciaire et de prononcer une sentence juste en leur faveur et de condamner les injustes. En cela réside le fondement de la racine špṭ. Quand Dieu intercède pour ses "pauvres", son mišpaṭ acquiert un caractère de miséricorde (8). Vu du côté de Dieu, mišpaṭ représente l'expression de la justice de Dieu; vu du côté humain, mišpaṭ est la grâce (9).

Jusqu'ici, on peut approuver Hertzberg. Le point de départ ainsi conçu nous montre vite où se trouve l'ultime fondement de la convergence entre mišpaṭ et les dérivés de la racine ṣdq. Il est dommage que Hertzberg n'ait pas pressenti cela avec une clarté suffisante. Il est demeuré au niveau des catégories humaines, politiques et légales, et il n'a pu s'élever au plan transcendantal de la justice de Dieu (10). Il se pose la question décisive de savoir comment on peut parvenir à une harmonie entre l'aspect juridique de la racine špṭ et l'aspect de la grâce. Ses essais de réponse nous montrent que dans le mišpaṭ de Dieu, il voit exprimée la loi de rétribution. La manière d'agir selon cette loi serait l'essence de la justice de Dieu. De ce fait, il ne pouvait en aucune manière parvenir à répondre à la question posée. Si la justice de Dieu se manifeste dans l'affirmation de la loi de rétribution, Dieu se trouve alors débiteur envers l'homme : il doit offrir aux justes des biens, au contraire il doit punir les injustes (11). La catégorie de grâce ne peut absolument pas se faire valoir.

Hertzberg essaie de sauver la grâce en parlant de dignité (Würdigkeit) au lieu de mérite (Verdienst) (12). C'est le dernier essai pour sortir de l'impasse, en vain. Mais ce résultat négatif nous présente le principe décisif : on ne peut jamais confondre la notion de justice avec la loi de rétribution. Le règne de Dieu sur le monde représente toujours infiniment plus que l'accomplissement de l'exigence de la loi rétributive. Dieu est au-dessus de l'exigence de toute loi, en dehors même de celle-ci. Si le mišpāt de Dieu désigne le règne de Dieu sur le monde, il représente surtout pour l'homme un bien qu'il ne mérite pas. Le juste biblique se rend bien compte qu'il ne mérite pas la mišpāt de Dieu et, en réalité, il n'en est pas digne. C'est pourquoi il admire la justice de Dieu, qui lui accorde des biens, alors qu'il mériterait la punition. La conscience de la grâce de Dieu atteint son plus haut sommet dans la reconnaissance que le Dieu juste justifie l'homme pécheur. En cela réside aussi le dernier fondement de la reconnaissance des justes en tant que "pauvres". C'est que la notion de "pauvre" désigne de la façon la plus appropriée l'attitude du juste devant Dieu : la conscience d'un dévouement total. Par essence, les injustes ont une attitude complètement opposée : ils acceptent toute chose comme leur étant propre comme si cela était naturel en soi. Ils s'approprient avec prétention ce qui est par nature grâce.

Puisque le mišpāt de Dieu désigne le règne de Dieu, la sentence et la défense selon les mesures de la liberté transcendantale de Dieu, il est évident que le sens fondamental ne peut pas différer du sens de la racine sdq. Il y a peut-être une différence seulement dans le fait que mišpāt inclut plus expressément la sentence dans le conflit entre les injustes et les justes : sedeq/s^edaqah désigne explicitement les biens de Dieu pour les justes et seulement implicitement la sentence, tandis que mišpāt désigne explicitement la sentence et implicitement les biens. Si la sentence prend l'aspect du jugement pour les injustes, c'est qu'elle est seulement la conséquence indispensable positivement accordée au gouvernement de Dieu. Devant Dieu n'existe que le positif; par définition, le négatif est exclu de la justice de Dieu.

Les textes traités nous montrent que mišpāt est dans son sens plein le synonyme de la notion sedeq/s^edaqah (cf. Is 1,27; 5,16; 28,17; 33,5; 59,14-15; Ps 33,5; 48,12; 72,1-2; 89,15; 97,2; 99,4; 103,6; Dt 32,4; 33,21; Jr 9,23; Os 2,21; 7,9; So 3,5; Jb 8,3; 34,17; 37,23) (13). Dieu intercède pour son peuple, le défend et le sauve (14);

toute son action est juste, y compris la démarche imposée par la justice stricte. Sur le plan transcendantal de la bonté de Dieu et de sa liberté, il se révèle que la grande quantité de synonymes est utilisée comme expression complexe de la vérité fondamentale de la justice de Dieu (15). La positivité radicale et le dévouement total représentent la raison dernière de la ressemblance de tous les synonymes. Dieu n'agit jamais selon les normes juridiques, mais selon la nécessité intérieure de fidélité envers son essence propre. Voilà pourquoi aucune notion qui exprime plusieurs aspects de la justice de Dieu ne peut avoir le sens juridique. On ne peut résoudre la question de Hertzberg, à savoir comment on peut harmoniser dans le terme mišpat à la fois l'aspect juridique et l'aspect de grâce, qu'en la reniant. La question reflète un horizon limité au juridisme humain qui se détruit de lui-même; c'est pourquoi il ne peut jamais être conforme à la légitimité des mesures transcendantales du gouvernant de l'univers, qui se manifeste au monde comme un père aimant.

b) Hesed

Apparemment, les interprètes ne divergent pas autant sur la signification de hesed que sur celle de mišpat. Il est évident que hesed ne peut avoir le sens juridique judiciaire. Son contenu est expressément positif. Les définitions des dictionnaires sont essentiellement en accord : la bonté, la fidélité, la grâce, le bonne volonté, l'amour. Mais la critique plus approfondie d'études récentes sur hesed nous montre que le problème fondamental cependant est le même que pour mišpat, dans l'interprétation de la racine sdq et en général de tous ses synonymes.

Le problème naît du fait que les exégètes en interprétant les notions qui désignent la justice de Dieu ou bien sa fidélité, sa bonté et sa miséricorde, s'appuient sur le sens qu'ont ces mêmes notions lorsqu'elles définissent les qualités humaines. Ils interprètent les qualités de Dieu en catégories qui sont valables dans les rapports entre les hommes, là où le contenu de la notion de justice est caractérisé par le principe d'égalité, d'engagement réciproque, par la fidélité aux contrats juridiques, bref par les normes juridiques. Il

est compréhensible que les études comparatistes du Proche-Orient ancien soutiennent forcément cette méthode.

Parmi toutes les études sur hesed, l'oeuvre de N. Glueck (16)
est de loin la plus souvent citée. L'auteur traite de la notion en
trois chapitres sous trois aspects : 1) hesed comme attitude (Verhaltungweise) humaine dans le sens profane; 2) hesed comme attitude humaine dans le sens religieux; 3) hesed comme attitude de Dieu. La
conclusion de son étude est la constatation que, dans les trois cas,
hesed désigne le rapport entre les membres de la communauté de l'alliance ou bien envers les membres de la communauté. En cela les
obligations les plus importantes sont celles qui sont survenues avec
la conclusion de l'alliance. Le fondement de son interprétation est
donc le principe de l'alliance qui existe tant que les associés de
l'alliance réalisent les engagements pris. Dieu tient ses promesses
ou bien ses serments; sa fidélité (hesed) consiste dans l'accomplissement de ses promesses (17). Avec cela, la hesed de Dieu est dégra-
dée jusqu'au niveau des institutions conventionnelles et légales
humaines.

Il semble justement qu'il n'est pas facile de constater quelle
portée ont ces idées de départ et combien elles sont réellement destructrices en elles-mêmes pour la vie des communautés dans l'interprétation des notions théologiques fondamentales de la Bible (18).
Rares sont cependant ceux qui découvrent cette déficience; rares sont
ceux qui entrevoient l'horizon infini de la hesed de Dieu et de sa
sedeq dépassant les normes juridiques et les obligations (19). Le
point de vue opposé est admirablement défini dans la conclusion de
l'étude de H.J. Stoebe: "Das Besondere des Theologumenon von Gottes
häsäd ist darin zu sehen, dass Gott sich in bedingungsloser Freund-
lichkeit und Grossherzigkeit dem Menschen zuwendet. Er begibt sich
also seines göttlichen Rechtes um mit den Menschen Gemeinschaft zu
haben" (20).

A partir de cette déclaration, il est possible de compléter
tant Glueck que les autres auteurs qui, dans l'interprétation des
textes bibliques, ne s'élèvent pas au-dessus des catégories formelles

de l'alliance. Il n'est pas question de nier le rôle de l'alliance
en soi. Il faut seulement libérer la notion de l'alliance de l'exclusivisme et du formalisme juridique qui fait même de Dieu un débiteur.
Il est cependant possible de l'élargir et de l'approfondir uniquement à la lumière du personnalisme et de l'universalisme uniques de
la Bible. Si Dieu, en tant que personne, est le commencement et la
fin de tout l'univers et le gouvernant de tous les peuples, sa hesed
ne peut pas être seulement l'expression de l'accomplissement des
devoirs vis-à-vis des promesses faites, mais il représente l'expression insaisissable de l'amour de Dieu comme tel. L'horizon théologique
de la bonté de Dieu est si universel qu'il englobe en réalité tous
les justes de toutes les nations, bien qu'ils soient en dehors de la
communauté formelle hébraïque de l'alliance. Cependant, les représentations de la communauté hébraïque de l'alliance sont le reflet des
anthropomorphismes caractéristiques de la Bible, qui déforment parfois par leur particularisme et leur exclusivisme le message le plus
universel sur l'amour de Dieu envers la race humaine.

Les passages dans lesquels la racine hsd apparaît dans le champ
sémantique avec sdq nous montrent clairement que la hesed de Dieu est
l'expression de la bonté universelle de Dieu. Il est surprenant que,
dans le Livre d'Isaïe, ces exemples n'existent pas. Au contraire, le
lien entre les deux notions joue un rôle important dans le Livre des
Psaumes (cf. 5,8; 33,5; 36,11; 40,1; 85,11; 88,12; 89,15; 98,3; 103,7;
143,12; 145,17). En outre, elles apparaissent encore ensemble en Jr
9,23 et Os 2,21. Dans le même contexte, on trouve la notion d'alliance
seulement en Ps 103 (v. 18) et Os 2 (v. 20). Cependant, cela ne change
rien. Partout, on parle de la bonté de Dieu en général. Le psalmiste
exprime en principe la foi et l'espoir en la bonté de Dieu qui nous
dépasse dans la prière la plus personnelle. La bonté est la qualité
fondamentale de Dieu, tandis que la prière est l'expression la plus
universelle de la croyance et de la foi de l'homme. On comprend ainsi
que dans la prière il n'y ait pas de trace du formalisme de l'alliance.
Le thème de l'"obligation" de Dieu en raison de la promesse n'apparaît
qu'en Ps 89. Autrement, on ne peut parler d'alliance que dans le sens
personnel le plus universel. Cela vaut en particulier pour Os 2. Les

fiançailles dans la "justice, dans le droit, dans la bonté, dans la
miséricorde et dans la fidélité" (vv. 20-22) signifient l'alliance
du coeur et de l'esprit en dehors des critères du formalisme de l'alliance et de l'idéologie de l'élection. La décision de Dieu concernant
les fiançailles est l'épanchement de l'amour le plus pur par une
nécessité intérieure de la personne divine; c'est pourquoi elle exprime en même temps le désir d'un amour humain pur et d'une fidélité
sans aucune réserve, selon également une nécessité de coeur et d'esprit.
La décision de Dieu concernant les fiançailles est proférée malgré
l'infidélité chronique d'Israël. Elle représente ainsi l'expression
la plus élevée de la miséricorde de Dieu. Dieu a vraiment renoncé
tout à fait à son droit. Enfin, chaque action de bonté de Dieu envers
l'homme englobe la miséricorde. L'être de la bonté infinie ne pourrait pas coexister avec l'homme fini, s'il n'était pas miséricordieux
envers lui (21).

Il faut mentionner encore une étude sur hesed. G. Gerleman réfute la catégorie d'alliance de Glueck et aussi l'interprétation
théologique de ses critiques. Il prend parti pour le "sens fondamental" (Grundbedeutung) neutre sur le plan éthique et théologique. Il
s'appuie sur quelques textes et propose la théorie selon laquelle
sedeq et hesed sont deux notions antithétiques : la première signifierait pleine mesure (das volle Mass), la deuxième, la démesure (das
Übermass) (22). Même si l'on ne tient pas compte du fait que la thèse
de Gerleman sur la signification antithétique de sedeq/s^{e}daqah et
hesed est déjà en contradiction avec les constatations de notre étude,
il faut souligner que son essai ne nous paraît pas sérieux. L'auteur
ne cite que quelques exemples où le sujet est l'homme. Il n'essaie
même pas d'expliquer quelle est la situation dans les textes où Dieu
est le sujet. Il ne fonde ses théories de "Grundbedeutung" ni sur
des raisons comparatives étymologiques, ni sur des raisons structurales sémantiques.

4. Les antonymes et les oppositions en général

Les antonymes sont logiquement peu représentés lorsqu'il s'agit
de la justice de Dieu. La justice ne s'adresse qu'aux justes, c'est

pourquoi les antonymes, en relation avec eux, ne trouvent pas place
ici. Les antonymes ne sont possibles qu'en relation avec les injustes
qui ne peuvent pas participer aux biens de la justice de Dieu. Les
antonymes sont le signe de reconnaissance du jugement sur les injustes, quand Dieu sauve ses fidèles.

Ici méritent d'être mentionnés les textes dans lesquels, d'une
façon quelconque, ressort l'opposition entre les justes et les injustes en relation avec les racines sdq et rš^c : Is 1,27-28; 5,15-16;
28,15-18; 50,8-9; 54,17; 59,17; Ps 89,28; Ex 9,27; 1 R 8,32; Mi 7,8-
10; So 3,5; Jb 8,3; 34,17; Ne 9,33. Il n'est que d'analyser de plus
près quelques exemples. En Is 50,8-9, les deux racines sdq et rš^c se
rapportent au "serviteur", pour accentuer l'opposition complète entre
les justes et les injustes : qārôb masdîqî ... mî hû' yaršî^cenî. Si
Dieu justifie quelqu'un, il lui concède ses biens salvifiques. Cela
signifie que personne ne peut le proclamer injuste dans le but de le
dépouiller de ses biens. Un exemple analogue se trouve en Is 54,17 :
Dieu assure que le salut des serviteurs de Dieu consiste justement
dans la démonstration de leur faute à leurs ennemis (rš^c au Hifil).
L'antithèse d'Is 1,27//28 est l'expression de la promesse que Sion
participera à la justice salvifique de Dieu (s^edāqāh) tandis que les
rebelles seront frappés par la damnation. L'antithèse en Is 5,15//16
et 17a//17b-18 exprime l'opposition entre l'abaissement de l'orgueil
de l'homme et la manifestation de la sainteté de Dieu dans la justice
(s^edāqāh). En Is 28,15-18 existe une antithèse entre les versets
15//16 et 17a//17b-18. Il s'agit de l'opposition entre la décision
des chefs du peuple et le projet de Dieu d'une délivrance (s^edāqāh)
pour Sion. Is 59,17//17b est une opposition complète en ce qui concerne
les justes et les injustes : pour les justes il revêt la justice,
c'est-à-dire le salut (s^edāqāh - y^ešû^cah); pour les injustes, la vengeance - la jalousie (nāqām - qin'āh).

En Mi 7,8-10, on trouve le témoignage caractéristique que la
justice de Dieu est adressée seulement aux justes. Au verset 8, on
parle de la colère de Dieu à cause des péchés antérieurs. Quant au
verset 9, on y trouve exprimé l'espoir que Dieu prononcera une sentence juste et qu'il offrira un salut qui aura un lien causal avec

la reconnaissance de la justice dans le conflit avec les ennemis.
En Jb 8,3, est exprimée la nécessité intérieure de la nature divine
d'offrir la justice à ceux qui lui sont vraiment fidèles, et non pas
le contraire. En cela consiste le sens de la question de Bildad :
"Dieu peut-il fléchir le droit, Shaddaï fausser la justice ?" Une
apologie semblable de la justice de Dieu ressort de Jb 34,17. Elihou
suppose que Dieu offre sûrement des biens aux justes; le sort de Job
dépend donc de savoir s'il est juste. Enfin, Ps 69,28 exprime sans
antithèse formelle, sous forme de question, le lien causal entre la
justice et la réussite ou bien entre l'injustice et la damnation :

$$t^e n \bar{a} h{-}^c a w \hat{o} n \quad {}^c a l \quad {}^c a w \hat{o} n \bar{a} m$$
$$w^e \text{'al-yabo'û } b^e s i d q \bar{a} t e k \bar{a}$$

Impute-leur faute sur faute;
qu'ils n'aient plus accès à ta justice !

II. LA JUSTICE DE DIEU DANS LES ANCIENNES TRADUCTIONS ET DANS LA
BIBLE GRECQUE DES DEUX TESTAMENTS

Il paraît évident d'inclure dans la critique synthétique les
traductions anciennes, que nous avons prises en considération lors
de l'analyse des textes. Il nous semble moins obligatoire de considérer également la Bible grecque, c'est-à-dire les livres deutérocanoniques (apocryphes) de l'Ancien Testament et le Nouveau Testament.
Cependant, il y a des raisons très sérieuses pour étendre l'étude
même à ce domaine : 1) les suppositions sur l'arrière-plan idéologi-
que hébraïque dans la Bible grecque; 2) un fort intérêt de l'exégèse
contemporaine pour la relation entre les sémantiques hébraïque et
grecque; 3) l'importance exceptionnelle de la notion de justice de
Dieu dans le Nouveau Testament et son influence sur l'articulation de
cette notion dans la tradition européenne religieuse et culturelle;
4) les malentendus dans la littérature exégétique en ce qui concerne
quelques questions fondamentales sur la justice de Dieu dans l'Ancien
et le Nouveau Testaments, qui sont la conséquence des mêmes déficien-
ces méthodologiques. La revue des textes sur la justice de Dieu dans
la Bible grecque donnera un fondement plus large pour la critique
finale, synthétique et comparative, de la relation entre la tradition
biblique et la tradition européenne comme d'ailleurs aussi pour ce
qui concerne le sens de cette notion dans le contexte théologique le
plus large (dans le troisième chapitre) (23).

1. Anciennes traductions

a) Les Targums

Pour la recherche de la signification du vocabulaire araméen qui,
dans les Targums, désigne la notion de la justice de Dieu, on peut
d'abord s'appuyer sur des données statistiques. Ainsi, nous est donnée
la possibilité de comparer la situation dans les différents livres
bibliques. A partir du résumé de chaque chapitre, on peut constater
qu'il existe une grande différence dans le choix du vocabulaire

araméen. Dans le Livre d'Isaïe, l'auteur des Targums ne traduit jamais ṣdq avec la même racine quand il rapporte "la justice" à Dieu, bien que cette racine joue aussi dans la langue araméenne un rôle très important. Le targumiste utilise le plus souvent la racine zky, parfois qšṭ et encore trois autres substantifs, chacun un fois (ṭûbā', mêmar, nᵉhôrā'). Ce fait a fourni l'occasion à K. Koch de tenter d'expliquer les causes d'une telle situation : "Nichtübereinstimmung fordert Erklärung. Offenkundig meint aramäisches ṣdq ein anderes Gerecht-Sein als das hebräische" (24). Le but de l'étude de Koch est donc d'expliquer les différences de signification entre les racines zky, ṣdq et qšṭ dans la langue araméenne. Selon lui, la racine zky recouvre essentiellement le sens de la racine hébraïque ṣdq. Elle exprime la volonté de Dieu dans des situations concrètes, le don de Dieu et sa force. Ṣdq désignerait la fidélité humaine à la loi, qšṭ décrirait l'histoire dynamique de la rédemption. Sa conclusion est la suivante : "Ergebnis ist, dass eine einheitliche hebräische Vorstellung, die mit dem Wortstamm ṣdq ausgedruckt war, mit drei verschiedenen Worstämmen zky, ṣdq, qšṭ wiedergegeben wird, die zwar in sich bedeutungsmässig zusammenhängen, dennoch drei Aspekte zum Ausdruck bringen" (25). Comment peut-on juger l'opinion de Koch ?

La réponse dépend surtout de la force persuasive qu'on accorde, ou non à la méthode. Si l'on juge d'après l'état du vocabulaire, l'hypothèse qu'il peut exister une différence entre les trois racines araméennes est certainement justifiée. Mais comment peut-on le démontrer ? L'auteur devrait nécessairement examiner avec la même profondeur le vocabulaire dans tous les autres livres bibliques. Mais il ne le fait pas. Il se cantonne au Livre d'Isaïe et, même là, il ne classe pas les textes selon les deux sujets différents : Dieu et l'homme. Il ne peut s'appuyer sur le contexte car la traduction est trop littérale, pour que les nuances puissent être évidentes au degré où elles sont vues par Koch.

Notre analyse des textes nous montre d'une façon particulièrement claire le manque de fondement des conclusions de Koch. En fait, le recensement statistique du vocabulaire araméen dans le Livre des Psaumes renverse complètement la théorie de Koch. La situation est

ici presque contraire à celle du Livre d'Isaïe. L'auteur des Targums
traduit le plus souvent la racine hébraïque s̲d̲q̲ par la même racine
sous des formes différentes; la racine z̲k̲y̲ joue un rôle très secondaire, q̌s̲t̲ n'apparaît même pas une fois. Quant aux textes traités
dans le troisième chapitre, leur sort est identique à celui des textes
du Livre d'Isaïe. Comment peut-on expliquer l'opposition entre la
situation dans la littérature prophétique et dans les Psaumes ?

La théorie de Koch, qui attribue une différence de signification considérable aux trois racines, n'a pas de fondement. Les racines
z̲k̲y̲, s̲d̲q̲ et q̌s̲t̲ sont en réalité des synonymes; on peut d'ailleurs le
constater même à partir des définitions des dictionnaires (26). Si
ces racines servent à désigner la relation de Dieu envers l'homme,
elles expriment plus ou moins le même contenu de la bonté salvifique
de Dieu. C'est pourquoi les différents traducteurs pouvaient choisir,
pour la même racine hébraïque, différentes racines araméennes. Toutes
les notions positives sont automatiquement des synonymes, quand elles
désignent les biens de Dieu ou bien ses qualités. Le lecteur, connais-
sant les représentations approfondies et l'expérience de Dieu, lit
les notions désignant Dieu avec un horizon ouvert. Plus il lit en
considérant le contexte et de manière approfondie, moins il a besoin
de définitions exactes des notions particulières.

La situation est semblable dans chaque traduction plus moderne
de la Bible, surtout s'il s'agit du travail de plusieurs traducteurs.
Le lecteur ne peut pas constater avec certitude pourquoi les différents traducteurs emploient des termes différents pour le même mot
dans le texte original.

b) La Septante

En ce qui concerne la notion de justice de Dieu, les Septante
traduisent le plus souvent la racine s̲d̲q̲ par δικαιοσύνη, δίκαιος
et δικαιοῦν. Ces mots grecs ont-ils plus ou moins le même sens
que la notion hébraïque originelle ? Sur quoi pouvons-nous nous appuyer pour répondre à cette question ?

En principe, il existe deux possibilités : premièrement, le sens

habituel de la notion grecque dans la langue grecque classique et
hellénistique; deuxièmement, la comparaison entre la notion hébraïque
et la notion grecque, en se fondant sur le contexte dans la Septante.
La première possibilité ne peut être prise en considération que partiellement, car il nous manque encore l'analyse de l'étendue de signification intégrale de la notion grecque de justice (27). Il est d'une
importance décisive que dans toute la littérature grecque δικαιοσύνη
ne désigne jamais la justice de Dieu. La raison en est que la religion grecque est dépourvue des présupposés théologiques typiques de
la Bible hébraïque. Les dieux grecs ne furent jamais "justes" dans
le sens hébraïque (28). Cette même constatation peut nous convaincre
que le traducteur a dû trouver une solution de compromis quand il
cherchait un terme pour la notion hébraïque de justice de Dieu. Puisque
le caractère de la justice de Dieu est, dans sa nature la plus profonde, assez différent de celui de la justice humaine, le traducteur
a forcément transmis à la notion grecque la signification hébraïque.
D. Hill exprime ainsi cette relation : "There is nothing in Greek
thought lastingly comparable to the idea of the 'righteousness of God'
and consequently no development of the meaning of δικαιοσύνη
towards 'victory' or 'salvation'. This significance was added to the
word in biblical Greek usage through the LXX translator's use of it
to render sidqôt-YHWH" (29).

Cette déclaration suppose que l'on puisse constater, d'après le
contexte, les nuances de signification des notions grecques dans la
traduction grecque. Ce principe est justement accentué dans l'étude
de Olley sur la notion de justice dans la traduction grecque du Livre
d'Isaïe (30). Cependant, il faut ici souligner, de la même façon, que
le contexte donné dans la traduction n'est pas tel en raison de la
traduction mais à cause surtout du texte lui-même. La traduction est
le plus souvent littérale. Ainsi le lecteur, au moins dans quelques
exemples, constate d'autant plus facilement qu'une notion grecque
donnée se teinte du sens hébraïque. Tout simplement, le contenu du
texte ne permet pas que l'on interprète la notion isolément dans le
sens de sa signification habituelle. Dans la Septante par exemple,
simplement à cause du contenu du texte, on ne pourrait pas interpré-

ter δικαιοσύνη dans le sens de justice stricte, même si dans le
grec classique il exprimerait plutôt cet aspect de la justice. On
peut même dire que le mot peut avoir, à cause du contexte spécifique,
une étendue sémantique différente des hypothèses du traducteur, contre
sa volonté même. En ce qui concerne la relation entre le vocabulaire
dans la traduction grecque et l'original, la situation dans la Septante est évidemment différente de celle des Targums. Entre le vocabulaire de l'original hébraïque et la traduction araméenne on perçoit
à peine une discordance, car il s'agit du même groupe de langues et,
en conséquence, d'une exceptionnelle affinité, sinon d'une égalité
entre les notions dans les deux langues. Mais le vocabulaire grec,
à cause d'une plus grande différence linguistique, en réalité ne
correspond pas tout à fait au contenu du vocabulaire hébraïque.

Il est remarquable que le traducteur de la Septante s'éloigne parfois de la notion δικαιοσύνη en faveur de la notion ἐλεημοσύνη.
Il en ressort évidemment que le traducteur ne traduisait pas sdq de
façon non critique par une seule et même notion, mais il s'était
aperçu de l'étendue de signification de la notion hébraïque. Puisqu'il
n'a certainement pas compris sdq au moins dans ces exemples, dans le
sens de justice stricte, il existe une raison très forte de supposer
que le traducteur grec en général comprenait bien sdq; cependant dans
la plupart des textes il n'a pas trouvé un terme de compromis meilleur
que δικαιοσύνη, ou bien δίκαιος, δικαιοῦν.

Cette supposition est renforcée aussi par les exemples dans
lesquels δικαιοσύνη et δίκαιος apparaissent dans la Septante,
même pour quelques synonymes de la racine sdq : δικαιοσύνη pour
'emet (huit fois), hesed (deux fois), mêšarîm, niqqayôn (une fois)
mišpat (douze fois); δίκαιος pour yašar (six fois), naqî (cinq fois)
(31).

Comment peut-on, après tout cela, juger la position de Descamps
selon laquelle la notion de justice dans la Septante n'a rien à voir
avec la notion hébraïque originelle ? (32)

Descamps part du postulat que la notion grecque de δικαιοσύνη,
la notion latine de iustitia et la notion de justice dans les langues

européennes en général signifient exclusivement la justice rétributive ou l'intégrité morale. Ce postulat est le refrain de son étude;
c'est pourquoi il n'est pas étonnant qu'il le répète encore en début
de la conclusion : "En résumé, le vocabulaire δίκαιος, δικαιοσύνη
appliqué à Dieu n'est apte qu'à exprimer sa justice rétributive, rigoureuse répartition des récompenses et des châtiments, ou parfois
l'intégrité morale en général, la sainteté". Par contre, Descamps
en général définit bien le sens salvifique de la notion hébraïque
sdq. A cause de cela, il parle de gauchissement dans la traduction
grecque.

La nature de la contribution de Descamps nous montre une image
différente. En réalité, c'est lui qui gauchit. Dans quelle langue,
la notion de justice a-t-elle un sens si unilatéral et si étroit ?
Comment peut-il parler d'une telle signification de la notion grecque
sans même tenter de documenter ses affirmations et de les fonder ?
L'exemple le plus paradoxal de gauchissement opéré par Descamps est
sa position relative au rapport entre les synonymes dans l'original
hébraïque et la Septante. Selon son opinion, le sens rétributif de
la notion δικαιοσύνη a pour conséquence le fait que, dans la traduction grecque, les synonymes hébraïques ne sont plus synonymiques
(33).

La conclusion de l'étude de Descamps est conforme à ce qui précède : "Un monde sépare l'esprit grec de l'esprit sémitique; dès lors,
il n'est pas vraisemblable que la LXX ne soit qu'une pensée hébraïque
dans une langue grecque" (34).

c) La Vulgate

La traduction de la Vulgate est importante, car elle a servi de
lien décisif entre la Bible hébraïque et le Christianisme de l'Europe
occidentale. Le vocabulaire sur la justice de Dieu est constant d'une
façon surprenante. La Vulgate ne s'éloigne que rarement des mots
caractéristiques iustus, iustitia. Dans l'interprétation chrétienne
de la langue latine, ces mots acquièrent souvent le caractère rétributif. Mais d'un autre côté, les pères de l'Eglise l'interprètent
déjà pour la plupart dans le sens salvifique. De cette façon, ils

confirment l'impression que la notion en elle-même est encore loin
de nous fournir suffisamment de fondements pour l'interpréter. En
fait, la notion est ouverte pour toute l'étendue et la profondeur du
message biblique sur la justice de Dieu.

2. Les livres deutérocanoniques de l'Ancien Testament

Relativement rare est l'apparition de la notion de justice de
Dieu dans ces livres : Est 4,17n (dans la TOB 4,C18); Tb 3,2; 13,7;
2 M 1,24; 9,18; Sg 12,15-16.19; Bar 1,15; 2,6.9; 4,13; 5,2.9.

a) Est 4,17n; Bar 1,15; 2,6.9

Le premier passage fait partie de la prière d'Esther (4,17t-
17z). Esther mentionne d'abord le choix d'Israël (17lm). A cela elle
relie la confession de la faute d'Israël et de la punition de Dieu
(17n) :

> Et puis, nous avons péché contre toi,
>
> et tu nous as livrés aux mains de nos ennemis
>
> pour les honneurs rendus à leurs dieux.
>
> Tu es juste (δίκαιος), Seigneur !

Il ne peut pas nous échapper que ce verset exprime des circonstances
semblables et la même foi dans le lien causal entre la faute d'Israël
et la répudiation que les passages déjà connus dans la Bible hébraïque :
Dt 32,4; Lm 1,18; Dn 9,7.14; Esd 9,15; Ne 9,33; 2 Ch 12,6. Mais on
trouve des exemples analogues aussi dans la Bible grecque, c'est-à-
dire dans la prière des exilés dans le Livre de Baruch (1,15; 2,6.9).
La différence consiste seulement dans le fait que la confession de
foi en la justice de Dieu est exprimée une fois à la troisième personne : "Car le Seigneur est juste ..." (2,9), et deux fois par un
substantif : "Au Seigneur notre Dieu la justice (δικαιοσύνη),
mais pour nous, (et pour nos pères) la honte au visage, comme il en
est aujourd'hui" (1,15; 2,6). Cette déclaration est presque identique
à celle de Dn 9,7 : "A toi, Seigneur, la justice (s^{e}dāqāh), à nous la
honte au visage ...".

La ressemblance exceptionnelle du contenu et de la forme entre

les déclarations hébraïque et grecque nous persuade déjà en elle-
même de l'identité de sens de δικαιοσύνη et de s^edaqāh/saddîq.
Elle n'exprime pas directement la rétribution de Dieu mais la rectitude de principe de l'attitude de Dieu vis-à-vis du peuple d'Israël.
Le point de départ des déclarations est l'état peu satisfaisant du
moment. La foi en la justice absolue de Dieu pousse à confesser que
cette situation est la conséquence de la faute d'Israël, non pas de
la faute de son Dieu. L'apologie de la justice de Dieu dans le malheur est donc impossible, si le peuple ne possède pas une profonde
conscience de sa propre faute. La confession de foi en la justice
de Dieu en tout cas accentue le fait que Dieu reste fidèle à ses promesses, bien que la situation réelle dise le contraire (35).

b) <u>Tb 3,2; 13,7</u>

Tb 3,2 apparaît dans la prière de Tobie (3,2-6) et s'écrit dans
la Septante II de la façon suivante :

Tu es juste (δίκαιος), Seigneur,

et toutes tes oeuvres sont justes (δίκαια).

Toutes tes voies sont miséricorde (au pluriel ἐλεημοσύναι)

et vérité (ἀλήθεια).

Tu es Juge du monde.

Le texte de la Septante I, c'est-à-dire le texte reçu, diffère un
peu de ce texte :

Tu es juste, Seigneur, toutes tes oeuvres et tous tes chemins
sont miséricorde et vérité, tu dis le jugement vrai et juste
dans les siècles (36).

Le contenu de la prière intégrale et le champ sémantique nous
montrent ce que signifie ici la déclaration sur la justice de Dieu.
Tobie implore que Dieu ne le punisse pas pour ses péchés (v. 3) mais
qu'il le traite selon sa bienveillance (v. 6). Une telle prière n'aurait pas de sens si, dans le verset précédent (v. 2), il avait voulu
dire que l'essence de la justice de Dieu est justement dans la "justice stricte" (37). Δίκαιος a ici le même sens que le <u>saddîq</u> hébraïque, c'est pourquoi il peut être aussitôt suivi par la notion de

miséricorde. La déclaration que toutes les oeuvres de Dieu sont justes et que Dieu juge justement inclut d'ailleurs aussi la foi en la rectitude du jugement de Dieu, si jugement il y a eu. Ce n'est qu'en étant persuadé que Dieu gouverne toujours correctement, c'est-à-dire justement, qu'on reconnaîtra que les punitions antérieures étaient "justes", car elles étaient la conséquence de la faute d'Israël (vv. 4-5).

En 13,7, le sens hébraïque de la justice de Dieu est encore plus évident. L'invitation "Bénissez le Seigneur de la justice" (εὐλογήσατε τον κύριον τῆς δικαιοσύνης) est l'expression solennelle de la foi en la rectitude de toute activité de Dieu et de sa miséricorde.

c) 2 M 1,24-25; 9,18; 12,6

1,24-25 représente le début de la prière et exprime le fondement théologique de la demande du salut de l'exil (26-29) :

> Seigneur, Seigneur Dieu, créateur de toutes choses, redoutable, fort, juste, miséricordieux (δίκαιος καὶ ἐλεήμων), le seul roi, le seul bon, le seul libéral, le seul juste (μόνος δίκαιος), tout-puissant et éternel, qui sauves Israël de tout mal ... .

Dans ce contexte, dans le grand nombre de synonymes qui expriment la force de Dieu et sa bonté, on ne peut pas comprendre la notion de justice autrement que dans le sens hébraïque. Au verset 24, la justice apparaît même avec la miséricorde (39).

En 9,18, il est dit que sur Antiochus est survenu le "juste jugement de Dieu"(δικαία ἡ τοῦ θεοῦ κρίσις), en 12,6, en revanche, que Judas "après avoir invoqué Dieu, le juge équitable (τον δίκαιον κριτήν θεόν), marcha contre les meurtriers de ses frères". Il serait difficile d'interpréter le premier cas autrement que dans le sens judiciaire rétributif. Cependant, il faut souligner que l'adjectif δίκαιος ne définit pas ici directement Dieu comme saddîq dans des passages semblables de la Bible hébraïque. Il s'agit du "jugement juste" qui est déjà survenu. L'adjectif n'exprime donc pas la loi rétributive mais la rectitude de la sentence de Dieu post factum. Le deuxième cas non plus n'est pas une affirmation de la loi rétributive. "Dieu, juge équitable" résonne en réalité comme šōpēṭ

saddîq (cf. Ps 7,12; 9,5; 50,6). Il s'agit de la force du gouvernement de Dieu et un espoir surtout pour les innocents. "Le juge équitable" lui-même prend parti en faveur des justes et il justifie aussi
leurs oeuvres motivées.

d) Sg 12,15-16.19

Pour comprendre la signification de la notion de la justice de
Dieu dans cet exemple, il faut prendre en considération un contexte
plus large (chapitres 10 - 12). Le point de départ est la perspective
hébraïque typique de l'histoire du salut. L'auteur voit l'histoire
intégrale de la race humaine en antithèse : la sagesse du Dieu tout-
puissant sauvait toujours les justes dans l'océan des injustes. La
punition de Dieu signifiait le salut pour les justes, pour les injustes seuls l'avertissement à la conversion. Dieu ne punissait pas
comme le roi sévère, mais comme le père indulgent (11,9). L'auteur
du livre justifie même l'indulgence de Dieu : Dieu est indulgent car
il est le créateur de tout, et c'est pourquoi il ne peut haïr ce qu'il
a créé (11,21 - 12,11). L'unicité de Dieu et sa force représentent
le fondement de la foi dans l'incontestable justice de Dieu qui enfin
se présente comme indulgence (12,12-19). Aux versets centraux 15-16,
on peut lire :

> Mais, étant juste (δίκαιος), tu régis l'univers avec justice
> (δικαίως), et tu estimes que condamner celui qui ne doit
> pas être châtié serait incompatible avec ta puissance. Car ta
> force est le principe de ta justice (ἡ γὰρ ἰσχύς σου δικαιοσύνης
> ἀρχή), et de dominer sur tout te fait ménager tout.

Enfin, la justice de Dieu sert d'exemple à la justice humaine. Dieu,
par sa conduite a fait comprendre à son peuple "que le juste doit
être ami des hommes" (v. 19; cf. aussi v. 22). Il est évident, après
tout cela, que dans le Livre de la Sagesse la notion de la justice
de Dieu dépasse de loin le principe rigoureux de rétribution et conserve le caractère hébraïque de la bonté, même si elle apparaît dans un
contexte judiciaire (40).

e) __Bar 4,13; 5,2.9__

Ces versets font partie de l'unité homogène 4,5 - 5,9. Le but
du texte entier est l'annonce de la manifestation de la future rédemption merveilleuse. L'annonce est adressée au peuple désespéré, dis-
persé parmi les nations. Le peuple est sans doute susceptible de
recevoir les promesses consolatrices. Mais comment pourrait-il croire
dans un futur merveilleux, quand il semble que Dieu lui-même a livré
son peuple aux mains des ennemis ?

Le prophète ouvre avec la même clé la vue sur le passé et sur
le futur. Il s'agit de la fidélité d'Israël. Le malheur passé et présent est la conséquence de l'infidélité; c'est pourquoi le peuple doit
changer. Ce n'est qu'ensuite que Dieu lui donnera le salut merveilleux. Le texte intégral est divisé en deux parties : 4,5-16; 4,17 -
5,9. Dans la première partie, on parle du péché passé et du châtiment;
dans la deuxième partie, on parle du futur salut magnifique. Le vocabulaire sur la justice de Dieu se scinde en deux parties. Cependant,
le sens fondamental est le même. En 4,12-13, est présentée la lamentation de Jérusalem :

> Que nul ne se réjouisse sur moi,
> veuve et délaissée d'un grand nombre;
> je subis la solitude pour les péchés de mes enfants,
> car ils se sont détournés de la Loi (νόμος) de Dieu,
> ils n'ont point connu ses préceptes (δικαίωμα au pluriel),
> ni marché par les voies de ses préceptes (ἐντολή au pluriel),
> ni suivi les sentiers de discipline selon sa justice (δικαιοσύνη).

En accentuant le fait que la punition de l'exil est survenue à cause
du refus de "discipline selon sa justice", il est évident que cette
discipline n'est rien d'autre que la discipline pour le salut. Quant
au signe de reconnaissance, il est la loi de Dieu, ses droits, ses
commandements.

En 5,2.9, le sens salvifique hébraïque de la notion de justice
de Dieu est encore plus évident; il est confirmé par la perspective
des idées de la deuxième partie en entier et par le champ sémantique
expressément sotériologique. En 5,1-2, on trouve l'appel solennel :

Jérusalem quitte ta robe de tristesse et de misère,

revêts pour toujours la beauté de la goire de Dieu (τῆς παρὰ
τοῦ θεοῦ δόξης),

prends la tunique de la justice de Dieu (τῆς παρὰ τοῦ θεοῦ
δικαιοσύνης),

mets sur ta tête ce diadème de gloire de l'Eternel (τῆς δόξης
τοῦ αἰωνίου).

Le ton solennel continue maintenant jusqu'au bout. Le verset final
(v. 9) exprime la raison de cette disposition :

Car Dieu guidera Israël dans la joie (εὐφροσύνη), à la lumière
de sa gloire (δόξα),

avec la miséricorde (ἐλεημοσύνη) et la justice (δικαιοσύνη)
qui viennent de lui.

Les synonymes, utilisés dans les deux parties avec δικαιοσύνη
sont d'ailleurs aussi dans ce texte où apparaissent des notions clés :
δόξα apparaît en 4,24.37; 5,6.7, ἐλεημοσύνη en 4,22. Mais, outre
ces notions, on trouve encore σωτηρία/σωτήρ (4,22.24.29) et λαμ-
πρότης (4,24;5,3), ainsi le caractère, habituel en hébreu, de la
notion de justice de Dieu est encore plus évident. Un tel message peut
apporter la joie (εὐφροσύνη) à Israël (4,11.23.29.36; 5,9).

3. Le Nouveau Testament

Nous prendrons ici en considération tous les textes dans lesquels la notion de justice est en rapport de manière quelconque avec
Dieu, que l'on parle de la justice de Dieu en elle-même ou de l'activité de Dieu et de ses effets.

a) Dieu (le Christ) ou son activité, sujet direct ou objet de justice

aa) La forme nominale de la notion de justice

Dans le Nouveau Testament, δικαιοσύνη apparaît 88 fois. Dieu
est le sujet formel direct 21 fois : Mt 3,15; 5,6.10; 6,33; 21,32;
Jn 16,8.10; 17,31; Rm 1,17; 3,5.21.22.25.26; 10,3; 1 Co 1,30; 2 Co

5,21; Ph 3,9; Jc 1,20; 2 P 1,1. En Mt 3,15, l'objet n'est pas évident
directement. Jésus justifie sa décision de se faire baptiser par
Jean : "Laisse faire pour l'instant : car c'est ainsi qu'il nous convient d'accomplir toute justice (πληρῶσαι πᾶσαν δικαιοσύνην)".
De quelle justice s'agit-il là ? Pense-t-on à la justice qui est le
devoir de l'homme ou à la justice salvifique de Dieu ? Les deux hypothèses sont possibles; aussi, les exégètes adoptent-ils des opinions
différentes (41).

On trouve une situation semblable en ce qui concerne l'interprétation de la quatrième béatitude (Mt 5,6) : "Heureux les affamés et
assoiffés de justice, car ils seront rassasiés". Avec les mêmes raisons, on peut penser à la justice de Dieu ou à la justice humaine.
Si la justice de Dieu est en question, les "affamés et assoiffés de
la justice" sont ceux qui désirent la révélation ou bien l'affirmation du projet salvifique de Dieu et de ses biens. S'il s'agit de la
justice humaine, la tendance vers la vérité sotériologique intégrale
de Dieu est accentuée (42). Cette ouverture fondamentale de la béatitude sur les deux sens est surtout en faveur de la corrélation
entre la justice de Dieu et la justice humaine. Cette constatation
est-elle également valable pour la huitième béatitude (Mt 5,10) ?
Le texte est le suivant : "Heureux les persécutés pour la justice,
car le Royaume des Cieux est à eux". Il semble plus probable qu'on
pense là directement à la justice humaine, qui peut d'ailleurs n'être
rien d'autre que l'implantation intégrale de l'homme dans la justice
de Dieu. Donc, même ici, on ne peut rien sans la justice de Dieu. La
persécution pour la "justice" signifie très vraisemblablement la persécution de ceux qui prennent vraiment en considération les mesures
de la justice de Dieu, c'est-à-dire le gouvernement de Dieu dans le
monde et dans la vie personnelle (43).

En Mt 6,33, cet idéal ressort sous forme d'impératif : "Cherchez
d'abord le Royaume de Dieu (τὴν βασιλείαν τοῦ Θεοῦ) et sa justice
(τὴν δικαιοσύνην αὐτοῦ) et tout cela vous sera donné par surcroît".
Le pronom αὐτοῦ se rapporte à Dieu, non pas au Royaume. On est devant
le parallélisme : le Royaume de Dieu // la justice de Dieu. Celui qui
recherche le Royaume de Dieu, c'est-à-dire la justice de Dieu, place

la domination souveraine de Dieu sur le monde au-dessus de tout.
Cela signifie en même temps qu'il soumet complètement sa propre volonté et ses soucis à la volonté de Dieu et à sa providence. C'est en
cela que réside tout le mystère de la justice humaine devant Dieu.
Le verbe "chercher" nous montre que dans la phrase, l'accent est mis
sur la justice de Dieu et sur la justice humaine qui sont deux données corrélatives (44).

Mt 21,31-32 cite les paroles de Jésus : "En vérité, je vous le
dis, les publicains et les prostituées arrivent avant vous au Royaume
de Dieu. En effet, Jean est venu à vous dans la voie de la justice
(ἐν ὁδῷ δικαιοσύνης), et vous n'avez pas cru en lui; les publicains,
eux, et les prostituées ont cru en lui ...". Dans l'expression "dans
la voie de la justice" on peut comprendre pour des raisons fondées,
à la fois la justice de Dieu et la justice humaine. La voie de la
justice de Dieu, qui peut définir l'entière providence insaisissable
de Dieu et tout le paradoxe du projet du salut de Dieu, exige une
foi différente de l'assurance que donne la lettre de la loi; c'est
pourquoi on comprend que les chefs juifs n'aient pas cru en une telle
voie. Si, dans la phrase, on pense à la voie de la justice de Dieu,
il s'agit nécessairement du rapport avec la justice de Dieu. Jean
représente le type de l'homme juste, qui soumet complètement toute
sa pensée et son activité aux mesures de la justice de Dieu qui nous
dépassent.

Si on compare la déclaration sur la justice dans l'évangile
selon Saint Matthieu avec les affirmations et les promesses sur la
justice de Dieu dans la Bible hébraïque, on ne peut pas parler de
différences en ce qui concerne le sens fondamental. La différence
existe seulement dans la manière de s'exprimer. Dans la Bible hébraïque, le substantif "justice" exprime la manifestation, l'annonce, la
confession ou la promesse de la justice salvifique de Dieu, pour
l'annonce de la fidélité de Dieu. L'homme est celui qui la reçoit,
si l'on suppose que lui-même est "juste". Dans l'évangile selon saint
Matthieu, l'homme est confronté au devoir ou à l'idéal de découvrir
la justice de Dieu. Ainsi, chez Matthieu, ressort dans sa plénitude
la corrélation entre la justice de Dieu et la justice de l'homme (45).

Les deux aspects restent ouverts à l'horizon infini et indéfini de
la notion de justice dans la Bible hébraïque. C'est pourquoi, dans
la recherche du sens, il n'est pas nécessaire de s'appuyer ni sur la
littérature contemporaine juive, ni sur Paul. A sa manière, l'horizon
de la notion de justice chez Matthieu est plus large, car il l'emploie dans le sens le plus général et non différencié; Paul, en
revanche, le différencie avec la perspective expressément christologique (46). Matthieu en reste encore à la question de principe la
plus stricte : en quoi consiste la nature de la justice de Dieu et
quel devrait être le rapport de l'homme vis-à-vis d'elle ? L'aspect
christologique ne ressort qu'implicitement.

Dans les autres évangiles, on ne peut prendre en considération
que le texte de Jn 16,8-11. Il est vrai que, chez Jean, la notion de
justice apparaît encore sous la forme adjectivale (5,30; 7,24; 17,25).
16,8-11 fait partie de la promesse de Jésus sur le Consolateur : "Et
lui, une fois venu, il établira la culpabilité du monde en fait de
péché (άμαρτία), en fait de justice (δικαιοσύνη) et en fait de jugement (κρίσις) : de péché, parce qu'ils ne croient pas en moi; de justice, parce que je vais vers le Père et que vous ne me verrez plus;
de jugement, parce que le Prince de ce monde est jugé". Pour pouvoir
établir le sens de la notion de justice, il est décisif de voir que
δικαιοσύνη est en relation antithétique avec άμαρτία et κρίσις.
De ce fait, il est évident qu'elle n'a aucun lien direct avec le jugement. Seuls ceux qui sont dans le péché seront jugés, parce qu'ils
ne croient pas dans les mesures divines de la justice transmises au
monde par le Christ. Au contraire δικαιοσύνη désigne le grand triomphe
de Jésus auprès du Père, c'est-à-dire la reconnaissance complète de
la rectitude de sa doctrine et de son activité en opposition avec les
mesures du monde. Donc, le sens de la notion de justice est le même
que dans tous les exemples, quand on parle de "justification" des
justes en conflit avec les injustes dans la Bible hébraïque (47).

Dans les Actes, la notion de justice de Dieu se retrouve en 17,31.
Ce verset fait partie du sermon de Paul à l'Aréopage d'Athènes et il
dit ceci : "... Il (Dieu) a fixé un jour pour juger l'univers avec
justice (μέλλει κρίνειν οίκουμένην έν δικαιοσύνη), par un homme qu'il y

a destiné, offrant à tous une garantie en le ressuscitant des morts".
Le texte rappelle fortement les Ps 9,9; 96,13; 98,9. Dans le discours de Paul, comme dans ces psaumes, on ne parle pas du jugement
selon la justice stricte comme d'aucuns le pensent (48). Dans le contexte en question, cela est évident surtout à partir de la mention
de la résurrection et à partir de l'accent mis sur la pénitence dans
le verset précédent (v. 30) : Dieu fait savoir aux hommes "d'avoir tous
et partout à se repentir" car le jugement de Dieu "avec justice"
signifie la promesse du salut pour tous ceux qui sont fidèles à Dieu.
La limitation de la justice salvifique de Dieu seulement aux justes
montre implicitement quel doit être le sort de ceux qui ne se conver-
tissent pas : les fruits du salut du Christ leur seront refusés.

Dans les épîtres de Paul, c'est justement la notion de la justice
de Dieu qui joue le rôle le plus important. Paul emploie même un certain nombre de fois la formule caractéristique δικαιοσύνη θεοῦ (αὐτοῦ)
ou bien θεοῦ δικαιοσύνη : Rm 1,17; 3,5.21.22.25.26; 10,3; 1 Co 1,30; 2
Co 5,21; Ph 3,9. Une formule analogue n'apparaît dans la Bible hébraïque qu'en Dt 33,21, au singulier, et en Jg 5,11; 1 S 12,7; Mi 6,5;
Ps 103, 6, au pluriel. Mais elle apparaît aussi dans la littérature
juive post-biblique (49). Le contexte des déclarations de Paul sur
la justice de Dieu nous montre que la même formule n'envisage pas partout le même aspect de la justice de Dieu. La différence la plus évidente consiste dans le fait que la formule exprime un certain nombre
de fois la justice de Dieu en tant que telle, un certain nombre de fois,
au contraire, elle exprime les fruits de la justice de Dieu destinés
à l'homme.

En Rm 1,17, il est question de la révélation de la justice de
Dieu dans l'évangile que Paul annonce. La formule désigne donc l'oeuvre rédemptrice du Christ pour la race humaine. En principe, il est
possible de voir ici la justice de Dieu en elle-même comme une source
constante de dons rédempteurs pour l'homme, ou au contraire les fruits
de cette justice, que l'homme reçoit réellement. En 3,5, la signification est plus nettement définie. La constatation de Paul, que "notre
injustice met en relief la justice de Dieu", a devant les yeux la
signification hébraïque de la justice de Dieu la plus émouvante : la
miséricorde, l'indulgence, la fidélité de Dieu malgré l'infidélité
de l'homme.

En Rm 3,21-22, le contexte est différent. Il s'agit de l'antithèse la "loi" // la "foi" : si Paul souligne que l'homme reçoit la
justice de Dieu indépendamment de la loi, sur le fondement de la foi,
il pense très probablement aux fruits de la justice de Dieu, c'est-
à-dire à la justification. Quant à 3,25-26, l'aspect s'y transforme
encore. On peut constater à partir du verset 26, que les deux aspects
de la justice sont représentés : "Il voulait montrer sa justice au
temps présent, afin d'être juste et de justifier celui qui se réclame
de la foi en Jésus" (50). Au contraire en 10,3 on ne ressent que l'aspect de la justice de Dieu en tant que telle. Paul constate que les
Juifs voulaient affirmer leur justice, parce qu'ils ne comprenaient
pas la nature même de la justice de Dieu (51).

En 1 Co 1,30, on pense très vraisemblablement au don de la justice que l'homme reçoit par la foi au Christ. On pourrait dire presque
la même chose de 2 Co 5,21 (52). En Ph 3,9 on trouve encore l'antithèse : la justice venant de la loi // la justice venant de la foi; la
justice, qui vient de Dieu (ἐκ θεοῦ) et suppose la foi, ne peut être
que le don de la justification.

L'exégèse contemporaine nous offre une bibliographie immense en
ce qui concerne la formule δικαιοσύνη θεοῦ. Le point de controverse
concerne le sens du génitif θεοῦ : la justice propre à Dieu (genetivus
subjectivus) ou la justice des croyants, c'est-à-dire des chrétiens.
Si le génitif désigne la justice des chrétiens, on peut évoquer soit
l'origine de la justice venant de Dieu, soit sa valeur devant Dieu (genetivus objectivus/relationis). E. Käsemann a opté expressément pour
l'interprétation qui veut que la formule définisse la justice de Dieu
en elle-même, c'est-à-dire la force de Dieu et sa fidélité (53). Il a
ainsi provoqué un vif débat, toujours d'actualité dans l'exégèse récente. R. Bultmann était le premier à opter pour la position opposée et il
a été, de son côté, à l'origine d'un débat mouvementé (54). Les échos
suscités par les deux provocations confirment l'impression que l'extrémisme n'est pas justifié ni dans un sens ni dans l'autre. En réalité,
la formule ne confirme pas toujours ni la première, ni la seconde
position. Il faut donc considérer le contexte et l'étendue de la signification de la notion de justice en elle-même. Enfin, les deux aspects
du sens ne sont pas opposés, mais corrélatifs. C'est pourquoi il est
même possible que, certaines fois, dans le même contexte soient

représentés les deux aspects (55).

Quel est le sens de la justice de Dieu en Jc 1,20 et 2 P 1,1 ?
Saint Jacques dit que "la colère de l'homme n'accomplit pas la justice
de Dieu". Cette constatation peut nous conduire à la conclusion qu'il
pense à la justice de Dieu comme mesure de la justice humaine. Puisque
l'essence de la justice de Dieu est la bonté et la fidélité, toute
conduite de l'homme qui s'oppose à sa nature exclusivement positive
est pour lui inacceptable. Le 2e Epître de Pierre nous apporte un
aspect un peu différent. Le texte dit : "Syméon Pierre, serviteur et
apôtre de Jésus Christ, à ceux qui ont reçu par la justice de notre
Dieu (ἐν δικαιοσύνῃ τοῦ θεοῦ) et Sauveur Jésus Christ une foi d'un
aussi grand prix que la nôtre ...". Il est donc question ici de la
justice rédemptrice du Christ. Puisque la déclaration est très générale et le sens de la justice large comme est large le sens de la
bonté et de la fidélité de Dieu, il n'y a pas de raison de limiter
sa signification par des essais de plus grande différenciation ou con-
crétisation.

bb) La forme adjectivale de la notion de justice

Dans le Nouveau Testament, la forme adjectivale n'est qu'un peu
moins représentée que la forme nominale. Elle apparaît 76 fois. La
plupart du temps, elle renvoie à la justice humaine, 19 fois au contraire le sujet est Dieu lui-même ou le Christ : Jn 5,30; 17,25; Ac
3,14; 4,19; 7,52; 22,14; Rm 3,26; 2 Th 1,5.6; Tm 4,8; 1 P 3,18; 1
Jn 1,9; 2,1.29; 3,7; Ap 15,3; 16,5.7; 19,2. Si Dieu ou le Christ est
directement envisagé par δίκαιος (Jn 17,2.5; Ac 3,14; 7,52; 22,14;
Rm 3,26; 1 P 3,18; 1 Jn 1,9; 2,1.29; 3,7; Ap 16,5), à plusieurs reprises, il n'est pas possible de savoir avec certitude quel est la signification et l'étendue du sens de cette notion. Il semble que les
auteurs supposent le sens fondamental de cette notion, qui lie la
fidélité de Dieu, la rectitude de son action et la miséricorde, bref,
la synthèse de tout ce qui désigne la notion de justice de Dieu (56).
Si elle définit "le jugement" (κρίσις), on se demande si on ne pense
pas au jugement selon le principe de la justice stricte.

En Jn 5,30, on peut lire les paroles de Jésus : "Je ne puis rien
faire de moi-même. Je juge selon ce que j'entends : et mon jugement
est juste (ἡ κρίσις ἡ ἐμὴ δικαία ἐστίν), parce que je ne cherche
pas ma volonté, mais la volonté de celui qui m'a envoyé". Au verset
précédent (v. 29) d'ailleurs, on parle du jugement dernier. Cependant
il semble qu'au verset 30,Jésus ne pense pas au jugement selon la
justice stricte, mais à la rectitude générale de toute son activité,
qui, en revanche, inclut aussi le jugement de Dieu sur les justes et
les injustes. A partir d'un contexte plus large, il apparaît évident
que l'accent capital est mis sur l'accord du pouvoir de Jésus, de ses
décisions et de son activité avec la force et la volonté du Père. Et
même si on ne l'interprétait qu'en rapport avec le verset 29, la réduction de la notion de justice à l'exigence de la justice stricte ne
serait pas justifiée. Le sens des paroles de Jésus n'est pas exactement: "La justice de mon jugement consiste dans le fait que chacun
reçoit ce qu'il mérite", mais : "Mes décisions sont justes quand a
lieu le jugement des justes et des injustes". La notion de justice a
donc la même signification que le gouvernement de Dieu sur le monde
entier. Puisque le gouvernement de Dieu est toujours et en tous sens
irréprochable, il ne peut en être autrement en cas de justice stricte,
qui est parfois inévitable.

Il semble que Ap 16,5-7 confirme tout à fait une telle compréhension de la notion du "jugement" de Dieu. Le texte est le suivant :

Tu es juste (δίκαιος εἶ), "Il est et Il était", le Saint,
d'avoir ainsi châtié; c'est le sang des saints et des prophètes
qu'ils ont versé, c'est donc du sang que tu leur as fait boire,
ils le méritent ! Et j'entendis l'autel dire : "Oui, Seigneur,
Dieu Maître-de-tout, tes châtiments sont vrais et justes
(ἀληθιναὶ καὶ δίκαιαι αἱ κρίσεις σου)".

Cette confession retentit comme l'accomplissement de l'exigence en
6,10 : "Jusques à quand, Maître saint et vrai, tarderas-tu à faire
justice, à tirer vengeance de notre sang sur les habitants de la terre?" Cependant,il faut considérer qu'en 6,10 le mot "juste" n'apparaît pas comme en 16,7. Il est aussi important que la confession, en

16,7 reflète la situation <u>post factum</u> et qu'elle ait donc le caractère
d'apologie de la justice de Dieu. "La vengeance" était accomplie,
mais elle ne remet nullement en question la justice de Dieu, car les
injustes avaient bien mérité le châtiment.

En Ap 19,1-2, on trouve un texte assez semblable au texte de Ap
16,6-7. En Ap 15,3, au contraire il y a une doxologie parfaitement
positive du Seigneur de l'univers avec la définition suivante : "Justes
et droites sont tes voies, ô Roi des nations" (cf. Ps 145,17 dans la
Septante). Il est évident que la notion de justice désigne ici le gouvernement universel salvifique de Dieu (57).

Que signifie la notion de justice en 2 Th 1,5-6 ? Le texte est
le suivant :

> Par là se manifeste le juste jugement de Dieu (ἔνδειγμα τῆς
> δικαίας κρίσεως τοῦ θεοῦ), où vous serez trouvés dignes du Royau-
> me de Dieu pour lequel vous souffrez vous aussi. Car ce sera
> bien l'effet de la justice de Dieu de rendre (εἴπερ δίκαιον
> παρὰ θεῷ ἀνταποδοῦναι) la tribulation à ceux qui vous l'in-
> fligent.

Pour les exégètes presque sans exception "le juste jugement" et "l'effet de la justice de Dieu" sont équivalents au principe de justice
stricte ce qui est exprimé aux versets 6-7 (58). Mais, en vérité, le
texte parle plus en faveur du sens biblique habituel de cette notion.
Au verset 5, on parle du "juste jugement de Dieu" dans le sens exclusivement positif, en relation avec les fidèles opprimés. Le "juste
jugement de Dieu" consiste dans le fait que Dieu prend parti pour
les siens qui souffrent. Mis à part la façon d'interpréter la forme
conditionnelle de la déclaration εἴπερ δίκαιον παρὰ θεῷ ..., le verset 6 ne résonne pas comme une déclaration du principe de la justice
stricte de Dieu. Paul n'exprime que son opinion ou conviction sur ce
que devrait être le sort de ses contemporains. Il lui semble juste,
convenable, que Dieu sauve à l'occasion ses fidèles opprimés, en se
comportant selon le principe de la justice stricte. En procédant de
la sorte, Paul s'est considérablement exposé. Si les exégètes ont
raison qui pensent que la forme conditionnelle, en vérité, n'exprime

pas la condition, mais la certitude, l'avènement indubitable du jugement et de la rétribution, alors Paul se trouve en conflit avec le
postulat de la liberté de Dieu. Mais si on considère réellement la forme conditionnelle, comme déjà dans la Vulgate (59), la déclaration de
Paul apparaît appropriée, car il tient compte avec le même sérieux
du postulat sur la rétribution et de la liberté de Dieu, qui est au-
dessus de ce postulat. Que δίκαιον au verset 6 ne désigne pas la justice de Dieu elle-même, mais seulement la délibération humaine en ce
qui concerne la rectitude devant Dieu, c'est là ce que nous montre
finalement aussi la forme semblable de la déclaration en Ac 4,19 qui
dit : "S'il est juste aux yeux de Dieu (εἰ δίκαιόν ἐστιν ἐνώπιον τοῦ
θεοῦ) de vous obéir plutôt qu'à Dieu, à vous d'en juger".

Que nous montre le texte en 2 Tm 4,6-8 ? Paul dit :

Quant à moi, je suis déjà répandu en libation et le moment de mon
départ est venu. J'ai combattu jusqu'au bout le bon combat, j'ai
achevé ma course, j'ai gardé la foi. Et maintenant, voici qu'est
préparée pour moi la couronne de justice (ὁ τῆς δικαιοσύνης στέφα-
νος) qu'en retour le Seigneur me donnera en ce Jour-là, lui, le
juste Juge (ὁ δίκαιος κριτής), et non seulement à moi mais à tous
ceux qui auront attendu avec amour son Apparition.

Paul parle du règlement de compte définitif auprès de Dieu. Tout cela
peut nous rappeler le jugement dernier. Cependant Paul n'en conclut
pas pour autant que la "couronne de justice" signifie la rétribution
juste pour les mérites. Il est parfaitement clair que la "couronne de
justice" n'est rien d'autre que le don immérité de la rédemption, qui,
en revanche, peut être acquis seulement par ceux qui croient et qui,
par leur vie, témoignent leur fidélité. Il s'ensuit que le "juste
Juge" est celui qui gouverne l'univers, qui fait don à tous les justes de sa propre bonté et gouverne en général le monde selon le principe du salut.

cc) Les formes verbales de la notion de justice

Dans le Nouveau Testament, les formes verbales de la notion de
justice apparaissent 36 fois. Elles y sont représentées sous formes
active et passive. Dans chaque cas, il s'agit de la "justification".

Quand la forme active est employée, le sujet est soit Dieu soit l'homme, et l'objet également soit Dieu soit l'homme. Les déclarations
selon lesquelles Dieu "justifie" l'homme y prédominent. Mais, une
fois, c'est l'homme qui "justifie" Dieu (Lc 7,29) et 2 fois il se
"justifie" lui-même (Lc 10,29; 16,15). Quand la forme passive apparaît, elle peut signifier que l'homme est justifié par Dieu. La plupart des passages avec la forme passive sont de ce genre. Dans deux
cas seulement, le "justifié" est Dieu ou bien sa sagesse (Mt 11,19;
Lc 7,35). Nous ne sommes intéressés ici que par les passages dans
lesquels on parle de "justification" de Dieu ou du Christ à la forme
active ou passive, c'est-à-dire Mt 11,19; Lc 7,29.35; Rm 3,4; 1 Tm
3,16.

Mt 11,19 et Lc 7,35 sont des textes parallèles. Cependant il y
a entre eux une différence considérable. Chez Matthieu, on dit :
καὶ ἐδικαιώθη ἡ σοφία ἀπὸ τῶν ἔργων αὐτῆς - "Et la Sagesse a été justifiée par ses oeuvres". Chez Luc, le texte diffère : καὶ ἐδικαιώθη ἡ
σοφία ἀπὸ τούτων τῶν τέκνων αὐτῆς - "Et la Sagesse a été justifiée par
tous ses enfants".

En principe, on peut voir dans la Sagesse des deux textes soit
la sagesse humaine, soit la sagesse de Dieu. Si l'on pense à la sagesse humaine, le texte, dans son contexte, acquiert inévitablement une
nuance ironique. Cependant, il paraît plus vraisemblable qu'il s'agit
de la Sagesse de Dieu confirmée chez Matthieu par ses propres oeuvres
et chez Luc par tous ses enfants. La Sagesse de Dieu est le dessein
du salut de Dieu, qui heurte la majorité, mais qui est accepté par
quelques-uns, ouverts à la vérité et reconnaissant sa rectitude (60).

Lc 7,29-30 est une unité dans laquelle la notion de justice apparaît sous une forme active : "Tout le peuple qui a écouté et même
les publicains, ont justifié Dieu (ἐδικαίωσαν τὸν θεόν), en se
faisant baptiser du baptême de Jean; mais les Pharisiens et les lé-
gistes ont annulé pour eux le dessein de Dieu en ne se faisant pas
baptiser par lui". L'antithèse nous montre tout à fait clairement qu'il
s'agit ici de la question fondamentale de la foi ou bien de l'incroyance. "Tous les peuples ont justifié Dieu" signifie donc qu'ils ont recon-

nu la rectitude de la présentation par Jésus du projet salvifique de Dieu (61).

En Rm 3,4b il y a une traduction un peu arrangée de Ps 51,6 : "Afin que tu sois justifié (ὅπως ἄν δικαιωθῆς) dans tes paroles, et triomphes si l'on te met en jugement". Comme dans les psaumes, on accentue ici aussi la rectitude incontestable de la conduite de Dieu envers l'homme, à l'opposé justement de l'injustice de l'homme (62). Quant à 1 Tm 3,16, Paul y parle de Jésus sous l'aspect de la manifestation dans la chair et de la justification dans l'Esprit (ἐδικαιώθη ἐν πνεύματι). La justification dans l'Esprit est très probablement l'allusion à la résurrection de Jésus (63). Mais elle peut désigner aussi le caractère intégral de la doctrine de Jésus et de son activité, en harmonie avec le principe de la non-appartenance de son Royaume à ce monde.

b) La justification et les fruits de la justice de Dieu

En essayant de résumer les constatations du premier chapitre, il faut souligner qu'entre l'Ancien et le Nouveau Testament, il n'y a pas de différence essentielle, quand on parle de la justice de Dieu en elle-même, bien que, dans le Nouveau Testament, le sujet soit parfois le Christ. Il s'agit toujours de la révélation du dessein salvifique de Dieu qui est assez souvent en opposition avec l'affirmation de l'orgueil de l'homme. La rédemption de Dieu ne s'adresse qu'aux justes et reflète surtout la fidélité de Dieu. L'aspect de la rectitude du dessein de Dieu et de sa conduite envers l'homme y est aussi fortement représenté.

Après tout cela l'attention est suscitée par les textes dans lesquels on parle directement de la justice humaine qui a en vérité le caractère de la justice de Dieu. Cela est valable surtout pour la théologie de Paul sur la justification de l'homme par la foi. Le refus conséquent de l'alternative juive classique, de la justification par les oeuvres de la loi, souligne d'une manière particulièrement claire que la justification de l'homme est, au sens plein du mot, le don de la justice rédemptrice de Dieu, qui se révèle dans le sacrifice du

Christ sur la croix.

aa) La forme nominale de la notion de justice

Il faut d'abord mentionner la formule λογίζεσθαι (εἰς) δικαιοσύνην - "compter comme justice" (Rm 4,3.5.9.11.22; Ga 3,6; Jc 2,23).
L'exemple de la foi d'Abraham sert à illustrer le principe selon lequel
pour chaque homme on ne compte comme justice que sa foi et non pas ses
mérites dans l'accomplissement des obligations de la loi. Le même principe est exprimé plusieurs fois encore dans d'autres expressions semblables. De fait, ce n'est point par l'intermédiaire d'une loi qu'agit
la promesse faite à Abraham ou à sa descendance de recevoir le monde
en héritage, mais par le moyen de la justice de la foi (διὰ δικαιοσύνης πίστεως)" (Rm 4,13); "Si, en effet, par la faute d'un seul,
la mort a régné du fait de ce seul homme, combien plus ceux qui reçoi-
vent avec profusion la grâce et le don de la justice (τῆς χάριτος
καὶ τῆς δωρεᾶς τῆς δικαιοσύνης) règneront-ils dans la vie par le seul
Jésus-Christ" (Rm 5,17); le péché conduit à la mort, l'obéissance à
la justice (Rm 6,16); si le Christ est en l'homme, l'Esprit est "vie
en raison de la justice" (Rm 8,10); les païens ont atteint la justice
par la foi, tandis qu'en Israël, c'est l'inverse (Rm 9,30-32); la justice est obtenue par celui qui croit (Rm 10,4.6.10); le ministère qui
conduit à la justice est magnifique (2 Co 3,9); "... si la justice
vient de la Loi, c'est donc que le Christ est mort pour rien" (Ga 2,21);
"... En effet, si nous avait été donnée une loi capable de communiquer
la vie, alors vraiment la justice procèderait de la Loi" (Ga 3,21);
"C'est l'Esprit qui nous fait attendre de la foi les biens qu'espère
la justice" (Ga 5,5); l'Homme Nouveau est revêtu dans la justice et
la sainteté de la vérité (Ep 4,24); les chrétiens devraient être re-
vêtus de "la justice pour cuirasse" (Ep 6,14); les fruits de la justice
par Jésus-Christ (Ph 1,11); "... n'ayant plus ma justice à moi, celle
qui vient de la Loi, mais la justice par la foi au Christ, celle qui
vient de Dieu et s'appuie sur la foi" (Ph 3,9); Paul attend la "couronne de justice" (2 Tm 4,8); par la foi Noé "condamna le monde et
il devint héritier de la justice qui s'obtient par la foi" (He 11,7);
"Ce sont de nouveaux cieux et une terre nouvelle que nous attendons

selon sa promesse, où la justice habitera" (2 P 3,13).

Dans tous les textes cités, le mot δικαιοσύνη est traduit par "justice" ou "justification". Mai il existe en outre quelques passages où l'on trouve les mots δικαίωμα et δικαίωσις: "... le jugement venant après un seul péché aboutit à une condamnation, l'oeuvre de grâce à la suite d'un grand nombre de fautes aboutit à une justification (δικαίωμα)" (Rm 5,16); "Ainsi donc, comme la faute d'un seul a entraîné sur tous les hommes une condamnation, de même l'oeuvre de justice (δικαίωμα) d'un seul procure à tous une justification (δικαίωσις) qui donne la vie" (Rm 5,18); le Christ a été "livré pour nos fautes et ressuscité pour notre justification (δικαίωσις)" (Rm 4,25). En Rm 8,4, on parle aussi de "précepte de la loi" (δικαίωμα τοῦ νόμου). A partir de ces textes, il paraît évident que δικαίωμα n'a pas toujours le même sens.

bb) Les formes verbales de la notion de justice

Les formes verbales sont tantôt à la forme active tantôt à la forme passive. Quand il s'agit de la forme active, le sujet est Dieu ou bien l'auteur de la justification, tandis que l'homme est l'objet. A la forme passive, il est habituellement expressément dit que l'homme est "justifié", tandis que le contexte nous montre que l'auteur de la justification est exclusivement Dieu. Dans la plupart des cas, on parle positivement de la justification : on ne peut atteindre la justification que par la foi. Mais un certain nombre de fois apparaissent des déclarations négatives selon lesquelles l'homme ne peut être justifié en se fondant sur les oeuvres de la loi. L'opposition paulinienne : justification par la foi // justification par les oeuvres (par la loi) a pu facilement devenir la source d'exclusivisme dans l'interprétation de la justification par la foi. Il est possible de distinguer à travers la remarque de Jacques que la foi sans les oeuvres est morte, qu'un tel exclusivisme est apparu dès l'époque des apôtres.

On trouve le premier exemple de la forme verbale de la notion de justice en Mt 12,37 : "Car c'est d'après tes paroles que tu seras justifié (δικαιωθήσῃ) et c'est d'après tes paroles que tu seras condamné (καταδικασθήσῃ)". Matthieu relie cette déclaration au "Jour du

Jugement" (v. 36). Cependant, il ne parle pas de rétribution ni de punition, mais il en reste à l'antithèse hébraïque caractéristique "justification" // "condamnation", qui nous montre que seuls ceux qui sont reconnus par Dieu comme "justes", peuvent bénéficier des biens rédempteurs de Dieu. Dans la parole sur la prière du Pharisien et du publicain, la démarche de Luc est très semblable, quand il conclut (18,14) : "Je vous le dis : ce dernier (le publicain) descendit chez lui justifié (δεδικαιωμένος), l'autre non. Car tout homme qui s'élève sera abaissé, mais celui qui s'abaisse sera élevé". Luc nous montre ici, par quels moyens Dieu reconnaît ou bien refuse la justice. Ces mesures sont inévitablement en opposition avec les mesures humaines "objectives" de justice (64).

En Ac 13,38-39, on trouve un fragment du discours de Paul à la synagogue d'Antioche : "Sachez-le donc, frères, c'est par lui que la rémission des péchés vous est annoncée. L'entière justification que vous n'avez pas pu obtenir (οὐκ ἠδυνήθητε ... δικαιωθῆναι) par la Loi de Moïse, c'est par lui que quiconque croit l'obtient (ἐν τούτῳ πᾶς ὁ πιστεύων δικαιοῦται)". Ici ressort déjà complètement l'antithèse de Paul la "Loi" // la "foi", qui est si caractéristique dans les épîtres de Paul. On lit dans l'épître aux Romains : "Ce ne sont pas les auditeurs de la Loi qui sont justes (δίκαιοι) devant Dieu, mais les observateurs de la Loi qui seront justifiés (δικαιωθήσονται)" (2,13); personne ne sera justifié (οὐ δικαιωθήσεται) devant Dieu par la pratique de la Loi (3,20); tous ceux qui croient sont justifiés gratuitement (δικαιούμενοι δωρεάν) (3,24); Dieu "voulait montrer sa justice au temps présent, afin d'être juste et de justifier (δικαιοῦντα) celui qui se réclame de la foi en Jésus" (3,26); "Car nous estimons que l'homme est justifié par la foi (λογιζόμεθα γὰρ δικαιοῦσθαι πίστει ἄνθρωπον) sans la pratique de la Loi" (3,28); "Puisqu'il n'y a qu'un seul Dieu qui justifiera (δικαιώσει) les circoncis en vertu de la foi comme les incirconcis par le moyen de la foi" (3,30); "Si Abraham tint sa justice (ἐδικαιώθη) des oeuvres, il a de quoi se glorifier ..." (4,2); "Mais à qui, au lieu de travailler, croit en celui qui justifie l'impie (τὸν δικαιοῦντα τὸν ἀσεβῆ), on compte sa foi comme justice" (4,5); "Ayant donc reçu notre justifica-

tion (δικαιωθέντες) de la foi, nous sommes en paix avec Dieu ..."
(5,1); "Combien plus, maintenant justifiés (δικαιωθέντες) dans šon
sang, serons-nous par lui sauvés de la colère" (5,9); "Comme en effet
par la désobéissance d'un seul homme la multitude a été constituée
pécheresse (ἁμαρτωλοὶ κατεστάθησαν), ainsi par l'obéissance d'un
seul la multitude sera-t-elle constituée juste (δίκαιοι κατασταθή-
σονται)" (5,19); "Car celui qui est mort est affranchi du péché
(δεδικαίωται ἀπὸ τῆς ἁμαρτίας)" (6,7); "Ceux qu'il a appelés, il
les a aussi justifiés (ἐδικαίωσεν); ceux qu'il a justifiés , il les
a aussi glorifiés" (8,30); "Qui se fera l'accusateur (ἐγκαλέσει)
de ceux que Dieu a élus ? C'est Dieu qui justifie (θεὸς ὁ δικαιῶν)"
(8,33).

Dans la première épître aux Corinthiens, on trouve deux exemples.
En 4,4, Paul dit : "Ma conscience, il est vrai, ne me reproche rien,
mais je n'en suis pas justifié (δεδικαίωμαι) pour autant; mon juge,
c'est le Seigneur". Cela est une expression singulière de la conviction que la "justification" de l'homme est le don de la justice de
Dieu, de quelque point de vue qu'on le juge. L'homme ne peut pas et
il ne doit pas compter sur ses oeuvres ou sur ses qualités. Cette conscience lui dicte en 6,11 l'allocution aux Corinthiens : "... mais vous
vous êtes lavés, mais vous avez été sanctifiés, mais vous avez été
justifiés (ἐδικαιώθητε) par le nom du Seigneur Jésus Christ et par
l'Esprit de notre Dieu".

Dans l'épître aux Galates, on trouve des déclarations très semblables : "Nous sommes, nous, des Juifs de naissance et non de ces
pécheurs de païens; et cependant, sachant que l'homme n'est pas justifié (οὐ δικαιοῦται ἄνθρωπος) par le pratique de la Loi, mais seulement par la foi en Jésus-Christ, nous avons cru, nous aussi, au Christ
Jésus, afin d'obtenir la justification (ἵνα δικαιωθῶμεν) par la
foi en Christ et non par la pratique de la Loi, puisque par la pratique de la Loi personne ne sera justifié (οὐ δικαιωθήσεται πᾶσα
σάρξ). Or si, recherchant notre justification (εἰ δὲ ζητοῦντες δικαιωθῆναι) dans le Christ, il s'est trouvé que nous sommes des pécheurs
comme les autres, serait-ce que le Christ est au service du péché ?
Certes non !" (2,15-17); "Et l'Ecriture, prévoyant que Dieu justifie-

rait les païens par la foi (ὅτι ἐκ πίστεως δικαιοῖ τὰ ἔθνη ὁ θεός),
annonça d'avance à Abraham cette bonne nouvelle : En toi seront bénies
toutes les nations" (3,8); la Loi ne peut justifier personne (ἐν νόμῳ
οὐδεὶς δικαιοῦται) devant Dieu (3,11); la Loi "nous servit-elle de péda-
gogue jusqu'au Christ, pour que nous obtenions de la foi notre justification (ἵνα ἐκ πίστεως δικαιωθῶμεν)" (3,24); "Vous avez rompu avec
le Christ, vous qui cherchez la justice dans la Loi (οὕτινες ἐν νόμῳ
δικαιοῦσθε); vous êtes déchus de la grâce" (5,4).

Dans l'épître à Tite, il y a une antithèse en 3,4-7 : "Dieu ne nous
a pas sauvés en raison des oeuvres que nous aurions faites dans la
justice (ἐν δικαιοσύνῃ) mais par l'Esprit Saint qu'il a répandu
sur nous à profusion, par Jésus–Christ notre sauveur, afin que, justifiés par sa grâce (ἵνα δικαιωθέντες τῇ ἐκείνου χάριτι), nous obtenions en espérance l'héritage de la vie éternelle".

Après cela, le texte de Jc 2,14-26 s'entend bien car Jacques ne
parle pas de l'opposition entre la foi et les oeuvres, mais il accentue
le lien organique entre les deux. Sa position reflète évidemment une
situation qui est complètement opposée à la situation qui a été la
cause de l'attitude de Paul à propos de la justification (65). Pour
les extrémistes qui, par une abstraction absurde sapent les fondements
de la foi, il illustre son attitude par deux exemples de l'Ancien
Testament : "Abraham, notre père, ne fut-il pas justifié (ἐδικαιώθη)
par les oeuvres quand il offrit Isaac, son fils, sur l'autel ?" (2,24);
"Vous le voyez : c'est par les oeuvres que l'homme est justifié (δικαιοῦται) et non par la foi seule" (2,24); "De même, Rahab, la
prostituée, n'est-ce pas par les oeuvres qu'elle fut justifiée
(ἐδικαιώθη) quand elle reçut les messagers et les fit partir par un
autre chemin ? Comme le corps sans l'âme est mort, de même la foi sans
les oeuvres est-elle morte" (2,25-26).

III. LA JUSTICE DE DIEU DANS LES TRADUCTIONS ET L'EXEGESE EUROPEENNES

Les traductions grecque et latine de la Bible sont d'une importance particulière pour le développement de la culture européenne. Non seulement ces deux traductions traçaient la voie aux autres traductions européennes, mais elles étaient aussi la source à laquelle traducteurs et exégètes se référaient à la place du texte original, qu'ils ne maîtrisaient pas. Les commentaires patristiques nous montrent déjà qu'il en était ainsi. Il n'y a eu que peu d'exégètes qui ont maîtrisé les textes hébraïque et araméen. Il est donc compréhensible que les traducteurs et les exégètes se soient intéressés de moins en moins au contexte des langues et des idées sémitiques. Pour interpréter les notions bibliques, ils dépendaient de la compréhension de leur époque, dans les modèles grec et latin et les autres langues européennes plus récentes. L'intérêt porté à une linguistique sérieuse était dans tous les domaines minime.

Les conséquences en ont été variées et de grande portée. Mais plus que la méconnaissance des langues originales bibliques et de la pensée sémitique, ce qui a été fatal, ce fut l'interprétation non organique du vocabulaire biblique, ne tenant pas compte du contexte. On est parvenu ainsi assez souvent à des définitions très étroites et unilatérales de la justice de Dieu, bien qu'aucune langue européenne n'y apporte le moindre fondement. Le meilleur exemple en est présenté par le commentaire d'Albert le Grand sur le Livre d'Isaïe. Dans le domaine de l'interprétation philosophique et théologique, Saint Anselme s'est surtout distingué. La notion biblique de la justice de Dieu qui se définit par la bonté de Dieu, par sa fidélité et sa miséricorde prend au Moyen Age, de plus en plus, la forme d'une justice stricte, d'une loi rétributive.

A la période de la Réforme, il n'y a eu qu'un changement partiel. Même aujourd'hui, il n'est pas rare de trouver la conviction que la notion de justice, dans les langues européennes, signifie seulement ou surtout la justice stricte. Il y a peut-être une différence seulement dans le fait que les exégètes médiévaux, dans leurs définitions,

supposaient le sens original hébraïque, tandis que les interprètes
plus récents se rendent compte de la spécificité de la notion hébraïque de justice et, pour cela, ils voient entre la langue hébraïque
et les langues européennes un abîme plus ou moins profond (66).

Les nombreuses opinions sur la justice de Dieu nous imposent le
devoir de présenter, dans un excursus, les définitions de la notion
de justice dans les principaux groupes de langues européennes, en
considérant particulièrement le sens fondamental, étymologique, de
cette notion (67). Ce n'est qu'ensuite que l'on pourra juger dans quelle mesure le sens actuel de la notion de justice correspond à la signification originelle étymologique et quelle est l'étendue de la signification de cette notion de l'origine à nos jours, quel est aussi le
rapport entre le sens original biblique et les sens correspondants dans
les traductions. L'excursus sera suivi par la dernière et la plus large critique comparative du vocabulaire sur la justice de Dieu et sur
l'interprétation de ce vocabulaire. Nous essaierons de répondre à
quelques questions fondamentales concernant la vision du monde : quel
est le rapport entre le contenu de la notion sdq et l'exigence de la
justice stricte ? Quel est le rapport entre l'Ancien et le Nouveau
Testament en ce qui concerne la notion de la justice de Dieu ? Quel
est le rapport entre la foi biblique dans la justice de Dieu et la loi
naturelle ?

Excursus

La notion de justice dans les langues européennes

Les dictionnaires étymologiques prennent comme point de départ la
forme des mots, explicitent leur sens fondamental et citent les mots dérivés. Quant aux dictionnaires généraux les plus importants, il présentent aussi le développement du sens de tous les mots dérivés et leur
étendue de signification. Les définitions considèrent pour la plupart
seulement la justice humaine; la justice de Dieu ne ressort expressis
verbis que rarement. En cherchant dans les définitions la place et la
signification de la justice de Dieu, nous pouvons nous appuyer surtout
sur le principe de l'analogie. Certes, la comparaison des présupposés

pour les notions de justice humaine et de justice divine nous montre
inévitablement qu'entre la notion de justice en Dieu et en l'homme
il y a beaucoup plus de différences que de ressemblances. Cela est surtout évident quand les définitions de la justice humaine tiennent plus
compte des normes juridiques et sociologiques que des normes existentielles et transcendantales.

Dans la Bible hébraïque, l'adjectif et le substantif représentent
presque les seules formes désignant la justice de Dieu. C'est pourquoi
nous recherchons dans les langues européennes aussi ces deux formes
de mots correspondants, utilisés dans les traductions de la Bible. Pour
illustrer l'ampleur des aspects de signification, nous citerons toutes
les définitions ou, tout au moins, les plus fondamentales prises dans
quelques dictionnaires importants.

a) La notion de justice dans la langue grecque

Les dictionnaires étymologiques nous montrent que la forme fondamentale des mots dérivés qui, dans la langue grecque, désignent la
notion de justice, est δίκη. Dans son dictionnaire étymologique de la
langue grecque, Hj. Frisk définit ainsi la signification du mot δίκη:

> Obwohl mit aind. disā (ep.) 'Richtung, Himmelsgegend' formal
> identisch, stellt δίκη eine davon unabhängige Bildung dar. Zugrun-
> de liegt wahrscheinlich ein altes Wurzelnomen, das in aind. diś-
> 'Richtung, Himmelsgegend', auch 'Weise' noch erhalten ist und
> auch in dem erstarrten lat. Ausdruck dic-is causā vermutet wird ...
> Als ursprüngliches Wurzelnomen kann δίκη ebensowohl 'die Weise-
> rin' wie 'die Weisung' heissen. Nach Kretschmer Glotta 32,2 soll
> δίκη ein altes Erbwort für 'Recht', lat. iūs, aind. (ved.) yòs
> 'Heil, Gluck' ersetzt haben. Die Beziehung dieser Wortsippe auf
> das Rechtswesen ist indessen alt und kommt auch im Latein (dicis
> causa, iūdex) und im Germanischen zum Vorschein, s. δείκνυμι,
> wo auch weitere Verwandte (68).

Le sens fondamental du mot δίκη nous fait supposer qu'il doit
y avoir le lien le plus étroit entre δίκη et le verbe δείκνυμι.
Dans le dictionnaire étymologique de P. Chantraine, on peut lire, à

la fin de l'interprétation du mot δείκνυμι :

> La racine signifiant 'montrer' s'est prêtée à des spécialisations
> diverses, cf. en grec δικεῖν et d'autre part δίκη , en latin
> dicis et dīco 'dire', etc. (69).

P. Chantraine achève l'explication du mot δίκη en disant :

> Il existe une forme athématique dans le lat. dicis causā 'à cause
> de la formule, par manière de dire' et le skr. diś . - 'direction,
> région du ciel' qui présente exactement la même forme que δίκη
> ce qui ne veut pas dire que les deux dérivés n'aient pas été
> créés indépendamment. Il apparaît ainsi que δίκη n'est pas ori-
> ginellement un terme juridique, mais la racine s'est pourtant
> prêtée à des emplois juridiques en lat. et en germ. Il est clair
> que le terme est apparenté à δείκνυμι 'montrer, désigner' ...;
> ainsi s'explique à la fois le sens général de 'manière, usage'
> et celui de 'jugement' développé dans un vocabulaire technique;
> le sens originel serait 'direction', p. -ê. aussi 'ligne mar-
> quée' ...(70).

Quel a été le développement de la notion de justice en grec classique ? En réponse à cette question, nous citerons les définitions de
la notion de justice dans le grand dictionnaire grec-anglais (71).
Pour δίκαιος,on trouve sous A : observant of custom or rule; esp. of
social rule, well-ordered, civilized; observant of duty to gods and
men, righteous (2). Sous B : equal, even, well-balanced (I); legally
exact, precise (b); law-ful, just (2); of persons and things, meet
and right, fitting (II); normal (b); real, genuine (2); the plea of
equity (3). Sous δικαιοσύνη,on trouve seulement : righteousness,
justice; fulfilment of the law (2); justice, the business of a judge
(II); Δικαιοσύνη, personified (III); name for four (IV).

A l'avènement du Christianisme, la notion grecque de la justice
acquiert quelques nouveaux aspects. Le dictionnaire patristique grec
nous offre une revue détaillée des aspects de signification de la
littérature patristique (72). Pour δίκαιος,on trouve : A. with primary
connotation of just; of God; problem discussed of how God who is
ἀγαθός καὶ δίκαιος can be said to 'harden Pharaoh's heart'; problem

of reconciling God's character as benignus with his character as justus
in respect of judgement and punishment (1); heret. distn. between
'just God' of OT and 'good God' of NT; B. with primary connotation of
righteous; of man in natural state (1) of OT saints, of prophets, of
Noah, object of Christ's teaching in Hades, his descent giving them
redemption (2); of Christ and of Noah (3); of H. Ghoast (4); of righteous angels (5); of Christians : state of being δίκαιος received from
Christ; as condition of the faithful; contrasted with that of righteous under Law; of those who live well after baptism; difficulty of
man's appearing righteous before God ; God's assistance to righteous;
reward of righteous; liability of δίκαιος to sin; troubles of righteous
(6); pagan accusation that in Christian view righteous are unaccepta-
ble to God (7); title of S. James (8); etym., of Sadducees (9); of
things (10); C. fit, meet, of persons ...

Le substantif δικαιοσύνη nous offre également une palette très
variée de significations : A. justice; in gen.; as chief of the cardi-
nal virtues; opp. divine justice (1); of God; its likeness being found
in men (2); ref. Marcion's distinction between 'just' and 'good' dei-
ties (3); B. righteousness; in gen. (1); of God (2); Christ as righteousness; Christ as δικαιοσύνη in sense of justice (3); of Christ's
righteousness justifying sinners (4); in Christ's human life (5); for
the angel of righteousness (6); in men : natural; obtained through
philosophy; through Law; sources of Christian's righteousness; God,
who gives it in return for sacrifice to him of our own righteousness;
Christ; obtained by grace through faith, as in case of Abraham; through
baptism; through fear of God; from works; depreciation of righteousness of works not implying laxity; beginning at conversion; in Christian life; of Anthony's hermitage; its relation to eternal future life;
other effect; of BMV (7); Gnost. (8); C. plur.; judgements (1); works
of righteousness, righteous deeds (2).

b) La notion de justice dans la langue latine

Les dictionnaires de la langue latine n'apportent rien d'autre
qui pourrait compléter de façon essentielle les informations déjà
citées (73). Ici, il faut surtout considérer que l'étendue de signi-

fication de la notion de justice en latin classique et en latin plus
récent est assez large. Oxford Latin Dictionary définit le mot iustitia
de cette façon : justice, fairness, equity (1); validity, adequacy (of
reasons). Pour le mot iustus, on trouve : (of actions, states, etc.).
Recognized or sanctioned by law, lawful, legitimate; dies justi, the
period of time allowed for complying with an official command; (of
persons) legally constituted or appointed (1); To which one is enti-
tled, rightful, due; (of rewards, punishments, etc.) deserved, merited
(2); (of persons) Just, fair, impartial; (of terrain) fair, i.e. not
giving the enemy an advantage (3); (of activities, etc.) Performed,
exercised, etc., in accordance with justice, just, equitable (of a
claim, case, etc.) Having good cause, justified; (of reasons, excuses)
sound, valid (5); Prescribed or appointed, proper, correct; of the
prescribed or ideal size, amount, etc., requisite for some purpose (6);
(mil.) : (of military units, etc.) At full strenth and/or fully equipped;
(of fighting) regular, formal (opp. skirmishing or sim.); (of soldiers)
in regular service; constituting a regular or organized force (7);
Justifying the name, properly so called (8); Such as one may reasonably
expect to encounter, normal, ordinary (9).

Le dictionnaire du latin médiéval de J.F. Niermeyer définit le
mot iustitia en 24 points. Sous les points 21 et 22, nous trouvons :
droiture, équité, perfection morale, charité - righteousness, equity,
moral honesty, charity (point 21); justification divine, état de grâce -
divine justification, state of grace (point 22).

c) La notion de justice dans les langues romanes

La racine latine iūs est devenue le fondement de la notion de
justice dans toutes les langues romanes. En anglais, qui distingue entre
just/justice et righteous/righteousness, le premier mot fait partie
de la tradition latine, quant au deuxième il fait partie de la tradition germanique. Les variantes des formes adjectivales et nominales
sont minimes : juste / justice, justesse (français); juste / justicia
(provençal); justo / justicia, justeza (espagnol); just / justicia
(catalan); justo / justiça, justeza (portugais); just / justice (anglais); just / justiţie (roumain); giusto / giustizia, giustezza

(italien) (74).

L'étendue de signification de la notion de justice est, dans les langues romanes, à peu près la même. Nous citons d'abord pour l'illustrer les définitions du dictionnaire de la langue française de Littré (75). L'adjectif "juste" est décrit en 16 points : Qui est conforme à la justice. Une action juste (1); Qui juge ou qui agit selon la justice, en parlant des personnes (2); Particulièrement. Qui observe exactement les devoirs de la religion. Homme juste et craignant Dieu (3); Fondé, légitime, en parlant des choses (4); Qui est exacte, qui s'ajuste bien. La juste proportion. Le juste poids (6)... Il n'est pas question de la justice de Dieu.

Dans le dictionnaire de Littré, le substantif "juste" est décrit en 14 points : Règle de ce qui est conforme au droit de chacun; volonté constante et perpétuelle de donner à chacun ce qui lui appartient (1); Terme de théologie. La justification que Dieu met dans l'âme par sa grâce. Persévérer dans la justice (2); Dans le style de l'Ecriture, observation exacte des devoirs de la religion. Marcher dans les voies de la justice. Des oeuvres de justice et de charité (3); La Justice (avec un J majuscule), divinité (4); Au plur. Justices, actes de justice (5); Le pouvoir de faire droit à chacun, de récompenser et de punir; l'exercice de ce pouvoir. La justice humaine (6); Action de reconnaître le droit de quelqu'un à quelque chose, d'accueillir sa plainte, etc. Obtenir justice. Soyez certain que justice vous sera faite (7); Action d'accorder à une personne ce qu'elle demande et qu'il est juste qu'elle obtienne (8); Bon droit, raison. Il comptait sur la justice de sa cause (9); les institutions qui concernent la justice (10-14).

Le nouveau grand dictionnaire de la langue italienne définit l'adjectif en 32 points et le substantif en 17 (76). Dans les déterminations de l'adjectif, il considère la justice de Dieu sous le point 3, mais il ne le définit que sous l'aspect de la justice stricte : Con riferimento a Dio, sicuro estimatore dei meriti e delle colpe, imparziale distributore di premi e di castighi. Dans les déterminations du substantif la justice de Dieu est considérée sous le point 3 : Giustizia divina, giustizia di Dio : attributo morale della volon-

tà divina, per il quale i suoi rapporti con le creature (e, in partic.,
con l'uomo) sono "giusti", cioé conformi alla natura delle creature
e delle loro relazioni col Creatore. - La potenza di Dio che imman-
cabilmente (anche se imperscrutabilmente) attua la sua volontà e i
suoi disegni, impone l'osservanza delle sue leggi e dei suoi voleri,
premia chi li osserva o castiga chi li viola.- Anche : evento concreto
in cui si attua e si manifesta tale potenza divina (per la più sotto
forma di premio o di punizione).- In senso concreto : Dio.

d) La notion de justice dans les langues germaniques

Dans les langues germaniques, les mots qui désignent la notion
de justice, ne dérivent ni de la racine grecque δύκη (δεύκνυμι),
ni de la racine latine iūs, mais de la racine commune germanique rehta,
d'où les formes raihts (gotique); rëht (moyen haut allemand, vieux
haut allemand, vieux saxon); recht (moyen bas allemand, moyen hollandais, nouveau hollandais); riucht (vieux frison); riht (anglo-saxon);
rēttr (vieux nordique); right (anglais). Le sens de ces termes nous
rappelle le grec ὀρεκτός et le latin rectus. Le sens originel est donc
"(orienté) tout droit" (77). Dans le dictionnaire étymologique du
vieux nordique de Jan de Vries, on peut lire sous le terme "rēttr" :

Die bed. kann urspr. 'gerade' gewesen sein und also auf rekja l
zurückgehen, weil sich aus der bed. 'zaun', die der 'ausdehnung',
ergeben hat. Dann wäre die bed. 'gerecht' also sekundär entwic-
kelt ...

Les dictionnaires nous montrent que la forme originelle germanique rehta et ses dérivés, dans les langues germaniques particulières,
ont, comme le latin iūs, une signification exceptionnellement large
et indéfinie. En ajoutant les préfixes et les suffixes, les terminai-
sons ou bien d'autres mots, se sont formés à partir de cette racine
des mots qui ont un sens plus défini. En anglais, se sont développées,
par exemple, les formes right-eous (vieil anglais rihtwīs / righteousness (vieil anglais rihtwīsnes), right-ful, right-ness, right-
hand ...; en allemand ge-recht / Ge-rechtigkeit, recht-fertigen /
Recht-fertigung, etc. Dans les langues germaniques, toutes les formes
actuelles, adjectivales et nominales, de la notion de justice sont

l'extension de la forme primitive : ga-raihts / ga-raihtei (gothique) ;
right-eous / right-eousness (anglais) ; ge-recht / Ge-rechtigkeit
(allemand) ; ge-recht / ge-rechtigheid, recht-vaardich / recht-
vaardigheid (hollandais) ; ret-faerdig / ret-faerd/ighed (danois) ;
rätt-vis / rätt-visa, rättfärdig / rätt-färdighet (suédois) ; rétt-
latr / réttlaeti (islandais) (78).

Les formes albanaises drejtë / drejtësi méritent encore d'être
mentionnées. La notion albanaise de justice ne dérive pas de la racine
germanique, mais de l'adjectif latin directus (79).

Quelle est l'étendue de signification de la notion de justice en
anglais et en allemand ?

Webster's Third New International Dictionary décrit l'adjectif
anglais "right" en 22 points, le substantif "right" en 15 points. En
ce qui concerne l'adjectif "righteous", on peut y trouver seulement
les informations suivantes en deux points : doing that which is right :
acting rightly or justly : conforming to the standard of the divine
or the moral law : free from guilt or sin : JUST, UPRIGHT, VIR-
TUOUS (1) : according with that which is right : characterized by
uprightness or justice : morally right or justifiable : free from
wrong : EQUITABLE : arising from an outrage sense of justice,
morality, or fair play : characterized by or expressing satisfaction
based on a belief in the correctness or moral uprightness of something
(2).

Dans le même dictionnaire, on peut lire pour le substantif "righteousness" : the quality or state of being righteous : conformity to
the divine or the moral law : RECTITUDE, UPRIGHTNESS (1) : a
righteous act, deed, or quality : righteous conduct (2) : the quality or state of being rightful or just (3) : the state of acceptance
with God : a right relationship to God : JUSTIFICATION (4) (80).

Ce dictionnaire ne parle que de la justice humaine. C'est pourquoi le grand dictionnaire allemand de Grimm mérite d'autant plus
d'attention, car, dans le large panorama de la notion de justice, il
accorde aussi une place convenable à la justice de Dieu (81). Le

terme "GERECHT" est délimité en 10 points : gerade (1); recht, und
zwar a) richtig, wie etwas sein musz, ... c) richtig, den gesetzlichen
vorschriften entsprechend ... (2); passend (3); bereit, fertig (4);
dem recht, dem gesetz oder der billigkeit entsprechend (5); den anforderungen eines lebenskreises, faches u.s.w. entsprechend (6); gericht-
lich. a) gerecht, der im recht ist, das recht auf seiner seite hat,
den procesz gewinnt ... (7); nach recht und gesetz richtend, das nach
dem recht gebührende zuertheilend. a) eigentlich, vom richter. α)
von gott als höchsten richter. β) von menschen, verallgemeinert, nach
recht und gewissen, nach billigkeit urtheilend (8); den pflichten des
menschlichen und göttlichen rechts gemäsz lebend, denkend und handelnd.
a) gut, fromm, rechtschaffen, gottesfürchtig ... b) übertragen auf
gott, vollkommen. c) auf das rechte sehend, gewissenhaft (9); neutestamentlich, nach paulinischen lehrbegriff, gerecht werden, δικαιοῦσθαι,
vor gottes richterstuhl als gut und rechtschaffen erfunden und von
schuld und strafe der sünden freigesprochen werden.

Dans le dictionnaire de Grimm, le substantif "GERECHTIGKEIT" est
présenté sous 13 points : richtiges verhältnis (1); das gerechtsein,
das mit dem recht, mit gesetz oder billigkeit übereinstimmende verhalten,
urtheilen, handeln oder, denken, welches jedem das gebührende zutheilt ...
(2); gerechtigkeit gottes, sowohl als strengem herrschers und barmher-
zigen vaters (3); biblisch, lebenswandel nach gottes geboten,
rechtschaffenheit, frömmigkeit (4); neutestamentlich gerechtigkeit
aus dem glauben, rechtfertigung durch den glauben, im gegensatz zu der
gerechtigkeit aus dem gesetz oder den werken (5); gerechtigkeit abs-
tract und mehr oder minder als personliche macht erfaszt (6); daher
bildlich die zur aufrechthaltung der gerechtigkeit bestellten person,
gerichtsbehörde, gericht (7); die gesetzlichkeit, rechtmäszigkeit einer
sache (8); die gerechte sache, das gute recht des kriegführenden, des
klägers oder beklagten u.s.w. (9); die ausübung des rechts, rechtsp-
flege, das strenge recht (10); das höhere recht, vertreten durch das
rechtsgefühl des volkes, im widerspruch zu dem buchstaben der gesetze
und vorrechte (11); das rechtmäszig zugehörige oder auferlegte (12);
bezirk, soweit die gerechtigkeit, die gerichtsbarkeit oder das besitz-
recht reicht (13) (82).

e) La notion de justice dans les langues slaves

Comme dans les langues romanes et germaniques, dans les langues
slaves la notion de justice tire aussi ses origines du radical commun
"prav" (vieux slave) à la signification très large et indéfinie : prav
(slovène, serbo-croate, macédonien, bulgare); pravy (tchèque, slovaque);
pravyj (vieux russe); pravyj (russe, biélorusse); pravyj (ukrainien);
prawy (polonais, haut sorabe); provy (polabe); psawy (bas sorabe).
Le sens de base correspond au sens des racines latines et germaniques
(83).

La comparaison entre les langues romanes, germaniques et slaves,
nous montre que de la racine slave prav- sont issus incomparablement
plus de mots que du latin iūs et du germanique rehta. La langue slovène,
par exemple, compte 91 mots qui commencent par la racine prav-. (84).
Les formes adjectivales et nominales de la notion de justice sont assez
voisines dans les langues slaves, sauf que, dans quelques langues, la
racine est précédée du préfixe s- : pravičen / pravičnost (slovène);
pravičan / pravičnost, pravedan / pravednost (serbo-croate); praveden /
pravednost, spravedliv / spravedlivost (macédonien); pravednyj /
pravednost', spravedlivyj / spravedlivost' (russe); pravednij / pra-
vednist', spravedlivij / spravedlivist' (ukrainien); spravedliv /
spravedlivost (bulgare); spravedlivy / spravedlivost (tchèque); spra-
vodlivy / spravodlivost' (slovaque); sprawiedliwy / sprawiedliwosc
(polonais) (85).

Les dictionnaires nous montrent que la notion de justice dans
les langues slaves a en réalité la même étendue de signification que
dans les langues romanes et germaniques. Slovar slovenskega knjižnega
jezika définit l'adjectif "pravičen" : celui qui agit en harmonie avec
des normes définies, selon des principes reconnus // celui qui dans
le jugement, dans l'appréciation tient compte de la vérité, du fait,
et agit en harmonie avec les principes moraux et les autres principes
reconnus (86).

1. Relation entre les notions de justice de Dieu hébraïque et
européenne

On peut d'abord répéter que la notion hébraïque de justice signifie la bonté de Dieu, son salut, sa fidélité et la rectitude de l'action
de Dieu. Cela signifie que la justice de Dieu est, par toute son essence, orientée vers le monde, vers l'homme. La justice de Dieu est
l'origine, la mesure et le but de l'existence de l'homme. En conséquence, la justice de l'homme ne peut être qu'une attitude positive, la
bonté et la fidélité envers Dieu et envers l'homme. Quel est le rapport
entre la notion hébraïque de justice et les notions correspondantes
dans les langues européennes que nous avons mises en lumière sous
l'aspect de leur sens originel fondamental et de leur étendue de signification dans l'état actuel du développement des langues européennes ?

a) La réciprocité au niveau lexical

Le sens étymologique des mots qui expriment dans les langues
européennes la notion de justice en général est plus sûr que le sens
originel de la racine sémitique sdq. C'est pourquoi il semble opportun
de comparer d'abord le vocabulaire européen de la justice aux radicaux
lexicaux. On a constaté que la notion de justice, dans les langues
européennes, ne provient pas d'une seule racine. Mais il est surtout
surprenant de constater qu'entre toutes les racines qu'on a traitées
(δίκη - δείκ-, iūs, rehta, prav), il existe une affinité fondamentale : tous les radicaux désignent d'abord la direction (87). Cela
signifie que toutes les racines supposent une communication soit entre
les hommes, soit entre l'homme et Dieu, ou bien entre Dieu et l'homme.

Le sens fondamental d'origine est très général et indéfini. C'est
pourquoi, en principe chacune de ces racines est acceptable au même
titre dans n'importe quel système philosophique ou dans n'importe
quelle religion, y compris les religions hébraïque et chrétienne. Les
radicaux cités, en eux-mêmes, ne nous apprennent rien à propos des
présupposés fondamentaux de la vision du monde, c'est-à-dire pour
savoir quel est le point de départ du sens, la norme ou le but. C'est
la raison pour laquelle certains exégètes aiment bien faire référence

aux notions correspondantes dans les autres langues, cultures et religions quand ils explorent la notion hébraïque sdq : me (sumérien); kittu
(akkadien); maat (vieil égyptien); r(i)ta, dharma (vieil indien);
δίκη; ius, etc. (88). Finalement, toutes ces racines et leurs dérivés
reflètent l'orientation primordiale de l'être humain vers la communication et l'harmonie.

Mais, là précisément, se pose le problème réel du vocabulaire
dans le cadre de différentes cultures et religions et de l'interprétation de ce vocabulaire. On se demande si le vocabulaire englobe seulement le sens, qui est l'expression des traits universels de l'existence
humaine et de son orientation fondamentale vers un ordre, ou s'il englobe quelque chose de plus spécifique et de plus radical; est-ce que
le fondement et la norme sont représentés par l'ordre cosmique ou seulement par la loi naturelle en elle-même ou par leurs extensions transcendantales ? Si l'on considère la norme transcendantale, est-ce que
cela ne représente que l'approche et le pressentiment du transcendantal
ou la persuasion que le commencement et la fin de toute existence est
la personne vivante de Dieu qui permet et qui établit réellement un
rapport personnel intense ? Dans quelle mesure, tout cela se reflète-
t-il dans le vocabulaire ?

b) L'étendue entre les désignations et les significations

E. Benveniste décrit ainsi sa propre méthode dans les recherches
lexicographiques dans les langues indo-européennes :

> Dans cet ouvrage, la méthode linguistique comparative est employée
> à un dessein d'ensemble : l'analyse du vocabulaire propre aux gran-
> des institutions dans les principales langues indo-européennes.
> Partant des correspondances entre les formes historiques, on
> cherche, au-delà des désignations, qui sont souvent très diver-
> gentes, à atteindre le niveau profond des significations qui les
> fondent, pour retrouver la notion première de l'institution comme
> structure latente, enfouie dans la préhistoire linguistique. On
> jette ainsi une lumière nouvelle sur les fondements de maintes
> institutions du monde moderne, dans l'économie, la société, le
> droit, la religion (89).

Le principe méthodologique de Benvéniste semble tout à fait acceptable. Il est absolument nécessaire d'aller jusqu'aux racines dans la recherche du vocabulaire. Cependant, il est nécessaire de renouveler ici les questions précédemment énoncées. Autrement dit : peut-on se contenter, en cours de recherche, de la seule constatation des traits les plus généraux du sens originel du vocabulaire ? N'est-il pas aussi nécessaire, sinon plus, de s'interroger sur le développement du sens et sur l'étendue de signification dans le cadre de tous les présupposés fondamentaux de la vision du monde d'une civilisation donnée ? Ces questions ont enfin valeur de provocations adressées aux définitions que nous avons trouvées dans les dictionnaires des langues européennes. Quelle est l'étendue réelle du sens du vocabulaire fondamental de la justice ?

Si nous nous contentons des définitions les plus générales, cela paraît le plus simple, le plus commode. Ainsi, nous pouvons nous endormir sans difficulté, en supposant que non seulement la notion de justice humaine, mais aussi la notion de justice de Dieu, que la plupart des dictionnaires contemporains ne connaissent pas, ont la même signification dans les cultures mésopotamienne et égyptienne, dans la culture de l'Inde ancienne et dans les cultures grecque classique, latine et hébraïque. A ces mêmes définitions peuvent se référer les représentants de toutes les opinions et de toutes les institutions, de la Croix Rouge dans les camps de lépreux et de blessés à la Croix Noire dans les camps de concentration de l'empire hitlérien, jusqu'à l'Etoile Rouge dans les camps de la Sibérie stalinienne.

Il est donc indispensable que la recherche de la signification du vocabulaire tienne compte de tous les présupposés fondamentaux de la vision du monde d'une culture donnée, d'un système ou bien d'une religion, car ce sont elles surtout qui déterminent l'étendue de signification du vocabulaire. En étudiant la place de la justice de Dieu dans les dictionnaires contemporains des langues européennes, nous sommes contraint de nous poser les questions suivantes : cette notion est-elle éliminée intentionnellement des dictionnaires sous la pression d'idéologues qui prétendent tout savoir ? Si on l'inclut dans le traité général de la notion de justice, cela signifie-t-il qu'elle

représente un résidu insignifiant du passé, c'est-à-dire une sorte de
folklore pour l'histoire de la langue ? La justice de Dieu au contraire
n'est-elle pas réellement l'axe, le fondement unique approprié à la
justice de l'homme, de sorte que sans elle on ne peut même pas parler
de la justice humaine ? La plupart des dictionnaires ne répondent pas
à ces questions, car ils se cantonnent dans les définitions les plus
générales et indéterminées. Que nous montre la confrontation entre les
textes bibliques, les civilisations antiques et la civilisation européenne sécularisée ?

c) Différence provenant d'une différence fondamentale de
croyance

Si les définitions générales de la notion de justice nous donnent
l'impression de réciprocité dans la signification, la confrontation des
présupposés concernant la vision du monde ou la croyance fondamentale
nous présente une opposition irréductible, lorsqu'on compare la culture
hébraïque avec les civilisations de l'ancienne Mésopotamie, de l'Egypte,
de l'Inde ancienne, de la civilisation grecque classique ou romaine et
avec une partie de la civilisation européenne. La différence décisive
consiste dans le fait que les traditions philosophique et religieuse
mésopotamienne, égyptienne, de l'Inde ancienne, grecque et romaine,
ne sont pas élevées au-dessus du cadre des lois cosmiques (90). En
revanche, dans la Bible hébraïque justement, la percée dans la sphère dépassant le cosmique, d'un Dieu personnel, commencement et fin de toute
histoire, dirige la vie, l'espérance et la critique des idoles. C'est
cela le fondement des oppositions inconciliables dans la conception de
la justice. Si l'ordre cosmique constitue la norme de la justice, la
norme, ici, pour l'homme est la loi sainte de Dieu, qui se manifeste
dans la relation spirituelle entre Dieu et l'homme. C'est pourquoi,
les prophètes hébreux n'ont jamais accepté la thèse qui veut que la
justice se manifeste dans l'harmonie entre la conduite de l'homme et
les lois ou normes d'une société donnée, aussi bien religieuse que
profane. L'idéologie pharisienne sur la justice selon les oeuvres de
la loi est même devenue la cible par excellence de la critique prophétique de Jésus. Cette idéologie est un signe qui permet de reconnaître

de façon particulièrement claire l'aliénation religieuse.

Le principe d'après lequel on juge de la valeur de l'homme, dans la Bible hébraïque, c'est la justice de Dieu, qui se manifeste d'une façon complètement libre, en provenance de la loi intérieure de bonté et de fidélité de Dieu. La justice de Dieu est première, créatrice; elle n'est pas réponse à la justice humaine. Elle atteint son sommet dans l'indulgence envers l'injustice de l'homme.

En définitive, il est évident que la justice de l'homme signifie l'intégrité des relations de l'homme avec Dieu et avec le prochain. La bonté, la fidélité, la justesse de la pensée et de l'activité sont l'affaire de l'intégrité du coeur et de l'esprit, non pas de l'accord extérieur avec la loi. La justice de l'homme doit être transcendantale et libre comme est complètement libre et transcendantale la justice de Dieu.

d) L'impropriété du vocabulaire en raison du contenu transcendantal

Les critères individuels transcendantaux de la justice ont des conséquences de grande portée dans l'appréciation du vocabulaire qui exprime la justice de Dieu. Dans une langue donnée, la notion de justice en elle-même ne correspond pas mieux au contenu de la justice de Dieu que dans une autre langue. En réalité, aucune notion ne peut exprimer réellement la profondeur et l'étendue de la justice de Dieu. Chacune se rapporte à Dieu par analogie. Dans le contexte des écrits, elle acquiert un caractère transcendantal car elle exprime les réalités qui s'étendent dans l'infini, au-delà des pressentiments de l'homme et des catégories en lesquelles il s'exprime.

Compte tenu de tout cela, la notion de justice de Dieu dans le complexe de la croyance biblique, tant dans l'original hébraïque que dans les traductions, se présente comme l'accusateur permanent de toutes les définitions étroites qui prennent pour exemple les normes juridiques et les institutions humaines. Les institutions humaines représentent un cadre nécessaire pour la coordination de l'activité de l'homme et de ses relations, mais elles ne peuvent pas figurer une

norme réelle de la justice humaine, encore moins de celle de Dieu.
A supposer le contraire, on ne fait qu'ouvrir la porte toute grande
sur un royaume où ressortent les plus diverses aliénations de
l'existence humaine, jusqu'à cette vérité saisissante : summum ius
summa iniuria.

La notion biblique de justice fait fonction d'accusateur constant
des exégètes et des théologiens qui lient cette notion aux normes juridiques et à la loi de la justice stricte. En outre, elle accuse aussi
le positivisme "scientifique" qui prouve son caractère non scientifique en enfermant, par idéologie, les horizons de l'existence humaine,
ses espoirs et sa créativité, dans l'écart entre le temporel et l'éternel. La notion de la justice de Dieu fait partie de ces symboles qui
sont en eux-mêmes des squelettes morts, mais qui, dans la dynamique
des relations entre les personnes, deviennent des signes orientés vers
la patrie immense de la justice de Dieu comme une promesse pour tous
ceux qui s'y confient, et comme une invitation à revenir pour tous
ceux qui se sont détournés du chemin.

La rétribution est partie intégrante de la notion européenne de
justice, mais elle y a une place très subordonnée. Dans la Bible hébraïque, elle est exprimée par des structures littéraires différentes
et quelques notions comme "colère", "vengeance", "rétribuer", etc.
Sdq est et reste le signe de reconnaissance de la bonté de Dieu, de
sa fidélité et de la rectitude de son action vis-à-vis des fidèles.
Δικαιοσύνη θεοῦ, dans le Nouveau Testament, représente la justification de l'homme injuste. Par les traductions de la Bible, la notion
de justice acquiert aussi dans toutes les autres langues ce sens le
plus large et le plus profond qu'elle ne pouvait avoir auparavant, car
il ne pouvait lui être assuré par les présupposés des croyances de la
Mésopotamie, de l'Egypte, de l'Inde ancienne, de la Grèce, de Rome,
du monde germanique et du monde slave (91).

e) Les conclusions concernant les rapports entre l'original et les traductions de la Bible

Après ces considérations, les conclusions sur le rôle de la notion
de justice dans les traductions de la Bible sont évidentes : Première-

ment, ni la signification fondamentale, ni l'étendue du sens de la notion de justice dans les langues européennes actuelles ne sont en opposition avec le sens fondamental et l'étendue du sens de la notion hébraïque. Deuxièmement, aucune notion dans la traduction n'exprime en elle-même l'étendue intégrale de la notion de justice hébraïque, surtout pas de la notion de justice de Dieu; mais la raison n'est pas la notion hébraïque en elle-même, mais sa fonction dans le contexte théologique unique de la Bible hébraïque. Troisièmement, le contexte théologique spécifique détermine exactement la notion grecque de justice, dans la traduction des Septante, dans les livres deutérocanoniques (apocryphes) de l'Ancien Testament et dans le Nouveau Testament. Quatrièmement, parce que chaque notion européenne de la justice est ouverte, en largeur et profondeur, à la croyance hébraïque en la justice de Dieu, le lecteur peut saisir avec exactitude le contenu de la notion hébraïque de justice de Dieu et l'expérimenter aussi dans les traductions, mais seulement dans le cadre du contexte intégral de la Bible. Cinquièmement, dans tous les cas, tant dans l'original que dans les traductions, il faut lire la Bible en considérant le contexte, non pas en lisant "à la lettre". Sixièmement, une lecture vraiment appropriée n'est possible que si le lecteur s'identifie au contenu, c'est-à-dire à la croyance dans la communication réciproque entre la justice de Dieu et la justice humaine.

f) Les conclusions relatives à l'interprétation

Après tout ce que nous ont montré l'analyse des textes bibliques, l'histoire de l'interprétation dans les traductions et la littérature exégétique, le sens fondamental et l'étendue de signification de la notion de justice dans les langues européennes, nous avons enfin une confirmation générale de la conclusion essentielle selon laquelle les présupposés de la vision du monde ou bien les présupposés de la croyance fondamentale définissent d'une manière décisive le sens de la notion de justice. Cela est beaucoup plus valable quand il s'agit de la justice de Dieu plutôt que lorsqu'il s'agit de la justice de l'homme. Le Dieu de la croyance biblique est une personne parfaite qui manifeste sa justice dans sa relation vivante avec les personnes humaines.

On suppose chez lui une harmonie totale entre sa relation envers lui-
même et sa relation envers l'homme, la fusion de toutes les qualités
en une unité. C'est pourquoi il est logique que la réciprocité entre
la notion de justice et ses synonymes soit aussi beaucoup plus grande,
quand il s'agit des définitions des qualités de Dieu et de son activité, que dans la définition de l'homme. C'est qu'en raison du lien
de l'homme avec l'espace et le temps, il est inévitable que la notion
de justice et ses synonymes définissent les aspects les plus différents des qualités de l'homme, de ses relations et activités, à partir
des fondements les plus intimes et personnels jusqu'aux fondements
les plus extérieurs, juridiques.

Le lien de l'homme avec l'espace et le temps détermine fatalement
son langage, tant dans le rapport avec le monde visible qu'avec les
vérités transcendantales. Ceci explique que le langage biblique est
expressément anthromomorphique même quand il s'agit de la description
des dimensions ultimes de l'être de Dieu et de son activité. Plus
encore, les descriptions de la relation de Dieu avec l'homme (et l'inverse) reflètent souvent des institutions juridiques qui représentent
l'inévitable cadre extérieur de l'existence et de l'activité de l'homme.

Rien d'étonnant donc, à ce que la question de la signification
des notions théologico-bibliques fondamentales et celle du rapport
entre l'Ancien Testament et le Nouveau Testament, entre l'exégèse et
la théologie systématique ou bien la philosophie, entre le particulier
et l'universel ou bien le concret et l'abstrait, soit toujours contro-
versée. Sur la scène de ces controverses, l'exégèse contemporaine a
introduit encore des notions comme "règle", "ordre", "ordre cosmique",
"loi naturelle". Elles sont utilisées par les auteurs, la plupart du
temps dans le sens général, indéfini, mais parfois expressément en
rapport avec la notion de justice (92). Et cela signifie que notre
étude, voulant tenir compte des dernières synthèses, doit aussi participer à ces controverses.

La provocation de H.H. Schmid exige une critique plus fondamentale qu'il n'y paraît à première vue. Le plus problématique n'est
pas le fait que le mot allemand "Ordnung" nous rappelle d'emblée la

vie militaire; le vrai problème commence lorsque Schmid spécifie ce
mot avec "Weltordnung". Puisqu'il ne fait pas de différence entre la
justice humaine et la justice de Dieu, sa thèse suppose que l'ordre
du monde est le sens fondamental de la notion de justice de Dieu. Il
est vrai que Schmid mentionne parfois la différence avec le sens original, cananéen et hébraïque, de la racine sdq, mais sa supposition
fondamentale selon laquelle l'ordre du monde représente le lien commun de la notion de justice dans toutes les cultures et religions de
l'Orient ancien ne permet pas de faire ressortir la différence. Comment est-il possible, dans le cadre du terme "ordre du monde", de
parler des relations personnelles de Dieu qui dépassent le cosmique,
de sa bonté et de sa fidélité envers l'homme, d'une façon absolument
indépendante des mérites de l'homme (93) ? Et enfin, le terme d'"ordre
du monde" n'ouvre aucune voie à la théologie paulinienne qui renverse
la loi de rétribution, afin qu'elle devienne la manifestation de la
miséricorde de Dieu.

2. La relation entre le contenu de la notion sdq et l'exigence
   de la justice stricte

   a) Le terme "ordre du monde" ne correspond pas au personna-
      lisme biblique

La supposition selon laquelle la notion de justice signifie l'ordre du monde déplace forcément le point d'équilibre, dans l'évaluation
du contenu de la notion de justice, en faveur de la loi de la justice
stricte, avec toutes les conséquences du juridisme. Cela est dicté
par la définition même du terme "ordre du monde" : si les dieux font
partie du cosmos, la justice de Dieu est identique à la composition
intégrale des lois cosmiques. Avec sa seule existence, son rôle est
achevé. Le sort de l'homme ne dépendra que de lui-même : s'il met sa
conduite en harmonie avec les lois cosmiques, il réussira; dans le cas
contraire, il sera plus ou moins la victime de ses fautes. Il ne peut
être question d'indulgence.

Si Dieu est le créateur du cosmos, la notion d'"ordre du monde"
suppose un rapport semblable : Dieu est avant tout un législateur, dont

les lois doivent nécessairement être observées par l'homme, si ce dernier veut réussir. S'il n'en tient pas compte, Dieu se retrouve nécessairement contre lui comme juge et comme vengeur. Si on parle d'ordre
du monde, on ne peut sortir du cercle vicieux de la loi de rétribution,
qui représente le premier fondement du juridisme en général. Mais l'iro-
nie la plus grande consiste dans le fait que le défenseur de l'ordre
du monde ne se rend même pas bien compte de son égarement. Peut-être
son but est-il tout à fait différent du sens de ses catégories (94).

La signification personnaliste hébraïque de la notion de justice
de Dieu est en vérité l'unique clé possible pour sortir du déterminisme
cosmique et juridique. Et cela signifie d'abord qu'il faut refuser la
notion d'"ordre du monde", car elle fait confusion et nous détourne de
la substance des rapports entre Dieu et l'homme. La notion hébraïque
et la norme de la justice de Dieu ne sont pas l'ordre du monde, mais
l'intégrité de la personne divine absolument libre. Pour l'homme, le
fondement et la mesure de la justice n'est pas l'accord avec l'ordre
du monde, mais l'harmonie avec l'amour de Dieu et avec sa fidélité dans
le sens le plus personnel, spirituel et transcendantal. Cette supposition fondamentale et personnaliste de la Bible hébraïque a des conséquences d'une portée universelle. Elle explique la succession des
relations entre Dieu et l'homme qui qualifient la notion de justice de
façon telle que la loi rétributive ne soit jamais et en aucun cas au
centre, mais qu'elle joue toujours un rôle secondaire dans le salut de
l'homme.

b) <u>La succession des rapports entre Dieu et l'homme détermine</u>
<u>la relation entre l'exigence de la justice stricte et la</u>
<u>miséricorde de Dieu</u>

Dans la Bible, le principe le plus important est le fait que Dieu
est toujours au premier plan, comme le commencement absolu et la fin
de toute existence et, en conséquence, l'unique norme possible pour la
vie et la conduite de l'homme. Dieu, comme créateur et sauveur, agit
avec une liberté absolue. Jamais et sous aucune condition, il ne peut
devenir un débiteur envers l'homme, car il reste toujours débiteur
envers lui-même, à l'égard de sa propre nature. En cela réside sa

justice absolue ou encore sa fidélité, sa fermeté et sa fiabilité.
Toute son action en rapport avec le monde et l'homme est absolument
positive. Puisque Dieu crée et sauve avec une liberté absolue, toutes
ses oeuvres sont pour l'homme un don pur, "grâce". En principe, la
"grâce" est adressée à tous les hommes sans distinction.

L'homme est créé comme un être libre, c'est pourquoi il peut accepter ou refuser les offres de Dieu, à commencer par la vie elle-même.
Puisque dans sa réponse, il ne s'agit pas de la relation avec une loi
cosmique impersonnelle, mais avec une personne absolue, chacune de
ses décisions est qualifiée de morale. En dehors de la sphère divine,
il n'y a pas d'autre vérité, mais seulement illusion et mirage. Quand
il s'agit de la décision fondamentale, il en va de la vie ou de la
mort. Par cette distinction s'explique l'opposition totale, dans l'Ancien Testament, entre les "justes" et les "injustes". Justice et injustice signifient donc, dans leur essence, le rapport de principe
avec l'offre divine dans sa totalité. C'est pourquoi l'orgueil, l'ap-
propriation des biens de Dieu, est le péché de tous les péchés. Puisque
l'homme est libre, l'action de Dieu dans le monde figure toujours pour
l'homme comme une promesse qui s'accomplit ou ne s'accomplit pas,
selon la réponse de l'homme. C'est la raison pour laquelle toutes les
promesses sont conditionnelles et les biens de Dieu ne sont pas attri-
bués dans l'absolu.

Ce n'est que maintenant que l'on peut parler de la rétribution
ou de la punition selon la loi rétributive. Cependant Dieu ne rétribue
pas les justes comme s'il était débiteur. A vrai dire, la rétribution
consiste dans le fait que le juste reçoit vraiment le bien, qui jusqu'à
présent n'était que promesse ou offre, tandis que l'injuste reste les
mains vides. Les interventions directes de Dieu en tant que juge sont
rares et elles sont motivées par des raisons particulières. Le but
de la punition est par nature positif : la défense des justes et l'éducation en vue de la conversion des injustes. La punition n'est donc
rien d'autre qu'une facette particulière de la "grâce" de la justice
de Dieu. Tant que l'homme ne se renferme pas complètement, la punition
de Dieu est un appel à la justice, qui est l'unique voie possible
vers le salut. Si l'on parle parfois de la destruction des ennemis

ou des injustes, la raison en est évidente : il s'agit d'apostats vrais
qui sont en opposition avec l'ensemble même de la justice salvifique
de Dieu. Mais, même dans ce cas-là, la punition a un but positif : le
salut des justes menacés et la restauration de l'ordre moral détruit.
Dans le chapitre 12 du Livre de la Sagesse, on trouve une confession
unique en ce qui concerne la nature et le rôle de la punition de Dieu :

1   Car ton esprit incorruptible est en toutes choses !

2   Aussi est-ce peu à peu que tu reprends ceux qui tombent;
    tu les avertis, leur rappelant en quoi ils pèchent,
    pour que, débarrassés du mal, ils croient en toi, Seigneur...(95).

c) L'écart entre l'absolu de Dieu et le relatif de l'homme est une raison admissible de la miséricorde de Dieu

D'après tout cela, il paraît évident que le conflit entre la notion
de la bonté de Dieu et sa fidélité (sdq) et l'exigence de la justice
stricte est la conséquence de malentendus portant sur les présupposés
théologiques fondamentaux. Le fait de considérer comme absolue la loi
de rétribution n'est rien d'autre que l'expression de la très ancienne
interprétation cosmique des fondements et des normes de la justice.
Le péché est fatal, car l'ordre cosmique, qui ne peut connaître la miséricorde, se venge. Au contraire, dans la réciprocité entre la justice
libre de Dieu et la justice de l'homme, la situation est essentiellement différente, car il s'agit du rapport entre la sagesse de Dieu,
sa bonté et sa fidélité, et les capacités limitées de l'homme, avec
une liberté pareillement limitée. Le péché est seulement ce que l'homme fait, consciemment entraîné par sa nature propre. Mais il commet
le péché en conscience en tant qu'être limité, c'est pourquoi son renie-
ment n'est pas définitif, ni fatal. Mais surtout, il lui reste la
possibilité de s'en rendre compte. Abandonnant l'injuste aux conséquences de son propre vouloir, Dieu maintient cependant sa volonté de le
sauver et espère que cet abandon même amènera l'injuste à la conversion.

En ce qui concerne la notion de justice de Dieu, ce qui importe
le plus pour l'homme, c'est que la loi de rétribution est complètement

subordonnée à la loi de la bonté de Dieu et de sa fidélité, et justement à cause de la sublimité et de la supériorité de Dieu sur toutes les lois du monde créé. Dans le Livre de la Sagesse, le cantique 11, 21-26 prend naissance à partir de cette reconnaissance; il exprime très bien ce qui d'ailleurs dans la Bible ressort comme une supposition de premier ordre :

21 Car ta grande puissance est toujours à ton service,
   et qui peut résister à la force de ton bras ?
22 Le monde entier est devant toi comme ce qui fait pencher la
   balance,
   comme la goutte de rosée matinale qui descend sur la terre.
23 Mais tu as pitié de tous, car tu peux tout,
   tu fermes les yeux sur les péchés des hommes, pour qu'ils
   se repentent.
24 Tu aimes en effet tout ce qui existe,
   et tu n'as de dégoût pour rien de ce que tu as fait;
   car si tu avais haï quelque chose, tu ne l'aurais pas formée.
25 Et comment une chose aurait-elle subsisté, si tu ne l'avais
   voulue ?
   Ou comment ce que tu n'aurais pas appelé aurait-il été
   conservé ?
26 Mais tu épargnes tout, parce que tout est à toi, Maître,
   ami de la vie !

Plus précieux encore est le passage de 12,15-27 :

15 Mais étant juste, tu régis l'univers avec justice,
   et tu estimes que condamner celui qui ne doit pas être
   châtié, serait incompatible avec ta puissance.
16 Car ta force est le principe de ta justice;
   et de dominer sur tout te fait ménager tout ...
19 En agissant ainsi, tu as appris à ton peuple,
   que le juste doit être ami des hommes,
   et tu as donné le bel espoir à tes fils
   qu'après le péché tu donnes le repentir ...

Le Dieu absolu ne peut pas se conduire envers l'homme selon la loi absolue de la rétribution car l'homme est un être relatif. Mais

alors comment expliquer les textes bibliques dans lesquels on parle
de la destruction impitoyable des apostats ou des injustes ? En principe, il paraît impossible que l'homme, en tant qu'être limité, puisse
complètement renier Dieu jusqu'à mériter la condamnation à mort dans
le sens le plus radical, c'est-à-dire la damnation définitive. Cependant, les textes bibliques, et aussi les annonces du jugement dernier
dans le Nouveau Testament, supposent cette possibilité. Il faut donc
résoudre ce problème dans le cadre de la personnalité humaine dans
son ensemble, pour laquelle justement la question du choix libre entre
le bien et le mal dépasse les capacités purement rationnelles. C'est
pourquoi la damnation complète reste forcément une énigme insoluble,
au moins pour l'intellect de l'homme. Certes, il faut ici considérer
que l'extermination de la vie physique des injustes dans l'Ancien Testament ne peut être la même chose que la menace du châtiment éternel dans
le Nouveau Testament.

3. <u>Rapport entre l'Ancien Testament et le Nouveau Testament en
ce qui concerne la notion de justice de Dieu</u>

A n'en pas douter, le fondement pour l'évaluation du rapport entre
l'Ancien et le Nouveau Testament au sujet de la justice de Dieu est
précisément la place de Dieu dans les deux Testaments. Il n'est pas
nécessaire de démontrer que les présupposés fondamentaux sur Dieu sont
identiques dans les deux Testaments (96). Tout ce que nous avons cité
sur la succession des rapports entre Dieu et l'homme est, en substance,
valable pour les deux Testaments. Ce qui fait apparaître une différence
vraiment importante entre l'Ancien et le Nouveau Testament, ce n'est
pas la conception de Dieu lui-même et du contenu ou plutôt de la qualité de sa révélation, mais la conception du messianisme et, à travers
cela, de la médiation entre Dieu et l'homme en général... Il est donc
compréhensible que la notion de justice de Dieu, dans le Nouveau Testament aussi, signifie les biens de Dieu, la fidélité de Dieu, mais que
l'amour de Dieu envers l'homme jusqu'à la mort sur la croix soit encore
plus expressément accentué que dans l'Ancien Testament. Cette gradation n'aurait pas été possible, s'il n'avait pas été suffisamment clair

dans l'Ancien Testament que Dieu était le commencement absolu et la fin, l'être absolument libre et bon, et que tous ses dons avaient valeur de "grâce".

Mais après tout cela, on se demande pourquoi existent cependant de grandes différences dans l'interprétation de la notion de justice de Dieu dans le Nouveau Testament; et, justement, des différences qui sont elles-mêmes la conséquence d'une différence dans la conception du rapport entre l'Ancien et le Nouveau Testament. D'un côté, il y a l'opinion selon laquelle la notion de justice de Dieu dans le Nouveau Testament signifie tout d'abord Dieu en lui-même, sa force et, on en conclut que le sens est essentiellement le même que dans l'Ancien Testament (97). Tandis que d'un autre côté, quelques-uns voient dans la notion propre au Nouveau Testament l'effet de la force de Dieu, c'est-à-dire le don pour l'homme. C'est pourquoi ils pensent que la notion propre au Nouveau Testament signifie une rupture avec l'Ancien Testament et le Judaïsme : la notion de la justice de Dieu selon Paul serait celle de la nouvelle création (98).

Comment juger cette alternative du point de vue des textes du Nouveau Testament que nous avons étudiés et en ce qui concerne les présupposés sur Dieu ? Mais à côté de cette question, apparaît encore une autre question d'une importance fondamentale : quelle est la signification des notions "justes" et "injustes" dans l'Ancien Testament et le Nouveau Testament ?

a) Justice de Dieu en elle-même ou don à l'homme ?

En essayant de répondre à cette question, il faut d'abord constater que la notion de justice de Dieu tant dans l'Ancien que dans le Nouveau Testament ne désigne pas toujours le même aspect de la justice de Dieu (99). L'étendue de la signification est très large dans les deux Testaments, comme est large l'horizon de la croyance en Dieu lui-même et dans sa relation avec l'homme. En cela réside la raison des différences dans les formes du vocabulaire. Il est certain que c'est surtout dans le rapport entre l'utilisation des substantifs et de la forme verbale que se dévoilent les grandes différences dans le rapport entre les deux Testaments : dans l'Ancien Testament, prédomine de loin la forme nominale, la forme verbale y est à peine représentée; tandis que dans le Nouveau Testament, les deux formes ont la même importance. Quant à la forme adjectivale, son emploi dans les deux Testaments est équilibré. On remarquera de nouveau que le syntagme δικαιοσύνη (τοῦ) θεοῦ n'a pas d'expressions tout à fait adéquates en dehors de Dt 33,21; Jg 5,11; 1 S 12,7; Mi 6,5; Ps 103,6.

Toutes ces différences sont-elles la conséquence des différences essentielles dans la conception de la justice de Dieu ?

Commençons de nouveau avec l'Ancien Testament. Dans l'étude des textes, nous avons constaté la pluralité des significations de la racine sdq. Malgré une très grande étendue de signification, le sens fondamental est toujours le même : la manifestation de la bonté de Dieu et de sa fidélité envers l'homme. L'écrivain hébreu emploie la notion exclusivement en rapport avec l'homme : Dieu est bon et juste, car il accorde la victoire à son peuple, le salut, la réussite; Dieu est toujours considéré comme juste, son activité en rapport avec l'homme est toujours juste; cela signifie, en d'autres termes, qu'elle est toujours salvifique. En arrière-plan de tout discours sur la justice de Dieu se trouve la foi selon laquelle Dieu sauve son peuple.

Cela implique-t-il que la notion de la justice de Dieu dans l'Ancien Testament signifie seulement un don pour l'homme et non pas aussi Dieu en lui-même ? Pour répondre à cette question, l'analyse seule du texte n'est plus suffisante. Il est encore nécessaire de sentir une logique intérieure dans la relation entre le donateur et le don. Même si on n'en parle pas expressément, il est évident qu'il ne faut jamais séparer le donateur de son don. Il s'agit d'une liaison intérieure permanente. Le don est toujours l'expression du donateur et sa valeur est en rapport avec la qualité de son donateur. De cela témoigne surtout la réciprocité constante entre la justice de Dieu et la justice de l'homme. La manifestation de la justice de Dieu est le signe de reconnaissance de Dieu en lui-même et son but est une communauté indissociable avec l'homme. C'est pourquoi le don n'est jamais donné en propriété inconditionnelle. L'homme est appelé à être entièrement fidèle à Dieu seul, non pas peut-être formellement à ses dons, par exemple ses "lois", qui sont une partie des fruits de la justice de Dieu.

Le Nouveau Testament nous apporte un nouvel aspect important en ce qui concerne la qualification du don. On ne met plus l'accent sur le salut extérieur devant les ennemis, les maladies et la mort terrestre, mais sur le salut de l'état de péché et de la condamnation à la mort éternelle. Il en ressort une dimension transcendantale eschatologique de l'existence de l'homme. C'est pourquoi le don aussi acquiert une dimension transcendantale eschatologique qui dépasse l'ordre empirique. De ce fait, il est encore plus évident que la manifestation de la justice de Dieu est un don; il est encore plus clair que la réponse de l'homme n'est pas en accord avec les normes extérieures, mais avec la foi dans l'insaisissable justice de Dieu. Bref, la perspective de la réciprocité entre la justice de Dieu et la justice humaine est radicalisée jusqu'aux possibilités eschatologiques et transcendantales extrêmes. Quant à la manière de s'exprimer, elle change aussi en raison de cette radicalisation. Chez Paul, la forme verbale fait ressortir une définition du don de Dieu à l'homme dans le sens de la justification.

Et cependant, il n'est pas possible que la conception de la justice de Dieu ait changé dans sa nature propre. Cela ressort des allusions permanentes de Paul aux textes de l'Ancien Testament, quand il veut illustrer sa théologie. En fait, Paul est un exégète radical de la Bible hébraïque. Et des raisons de principe nous disent également que le fondement est le même : l'unicité, l'absolu de Dieu qui est le commencement et la fin de l'être humain et qui fait don de tout par les impulsions intérieures de sa bonté et de sa fidélité. C'est pourquoi, même ici, il n'y a pas de raisons qui justifient une compréhension alternative de la justice de Dieu : ou la force de Dieu, Dieu en lui-même (genetivus subjectivus) ou le don de Dieu (genetivus auctoris ou bien objectivus/relationis). Le lien essentiel entre le sujet et son don se montre tant dans la façon de se révéler, qui est la révélation de Dieu comme personne, de sa propre vie, que dans l'intention du don, c'est-à-dire dans la communauté de l'homme avec Dieu. Cela

est d'autant plus vrai que plus le point d'équilibre est déplacé vers
le niveau eschatologique, plus le don est l'expression de l'amour
personnel, et plus est accentuée, justement à cause de cela, la réciprocité entre la fidélité de Dieu et la fidélité de l'homme. Donc,
en ce qui concerne le Nouveau Testament, il est encore plus évident
qu'il ne fait jamais une distinction entre le don et le donateur.

b) Que signifient les notions "juste" et "injuste" dans
l'Ancien et le Nouveau Testament ?

Cette question entre dans le cadre d'une recherche sur la signification de la notion de justice de Dieu en raison de la nature même
de cette notion. La justice de Dieu vaut seulement dans le rapport avec
l'homme. Les termes "juste" et "injuste" posent problème, car, dans
l'Ancien Testament, il est écrit que seuls les "justes" peuvent bénéficier des fruits de la justice de Dieu, tandis que les "injustes" en
sont exclus; dans le Nouveau Testament, au contraire, Dieu justifie
l'homme en tant qu'injuste", "impie". Du seul point de vue lexical,
on pourrait voir dans la notion ἀσεβής (Rm 4,5) la même chose que
dans la notion hébraïque ra̅ša̅ᶜ. Le sens est-il réellement identique ?
Ou bien la différence est-elle si essentielle que cet exemple de relation dans le vocabulaire confirme d'une façon particulièrement forte
le principe sémantique, selon lequel, pour constater le sens, il ne
suffit pas de chercher le parallélisme dans le vocabulaire lui-même,
mais il faut considérer la perspective entière des présupposés fondamentaux de la croyance ?

La clé décisive pour comprendre la notion d'"injuste" réside dans
la question de la signification de la notion de "juste" dans les deux
Testaments. La revue de tous les textes qui concernent la question de
la justice de Dieu et de l'homme nous montre clairement que, dans les
deux Testaments, le principe qui décide de la qualification de cette
notion est identique : c'est la relation avec Dieu. Les justes sont
ceux qui répondent positivement à la manifestation de la justice de
Dieu. Cela signifie que cette notion désigne tout d'abord la foi, la
confiance, la fidélité. Tous les autres aspects de signification, même
ceux qui concernent la relation avec l'homme, ont ici leur fondement

et sont donc complètement subordonnés à cette signification fondamentale.

Il s'ensuit que la caractéristique essentielle des "justes" est l'ouverture de la raison et du coeur aux formes les plus diverses de la manifestation de la justice de Dieu. Cela signifie-t-il en même temps l'obligation d'être sans péché ? Voici la question décisive. Dans tous les textes, il est évident que les écrivains de la Bible hébraïque supposent comme originelle la faute de tout homme. Cela ressort expressément un certain nombre de fois (Jb 15,14; 25,4-5; Ps 51,7; 143,2). Dans les psaumes, l'orant qui supplie pour la manifestation de la justice de Dieu, fait appel seulement à la sainteté de Dieu, à sa bonté et à sa miséricorde. La confession de la foi dans la miséricorde de Dieu est l'expression d'une conscience de sa propre faute. Il est enfin évident que plus le péché de l'homme est apparent (Ps 51,6-7), plus Dieu est reconnu juste devant l'homme.

Après tout cela, il est évident que la différence entre les "justes" et les "injustes" n'est pas fondée sur la supposition ou l'exigence d'un état de l'homme sans péché, mais sur l'exigence de la foi de l'homme en Dieu et de la communauté de vie avec lui. L'exigence de la justice de Dieu est une conséquence logique de sa propre nature. C'est pourquoi le "juste", tant dans l'Ancien Testament que dans le Nouveau, est simul iustus et peccator.

On voit bien maintenant en quoi réside la nature des "injustes". Il ne s'agit pas de leur faute fondamentale, mais du refus des dons de la justice de Dieu, du refus de Dieu en tant que norme de leur vie. Cette catégorie d'hommes existe dans les deux Testaments.

Il s'ensuit que l'emploi de la notion "juste" est identique dans les deux Testaments, tandis que l'emploi de la notion d'"injuste" est parfois complètement différent. Dans l'Ancien Testament, les r^{e}ša^{c}îm représentent toujours le type du refus de Dieu radical, pour eux il n'y a plus d'espoir de conversion. Paul, au contraire, emploie la notion de "pécheur", d'"impie" dans le sens de la faute humaine qu'on pourrait appeler ontologique. La faute fondamentale de l'homme est si radicale que ce dernier ne peut, sous aucune condition, se rapprocher

de Dieu tout seul, mais l'intervention de la justice de Dieu est nécessaire pour "justifier" l'homme devant la sainteté de Dieu. Le concept de Paul sur la justice de l'homme est plus profond et plus radical
que dans l'Ancien Testament, car il a un caractère eschatologique. Le
but est la communauté complète avec l'homme selon le modèle d'une union
définitive pour l'éternité, pour laquelle il ne suffit pas de la foi
de l'homme, mais où est exigée une métamorphose de l'existence de l'homme, que seule l'oeuvre de Dieu peut réaliser. La foi de l'homme doit
donc, dans ce contexte, inclure la foi selon laquelle Dieu seulement,
la justice de Dieu seulement, peut vraiment transformer l'homme.

Cela signifie que la catégorie des r^{e}sa^{c}îm de l'Ancien Testament
existe, avec les mêmes caractéristiques, également dans le Nouveau
Testament, où elle est dénommée différemment. Dans le Nouveau Testament, ce sont ceux qui ne croient pas, soit que leur incroyance soit
manifeste, soit qu'il s'agisse seulement de l'apparence de la foi, ce
qui révèle plus encore leur incroyance : la confiance dans sa propre
justice en relation avec la loi, au lieu de la confiance dans la justice créatrice de Dieu qui "justifie" l'homme sans ses mérites. Là
est la raison pour laquelle le conflit entre les catégories "foi" //
"loi" chez Paul est au moins aussi aigu que, dans la Bible hébraïque,
le conflit saddîqîm // r^{e}sa^{c}îm.

4. La foi biblique dans la justice de Dieu et la loi naturelle

Plus récemment, on peut noter un intérêt général pour la question
du rapport entre la révélation et la loi naturelle (100). Si l'on parle
de la relation entre la notion de justice et la loi naturelle, plusieurs questions se posent. Il semble que la notion de "loi naturelle"
ait droit de cité, quand on parle de religions qui se fondent sur des
présupposés cosmologiques de la divinité. Si Dieu n'est pas un être
qui nous dépasse, mais seulement une partie du cosmos, il est plus
approprié de parler seulement de loi naturelle et non de révélation.
Mais n'est-ce pas justement le contraire dans la Bible ?

Si l'on parle de la justice stricte qui, dans la Bible occupe
une place très importante, la situation est essentiellement différente,

comme dans le cas où apparaît la notion de sdq. A vrai dire, l'exigence de la rétribution ne suppose pas nécessairement la révélation. La rétribution est un impératif si direct, et si profondément enraciné dans l'existence humaine, qu'elle fait partie des exigences fondamentales de toutes les civilisations et religions de tous les temps (101). Il s'agit ici de l'instinct primitif de l'être humain, de l'instinct qui nous rappelle aussi les réactions les plus élémentaires des animaux. C'est pourquoi, il n'est pas étonnant que les philosophes jugent cette loi en fonction de la loi physique de la causalité (102). La notion cosmologique grecque de la justice, selon laquelle la loi cosmique exige inexorablement la rétribution pour chaque transgression, accomplie consciemment ou inconsciemment, représente une application particulièrement caractéristique de la loi de causalité sur le plan de la morale (103).

Comme nous l'avons déjà souligné, les présupposés théologiques hébraïques signifient tout d'abord une rupture avec l'interprétation traditionnelle cosmologique de la divinité, de l'homme et du monde, dans leur existence et leur activité. Ainsi, la notion biblique de justice n'est pas identique à la loi de la justice stricte, mais cette loi est surbordonnée complètement aux lois transcendantales de la bonté de Dieu et de sa fidélité dans son rapport personnel avec l'homme. Est-il encore convenable de parler de la loi naturelle quand on pense au contenu de la justice de Dieu en relation avec sdq ? Ne sommes-nous pas les vrais témoins d'une opposition totale avec la loi naturelle, lorsque la foi ou la justice de Dieu se hausse jusqu'à la thèse de Paul, selon laquelle Dieu justifie l'homme en tant qu'injuste ?

a) Le premier commandement divin et la loi naturelle

Si on veut essayer de répondre à la question posée, il faut d'abord se confronter à la supposition la plus fondamentale de la croyance prophétique hébraïque : avec le monothéisme pur. Il faut considérer que s'il est vrai que, dans la Bible, la notion philosophique d'un seul Dieu, comme origine du monde entier, est un présupposé permanent, les écrivains sacrés cependant parlent quasi exclusivement de la relation entre Dieu et l'homme sous l'aspect de la fidélité entière de l'homme

à Dieu. Ainsi,le rapport entre la justice de Dieu et la justice de
l'homme ne pose pas seulement la question de savoir si on peut reconnaître Dieu par voie naturelle et si la foi en un Dieu unique correspond mieux à la loi naturelle que le polythéisme. Il s'agit d'une
question bien plus importante : est-ce que la relation de Dieu envers
l'homme, avec l'exigence d'une fidélité complète envers lui, est,
dans toute l'étendue des catégories éthiques, en harmonie avec la loi
naturelle de l'existence humaine ?

J. Barton est dans le vrai lorsqu'il explique pourquoi, dans la
critique des prophètes, le péché le plus grand et l'origine de tous
les autres péchés est toujours l'orgueil de l'homme. En vérité, il
existe une seule raison à cela : l'absolu de Dieu créateur, qui n'occupe pas seulement de facto la première place, mais aussi de jure (104).
Relativement à cela, Barton montre aussi excellemment que le premier
commandement nous rappelle la loi naturelle et que l'idolâtrie du
peuple impie est en opposition non seulement avec la révélation, mais
aussi avec la loi naturelle (105). Mais il n'approfondit pas assez cet
argument et à cause de cela il ne répond pas aux questions les plus
essentielles. Pour la notion biblique de la justice de Dieu, la question la plus importante n'est pas de savoir si la punition de Dieu
pour l'infidélité du peuple envers Dieu est une exigence de la loi
naturelle, car il s'agit de la destruction de l'"ordre cosmique". Il
s'agit de beaucoup plus : est-il du domaine de la loi naturelle que
Dieu n'agisse pas avec l'homme selon ses mérites, mais selon la légitimité intérieure de sa bonté et de sa fidélité ? Comment associer à
la loi naturelle la thèse selon laquelle Dieu n'agit pas avec le pécheur selon la loi rétributive mais selon la loi de sa miséricorde et
donc en opposition avec l'exigence, probablement la plus évidente, de
la loi naturelle ? La supposition biblique, selon laquelle la justice
de l'homme face à la justice de Dieu est en définitive "l'espoir contre
tout espoir" (cf. l'exemple de Job !) est-elle en accord avec la loi
naturelle ?

On ne peut trouver de réponse à ces questions que si l'on élargit
la notion de "loi naturelle" jusqu'aux possibilités extrêmes de l'existence. Le critère d'évaluation du rapport entre la révélation et la

loi naturelle ne peut pas être seulement une question de présupposés
philosophiques et théologiques, mais il doit englober aussi toutes les
données existentielles. Il doit tenir compte de la complémentarité
entre le "positif" et le transcendantal, entre le temporel et l'éternel, entre la perspective simultanée (synchronique) et historique
(diachronique) de l'existence.

b) La dialectique historique entre la justice de Dieu et la
justice humaine à la lumière de la loi naturelle

Si l'on se représente seulement le plan synchronique de l'existence de l'homme et des relations qu'il entretient, les questions suivantes
peuvent surgir : peut-on désigner avec la notion de "loi naturelle" la
croyance des prophètes en la justice transcendantale de Dieu ? Est-ce
que leur rupture avec la tradition cosmologique des peuples voisins ne
signifie pas un certain isolement dans un monde qui n'est plus acces-
sible à tous ? Est-ce que les prophètes, qui pensent aux normes transcendantales de la justice, ne sont pas trop souvent des exceptions dans
les rangs de la race humaine ? Est-ce que l'état final n'est pas tel
que, d'un côté, nous avons une minorité bien distincte qui parle au
nom de la loi révélée de Dieu, et, de l'autre, une majorité qui vit et
raisonne selon les normes de la loi naturelle ?

Quelle est la situation si l'on inclut aussi toute la perspective
diachronique ? Il est généralement reconnu que la perspective biblique
est historique; en cela réside son avantage. L'histoire est toujours
dialectique, car le peuple de l'alliance ne répond jamais comme il convient aux manifestations de la justice salvifique de Dieu. Ainsi, la
justice de Dieu est toujours en même temps la promesse pour les "justes"
et la menace pour les "injustes". La majorité du peuple ne reconnaît
pas les "signes" de son propre temps, mais, en revanche, elle reconnaît sa faute par les malheurs qui sont la conséquence de sa propre
faute; cela signifie qu'elle reconnaît la rectitude de la position des
prophètes. Ce qui autrefois passait pour être la seule vérité, est révélé maintenant comme illusion et aberration. Le résultat final est donc
justement contraire à l'état observé sur le plan synchronique : maintenant, c'est la majorité qui doit reconnaître que la minorité avait

raison. En cela réside le mystère de la réhabilitation des prophètes,
qui étaient impitoyablement persécutés par leur propre génération.

Comment peut-on expliquer le tragique qui veut que, dans les
temps critiques, seule une minorité comprend l'appel de la "loi naturelle", tandis que la majorité ne la reconnaît que lorsqu'il est trop
tard ? Du point de vue de la raison, cette question est insoluble.
C'est qu'il s'agit du mystère de la liberté humaine et du mal, qui dépasse les possibilités d'un abord rationnel satisfaisant. Puisque
l'homme est un être matériel et spirituel, il se trouve constamment
confronté à des offres innombrables, bonnes et mauvaises. Ces décisions sont plus ou moins conscientes, sa situation est plus ou moins
critique.

Les prophètes, qui avaient pour tâche de conduire leur peuple à
travers les crises, apparaissent, pour la plupart, dans les moments
les plus critiques de l'histoire d'Israël, qui exigeaient une maturité
exceptionnelle; non pas un formalisme religieux, mais un enracinement
entier dans une justice personnelle. Les prophètes ont vu l'appel du
temps, car ils ont eu un rapport personnel exceptionnellement intense
avec la sagesse personnelle de Dieu; le peuple, au contraire, s'est
contenté des offres avantageuses et des promesses du ritualisme politico-
religieux et du légalisme.

En raison de leur crédibilité, les prophètes sont devenus des
messagers pour tous les temps; plus l'épreuve du temps a confirmé leur
confiance complète dans la justice de Dieu, plus cela s'accomplissait.
Toutes les idéologies et religions qui n'ont pas mis au premier plan
la loi absolue de la justice libre de Dieu, ont tôt ou tard disparu.
La Bible au contraire, qui a grandi sur les ruines d'un petit peuple,
est aujourd'hui le premier livre de l'humanité. Contra factum non est
argumentum.

La notion hébraïque de la justice de Dieu signifie l'élargissement de l'horizon jusqu'aux dernières possibilités de l'approfondisse-
ment intellectuel et de la dynamique existentielle. La justice de Dieu
a atteint avec le Christ un degré qui ne peut être dépassé. Ainsi, la
justice de Dieu signifie un horizon infini pour l'intellect de l'homme,

une source inépuisable pour sa créativité, mais surtout la plus haute
possibilité pour sa vie en communauté. Mais la réciprocité entre la
justice de Dieu et la justice vécue de l'homme nous montre enfin de
la façon la plus évidente l'unité entre loi révélée et loi naturelle
(106). La justice de Dieu est la loi ontologique absolue de la fidélité de Dieu à lui-même, à l'homme et à l'univers entier. Ainsi, elle
est la norme unique de la justice humaine (107). La réciprocité de
principe entre la justice de Dieu et la justice humaine est la conséquence la plus logique de la nature de la justice de Dieu. Quant à la
dialectique historique entre la justice de Dieu et la justice humaine,
elle est la conséquence de la liberté humaine pour la justice ou l'injustice, pour la vie ou la mort.

c) Réciprocité entre la justice de Dieu et la justice humaine
et vue d'ensemble sur le langage littéraire et poétique

La réciprocité et la dialectique historique entre la justice de
Dieu et la justice humaine sur le plan transcendantal personnel ont
des conséquences de grande portée lorsque l'on veut exprimer ce rapport par les catégories existantes : de façon seulement abstraite, ou
empirique et historique, rationnelle et philosophique, artistique et
symbolique, littéraire et poétique, etc.... L'histoire de l'interprétation nous offre beaucoup d'exemples, tout à fait extrêmes : entre
le rationnel et l'irrationnel, entre l'abstrait et le concret; en
philosophie et en théologie, dans l'interprétation historique et en
littérature, dans les arts figuratifs et en poésie, même en économie
et en politique. Certes, toutes ces interprétations ne peuvent en aucun
cas remplacer la Bible. Celle-ci reste la source incontestable de la
révélation sur la justice de Dieu et pour cette raison aussi le critère incontestable pour évaluer l'approche la plus appropriée la plus
"naturelle" pour parler de la justice de Dieu.

La définition la plus convenable pour l'approche fondamentalement
biblique est le langage global poétique et littéraire, qui est par
nature concret et abstrait, voire transcendantal, car il est symbolique.
Ce n'est pas un hasard si l'approche de la Bible n'est pas scientifique, ni analytique. Il n'y a que la langue artistique, surtout

littéraire et poétique, qui peut englober la dynamique des rapports
de la vie. L'anthropomorphisme et la ressemblance formelle de certains
éléments avec les oeuvres des peuples voisins sont inévitables. Cependant, il n'est pas exact de parler, dans le contexte de la Bible,
d'éléments primitifs mythiques, mais de symbolisme. Dans le contexte
des présupposés bibliques de la croyance, tous les éléments mythiques
sont automatiquement démythisés, puisqu'ils sont posés dans un cadre
de croyance au-dessus du mythique. Le langage littéraire poétique lie
donc heureusement tous les éléments originels de la connaissance et
du sentiment entre le concret et l'abstrait, entre le temporel et
l'éternel.

L'histoire de l'interprétation confirme non seulement les présupposés de la croyance de la Bible, mais aussi les catégories dans
lesquelles elle s'exprime. Les présentations uniquement abstraites et
rationnelles ou bien positivistes et scientifiques, en tant que phénomènes à la mode, ne se maintiennent que peu de temps. La "sagesse"
des théologiens trop abstraits devait reculer devant la force des
formes simples de la croyance et des arts populaires. Les grands esprits, sous toutes les formes de l'art complétaient avec des formes
artistiques majestueuses les créations du génie populaire. La Bible
était leur source première. Il suffit de se rappeler les plus connus :
Dante avec la Divine Comédie, Shakespeare avec les tragédies sur le
jugement du crime, Milton avec le Paradis Perdu (108), Michel-Ange
avec les représentations immortelles des motifs bibliques, Pascal avec
ses Pensées, etc. Ces esprits aussi découvrent, au-delà du cosmique,
la lumière de la justice éternelle de Dieu, qui resplendit du haut
des sommets solitaires des textes prophétiques et des psaumes bibliques.
Ils savent aussi que la justice de Dieu est, dans le monde, la seule
force victorieuse et salvifique pour l'homme, une autorité qui n'est
pas liée à la loi de la justice stricte. Leur pressentiment aussi nous
montre que la justice de Dieu ne concède pas des biens comme une rétribution pour les mérites de l'homme, car elle nous offre infiniment
plus que ce que l'homme peut mériter. Les créations des plus grands
artistes confirment que la justice de Dieu est pour tous les temps
l'"espoir contre tout espoir" comme jadis pour Abraham, Job et le

Christ sur la croix. Leur sensibilité touche enfin à l'essentiel :
la justice de Dieu est le mystère de tous les mystères, au-delà de
toutes les catégories de la rationalité de l'homme et, cependant, la
couronne de la rationalité de l'homme dans la dialectique historique
de son existence; la justice de Dieu est le dernier espoir de l'homme
entre la frustration dans la partialité et la libération dans l'universalité. La justice de Dieu est un mystère, car elle est la source
de toutes les vérités et pour cela la vérité de toutes les vérités
dans la dynamique de la vie (109).

NOTES

(1) Cf. E.F. Kautsch, Über die Derivate des Stammes צדק im alttestamentlichen Sprachgebrauch, 52; F. Nötscher, Die Gerechtigkeit
Gottes bei den vorexilischen Propheten, 4; K.Hj. Fahlgren,
s^{e}dāka, nahestehende und entgegengesetzte Begriffe im Alten
Testament, 1.

(2) Cf. O. Procksch, Theologie des Alten Testaments, 569; A. Jepsen, "צדק und צדקה im Alten Testament", Gottes Wort und Gottes
Land, 80; H.H. Schmid, Gerechtigkeit als Weltordnung, 66-69,
178-78; B. Johnson, "Der Bedeutungsunterschied zwischen sädäq
und sedaqa", ASThI 11 (1977/78) 31-39.

(3) Cf. G. von Rad, Theologie des Alten Testaments, I (München :
Chr. Kaiser, 1957) 411-12 : "Diese Versteifung Hiobs auf seine
Gerechtigkeit - unbequem für moderne Ohren - ist der eigentliche
Gegenstand seines ganzen Rechtens mit Gott, auf den Hiob immer
wieder zurückkommt, bis er ihn in der berühmten Unschuldserklä-
rung, in dem 'Reinigungseid' von Kap. 31, in grösster Form
entfaltet ... Es geht ihm nicht um 'den Sinn des Leidens', wie
man immer wieder zu lesen bekommt, sondern ganz präzis um seine
Rechtfertigung, die ihm verloren gegangen zu sein scheint";
Weisheit in Israel (Neukirchen-Vluyn : Neukirchener Verlag, 1970)
267-92 : "Das Buch Hiob", spéc. p. 283 : "So ist also auch Hiob
ein leidender Gerechter, der seine Sache ganz auf Gott geworfen
sieht, und wir sahen ja, wie es ihn ungeachtet seines Entsetzens
wieder zu Gott hindrängt. Hier allein kann er den rechtferti-
genden Spruch empfangen, der sein Verhältnis zu Gott und damit
seine ganze irdische Existenz in Ordnung bringt. Seine Zuver-
sicht, gegen jeden Vorwurf gesichert zu sein, ist in ihrer
Unerschütterlichkeit fast bestürzend". Voir aussi J. Lévêque,
"Le sens de la souffrance d'après le livre de Job", RThL 6
(1975) 438-59; "Anamnèse et disculpation : la conscience du juste
en Job, 29 - 31", La Sagesse de l'Ancien Testament (éd. M.
Gilbert; BEThL 51; Gembloux/Leuven : J. Duculot/University Press,
1979) 231-48.

(4) Cf. "Mišpāṭ", Theologisches Wörterbuch zum Alten Testament, V
(éd. G.J. Botterweck - H. Ringgren; Stuttgart : W. Kohlhammer,
1984) 93-107. L'article propose aussi une bibliographie détaill-
lée. A propos des textes de Qumrân voir M. Delcor, "Contribution
à l'étude de la législation des sectaires de Damas et de Qumrân",
RB 61 (1954) 533-53.

(5) Cf. "Die Entwicklung des Begriffes משפט im AT.", ZAW 40 (1922)
256-87; 41 (1923) 16-76.

(6) Voir le premier article, p. 258 : "Wenn sonach als wahrschein-
lich hingestellt werden kann, dass das 'Regieren' die ursprüng-
liche Bedeutung des Stammes darstellt und dass das 'Richten'
erst daraus hervorgegangen ist, so erklärt sich diese Doppelheit
natürlich praktisch daraus, dass die Rechtsentscheidung eine
Hauptaufgabe des Regenten war". J. van der Ploeg, "Šapat et mišpāṭ", OTS 2 (1943) 144-55, répond en affirmant que le sens fondamental de špt est cependant "juger", mais du fait de sa simplifica-
tion,il ne peut rien prouver.

(7) Voir le premier article, p. 259.

(8) Voir le deuxième article, pp. 21, 33-39.

(9) Voir le deuxième article, p. 39.

(10) Voir le deuxième article, p. 51.

(11) Voir le deuxième article, p. 57 : "... Und besonders darum wird
das als Tat eines gnädigen Gottes erscheinen, weil er sich gleich-
zeitig den Gottlosen gegenüber als ein Zorniger und Strafender
offenbart; von diesem dunklen Hintergrunde hebt sich jenes Bild
um so heller ab".

(12) Voir le deuxième article, pp. 60-61.

(13) Voir aussi les autres formes ou expressions par rapport au contexte : mišpᵉṭê-sedeq /sidqekā/ (Is 58,2; Ps 119,7.62.106.160.164);
sedeq mišpāṭêkā (Ps 119,75); 'elōhîm šōpēt saddîq (Ps 7,12);
šōpēt sedeq (Ps 98,9).

(14) En réalité, la notion mišpāṭ est bien définie chez K.Hj. Fahl-

gren, s^{e}dākā, 120-38. Son point de départ ressemble à celui de
H.W. Hertzberg. Mais Fahlgren constate aussi que la racine špt
n'a pas directement, à vrai dire, de sens judiciaire, mais comme la racine sdq elle désigne le salut dans le cadre de la
communauté. Cf. par exemple p. 130 : "mišpat als Gemeinschafts-
prinzip bedeutet einerseits Hilfe und Rettung für alle, die zu
der Gemeinschaft gehören, andererseits Heimsuchung und Vernichtung
für alle ausser ihr Stehenden. Es ist der Ausdruck für das Ein-
greifen des Starken - der Menschen oder Gottes - zur Hilfe und
Rettung der ihm Verbundenen gegenüber den Feinden, die diese
bedrohen. Deshalb hat es vielfach ebenso wie s^{e}dākāh die Bedeutung Rettung".

(15)   Cf. B. Johnson, "Mišpat", col. 104 : "Wenn die Synonyma aneinan-
dergereiht werden, wird eher die Menge oder die Totalität der
Gebote unterstrichen als die spezifischen Bedeutungen der ein-
zelnen Wörter".

(16)   Cf. Das Wort hesed im alttestamentlichen Sprachgebrauche als
menschliche und göttliche gemeinschaftsgemässe Verhaltungsweise.

(17)   Nous citons comme exemples certains points de ses résumés. A la
fin du premier chapitre, il dit : "Hesed ist die einem Rechts-
Pflicht-Verhältnis entsprechende Verhaltungsweise. Versteht man
hesed als eine solche Verhaltungsweise, so erklärt sich die früher
festgestellte Tatsache, dass nur diejenigen, die in einem Rechts-
Pflicht-Verhältnis stehen, hesed empfangen und erweisen können"
(points 1 et 2, p. 20). A la fin du deuxième chapitre, il résume
(point 2) : "Hesed ist die gemeinschaftsgemässe Verhaltungweise der
Menschen unter sich, und zugleich, explicite und implicite, die
richtige Verhaltungsweise Gott gegenüber. Diese beiden Seiten von
hesed sind nicht voneinander zu trennen"; (point 6): "Hesed steht
dem Begriffe Barmherzigkeit sehr nahe, ist aber durch seine Pflicht-
gemässheit von ihm verschieden" (p. 34). Dans le résumé du troisième chapitre, le point 3 est le plus caractéristique : "Gottes
hesed entspricht den Anforderungen der Treue, der Gerechtigkeit,
des Rechtsverhaltens und schliesst diese Begriffe schon ein ...";
(point 5): "Gottes hesed ist die Folge seines Bundes oder seiner
Verheissung oder seines Eides" (p. 66).

(18) Encore maintenant, la plupart des exégètes s'expriment selon
les catégories de Glueck et son livre a été traduit en anglais :
Hesed in the Bible (éd. E.L. Epstein; Cincinnati : The Hebrew
Union College, 1967).

(19) Voir surtout H.J. Stoebe, "Die Bedeutung des Wortes häsäd im
Alten Testament", VT 2 (1952) 244-54; "haesaed Güte", Theologi-
sches Handwörterbuch zum Alten Testament, I (éd. E. Jenni - C.
Westermann; München/Zürich : Chr. Kaiser Verlag/Theologischer
Verlag, 1971) 600-21; A. Jepsen, "Gnade und Barmherzigkeit im
Alten Testament", KuD 7 (1961) 261-71; H.-J. Zobel, "haesaed",
Theologisches Wörterbuch zum Alten Testament, III (éd. G.J.
Botterweck - H. Ringgren; Stuttgart/Berlin/Köln/Mainz : W. Kohl-
hammer, 1982) 48-71. Stoebe et Zobel citent dans les dictionnai-
res une bibliographie assez détaillée sur hesed dans son ensemble.

(20) Cf. "Die Bedeutung ···", VT 2 (1952) 254.

(21) Cf. A. Caquot, "Les 'grâces de David'. A propos d'Isaïe 55/3b",
Semitica 5 (1965) 45-46 : "Pour le partenaire humain, la hesed
consiste à obéir aux commandements généraux ou particuliers
édictés par Dieu, mais pour le partenaire divin la hesed va au
delà d'une stricte observance des engagements souscrits. La
loyauté divine à l'alliance conclue avec Israël comporte dans
une certaine mesure le pardon des transgressions humaines, la
hesed entre ainsi dans nos catégories de miséricorde ou de grâce.
Dans la pensée de l'ancien Israël, comme dans le judaïsme postérieur, la justice et la miséricorde de Dieu ne représentent pas
deux aspects corrélatifs de la même réalité. La supériorité du
partenaire divin de l'alliance implique sa magnanimité et sa
longanimité". Voir aussi H.-J. Zobel, "haesaed", Theologisches
Wörterbuch zum Alten Testament, III, 70.

(22) Cf. "Das übervolle Mass. Ein Versuch mit haesaed", VT 28 (1978)
151-64.

(23) Il est compréhensible que l'on puisse prendre en considération
aussi la littérature juive classique postbiblique, en hébreu et
en grec. Cependant, nous ne traiterons pas de cette littérature.

La première raison est qu'il existe déjà quelques études qui
offrent une revue plus ou moins détaillée du vocabulaire de la
justice dans cette littérature : P. Stuhlmacher, Gerechtigkeit
Gottes bei Paulus, 145-84, arrive à la conclusion que le vocabulaire sur la justice de Dieu dans toute la littérature apocalyptique et la littérature rabbinique postérieure signifie la
fidélité de Dieu à l'alliance, la force de Dieu ou bien la
révélation de la force de Dieu dans la création, le droit de
Dieu, la miséricorde de Dieu. M.J. Fiedler, "Δικαιοσύνη
in der diaspora-jüdischen und intertestamentarischen Literatur",
JSJ 1 (1970) 121-43, constate que dans la littérature juive de
la diaspora prédomine le sens spécifiquement grec du mot "justice", dans la littérature du Judaïsme palestinien, en revanche,
le sens caractéristique salvifique de la racine hébraïque sdq.
Il voit la raison de cette différence dans la nécessité pour les
Juifs de la diaspora d'interpréter la loi avec des termes philo-
sophico-éthiques, tandis qu'en Palestine cette nécessité n'existait pas. En ce qui concerne les livres deutérocanoniques
(apocryphes), il souligne qu'y est conservé le sens hébraïque
du salut et de l'alliance. J.A. Ziesler, The Meaning of Righteousness in Paul, 70-127, présente la situation de manière plus
complexe que Stuhlmacher et Fiedler. Voir aussi D. Hill, Greek
Words and Hebrew Meanings, 109-120; G. Schrenk, ThWNT, II (éd.
G. Kittel-G. Friedrich; Stuttgart : W. Kohlhammer, 1935) 180-229.
Enfin, il est bon de mentionner B. Przybylski, Righteousness in
Matthew and his World of Thought, 13-76. L'auteur s'est fixé
pour but de parfaitement étudier le sens du vocabulaire de la
justice dans les littératures de Qumrân et des Tannaim. Il veut
montrer de cette façon quel est le sens de la notion de justice
chez Matthieu.

(24) Cf. "Die drei Gerechtigkeiten", Rechtfertigung. Festschrift für
      Ernst Käsemann, 250.

(25) Cf. "Die drei Gerechtigkeiten", Rechetfertigung. Festschrift
      für Ernst Käsemann, 265.

(26) Cf. M. Jastrow, A Dictionary of the Targumim, the Talmud Babli and Yerushalmi, and the Midrashic Literature (New York/Berlin/London : Verlag Choreb/Shapiro, Vallentine, 1926); J. Levy, Wörterbuch über die Talmudim und Midraschim, I-IV (Darmstadt : Wissenschaftliche Buchgesellschaft, 1963).

(27) Mais voir C.H. Dodd, The Bible and the Greeks, 42-59 : Δικαιοσύνη en grec classique ne signifie aucunement la justice stricte de rétribution. Elle désigne, en premier lieu, la justice sociale. Dodd, considérant que les traducteurs des Septante ont traduit avec ce terme non seulement sdq mais aussi certaines autres racines, conclut à juste titre (p. 44) : "The translators therefore understood δικαιοσύνη in its larger sense as including such ideas as trustworthiness, uprightness, innocence; in its narrower sense, the judicial character". Voir aussi J.W. Olley, "Righteousness" in the Septuagint of Isaiah : A Contextual Study, 21-43 : "Classical and Hellenistic (Non-Jewish) Greek Usage".

(28) Voir P. Guérin, L'Idée de Justice dans la Conception de l'Univers chez les Premiers Philosophes Grecs. De Thalès à Héraclite; G. Vlastos, "Equity and Justice in Early Greek Cosmologies", CP 42 (1947) 156-78; le même, "Salonian Justice", CP 41 (1946) 65-83; L.R. Palmer, "The Indo-European Origins of Greek Justice", Transactions of the Philological Society, 149-68; F.M. Cornford, From Religion to Philosophy. A Study in the Origins of Western Speculation; M.P. Nilsson, "Die Griechengötter und die Gerechtigkeit", HThR 50 (1957) 193-210; Th. Beïkos, Cosmology and Cosmic Justice in Ancient Greek Thought; H. Lloyd - Jones, The Justice of Zeus; P. Stuhlmacher, Gerechtigkeit Gottes bei Paulus, 102-105; D. Hill, Greek Words and Hebrew Meanings, 103. Stuhlmacher constate justement, p. 103 : "Gerechtigkeit ist für den Griechen stets ein Relationsbegriff gewesen, aber nicht Bezeichnung einer persönlichen Beziehung, sondern eines sachlichen Bestimmtseins von einer zu wahrenden und zu praktizierenden Norm".

(29) Cf. Greek Words and Hebrew Meanings, 103.

(30) Cf. "Righteousness" in the Septuagint of Isaiah : A Contextual Study.

(31) Cf. C.H. Dodd, The Bible and the Greeks, 43-44; P. Stuhlmacher, Gerechtigkeit Gottes bei Paulus, 110; D. Hill, Greek Words and Hebrew Meanings, 104-109; J.A. Ziesler, The Meaning of Righteousness in Paul, 60-67.

(32) Cf. A. Descamps, "La justice de Dieu dans la Bible grecque", StHell 5 (1948) 69-92.

(33) A la page 80, il dit expressément de Jr 9,13 : "... il est impossible de voir dans l'énumération grecque ἔλεος καί κρίμα καί δικαιοσύνη une triple synonymie; κρίμα est le jugement impartial; δικαιοσύνη en est l'équivalent de forme abstraite, à savoir la justice stricte; mais cette notion n'a plus rien de commun avec ἔλεος". De même, à la page 82, il dit d'Os 2, 21-22 : "... Dieu va se fiancer à ses fidèles conformément à sa justice, c'est-à-dire par exemple en reconnaissant leurs mérites; il y ajoutera même sa miséricorde. Le grec met donc une gradation où l'hébreu ne voyait que synonymie". A la page 84, il dit de Ps 36,6-7 : "Dans ce texte, comme en de nombreux autres, il y a synonymie entre grâce, fidélité, justice. En grec, au contraire, on fera une distinction nette entre ἔλεος et δικαιοσύνη".

(34) Cf. p. 91.

(35) Dans la TOB, on lit à la note i de Est 4,C18 : "La justice de Dieu consiste en fidélité irréprochable à l'alliance, bien que son peuple l'ait transgressée". A ce commentaire, il convient d'ajouter : "et bien que Dieu l'ait puni". On parle expressément de la punition en 4,C17.

(36) Pour les deux textes, voir R. Hanhart, Tobit (Septuaginta, Vetus Testamentum Graecum VIII,5; Göttingen : Vandenhoeck & Ruprecht, 1983).

(37) Cette liaison n'est pas prise en considération par A. Descamps, quand il dit dans "La justice de Dieu dans la Bible grecque", StHell 5 (1948) 87 : "L'original sémitique, que l'on perçoit

aisément derrière ce texte, présentait un thème des confessions;
la justice-fidélité de Dieu, s'exerçant même dans le châtiment
de ces fidèles; le grec au contraire souligne la justice stricte".

(38) Cf. P. Deselaers, Das Buch Tobit. Studien zu seiner Entstehung,
Komposition und Theologie (OBO 43; Freiburg/Göttingen : Univer-
sitätsverlag/Vandenhoeck & Ruprecht, 1982).

(39) A. Descamps, "La justice de Dieu dans la Bible grecque", StHell 5
(1948) 88, pense malgré cela que δίκαιος exprime la justice
stricte et la perfection morale.

(40) Cf. G. Ziener, Die theologische Begriffssprache im Buche der
Weisheit (BBB 11; Bonn : P. Haustein, 1956) 65-67 : "Die Gerechtigkeit Gottes".

(41) En note, la TOB interprète la notion de justice dans l'évangile
selon saint Matthieu à tous les passages comme l'idéal suprême
de la justice humaine. Voir aussi les notes dans la BJ. On trouve
les interprétations les plus étendues chez M.J. Fiedler, Der
Begriff δικαιοσύνη im Matthäus-Evangelium, auf seine Grundlagen
untersucht, I-II; G. Strecker, Der Weg der Gerechtigkeit. Untersuchung zur Theologie des Matthäus; B. Przybylski, Righteousness
in Matthew and his World of Thought. Przybylski cite, pour tous
les passages, les auteurs qui partagent l'une ou l'autre opinion
(voir pp. 1-12, 77-123). Parmi nos auteurs, Fiedler voit partout
le sens de la justice de Dieu selon la pensée de l'Ancien Testament et du Judaïsme : le don de Dieu ou le salut (Heil), Strecker
et Przybylski voient, en revanche, constamment l'exigence de
Dieu envers l'homme (Rechtschaffenheit, demand upon man).

(42) Cf. E. Lohmayer, Das Evangelium des Matthäus (KEK; 4e éd.; Göttingen : Vandenhoeck & Ruprecht, 1967) 87-88 : "Das absolut
gebrauchte Wort 'Gerechtigkeit' bezeichnet also nicht die 'Rechtbeschaffenheit', die ein Einzelner hat oder ersehnt, sondern die
vollendete Norm und die vollendete Wirklichkeit, die, wie alles
gemeinschaftliche, so auch alles persönliche Leben nährt, gleich-
sam die Luft Gottes, die alle atmen, und die Speise Gottes,
von der alle leben ...".

(43) Cf. E. Lohmayer, Das Evangelium des Matthäus, 94 : "... Dazu spricht auch das absolut gebrauchte 'Gerechtigkeit' nicht von einer menschlichen Rechtbeschaffenheit, sondern von jener Wirklichkeit Gottes, in der und aus der diejenigen leben, zu denen Sein Reich kommt".

(44) Cf. A.H. M'Neile, The Gospel according to St. Matthew (London : Macmillan, 1952) 89 : "The disciples are to seek the divine Kingdom and the vindication which it will bring to them".

(45) Cette corrélation est très bien exprimée dans la BJ (note a) : "Expression biblique : Jean pratiquait et prêchait cette conformité à la volonté de Dieu qui rend l'homme 'juste'".

(46) B. Przybylski, Righteousness in Matthew and his World of Thought, interprète les déclarations de Matthieu sur la justice à la lumière de la littérature de Qumran et des Tannaim. A ceux qui ont une opinion différente, il reproche d'interpréter Matthieu selon Paul. Ainsi, il démontre comment sa méthode peut être remise en question. Selon quelle logique peut-il postuler chez Matthieu le contexte juif qu'il rejette chez Paul ?

(47) Cf. surtout les notes dans la TOB; R. Bultmann, Das Evangelium des Johannes (KEK; 12e éd.; Göttingen : Vandenhoeck & Ruprecht, 1952) 432-37; C.K. Barrett, The Gospel according to St John (2e éd. ; London; SPCK, 1978) 486-88; R.E. Brown, The Gospel according to John (AB; London : G. Chapman, 1971) 711-14.

(48) Cf. D.E. Haenchen, Die Apostelgeschichte (KEK; 7e éd.; Göttingen : Vandenhoeck & Ruprecht, 1977) 505 : "An diesem Tag wird er den Erdkreis mit vergeltender Gerechtigkeit richten".

(49) Cf. P. Stuhlmacher, Gerechtigkeit Gottes bei Paulus, 145-84.

(50) Cf. C.E.B. Cranfield, A Critical and Exegetical Commentary on the Epistle to the Romans (ICC; Edinbourgh : R. & T. Clark, 1975) 211 : "... the reference to God's being righteous in the last part of v. 26 would seem to tell strongly in favour of understanding δικαιοσύνη in these two verses as referring to God's own righteousness".

(51) Cf. C.E.B. Cranfield, The Epistle to the Romans, 515 : "It is
      indeed an ignorance of God's own character, a failure to know
      Him as He really is, and as He was revealed Himself, as the mer-
      ciful God".

(52) Cf. H. Windisch, Der zweite Korintherbrief (KEK; 9e éd.; Göttin-
      gen : Vandenhoeck & Ruprecht, 1970) 198-99 : "Gerechtigkeit Gottes
      geworden sein heisst dem Gericht entkommen sein; in der Gnade
      und in der Liebe Gottes stehen".

(53) Cf. "Gottesgerechtigkeit bei Paulus", ZThK 58 (1961) 366-78.
      Voir aussi P. Stuhlmacher, Gerechtigkeit Gottes bei Paulus, 74-
      101.

(54) Cf. "Δικαιοσύνη θεοῦ ", JBL 83 (1964) 13-16.

(55) Il n'est pas possible ici de faire mention de la bibliographie
      complète relative à cette question. Nous citons seulement quel-
      ques oeuvres qui résument les opinions sur les deux points de
      vue : M.T. Brauch, "Perspectives on 'God's righteousness' in
      recent German discussion", Paul and Palestinian Judaism (par E.
      P. Sanders; London : SCM Press, 1977) 523-42; C.E.B. Cranfield,
      The Epistle to the Romans, 91-99; U. Wilkens, Der Brief an die
      Römer (EKK VI/1; Zürich/Einsiedeln/Köln/Neukirchen-Vluyn : Ben-
      ziger Verlag/Neukirchener Verlag, 1978) 202-33 : "Exkurs : 'Gerech-
      tigkeit Gottes' ...."; S.K. Williams, "The 'Righteousness of God'
      in Romans", JBL 99 (1980) 241-90. Voir aussi S. Lyonnet, "De
      'Iustitia Dei' in Epistola ad Romanos", VD 25 (1947) 23-34, 118-
      21, 129-44, 193-203, 257-63; "De notione 'iustitiae Dei' apud S.
      Paulum", VD 42 (1964) 121-54; O. Kuss, Der Römerbrief (2e éd. ;
      Regensburg; F. Pustet, 1963) 115-21 : "Gerechtigkeit Gottes".

(56) Dans la TOB, on trouve sur Jn 17,25 la note, qui dit : "Appliqué
      à Dieu, le mot juste exprime la rectitude et l'intégrité de son
      jugement (Ps 119; 137; Dt 32,4); il peut aussi souligner sa
      fidélité et sa miséricorde (Ps 7,18; 9,5; 96,13; 116,5; 129,4;
      145,7). C'est vraisemblablement cet aspect que l'on retrouve
      ici (cf. Rm 3,26; Ap 16,5)".

(57) Cf. G.R. Beasley-Murray, The Book of Revelation (NCeB; Oliphants : Marshall, Morgan & Scott, 1974) 236 : "The justice and truth of God's ways are seen precisely in the faithfulness of God, manifest in these judgments and acts of redemption, as in his kingly rule through Christ during the times between the resurrection and parousia".

(58) Cf. E. von Dobschütz, Die Thessaloniker-Briefe (KEK; 7e éd.; Göttingen : Vandenhoeck & Ruprecht, 1974) 243 : "δίκαιον ist hier einfach gerecht im strengen Sinn menschlichen jus talionis".

(59) Dans la Vulgate, le verset 6 est traduit : "Si tamen iustum est apud Deum retribuere tribulationem his qui vos tribulant".

(60) Voir la note dans la TOB se rapportant à Mt 11,19 : "Il s'agit, au sens ironique, de la sagesse de cette génération dont les oeuvres furent de rejeter Jean-Baptiste puis Jésus, soit de Jésus lui-même, Sagesse de Dieu (cf. 12,42; 1 Co 1,24), soit du dessein salvifique de Dieu qui est justifié, c'est-à-dire reconnu et proclamé juste sur la base des oeuvres de Jean-Baptiste et de Jésus, malgré l'opposition de cette génération (v. 16)".

(61) Cf. J.A. Fitzmyer, The Gospel According to Luke (AB; Garden City, New York : Doubleday & Company, 1981) 676 : "... Their actions, in effect, rendered a verdict of approval on God's plan of salvation".

(62) Voir notre interprétation de Ps 51,6.

(63) Voir la note dans la TOB.

(64) Voir la note 1 dans la TOB : "La justice, que le Pharisien prétendait acquérir par ses oeuvres, est un don que Dieu seul peut accorder (cf. Ph 3,9)".

(65) Voir la note t dans la TOB pour 2,14 : "... Il s'agit d'un point de vue qui semble bien postérieur à la problématique paulinienne. Contre le judaïsme qui tendait à dissoudre la foi parmi les oeuvres, Paul - aux prises avec des judaïsants - revendique la primauté de la foi en la distinguant de ses fruits ou de ses oeuvres; Jc coordonne foi et oeuvres de la foi, en intégrant

l'apport de la critique de Paul et en réagissant vraisemblablement contre une interprétation extrémiste de l'enseignement de
Paul".

(66) Voir surtout F. Nötscher, Die Gerechtigkeit Gottes bei den vorexilischen Propheten; A. Descamps, "La justice de Dieu dans la
Bible grecque", StHell 5 (1948) 69-92. A cela nous ajouterons
les déclarations peu approfondies des différents commentaires
catholiques et protestants. En ce qui concerne le rapport entre
les langues hébraïque et grecque et le monde de pensée correspondant, voir Th. Boman, Das hebräische Denken im Vergleich mit
dem Griechischen (3e éd.; Göttingen : Vandenhoeck & Ruprecht,
1959).

(67) Les circonstances, hélas, ne nous permettent pas de prendre en
considération toutes les langues européennes. Nous nous limite-
rons aux langues grecque et latine et aux groupes linguistiques
roman, germanique et slave.

(68) Cf. Griechisches etymologisches Wörterbuch, I (Heidelberg : C.Winter,
1960) 393-94. Voir aussi E. Boisacq, Dictionnaire étymologique
de la langue grecque. Etudiée dans ses rapports avec les autres
langues indo-européennes (4e éd.; Heidelberg : C. Winter, 1950)
189; P. Chantraine, Dictionnaire étymologique de la langue grecque. Histoire des mots (Paris : Editions Klincksieck, 1968) 257-
58 : "δείχνυμι", 282 : "δικεῖν", 283-84 : "δίκη". Voir aussi
A. Kuhn, "sibja, jus", ZVSF 4 (1855) 370-75, spéc. p. 373.

(69) Cf. Dictionnaire étymologique de la langue grecque, 258. Voir
aussi H. Frisk, Griechisches etymologisches Wörterbuch, I, 392
(sous δικεῖν) : "Der formal sehr naheliegende Anschluss an δείχνυμι ist mit Recht ... verteidigt worden : 'in eine Richtung
bringen, richten', woraus 'zeigen' bzw. 'werfen'. Voir aussi
E. Benveniste, Le vocabulaire des institutions indo-européennes :
2. pouvoir, droit, religion (Paris : Les Editions de Minuit,
1969) 107-10 : "dikē".

(70) Cf. Dictionnaire étymologique de la langue grecque, 284. Voir
aussi A. Walged, Vergleichendes Wörterbuch der indogermanischen

342

Sprachen, I (Berlin/Leipzig : W. de Gruyter, 1930) 203 : "ieuos
etwa 'Satzung, Fug'", 776-77 : "deik- 'zeigen'"; J. Pokorny,
Indogermanisches etymologisches Wörterbuch, I (Bern/München :
A. Francke, 1959) 188-89 : "deik- 'zeigen', woraus lat. und germ.
z. T. 'mit Worten auf etwas hinweisen, sagen', merfach auch
'das Recht weisen, auf den Täter hinweisen, beschuldigen' ent-
wickelt ..."; 512-13 : "ieuos - etwa 'Satzung, Fug'; vielleicht
als 'Verbindlichkeit' ...".

(71) Cf. H.G. Liddell - R. Scott - H.S. Jones - R. Mc Kenzie, A Greek-
English Lexicon (Oxford : Clarendon Press, 1966) 429 : "δίκαιος,
δικαιοσύνη".

(72) Cf. G.W.H. Lampe (éd.), A Patristic Greek Lexicon (Oxford : Clarendon Press, 1961) 368-69 : "δίκαιος", 369-70 : "δικαιοσύνη".

(73) Voir surtout J.B. Hofmann (A. Walde), Lateinisches etymologisches
Wörterbuch, I (3ᵉ éd.; Heidelberg : C. Winter, 1938) 733-34 :
"ius"; A. Ernout - A. Meillet, Dictionnaire étymologique de la
langue latine. Histoire des mots (4ᵉ éd.; Paris : C. Klincksieck,
1959) 329-30 : "ius, iuris"; E. Benveniste, Le vocabulaire
des institutions indo-européennes : 2. pouvoir, droit, religion,
111-22 : "dike, ius et le serment à Rome";G. Dumézil, Idées romaines (BSU; Paris : Editions Gallimard, 1969) 31-45 : "Jus"; Thesau-
rus linguae latinae, VII (Leipzig : B.G. Teubner, 1956-1970) 678-
706 : "ius", 713-17 : "iustitia", 718-27 : "iustus"; G.A.L. Henschel,
Glossarium mediae et infimae latinitatis, III (Parisiis : Didot,
1843) 950-52 : "Justitia"; J.F. Niermeyer, Mediae latinitatis
lexicon minus (Leiden : E.J. Brill, 1976) 569-73 : "justitia";
Oxford Latin Dictionary (Oxford : Clarendon Press, 1968-1982)
984-86 : "ius", 986 : "iustitia, iustum", 986-87 : "iustus".

(74) Cf. G. Körting, Lateinisch-Romanisches Wörterbuch/Etymologisches
Wörterbuch der romanischen Hauptsprachen/ (3ᵉ éd.; Paderborn :
F. Schöningh, 1907) 564-65 : "justitia, justus"; W. Meyer - Lübke,
Romanisches etymologisches Wörterbuch (3ᵉ éd.; Heidelberg : C.
Winter, 1935) 377 : "justus"; W.v. Wartburg, Französisches Etymo-
logisches Wörterbuch, V (Basel : Halbing & Lichtenhahn, 1950)

86-87 : "jūstitia", 87-89 : "jūstus"; A. Tobeler - E. Lommatzsch,
Altfranzösisches Wörterbuch, IV (Wiesbaden : F. Steiner, 1960)
1901-1902 : "juste", 1904-1910 : "justice"; W.W. Skeat, An Etymological Dictionary of the English Language (Oxford : Clarendon
Press, 1882) 312 : "JUST, JUSTICE"; Webster's Third New International Dictionnary (London/Springfield, Mass.: G. Bell & Sons/
G. & C. Merriam, 1959) 1228 : "just, justice"; J. Corominas -
J.A. Pascual, Diccionario critico etimologico castellano e
hispanico, III (Madrid : Editorial Gredos, 1980) 542 : "JUSTO".

(75) Cf. E. Littré, Dictionnaire de la langue française, IV (Paris :
J. J. Pauvert, 1957) 1342-45 : "juste", 1347-51 : "justice". Voir
aussi P. Robert, Dictionnaire alphabétique et analogique de la
langue française, IV (Paris : Société du Nouveau Littré, 1959)
155-56 : "JUSTE", 157-59 : "JUSTICE"; Grand Larousse de la langue
française, IV (Paris : Librairie Larousse, 1975) 2899-2900 :
"juste", 2901-1902 : "justice"; Trésor de la langue française, X
(Paris : Editions du Centre national de la recherche scientifique,
1983) 816-20 : "JUSTE", 822-26 : "JUSTICE".

(76) Cf. S. Battaglia, Grande dizionario della lingua italiana, VI
(Torino : Unione tipografica, 1970) 909-13 : "Giustizia", 914-19 :
"Giusto".

(77) Cf. S. Feist, Vergleichendes Wörterbuch der gotischen Sprache
(3ᵉ éd.; Leiden : E.J. Brill, 1939) 197 : "ga-raíhtei"; W.W. Skeat,
An Etymological Dictionary of the English Language (Oxford :
Clarendon Press, 1882) 510 : "RIGHT"; E. Weekley, An Etymological
Dictionary of Modern English (London : J. Murray, 1921) 1238 :
"right"; E. Klein, A Comprehensive Etymological Dictionary of
the English Language, II (Amsterdam/London/New York : Elsevier
Publishing Company, 1967) 1348 : "right"; Webster's Third New
International Dictionary of the English Language (London/Spring-
field, Mass. : G. Bell & Son/G. & C. Merriam, 1959) 1955 : "right";
F. Kluge, Etymologisches Wörterbuch der deutschen Sprache (19ᵉ
éd.; Berlin : W. de Gruyter, 1963) 249 : "gerecht", 588-89 :
"recht, Recht"; E. Hellquist, Svensk etymologisk ordbok, II

(Lund : C.W.K. Gleerups Förlag, 1948) 870 : "rätt"; A. Johannes-
son, Isländisches etymologisches Wörterbuch (Bern : A. Francke,
1956) 717 : "réttr"; Jan de Vries, Altnordisches etymologisches
Wörterbuch (2e éd.; Leiden : E.J. Brill, 1977) 442 : "rétto, rétti,
réttr".

(78) En ce qui concerne la forme islandaise, voir aussi A. Johannes-
son, Isländisches etymologisches Wörterbuch (Bern : A. Francke,
1956) 1134 : "réttferdug, réttferdigr". Ce mot figure dans la
langue islandaise comme mot d'emprunt : "... ursprünglich ein
juristischer ausdruck : 'den forderungen des rechts gemäss', in
der heutigen bedeutung 'gerecht' von der bibel beeinflusst".

(79) Cf. G. Meyer, Etymologisches Wörterbuch der albanischen Sprache
(Strassbourg : Verlag von K.J. Trübner, 1891) 74 : "dreite 'grade,
recht, gerecht'". Dans l'introduction du dictionnaire, les renseignements de l'auteur sont intéressants (p. IX) : "Von etwa
5140 Schlagworten, welche mein Buch enthält, haben sich mir 1420
als romanischen Ursprungs ergeben (gegenüber 930 bei Miklosich),
540 als slavisch (bei Miklosich 319), 1180 als türkisch, 840
als neugriechisch; nur etwa 400 konnte ich mit mehr oder weniger
Sicherheit als altes indogermanisches Erbgut erweisen, etwa
730 zeigten sich meinen Deutungsversuchen unzugänglich".

(80) Voir pp. 1955-56. Cf. aussi The Random House Dictionary of the
English Language (New York : Random House, 1966) 1233 : "right,
righteous, righteousness"; The Oxford English Dictionary, VIII
(Oxford : Clarendon Press, 1933) 669-76 : "Right", 677 : "Righteous",
678 : "Righteousness".

(81) Cf. J. Grimm - W. Grimm, Deutsches Wörterbuch, IV/1 (Leipzig :
Verlag von S. Hirzl, 1897) 3593-3605 : "GERECHT", 3606-3614 :
"GERECHTIGKEIT"; VIII (1893) 364-406 : "RECHT".

(82) Cf. R. Klappenbach - W. Steinitz, Wörterbuch der deutschen Gegen-
wartssprache, II (Berlin : Akademie-Verlag, 1967) 1543-44 :
"gerecht, Gerechtigkeit", IV (1974) 2969-72 : "recht, Recht";
Ordbog over det Danske Sprog, XVII (København : Nordisk Forlag,
1937) 847-73 : "Ret, ret", 873-77 : "Retfaerd, retfaerdig,

Retfaerdighed"; Ordbok över svenska språket. Utgiven av Svenska
akademien, XXIII (Lund : A.-B. Ph. Lindstedts univ.-bokandel,
1962) 3995-4113 : "RÄTT", 4172-74 : "RÄTTFÄRDIG", 4176-79 : "RÄTT-
FÄRDIGHET".

(83) Cf. F. von Miklosich, Lexicon palaeoslovenico-graeco-latinum (Aalen:
Scientia Verlag, 1963 = Nachdruck der Ausgabe Wien 1862-65) 655-
56 : "prav" adj. εὐθύς rectus", 656 : "prav'div" adj. δίκαιος
iustus"; M. Vasmer, Russisches etymologisches Wörterbuch, II
(Heidelberg : C. Winter, 1955) 424 : "pravyj 'recht, gerecht'";
V. Machek, Etimologický slovník jazyka českého (Praha : Academia
nakladatelství československé akademie věd, 1971) 481 : "pravy";
P. Skok, Etimologijski rječnik hrvatskoga ili srpskoga jezika,
III (Zagreb : Jugoslavenska akademija znanosti i umjetnosti, 1973)
26-27 : "prav"; F. Bezlaj, Etimološki slovar slovenskega jezika,
III (en préparation; Ljubljana : Slovenska akademija znanosti in
umetnosti/Mladinska knjiga); Rječnik krvatskoga ili srpskoga
jezika, XI (obradio T. Maretić; Zagreb : Jugoslavenska akademija
znanosti i umjetnosti, 1935) 386-94 : "PRAV", Slovnik spisovného
jezyka českého, II (Praha : Nakladatelství československé akademie věd, 1960) 871 : "prav"; Slovar slovenskega knjižnega jezika,
III (Ljubljana : Slovenska akademija znanosti in umetnosti/
Državna založba Slovenije, 1979) 964-66 : "pravi".

(84) Cf. Slovar slovenskega knjižnega jezika, III, 962-73.

(85) En ce qui concerne la transcription des mots en écriture cyril-
lique, voir J.Th. Shaw, The Transliteration of Modern Russian
for English-Language Publications (Madison, Milwaukee/London:
The University of Wisconsin Press, 1967).

(86) Voir aussi Rječnik krvatskoga ili srpskoga jezika, XI, 402-403 :
"PRAVEDAN", 404 : "PRAVEDNOST", 407 : "PRAVIČAN, PRAVIČNOST",
Slovník spisovného jezyka českého, III (1964) 492; "spravedli-
vost, spravedlivý"; Slovník slovenského jezyka, IV (Bratislava :
Vydavateľstvo slovenskej akadémie vied, 1964) 200 : "spravodlivý";
Słownik języka polskiego (Warszawa : Polska akademia nauk, 1966)
626-27 : "sprawiedliwość, sprawiedliwy", etc.

(87) E. Benveniste qui a spécialement étudié les rapports entre les
vocabulaires des langues   indo-européennes sous l'aspect de leurs
racines plus anciennes, souligne tout particulièrement la parenté de signification des racines, à partir desquelles s'est développé le vocabulaire qui concerne le droit et la justice. Il
constate partout un arrière-plan moral et religieux. Cf. Le
vocabulaire des institutions indo-européennes : 2. pouvoir, droit,
religion, 9-15:"rex", 99-105 : "thémis", 107-22 : "ius", 123-32 :
"med- et la notion de mesure". Quand l'auteur donne la définition
du substantif regio, il dit à la page 14 en ce qui concerne
l'adjectif rectus : "On interprètera pareillement l'adjectif
rectus comme 'droit à la manière de cette ligne qu'on trace'.
Notion matérielle et aussi morale : la 'droite' représente la
norme; regula, c'est 'l'instrument à tracer la droite' qui fixe
la règle. Ce qui est droit est opposé dans l'ordre moral à ce
qui est tordu, courbe, or comme droit équivaut à juste, honnête,
son contraire tordu, courbé, sera identifié avec perfide, men-
teur, etc. Cette représentation est déjà indo-européenne. A lat.
rectus correspond l'adjectif gotique raihts traduisant g. euthús,
'droit', aussi le vieux-perse rāsta, qualifiant la 'voie' dans
cette prescription : 'N'abandonne pas la voie droite'". A la page
15, nous lisons : "Ainsi se dessine la notion de la royauté indo-
européenne. Le rex indo-européen est beaucoup plus religieux que
politique. Sa mission n'est pas de commander, d'exercer un pouvoir, mais de fixer des règles, de déterminer ce qui est, au sens
propre, 'droit'. En sorte que le rex, ainsi défini, s'apparente
bien plus à un prêtre qu'à un souverain. C'est cette royauté que
les Celtes et les Italiques d'une part, les Indiens de l'autre,
ont conservée".

(88) Cf. H.H. Schmid, Gerechtigkeit als Weltordnung; E. Benveniste,
Le vocabulaire ..., surtout pp. 99-105 : "thémis"; G. Dumézil,
Idées romaines, surtout pp. 31-45 : "Jus". Dans toutes les expressions orientales de la notion de justice, H.H. Schmid voit
une dénomination commune "Weltordnung". E. Benveniste quant à
lui parle d'"ordre" en rapport avec les racines sanskrites rta
et dhaman (voir surtout pp. 100-101).

(89) Cf. Le vocabulaire ..., sur la dernière page de couverture.

(90) Cf. H.H. Schmid, Gerechtigkeit als Weltordnung, surtout pp. 13-77 : "Der Hintergrund des alttestamentlichen Gerechtigkeitsbegriffes"; E.A. Speiser, "Early Law and Civilization", CBR 31 (1953) 863-77; "Authority and Law in Mesopotamia", JAOS.S 17 (1954) 8-15; "Cuneiform Law and the History of Civilization", PAPS 107 (1963) 536-41; S.M. Paul, Studies in the Book of the Covenant in the Light of Cuneiform and Biblical Law (VT.S 18; Leiden : E.J. Brill, 1970) 6-7; J.A. Wilson, The Burden of Egypt. An Interpretation of Ancient Egyptian Culture (Chicago : The University of Chicago Press, 1951); "Authority and Law in Ancient Egypt", JAOS.S 17 (1954) 1-7; I. Shirun-Grumach, "Remarks on the Goddess Maat", Pharaonic Egypt, the Bible and Christianity (éd. S. Israelit-Groll; Jerusalem : The Magnes Press, the Hebrew University, 1985) 173-201; B.S. Jackson, "From Dharma to Law", AJCL 23 (1975) 490-512; Th. Stcherbatsky, The Central Conception of Budhism and the Meaning of the Word "Dharma" (PPF 7; London : Royal Asiatic Society, 1923); G.H. Mees, Dharma and Society. A Comparative Study of the Theory and the Ideal of Varna ('Natural Class') and the Phenomenon of Caste and Class ('S-Gravenhage : N.V. Servire, 1935) 3-49 : "Dharma"; R. Lingat, Les sources du droit dans le système traditionnel de l'Inde (Le monde d'outre-mer passé et présent / Les systèmes de droit contemporain 32; Paris/The Hague : Mouton, 1967); P. Guérin, L'Idée de Justice dans la Conception de l'Univers chez les Premiers Philosophes Grecs. De Thalès à Héraclite (Paris : F. Alcan, 1934); G. Vlastos, "Solonian Justice", CP 41 (1946) 65-83; "Equality and Justice in Early Greek Cosmologies", CP 42 (1947) 156-78; M.P. Nilsson, "Die Griechengötter und die Gerechtigkeit", HThR 50 (1957) 193-210; F.M. Cornford, From Religion to Philosophy. A Study in the Origins of Western Speculation (New York : Harper & Brothers Publishers, 1957; 2e éd. à Sussex : The Harvester Press, 1980).

(91) Cf. G. Dumézil, Idées romaines, 45 : "... il faudra attendre le christianisme pour voir l'adjectif iŭstus tout au moins se

charger de valeurs proprement religieuses, qu'il doit d'ailleurs,
à travers le grec, à l'hébreu, mais qui, de temps à autre, re-
joignent des aspects de l'idéologie de l'iranien yaoš, sinon du
védique yoh".

(92) O. Procksch, Theologie des Alten Testaments (Gütersloh : C. Bertelsmann, 1950) 568-69, dit de la racine sdq : "Die Grundbedeutung ist schwerlich die des Geraden ... oder des Gemeinschafts-
verhältnisses, sondern der Ordnung; denn überall handelt es sich
um ein Ordnungsverhältnis. Wichtig aber ist für das Hebräische,
dass diese Ordnung nicht juristischer, sondern sittlicher Art
ist". A. Jepsen adopte la même position, "צדק und צדקה im Alten
Testament", Gottes Wort und Gottes Land, 78-79. Quand il parle
de la justice humaine, il pense que le sens fondamental est la
rectitude (Richtigkeit) et l'ordre (Ordnung). L'homme est juste
si son attitude est "dans l'ordre" (in Ordnung). Quand il parle
de la justice de Dieu, (pp. 86-89), il voit plusieurs difficultés dans l'investigation du sens de la notion de justice, mais
là non plus il ne rejette pas la notion d'"ordre". Si Yahvé est
"notre justice" (Jr 23,6), ceci par exemple signifie pour lui
que tout l'ordre émane de lui (p. 87). H.H. Schmid définit même
la notion de justice par "Weltordnung" : Gerechtigkeit als Weltordnung; "Schöpfung, Gerechtigkeit und Heil", ZThK 70 (1973)
1-19. R. Rendtorff partage cette opinion lorsqu'il parle de
"Ordnungen" et de "Regeln" dans le sens le plus général : "Ge -
schichtliches und weisheitliches Denken im Alten Testament",
Beiträge zur alttestamentlichen Theologie. Festschrift für Walter
Zimmerli zum 70. Geburtstag (éd. H. Donner - R. Hanhart - R.
Smend; Göttingen : Vandenhoeck & Ruprecht, 1977) 344-53. Rendtorff émet des doutes sur la thèse de G. von Rad, qui estime
qu'il existe une différence essentielle sur la compréhension de
la vérité entre la littérature historique et prophétique et la
littérature sapientiale. Les écrivains de la littérature sapientiale se questionnent en effet sur le fondement ultime du monde
apparent, que l'on pourrait désigner par les notions "Ordnungen"
et "Regeln". Mais les livres historiques et prophétiques nous

montrent des penchants semblables. A l'arrière-plan des récits
historiques se trouve le présupposé premier de la continuité
de l'histoire et de son orientation vers un but; quant à Isaïe
par exemple, il parle du "dessein" de Yahvé, que l'homme peut
déchiffrer dans les événements concrets. J. Barton aborde la
question du principe de rétribution, qu'il désigne comme "poetic justice", et pense que les textes bibliques, avec cette thématique, n'expriment pas uniquement la volonté de Dieu expressément révélée, mais sont le reflet de la "loi naturelle", pour
cela, il s'appuie directement sur la thèse de Schmid sur l'ordre du monde? Voir "Natural Law and Poetic Justice in the Old
Testament", JThS 30 (1979) 1-14; "Ethics in Isaiah of Jerusalem",
JThS 32 (1981) 1-18. Voir aussi F. Horst, "Naturrecht und Altes
Testament", EvTh 10 (1950/51) 253-73 = Gottes Recht (éd. H.W.
Wolff; ThB 12; München : Chr. Kaiser, 1961) 222-34; H.S. Gehman,
"Natural Law and the Old Testament", Biblical Studies in Memory
of H.C. Alleman (éd. J.M. Myers; New York : Augustin, 1960) 109-
22.

(93) Voir la critique de la thèse de Schmid chez J. Halbe, "'Altorientalisches Weltordnungsdenken' und alttestamentliche Theologie", ZThK 76 (1979) 381-418.

(94) La réponse de J. Barton concernant la thèse de Schmid nous montre,
entre autres, qu'un rapport étroit entre la notion sdq et l'exigence de la justice stricte est inévitable, si l'on parle de
"Weltordnung" (voir la note 92). D'ailleurs Schmid ne parle
que de sdq qui n'a en elle-même aucun rapport avec la loi de
la rétribution, mais Barton se réfère à Schmid lorsqu'il parle
de "poetic justice".

(95) A. Descamps, "La justice de Dieu dans la Bible grecque", StHell
5 (1948) 90-91, constate le rôle éducatif de la punition de
Dieu dans la Bible hébraïque, mais seulement dans le cadre de
l'alliance avec Israël. Outre son formalisme de l'alliance, il
nous surprend plus encore lorsqu'il affirme que les traductions
de la Bible, à partir de la traduction grecque, ont dissimulé

ce caractère pédagogique de la notion hébraïque de justice.
Cette affirmation est dictée par son identification, à priori
insensée, de la notion de justice grecque et européenne en général à la loi de la justice stricte. Voir aussi W. Lillie, "Towards a Biblical Doctrine of Punishment", SJTh 21 (1968) 458 :
"Most unsophisticated people today take the view that the primary function of punishment is the reformation of the offender,
and so they hold that the reformatory theory is the most Christian view of punishment ...".

(96) Cf. G. von Rad, Theologie des Alten Testaments, II (München :
Chr. Kaiser, 1960) 329-424 : "Die Vergegenwärtigung des Alten
Testaments im Neuen".

(97) Cf. E. Käsemann, "Gottes Gerechtigkeit bei Paulus", ZThK 58
(1961) 367-78; P. Stuhlmacher, Gerechtigkeit Gottes bei Paulus.

(98) Cf. R. Bultmann, "Δικαιοσύνη θεοῦ ", JBL 83 (1964) 13-16. On
peut voir transparaître l'opinion de R. Bultmann chez bon nombre de ses élèves.

(99) En ce qui concerne le Nouveau Testament, cela est expressément
souligné par R. Bultmann dans le texte cité.

(100) P. Tillich est le seul à relier de manière adéquate toutes les
manifestations de l'histoire humaine de la culture et de la religion selon le principe ontologique de la participation de l'existence humaine à l'être de Dieu et ainsi, à sa manière, il cherche
le trait d'union entre la loi révélée et la loi naturelle. Ceci
est valable pour presque l'ensemble de ses oeuvres, réunies dans
Gesammelte Werke, I-XIV (Stuttgart : Evangelisches Verlagswerk,
1959-1975). Voir aussi J. Wild, Plato's Modern Enemies and the
Theory of Natural Law (Chicago : University of Chicago Press,
1953); H. Kelsen, What is Justice ? Justice, Law, and Politics
in the Miror of Science, 137-73 : "The Natural-Law Doctrine before the Tribunal of Science"; 174-97 : "A 'Dynamic' Theory of
Natural Law"; J. Macquarrie, Principles of Christian Theology.
Revised Edition (London : SCM Press, 1977) surtout pp. 503-25 :

"Christianity in the World". Pour la littérature qui traite plus directement de l'exégèse, voir la note 92.

(101)   Cf. H. Kelsen, Society and Nature. A Sociological Inquiry.

(102)   Cf. H. Kelsen, Vergeltung und Kausalität. Eine soziologische Untersuchung; Society and Nature, surtout pp. 49-185 : "The Interpretation of Nature according to the Principle of Retribution", 186-232 : "The Idea of Retribution in Greek Religion", 233-48 : "The Law of Causality and the Principle of Retribution in the Greek Philosophy of Nature"; What is Justice ?, surtout pp. 303-23 : "Causality and Retribution".

(103)   Voir surtout F.M. Cornford, From Religion to Philosophy. A Study in the Origins of Western Speculation.

(104)   Cf. J. Barton, "Ethics in Isaiah of Jerusalem", JThS 32 (1981) 8-9 : "It seems to me that the very extraordinary suggestion that God will 'punish' all the things in the natural world that are too high belongs to a rather subtle world of thought in which it is not merely asserted that pride is sinful, indeed the root of all the sins, but in which there is also some theory as to why it is sinful, why the created order should bow in humility before God. The reason is not simply that God occupies de facto the highest place in the world order, but that he does so de jure. The universe forms an ordered whole in which each creature should know its place; and God's place, if we may speak so, is to be supreme. This world order is thus theological, in the sense that God both has a place in it, and also is the active force that keeps it in being; but it is not based on the idea of a potentially arbitrary divine lordship. I would suggest that the strictures on the mountains and trees in 13-15 are hard to account for by sayng simply that pride is the root sin, if by that is meant self-assertion against God or the gods : their haughtiness is rebuked ... because they step outside their proper place, that is, the place in which they most appropriately belong, by aspiring to scale the heavens".

(105) Cf. "Ethics in Isaiah of Jerusalem", JThS 32 (1981) 9: "With
       pride as the root sin, idolatry must be seen as some kind of
       selfassertion; and this is odd, since it seems on the face
       of it to involve precisely the opposite - reliance on things
       other than oneself even to the absurd extent ... But if we
       take both pride and idolatry as examples of the effect of
       failing to observe order in the world, the passage forms a
       unified whole. We might sum up the logical structure of the
       whole oracle according to this interpretation as follows. When
       men ignore the universal moral order, they become foolish, and
       lose both moral and practical insight. This produces two con-
       sequences in their ethical life. On the one hand, they come
       to overestimate their own importance, failing to keep to their
       appointed place in the world; and this pride leads to a de-
       light in prestige and the accumulation of riches and status
       symbols. On the other hand, they fail to see where their trust
       and confidence should properly be placed, and rely on sources
       of strenght other than God - for example on false foreign
       gods or on images of God, which they worship with blind ido-
       latry". Voir aussi R. Rendtorff, "Geschichtliches und weis-
       heitliches Denken im Alten Testament", Beiträge zur alttesta-
       mentlichen Theologie. Festschrift für Walter Zimmerli, 344-
       53, qui, traitant du livre d'Isaïe, parle de la reconnaissance
       naturelle du "dessein" de Dieu. A la page 347, il dit : "In
       unserem Zusammenhang ist nun besonders wichtig, dass Jesaja
       sich nicht darauf beruft, dass nur er als Prophet durch eine
       besondere Offenbarung Kenntnis von diesem Geschichtsplan Jah-
       wes habe, sondern dass er im Gegenteil den führenden Leuten
       in Juda und Jerusalem vorwirft, dass sie nicht auf das Werk
       Jahwes schauen und das Tun seiner Hände nicht sehen (Jes 5,
       12), dass sie nicht auf den schauen, der das alles 'von fern-
       her' fügt (22,11). Jesaja ist also der Meinung, dass auch die
       anderen dies sehen könnten, wenn sie wollten, dass der Plan,
       nach dem Jahwe handelt, auch für sie erkennbar wäre. Sein Han-
       deln kommt also nicht einfach unerwartet und überraschend,

sondern es besitzt eine Folgerichtigkeit und innere Notwendigkeit, die für den, der sehen will, erkennbar ist".

(106) Il faut certes traiter avec réserve de "l'unicité dans la
loi révélée et la loi naturelle". Dieu représente plus que la
loi révélée; il ne peut pas s'identifier à la création, mais
il reste toujours transcendant. Il peut toujours surprendre
par des interventions surnaturelles exceptionnelles pour conduire l'homme par les chemins vraiment "naturels" jusqu'au
but surnaturel.

(107) Il faut particulièrement faire ressortir ici que nous tenons
bien compte du fait qu'il y a de multiples définitions différentes de l'expression "loi naturelle", le "naturel", etc.,
tenant compte de la diversité des présupposés éthiques et
philosophiques.Cependant, il semble juste de parler de cette
notion seulement par principe. En principe, naturel est uniquement ce qui correspond à l'être dans son essence. Par conséquent, chez Dieu la fidélité à sa propre essence est la plus
"naturelle", tandis que chez l'homme, c'est la fidélité à Dieu
en tant que source, puisque ce n'est qu'ainsi qu'il reste fidèle à lui-même. Ce qui est "naturel" ne relève pas tant de
l'empirisme que de la question de croyance fondamentale qui
suppose une synthèse globale entre l'expérience externe et
interne.

(108) Cf. A.H. Gilbert, Dante's Conception of Justice (Durham, North
Carolina : Duke University Press, 1925; réimprimé à New York :
AMS Press, 1965, 1971); C.J. Sisson, Shakespeare's Tragic
Justice (Toronto/London : Methuen, 1962); D.M. Hamlet, One Grea-
ter Man. Justice and Damnation in Paradise Lost (Lewisburg/
London : Bucknell University Press/Associated University Pres-
ses, 1976).

(109) Cf. H. Kelsen, What is Justice ?, 26 : "If the idea of absolute
divine justice shall be applicable to the social life of men,
that is to say, if divine justice shall serve as a standard
of the justice which men are seeking for the regulation of

their mutual relations, theology must attempt to proceed from
its starting point, the incomprehensibility of absolute justice,
to a less rigid position - to the assumption that God's will,
although incomprehensible by its very nature, may nevertheless
be comprehended by man in one way or another. The inconsistensy
of the position makes it inevitable that this turn of thought
must ultimately result in a re-turn to the starting point.
Since God exists, absolute justice exists; and as man must believe in the existence of God though he is not able to comprehend
his nature, man must believe in the existence of absolute justice, though he cannot know what it really means. Justice is a
mystery - one of the many mysteries - of the faith".

CONCLUSION

Notre étude sémantique a montré que la notion hébraïque de la justice de Dieu désigne le rapport personnel de Dieu envers son peuple dans toutes les situations de son existence. Elle a donc un sens très large, mais selon les circonstances, elle peut désigner la bonté de Dieu, le salut en général, la victoire, la fidélité, la fermeté, la rectitude de l'action ou de la conduite de Dieu. La justice de Dieu est dans tous les cas une manifestation positive de l'existence d'un Dieu personnel. Seuls les justes peuvent bénéficier de ses biens, tandis que les injustes se trouvent, face à elle, en situation de jugement. Le triomphe de Dieu sauveur se dévoile enfin dans la domination des forces opposées : les ennemis, les injustes, le mal (péché), la mort.

En parlant des formes concrètes de la manifestation de la justice de Dieu dans l'histoire, les écrivains bibliques ont la certitude que Yahvé est le Dieu unique, le créateur de tout l'univers et par conséquent l'unique vraie norme de la justice humaine. Leurs déclarations n'auraient aucune autorité, si elles n'étaient pas l'expression de la foi dans l'unicité et l'absolu de Dieu. Cela signifie que dans l'interprétation, il faut toujours tendre à dépasser les anthropomorphismes et le symbolisme du langage littéraire et poétique pour atteindre les dernières projections de la synthèse rationnelle, jusqu'à "l'espoir contre tout espoir" même.

Le caractère personnel de la justice de Dieu ne permet en aucun cas que les lois positives aient un rôle plus que formel. Elles peuvent définir le cadre extérieur des rapports entre les hommes et entre Dieu et les hommes, mais elles ne peuvent pas avoir valeur de norme réelle de la justice. L'être ou le non-être de la justice se décide sur le plan intérieur, dans la dynamique des relations personnelles directes. La primauté et l'absolu de Dieu personnel est la raison pour laquelle sa justice est un don que l'homme ne peut mériter. Parce que l'homme a été créé, il dépend absolument de son Créateur. C'est ainsi que son

Créateur est aussi l'unique norme "naturelle" possible de sa justice.
La relation ontologique entre le Créateur et l'homme créé est en
même temps une relation personnelle entre le Créateur, qui appelle
l'homme à une communauté personnelle, et l'homme qui peut accepter
ou refuser l'offre. Voici la raison pour laquelle on ne peut pas considérer la justice de Dieu de manière isolée, sans relation avec la
justice de l'homme ou l'injustice. La justice de Dieu et la justice
de l'homme sont par essence même deux notions corrélatives.

Le fondement personnel et la norme de la justice de Dieu et de
la justice humaine font naître inévitablement un conflit avec toutes
les institutions humaines. Les institutions peuvent être un cadre plus
ou moins nécessaire et utile à l'activité et à la vie sociale de
l'homme, mais elles ne peuvent jamais être en elles-mêmes la norme
de la justice humaine, à fortiori de la justice de Dieu. Le but de
la société, qu'elle soit profane ou religieuse, ne peut pas consister
à définir précisément le degré de la justice, mais à assurer l'atmosphère qui rend possible et soutient la conscience morale sur un plan
personnel et spirituel. L'éducation à une justice responsable, en
harmonie avec les normes transcendantales, est l'unique voie vers
l'intégrité de l'existence humaine et l'unique issue de toutes sortes
d'aliénations (1).

En raison de sa nature salvifique, personnelle et universelle,
et de son rôle, la justice de Dieu est en elle-même le jugement sur
tout radicalisme, légalisme et nationalisme. La justice de Dieu est
offerte aux "justes" de chaque peuple et de toute culture. Enfin, la
justice de Dieu se montre comme un appel indispensable à l'oecuménisme,
qui doit commencer et finir par l'autocritique, car la raison fondamentale du schisme dans la communauté chrétienne et humaine, en général, est l'idôlatrie de sa propre histoire et de sa propre force (2).

A cause de l'exceptionnelle extension de sa signification et de
sa profondeur, la notion biblique de la justice de Dieu donne naissance inévitablement à une tension entre l'exégèse et la théologie
systématique ou la philosophie. Comment peut-on résoudre ce conflit ?
La relation entre l'exégèse et la théologie systématique ou la philo-

sophie est d'abord la question de la relation entre l'exégèse analytique et la synthèse. La synthèse, qui fait suite à une analyse
convenablement menée, n'est ni la théologie systématique ni la philosophie, bien qu'elle en possède les traits. Il s'agit de la conclusion
harmonieuse et complémentaire de la totalité des indications "objectives" et des présupposés transcendantaux. L'étude de notions aussi
complexes que la notion de justice ne peut être seulement l'affaire
d'une analyse "objective" qui rassemble des données mais qui explique peu ou pas du tout. La recherche exégétique doit aussi prendre
en compte tout l'arrière-plan des points de vue de la croyance et des
valeurs, des lois immanentes, de la logique générale et de la tendance
à la synthèse, afin de pouvoir en même temps se corriger elle-même et
corriger la théologie systématique ou la philosophie.

NOTES

(1) L'histoire de l'exégèse et de la pratique religieuse, comme celle
des régimes dictatoriaux de notre siècle, peuvent nous persuader
qu'il en est ainsi. En étudiant l'histoire, on peut se demander
pourquoi certains exégètes n'ont interprété la notion hébraïque
de justice (sdq) que dans le sens exclusif de justice stricte,
bien qu'il n'y ait pas de fondement à cela, ni dans le texte
original, ni dans les traductions de la Bible, alors même que la
signification de la notion de justice est très large. Cette question est sûrement vaste et très difficile, c'est pourquoi une
réponse précise est impossible. Il est vrai que cette position
est propre aux seuls exégètes qui n'avaient pas une sérieuse connaissance des langues. Par ailleurs, il semble que justement, à
cause de cela, ils se soient laissés aller d'autant plus facilement aux activités profanes et religieuses existantes, qui préfé-
raient présenter Dieu comme un gendarme plutôt que comme un Dieu
miséricordieux, et privilégier l'obéissance aux institutions
humaines plutôt que l'obéissance au langage de la parole vivante
et éternellement révolutionnaire de Dieu.

(2) Les critères de l'institution la plus appropriée au message universel sont en tous cas relatifs. Il est sûrement possible
toutefois de dire que telle ou telle institution est plus ou
moins justifiée. Le message universel aspire aux institutions
universelles. C'est ainsi que chaque société exclusive, par exemple les sectes, les religions nationalistes, etc., est en opposition avec l'essence même de la justice de Dieu. Catholique est
seulement l'institution qui malgré l'inévitable conditionnement
historique, reste, dans son essence, toujours ouverte à tous les
peuples et les apprécie selon les mêmes normes personnelles,
transcendantales et spirituelles.

ABREVIATIONS

En général, nous suivons S. Schwertner, IATG. Index international des abréviations pour la théologie et matières affinissantes
(Berlin/New York : W. de Gruyter, 1974).

AASy   Annales archéologiques (arabes syriennes) de Syrie

AB   Anchor Bible

ABR   Australian Biblical Review

AGThL   Arbeiten zur Geschichte und Theologie des Luthertums

AHAW   Abhandlungen der Heidelberger Akademie der Wissenschaften

AHAW.PH   - Philosophisch-historische Klasse

AHGHIR   Abhandlungen der Herder-Gesellschaft und des Herder-Instituts
                zu Riga

AJCL   American Journal of Comparative Law

AJSL   American Journal of Semitic Languages and Literatures

ALBO   Analecta Lovaniensia biblica et orientalia

ALS   American Lecture Series

AMG   Annales du musée Guimet

AnBib   Analecta biblica

AnGr   Analecta Gregoriana

AnOr   Analecta orientalia

ARG   Archiv für Reformationsgeschichte

ArLg   Archivium linguisticum

ArOr   Archiv orientálni

AStE   Annuario di studi ebraici

ASThI   Annual of the Swedish Theological Institute

ATA	Alttestamentliche Abhandlungen
ATD	Altes Testament Deutsch
AThR	Anglican Theological Review
AuA	Antike und Abendland
AUM	Andrews University Monographs
AUSS	Andrews University Seminary Studies
AUU	Acta universitatis Upsaliensis
AzTh	Arbeiten zur Theologie
BBB	Bonner biblische Beiträge
BCAT	Biblischer Commentar über das Alte Testament
BeO	Bibbia e Oriente
BEThL	Bibliotheca ephemeridum theologicarum Lovaniensium
BetM	Bet mikra
BEvTh	Beiträge zur evangelischen Theologie
BHS	Biblia Hebraica Stuttgartensia
BHTh	Beiträge zur historischen Theologie
BiBi	Biblische Bibliothek
BibOr	Biblica et orientalia
BibThBull	Biblical Theology Bulletin
BiKi	Bibel und Kirche
BiLe	Bibel und Leben
BIOSCS	Bulletin of the International Organization for Septuagint and Cognate Studies
BISIMEAM	Bulletino dell'istituto storico italiano per il Medio Evo e archivio Muratori
BJ	Bible de Jérusalem
BKAT	Biblischer Kommentar. Altes Testament
BMus	Bibliothèque du Muséon

BPAA	Bibliotheca pontificii athenaei Antoniani
BPh.H	Bibliothèque de philosophie. Histoire de la philosophie et philosophie générale
BS	Bibliothèque scientifique
BSH	Bibliothèque des sciences humaines
BSL	Bulletin de la société linguistique de Paris
BSM	Biblioteka studiów nad marksizmem
BTh	Bibliothèque théologique
BTh.B	- 3me série - Théologie biblique
BThH	Bibliothèque de théologie historique
BThom	Bulletin thomiste
BV	Bogoslovni vestnik
BWANT	Beiträge zur Wissenschaft vom Alten und Neuen Testament
BZ	Biblische Zeitschrift
BZAW	Beihefte zur Zeitschrift für die alttestamentliche Wissenschaft
BZNW	Beihefte zur Zeitschrift für die neutestamentliche Wissenschaft
CB.OT	Coniectanea biblica. Old Testament Series
CBQ	Catholic Biblical Quarterly
CBR	Canadian Bar Review
CChr	Corpus Christianorum
CChr.CM	- Continuatio Mediaeualis
CChr.SL	- Series Latina
CE	Cahiers Evangile
ChQ	Church Quarterly
Cooke	G.A. Cooke (éd.), A Text-Book of North-Semitic Inscriptions

CP	Classical Philology
CThAP	Cahiers théologiques de l'actualité protestante
CThJ	Calvin Theological Journal
CThM	Concordia Theological Monthly
CTom	Ciencia tomista
CuBi	Cultura biblica
CuW	Christentum und Wissenschaft
DBS	L. Pirot – A. Robert – H. Cazelles – A. Feuillet (éd.), Dictionnaire de la Bible. Supplément
DR	Downside Review
DT	Divus Thomas
EBib	Etudes bibliques
EBS	Ecumenical Biblical Studies
EE	Estudios ecclesiásticos
EHS.Th	Europäische Hochschulschriften. Reihe 23 : Theologie
EKK	Evangelisch-katholischer Kommentar zum Neuen Testament
EKK.V	– Vorarbeiten
EPRO	Etudes préliminaires aux religions orientales dans l'empire romain
EThL	Ephemerides theologicae Lovanienses
EUS	European University Studies
EvTh	Evangelische Theologie
ExpTim	Expository Times
FGLP	Forschungen zur Geschichte und Lehre des Protestantismus
FRLANT	Forschungen zur Religion und Literatur des Alten und Neuen Testaments
FThSt	Freiburger theologische Studien

FzB	Forschung zur Bibel
GCS	Die griechischen christlichen Schriftsteller der ersten drei Jahrhunderte
GOF	Göttinger Orientforschungen
GöM	Göttinger Miszellen
GOS	Government Oriental Series
GThA	Göttinger theologische Arbeiten
GuF	Glaube und Forschung.
GUP	Glasgow University Publications
HAT	Handbuch zum Alten Testament
HKAT	Handkommentar zum Alten Testament
HNT	Handbuch zum Neuen Testament
HorBibTh	Horizons in Biblical Theology
HSM	Harvard Semitic Monographs
HThKNT	Herders theologischer Kommentar zum Neuen Testament
HThR	Harvard Theological Review
HThS	Harvard Theological Studies
HUCA	Hebrew Union College Annual
IB	Interpreter's Bible
ICC	International Critical Commentary
IDB	G.A. Buttrick (éd.), Interpreter's Dictionary of the Bible
IDBS	- Supplementary Volume
IEJ	Israel Exploration Journal
ILSSR	International Library of Sociology and Social Reconstruction
IOS	Israel Oriental Studies
IThL	International Theological Library
IThQ	Irish Theological Quarterly
JANESCU	Journal of the Ancient Near Eastern Society of Columbia University

JAOS	Journal of the American Oriental Society
JAOS.S	– Supplement
JBL	Journal of Biblical Literature
JCP	Jew's College Publications
JDTh	Jahrbücher für deutsche Theologie
JJS	Journal of Jewish Studies
JNES	Journal of Near Eastern Studies
JQR	Jewish Quarterly Review
JSJ	Journal for the Study of Judaism in the Persian, Hellenistic and Roman Period
JThCh	Journal of Theology and the Church
JThS	Journal of Theological Studies
JurAbh	Juristische Abhandlungen
KAI	H. Donner – W. Röllig (éd.), Kanaanäische und aramäische Inschriften
Kairos	Kairos. Zeitschrift für Religionswissenschaft und Theologie
KAT	Kommentar zum Alten Testament
KEK	Kritisch-exegetischer Kommentar über das Neue Testament
KrR	Křest'anská revue
KuD	Kerygma und Dogma
LaS	Language and Speech
LeS	Lingua e stile
LMPPh	Lund Monographs in Practical Philosophy
LW	Die lateinischen Werke
MDOG	Mitteilungen der deutschen Orientgesellschaft
MHUC	Monographs of the Hebrew Union College
MIOF	Mitteilungen des Instituts für Orientforschung
MSE	Macmillan Student Editions

MSSNTS	Monograph Series. Society for New Testament Studies
MThS	Münchener theologische Studien
MThZ	Münchener theologische Zeitschrift
MVAG	Mitteilungen der vorderasiatisch-ägyptischen Gesellschaft
NCeB	New Century Bible
NEB	New English Bible
NGTT	Nederduitse gereformeerde teologiese tydskrif
NIV	New International Version
NJWJ	Neue Jahrbücher für Wissenschaft und Jugendbildung
NKRWA	Neue Kölner rechtswissenschaftliche Abhandlungen
NKZ	Neue kirchliche Zeitschrift
NRTh	Nouvelle revue théologique
NT	Novum Testamentum
NTA	Neutestamentliche Abhandlungen
NThG	Neue theologische Grundrisse
NThS	Nieuwe theologische studiën
NThT	Nieuw theologisch tijdschrift
NTS	New Testament Studies
NZSTh	Neue Zeitschrift für systematische Theologie
OBL	Orientalia et biblica Lovaniensia
OBO	Orbis Biblicus et Orientalis
OSCU	Oriental Studies of the Columbia University
OTAbs	Old Testament Abstracts
OTS	Oudtestamentische studiën
OTWSA	Ou testamentiese werkgemeenskap in Suid-Afrika
PAAFTh	Pontificium Atheneum Antonianum/Facultas theologica

PAM	Pensatori antichi e moderni
PAPS	Proceedings of the American Philosophical Society
PFGUR	Pubblicazioni della facoltà di giurisprudenza dell'università di Roma
PG	J. Migne (éd.), Patrologia graeca
PL	J. Migne (éd.), Patrologia latina
PPF	Prize Publication Fund
PPFBR	Publications of the Perry Foundation for Biblical Research in the Hebrew University of Jerusalem
PULK	Publications de l'université Lovanium de Kinshasa
QS	Quaderni di semitistica
RasIsr	Rassegna mensile di Israel
RB	Revue biblique
RBL	Ruch biblijny i liturgiczny
RBR	Ricerche bibliche e religiose
RdE	Revue d'égyptologie
RdQ	Revue de Qumran
REA	Revue des études anciennes
REG	Revue des études grecques
RES	Répertoire d'épigraphie sémitique
RestQ	Restoration Quarterly
RET	Rivista española de teología
RHMH	Revue de l'histoire de la médecine hébraïque
RHPhR	Revue d'histoire et de philosophie religieuses
RHR	Revue de l'histoire des religions
RIFD	Rivista internazionale di filosofia del diritto
RIPh	Revue internationale de philosophie

RivBib	Rivista biblica
RivBib.S	Supplemento alla Rivista biblica
RM	Religionen der Menschheit
RMP	Rheinisches Museum für Philologie
RQ	Römische Quartalschrift für christliche Altertumskunde und Kirchengeschichte
RSLR	Rivista di storia e letteratura religiosa
RSO	Rivista degli studi orientali
RSR	Recherches de science religieuse
RSSCW	Research Studies of the State College of Washington
RSV	Revised Standard Version
RThL	Revue théologique de Louvain
RThom	Revue thomiste
RThPh	Revue de théologie et de philosophie
SB	Sacra Bibbia
SBFLA	Studii biblici franciscani liber annuus
SBib	Sources bibliques
SBLDS	Society of Biblical Literature.Dissertation Series
SBLSCSS	Society of Biblical Literature. Septuagint and Cognate Studies Series
SBTh	Studies in Biblical Theology
SC	Sources chrétiennes
SCL	Sather Classical Lectures
SDGSTh	Studien zur Dogmengeschichte und systematischen Theologie
SEA	Svensk exegetisk årsbok
SHR	Studies in the History of Religions
SJTh	Scottish Journal of Theology

SN	Studia neotestamentica
SP	Sveto pismo stare in nove zaveze. Ekumenska izdaja
SRLP	Schriften zur Rechtslehre und Politik
StHell	Studia Hellenistica
StMor	Studia moralia
StOr	Studia orientalia
StP	Studia Pohl
StPB	Studia post-biblica
StPh	Studia philosophica
StTh	Studia theologica. Lund.
StTh.R	Studia theologica. Riga.
StUNT	Studien zur Umwelt des Neuen Testaments
SVTP	Studia in Veteris Testamenti Pseudepigrapha
ThB	Theologische Bücherei
ThEH	Theologische Existenz heute
Theol(P)	Théologie. Etudes publiées sous la direction de la Faculté de théologie S.J. de Lyon-Fourvière
ThLZ	Theologische Literaturzeitung
ThSt	Theologische Studien
ThTo	Theology Today
ThV	Theologische Versuche
ThWNT	G. Kittel – G. Friedrich (éd.), Theologisches Wörterbuch zum Neuen Testament
ThZ	Theologische Zeitschrift
TOB	Traduction oecuménique de la Bible. Edition intégrale
TSHLRS	Texts and Studies in the Hebrew Language and Related Subjects

TTh	Tijdschrift voor theologie
UCOP	University of Cambridge Oriental Publications
UF	Ugarit-Forschungen
UNT	Untersuchungen zum Neuen Testament
USQR	Union Seminary Quarterly Review
VAB	Vorderasiatische Bibliothek
VC	Verbum caro
VD	Verbum Domini
VigChr	Vigiliae christianae
VoxTh	Vox theologica
VS	Vie spirituelle
VT	Vetus Testamentum
VT.S	Supplements to Vetus Testamentum
Vuf	Verkündigung und Forschung
WA	M. Luther, Werke. Kritische Gesamtausgabe (Weimarer Ausgabe)
WdF	Wege der Forschung
WMANT	Wissenschaftliche Monographien zum Alten und Neuen Testament
WThJ	Westminster Theological Journal
WuD	Wort und Dienst
WUNT	Wissenschaftliche Untersuchungen zum Neuen Testament
YSR	Yale Studies in Religion
ZÄS	Zeitschrift für ägyptische Sprache und Altertumskunde
ZAW	Zeitschrift für die alttestamentliche Wissenschaft
ZB	Zürcher Bibel
ZDMG	Zeitschrift der deutschen morgenländischen Gesellschaft
ZEE	Zeitschrift für evangelische Ethik

ZLThK	Zeitschrift für die (gesamte) lutherische Theologie und Kirche
ZM	Zeitschrift für Missionswissenschaft und Religionswissenschaft
ZNW	Zeitschrift für die neutestamentliche Wissenschaft
ZRGG	Zeitschrift für Religions- und Geistesgeschichte
ŻSpTh	Zeitschrift für spekulative Theologie
ZSTh	Zeitschrift für systematische Theologie
ZThK	Zeitschrift für Theologie und Kirche
ZVSF	Zeitschrift für vergleichende Sprachforschung

REFERENCES BIBLIOGRAPHIQUES ET BIBLIOGRAPHIE

I. LA SIGNIFICATION CONCEPTUELLE ET GENERALE DE LA NOTION DE JUSTICE

1. Ancien Testament

ACHTEMEIER, E.R., The Gospel of Righteousness. A Study of the Meaning
of sdq and its Derivatives in the Old Testament (Diss. Columbia
University, New York, 1959).

---, "Righteousness in the Old Testament", IDB, IV (éd. G.A. Buttrick;
Nashville/New York: Abingdon Press, 1962) 80-85.

ADDIS, W.E., "Right, Righteousness", Encyclopaedia Biblica, IV (éd.
T.K. Cheyne - J. Sutherland Black; London : A & Ch. Black, 1903)
4102-10.

ALONSO DIAZ, J., "Términos bíblicos de 'Justicia social' y traducción
de équivalencia dinámica", EE 51 (1976) 95-128.

---, "Las 'buenas obras' (o la 'justicia') dentro de la estructura de
los principales telas de la teologia biblica", EE 52 (1977)
445-86.

---, "La 'justicia interhumana' idea básica de la Biblia", CuBi 35
(1978) 163-96.

ANTES, P., "Justitia - Gerechtigkeit Gottes", ZM 55 (1971) 270-75.

AURELIO, T., "La giustizia di Sara e Tobia. Confronto fra testo greco
e Vulgata", BeO 18 (1976) 273-82.

BARTON, J., "Natural Law and Poetic Justice in the Old Testament",
JThS 30 (1979) 1-14.

---, "Ethics in Isaiah of Jerusalem", JThS 32 (1981) 1-18.

BARUK, H., "Le Tsedek dans le monde moderne et dans la civilisation hébraïque", RHMH 17/1 (1964) 57-62.

BATTEN, L.W., "The Use of מֹשְׁפָט", JBL 2 (1892) 206-10.

BAUDISSIN, W.W. Graf, "Der gerechte Gott in altsemitischer Religion", Harnack-Ehrung. Beiträge zur Kirchengeschichte ... A. von Harnack zu seinem 70. Geburtstag (Sonderdruck der Kartell-Zeitung des Eisenacher Kartells Akademisch-Theologischer Vereine; Leipzig : J.C. Hinrichs, 1921) 1-23.

BAUER, B., "Der Begriff der göttlichen Gerechtigkeit im zweiten Theil des Jesaias", ZSpTh 2/1 (1837) 478-87.

BEAUCAMP, E., "La Théophanie du Psaume 50 (49)", NRTh 91 (1959) 897-915.

---, "La justice de Yahvé et l'économie de l'alliance", SBFLA 11 (1960/61) 5-55.

BEAUCAMP, E. - RELLES, J.P. de, "La justice et la Bible", VS 542 (1967) 289-310.

BERKOVITS, E., "The Biblical Meaning of Justice", Judaism 18 (1969) 188-209.

---, Man and God. Studies in Biblical Theology (Detroit, Michigan./ Toronto : Wayne State University Press/The Copp Clark Publishing Compagny, 1969) spéc. pp. 224-52 : "The Biblical Meaning of Justice", 253-91 :'Emeth, the Concept of Truth", 292-348 : "Sedeq and S'daqah".

BIANCHI, H., "Tsedaqa - Justice", Bijdragen 34 (1973) 306-18.

BIČ, M., "Le juste et l'impie dans le livre de Job", Volume du congrès = Genève 1965 (VT.S 15; Leiden : E.J. Brill, 1966) 33-43.

BLENKINSOPP, J., "Abraham and the Righteous of Sodom", JJS 33 (1982) 119-32.

BOECKER, H.J., Redeformen des Rechtslebens im Alten Testament (WMANT 14; 2e éd.; Neukirchen/Vluyn : Neukirchener Verlag, 1970).

BOLLIER, J.A., "The Righteousness of God", Interpretation 8 (1954) 404-13.

BOOT, O., "The Semantic Development of the Term משפט in the Old Testament", JBL 61 (1942) 105-10.

BRAULIK, G., "Gesetz als Evangelium. Rechtfertigung und Begnadigung nach der deuteronomischen Tora", ZThK 79/2 (1982) 127-60.

BREUKELMAN, F.H., "Gerechtigkeit", VoxTh 32 (1961/62) 42-57.

BRUNNER, H., "Gerechtigkeit als Fundament des Thrones", VT 8 (1958) 426-28.

BUBER, M.,Werke. II : Schriften zur Bibel (München/Heidelberg : Kösel-Verlag/L. Schneider, 1964) 951-90 : "Recht und Unrecht. Deutung einiger Psalmen".

BUDDE, K., "Die Herkunft Sadok's", ZAW 52 (1934) 42-50.

CAQUOT, A.,"Remarques sur le Psaume CX", Semitica 6 (1956) 33-52, spéc. pp. 51-52.

---, "Les 'grâces de David'. A propos d'Isaïe 55/3b", Semitica 15 (1965) 45-59.

CASABO, J.M., "La justicia en el AT", Stromata 25 (1969) 3-20.

CAZELLES, H., " A propos de quelques textes difficiles relatifs à la justice de Dieu dans l'Ancien Testament", RB 58 (1951) 168-88.

---, "De l'idéologie royale", The Gaster Festschrift = JANESCU 5 (1973) 59-73.

CLARK, W.M., "The Righteousness of Noah", VT 21 (1971) 261-80.

CONDON, K., "Justification in the Bible", IThQ 37 (1970) 265-69.

COPPENS, J., "Le Saddîq - 'Juste', dans le Psautier", De la Tôrah au Messie. Mélanges Henri Cazelles (éd. M. Carrez - J. Doré - P. Grelot; Paris : Desclée, 1981) 299-306.

COX, D., "Sedaqa and Mispat : the Concept of Righteousness in Later Wisdom", SBFLA 27 (1977) 33-55.

---, The Triumph of Impotence. Job and the Tradition of the Absurd

(AnGr 212; Roma : Università Gregoriana Editrice, 1978) 136-45.

CRAMER, K., "Der Begriff der צדקה bei Tritojesaia", ZAW 27 (1907)
77-99.

CRENSHAW, J.L., "Popular Questioning of the Justice of God in Ancient
Israel", ZAW 82 (1970) 380-95 = Studies in Ancient Israelite
Wisdom (New York : Ktav Publishing House, 1976) 289-304.

---, Hymnic Affirmation of Divine Justice : The Doxologies of Amos
and Related Texts in the Old Testament (SBLDS 24; Missoula,
Montana : Scholars Press, 1975).

CRÜSEMANN, F., "Jahwes Gerechtigkeit (s^edaqa/sädäq) im Alten Testament",
EvTh 36 (1976) 427-50.

DACQUINO, P., "La formula 'giustizia di Dio' nei libri dell'Antico
Testamento", RivBib 17 (1969) 103-19, 365-82.

DAVIDSON, A.B., The Theology of the Old Testament (IThL; Edinburgh :
T. & T. Clark, 1911) 129-44 : "The Righteousness of God"; 259-81 :
"The Second Side of the Covenant - the People a Righteous People;
Righteousness in Deutero-Isaiah"; 453-59 : "Problems of Righteous-
ness and their Solution".

DAVIDSON, R., "Some Aspects of the Old Testament Contributions to the
Pattern of Christian Ethics", SJTh 12 (1959) 373-87.

DAVOLI, A., Il concetto di giudizio divino in base agli studi recenti
di teologia biblica (Diss. Pont. Univ. Gregor., Roma, 1976).

DEIST, F.E., "Aantekeninge by Gen 15 : 1,6", NGTT 12 (1971) 100-102.

DEL MEDICO, H.E., "Melchisedech", ZAW 69 (1957) 160-70.

DEMING, M., "Ist Genesis 15,6 ein Beleg für die Anrechnung des Glaubens
zur Gerechtigkeit ?", ZAW 95/2 (1983) 182-97.

DESCAMPS, A., "La justice de Dieu dans la Bible grecque", StHell 5
(1948) 69-92.

DESCAMPS, A. - CERFAUX, L., "Justice et justification", DBS, IV (éd.
L. Pirot - A. Robert; Paris : Letouzey & Ané, 1949) 1417-1510.

DIESTEL, L., "Die Idee der Gerechtigkeit, vorzüglich im Alten Testament, biblisch-theologisch dargestellt", JDTh 5 (1860) 173-253.

DIHLE, A., "Gerechtigkeit", Reallexikon für Antike und Christentum, X (éd. Th. Klauser; Stuttgart : A. Hiersemann, 1978) 233-360.

DILLMANN, A., Handbuch der alttestamentlichen Theologie (éd. R. Kittel; Leipzig : S. Hirzel, 1895) spéc. pp. 268-76 : "Gerechtigkeit und Güte, Wahrhaftigkeit und Treue Gottes".

DODD., C.H., The Bible and the Greeks (London : Hodder & Stoughton, 1935, 1954) 42-75 : "Righteousness, Mercy and Truth".

DROWER, E.S., "Zidqa and Kana Dzidqa", Scritti in onore di G. Furlani = RSO 32 (1957) 397-402.

DÜNNER, A., Die Gerechtigkeit nach dem Alten Testament (SRLP 42; Bonn : H. Bouvier, 1963).

EICHRODT, W., Theologie des Alten Testaments, I (8ᵉ éd.; Göttingen/ Stuttgart : E. Klotz/Vandenhoeck & Ruprecht, 1968) 155-62 : "Die Gerechtigkeit Gottes".

EYBERS, J.H., "The Stem Š-P-T in the Psalms", OTWSA 4 (1963) 58-63.

FAHLGREN, K. Hj., sᵉdākā, nahestehende und entgegengesetzte Begriffe im Alten Testament (Uppsala : Almquist & Wiksells, 1932).

---, "Die Gegensätze von sᵉdaqā im Alten Testament", Um das Prinzip der Vergeltung in Religion und Recht des Alten Testament (éd. K. Koch; Darmstadt : Wissenschaftliche Buchgesellschaft, 1972) 87-111.

FALK, Z.W., "Two Symbols of Justice", VT 10 (1960) 72-74.

FARMER, W.R., "The Patriarch Phineas. A Note on 'It was Reckoned to Him as Righteousness'", AThR 34 (1952) 26-29.

FEUILLET, A., "Isaïe", DBS, IV (éd. L. Pirot - A. Robert; Paris : Letouzey & Ané, 1949) 705-22.

FITZMYER, J.A., "'Now This Melchizedek ..' (Heb 7,1)", CBQ 25 (1963) 305-21.

FOHRER, G., "The Righteous Man in Job 31", Essays in Old Testament.
J. Philip Hyatt, In Memoriam (éd. J.L. Crenshaw - J.T. Willis;
New York : Ktav Publishing House, 1974) 1-22.

FUCHS, H., "Das alttestamentliche Begriffsverhältnis von Gerechtigkeit (צדק) und Gnade (חסד) in Prophetie und Dichtung", CuW
3 (1927) 101-18, 149-58.

GALLING, K. (éd.), Die Religion in Geschichte und Gegenwart, II
(Tübingen : J.C.B. Mohr, 1958) 1402-10 : "Gerechtigkeit Gottes";
1410-12 : "Gerechtigkeit des Menschen".

GAMPER, A., Gott als Richter in Mesopotamien und im Alten Testament.
Zum Verständnis einer Gebetsbitte (Innsbruck : Universitätsverlag
Wagner, 1966).

GASTON, L., "Abraham and the Righteousness of God", HorBibTh 2 (1980)
39-68.

GERLEMAN, G., "Das übervolle Mass. Ein Versuch mit haesaed", VT 28
(1978) 151-64.

GILLET, L., "The Just", ExpTim 56 (1944/45) 277-79.

GLUECK, N., Das Wort hesed im alttestamentlichen Sprachgebrauche als
menschliche und göttliche gemeinschaftsgemässe Verahltungsweise
(BZAW 47; Giessen : A. Töpelmann, 1927). Traduit en anglais par
A. Gottschalk : Hesed in the Bible (éd. E.L. Epstein; Cincinnati :
The Hebrew Union College, 1967).

GOZZO, S.M., La dottrina teologica del libro di Isaia. Studio critico-
esegetico (BPAA 11; Romae : Pont. Athenaeum Antonianum, 1962)
spéc. pp. 90-113 : "Giustizia di Dio".

GROSS, H., "'Rechtfertigung' nach dem Alten Testament. Bibeltheologi-
sche Beobachtungen", Kontinuität und Einheit. Für Franz Mussner
(éd. P.G. Müller - W. Stenger; Freiburg/Basel/Wien : Herder, 1981)
17-29.

GRZYBEK, S., "Sprawiedliwość w nauczaniu proroków Starego Testamentu -
La justice dans l'enseignement des prophètes de l'Ancien Testament", RBL 12 (1959) 433-51.

GUILLET, J., Thèmes bibliques. Etudes sur l'expression et le développement de la Révélation (Theol(P) 18; Paris : Aubier, 1951) spéc. pp. 26-93.

GYLLENBERG, R., Rechtfertigung und Altes Testament bei Paulus (Stuttgart/Berlin/Köln/Mainz : W. Kohlhammer, 1973).

HALBE, J., "'Altorientalisches Weltordnungsdenken und alttestamentliche Theologie. Zur Kritik eines Ideologems am Beispiel des israelitischen Rechts", ZThK 76 (1979) 381-418.

HALEVI, R., " משפט צדק", BetM 34 (3) (1968) 53-56.

HASEL, G.F., The Remnant. The History and Theology of the Remnant Idea from Genesis to Isaiah (AUM 5; Berrien Springs, Michigan : Andrews University Press, 1972) 143-52.

HASTINGS, J. (éd.), Encyclopaedia of Religion and Ethics, X (Edinburgh : T. & T. Clark, 1918) 777-811 : "Righteousness = Babylonian, Buddhist, Christian - Old Testament + Christ's teaching + St. Paul's teaching, Christian theology, Egyptian, Greek and Roman, Hindu, Jewish, Muhammadan".

HAUER, Ch.E., "Who was Zadok ?", JBL 82 (1963) 89-94.

HEHN, J., Die biblische und die babylonische Gottesidee. Die israelitische Gottesauffassung im Lichte der altorientalischen Religionsgeschichte (Leipzig : J.C. Hinrichs, 1913).

HEIDLAND, H.-W., Die Anrechnung des Glaubens zur Gerechtigkeit. Untersuchungen zur Begriffbestimmung von חשב und λογίζεσθαι (BWANT 4/18; Stuttgart : W. Kohlhammer, 1936).

HEMPEL, J., Das Ethos des Alten Testament (Berlin : A. Töpelmann, 1938) spéc. pp. 151-81 : "Die Gerechtigkeit als Vorbedingung des Segens - Die Abgrenzung als Grundlage der Gerechtigkeit".

HERTZBERG, H.W., "Die Entwicklung des Begriffes משפט im AT.", ZAW 40 (1922) 256-87; 41 (1923) 16-76.

HILLERS, D.R., "Delocutive Verbs in Biblical Hebrew", JBL 86 (1967) 320-24.

HOMMEL, H., "Wahrheit und Gerechtigkeit. Zur Geschichte und Deutung eines Begriffspaares", AuA 15 (1969) 159-86.

HONEYCUTT, R.L., The Root S-D-K in Prophetic Literature (Dissertation, Edinburgh, 1970/71).

HORST, F., "Gerechtigkeit Gottes. II : Im AT und Judentum", Religion in Geschichte und Gegenwart, II (éd. K. Galling; Tübingen : J.C.B. Mohr, 1958) 1403-1406.

HORTON, F.L., The Melchizedek Tradition. A Critical Examination of the Sources to the Fifth Century A.D. and in the Epistle to the Hebrews (MSSNTS; Cambridge... : Cambridge University Press, 1976) spéc. pp. 12-53 : "The Background Sources I : The Old Testament".

HUMPHREY, G.C., Righteousness of God a Redemptive Quality. A Study in Biblical Theology (Diss. Southw. Bapt. Theol. Sem., 1939).

IMSCHOOT, P. van, Théologie de l'Ancien Testament, I (BTh.B 2; Tournai: Desclée, 1954) 65-80: "Les attributs moraux de Dieu".

JACOB, E., Théologie de l'Ancien Testament (BTh; 2e éd.; Neuchâtel : Delachaux et Niestlé, 1968) 75-81 : "La justice de Dieu".

JEPSEN, A., "צדק und צדקה im Alten Testament", Gottes Wort und Gottes Land. H.-W. Hertzberg zum 70. Geburtstag dargebracht (éd. H.G. Reventlow; Göttingen : Vandenhoeck & Ruprecht, 1965) 78-89.

JOHNSON, A.R., "The Role of the King in the Jerusalem Cultus", The Labyrinth. Further Studies in the Relation between Myth and Ritual in the Ancient World (éd. S.H. Hooke; London : Soc. for Prom. Christ. Knowledge, 1935) 73-111.

---, Sacral Kingship in Ancient Israel (Cardiff : University of Wales Press, 1955) 33-46.

JOHNSON, B., "Der Bedeutungsunterschied zwischen sädäq und sedaqa", ASThI 11 (1977) 31-39.

JUSTESEN, J.P., "On the Meaning of sadaq", AUSS 2 (1964) 53-61.

KAISER, O., "Dike und Sedaqa. Zur Frage der sittlichen Weltordnung. Ein theologisches Präludium", NZSTh 7 (1965) 251-73.

---, "Gerechtigkeit und Heil bei den israelitischen Propheten und

den griechischen Denkern des 8. - 6. Jh.", NZSTh 11 (1969)
312-28.

KAUTZSCH, E.F., Über die Derivate des Stammes צדק im alttestamentlichen Sprachgebrauch (Tübingen : L.F. Fues, 1881).

KIM, Sung-Hae, The Righteous and the Sage : A Comparative Study on the
Ideal Images of Man in Biblical Israel and Classical China
(Dissertation, Harvard University, 1981) spéc. pp. 239-71.

KOCH, K., Sdq im Alten Testament. Eine traditionsgeschichtliche Untersuchung (Dissertation, Heidelberg, 1953).

---, "Wesen und Ursprung der 'Gemeinschaftstreue' in Israel der
Königszeit", ZEE 5 (1961) 72-90.

---, "Die Entstehung der sozialen Kritik bei den Propheten", Probleme
biblischer Theologie - Gerhard von Rad zum 70. Geburtstag (éd.
H.W. Wolff; München : Chr. Kaiser, 1971) 236-57.

---, "sdq gemeinschaftstreu/heilvoll sein", Theologisches Handwörterbuch zum Alten Testament, II (éd. E. Jenni - C. Westermann;
München/Zürich : Chr. Kaiser/Theologischer Verlag, 1976) 507-30.

---, (éd.), Um das Prinzip der Vergeltung in Religion und Recht des
Alten Testaments (Darmstadt : Wissenschaftliche Buchgesellschaft,
1972) 130-80 : "Gibt es ein Vergeltungsdogma im Alten Testament ?".

---, "Die drei Gerechtigkeiten. Die Umformung einer hebräischen Idee
im aramäischen Denken nach dem Jesajatargum", Rechtfertigung.
Festschrift für Ernst Käsemann (éd. J. Friedrich - W. Pöhlmann -
P. Stuhlmacher; Tübingen/Göttingen : J.C.B. Mohr/Vandenhoeck &
Ruprecht, 1976) 245-67.

---, Die Propheten. I : Assyrische Zeit (Urban-Taschenbücher 280;
Stuttgart : W. Kohlhammer, 1978) 67-73 : "mispat und sedaqa.
Ihre Verkehrung und der päšaᶜ".

KOENIG, X., "Essai sur l'évolution de l'idée de justice chez les prophètes Hébreux", RHR 15/30 (1894) 121-48.

KÖHLER, L., Theologie des Alten Testaments (NThG; Tübingen : J.C.B.
Mohr, 1936) 16-17.

KOKEMÜLLER, W., Die Gerechtigkeit Gottes in den Psalmen (Dissertation,
Jena, 1936/37).

KRASOVEC, J., "Božja in človeška pravičnost v hebrejski bibliji (The
Righteousness of God and Man in the Hebrew Bible)" BV 43 (1983)
33-57.

---, "Božja pravičnost v Izaijevi knjigi (The Righteousness of God
in the Book of Isaiah)", BV 43 (1983) 391-435.

KUYPER, L.J., "Righteousness and Salvation", SJTh 30 (1977) 233-52,
spéc. 233-41.

LACK, R., La Symbolique du Livre d'Isaïe (AnBib 59; Rome : Biblical
Institute Press, 1973) 238-47.

LARUE, G.A., "Recent Studies in Ḥesed", Hesed in the Bible (par N.
Glueck; éd. E.L. Epstein; Cincinnati : The Hebrew Union College,
1967) 1-32.

LEIBEL, D., "יהוה / צדקנו", Tarbiz 34 (1965) 279-80 (résumé en anglais,
p. V).

LEMCHE, N.P., "The Manumission of Slaves - the Fallow Year - the
Sabbatical Year - the Jobel Year", VT 26 (1976) 38-59.

LEVÊQUE, J., Job et son Dieu. I : Essai d'exégèse et de théologie biblique
(EBib;   Paris : J. Gabalda, 1970) 272-77 : "Le verbe צדק
dans le livre de Job".

---, "Le sens de la souffrance d'après le livre de Job", RThL 6
(1975) 438-59.

---, "Anamnèse et disculpation : la conscience du juste en Job, 29-31",
La Sagesse de l'Ancien Testament (éd. M. Gilbert; BEThL 51;
Gembloux/Leuven : J. Duculot/University Press, 1979) 231-48.

---, Job. Le livre et le message (CE 53; Paris : Editions du Cerf,
1985) spéc. p. 39 : "Justice de Dieu, justice de l'homme".

LICHT, J., "צדק, צדקה, צדיק", Encyclopaedia Biblica, VI (Jerusalem :
Bialik Institute, 1971) 678-85.

LIMBECK, M., Gottes Gerechtigkeit - unsere Hoffnung (Luzern/München :
Rex-Verlag, 1970).

LOFTHOUSE, W.F., "The Righteousness of Jahveh", ExpTim 50 (1938/39) 341-45.

MALCHOW, B.V., "Social Justice in the Wisdom Literature", BibThBull 12 (1982/Octob.) 120-24.

MARTIN, G., La notion de justice de Dieu dans l'Ancien Testament (Montauban : J. Granié, 1892).

McCORD, H., "The Meaning of Jhwh Tzidkenu ... in Jer 23,6; 33,16", RestQ 6 (1962) 114-21.

McKEATING, H., "Justice and Truth in Israel's Legal Practice. An Inquiry", ChQ 3 (1970) 51-56.

McKENZIE, D.A., "Judicial Procedure at the Town Gate", VT 14 (1964) 100-104.

McKENZIE, J.L., "Justice and Justification", Way 13 (1973) 198-206.

MENDELSOHN, I., "Authority and Law in Canaan - Israel", JAOS.S 17 (1954) 25-33.

MEYER, R., "Melchisedek von Jerusalem und Moresedek von Qumran", Volume du Congrès. Genève 1965 (VT.S 15; Leiden : E.J. Brill, 1966) 228-39.

MICHEL, D., Begriffsuntersuchung über sädäq - s^{e}daqa und '^{ä}mät - '^{ä}muna (Habilitation, Heidelberg, 1964).

MONNIER, J., La justice de Dieu d'après la Bible (Paris : Ch. Noblet, 1878).

MORAN, W.L., "The Ancient Near Eastern Background of the Love of God in Deuteronomy", CBQ 25 (1963) 77-87.

MUNK, E., La justice sociale en Israël (Neuchâtel : Baconnière, 1948).

NADRÁSKY, K., "Ospravlnenie na pozadí Starej Zmluvy", KrR 43 (1976) 99-107.

NEVES, J. das, "A justiça dos homens e a justiça de Deus", Itinerarium 10 (1964) 425-45; 11 (1965) 165-88.

NGUYEN-VAN-THU, E., De sedāqāh Dei in libro Isaiae (Pont. Athen. Ant. 128; Romae : Pont. Athen. Ant., 1958).

NIELSEN, E., "The Righteous and the Wicked in Habaqquq", StTh 6 (1952) 54-78.

NISSIM, P., "Giustizia e diritto nell'ebraismo", RasIsr 35 (1969) 312-28.

NORTHCUTT, J.H., The OT Background for Paul's Doctrine of the Righteousness of God (Diss. Southw. Bapt. Theol. Sem., 1947).

NÖTSCHER, F., Die Gerechtigkeit Gottes bei den vorexilischen Propheten (ATA IV/1; Münster i. W. : Aschendorffsche Verlagsbuchhandlung, 1915).

OLLEY, J.W., 'Righteousness' in the Septuagint of Isaiah. A Contextual Study (SBLSCSS 8; Missoula, Montana : Scholars Press, 1979).

---, "The Translator of the Septuagint of Isaiah and 'Righteousness'", BIOSCS 13 (1980) 58-74.

ORTLOPH, A., "Ueber den Begriff von צדק und den wurzelverwandten Wörtern im zweiten Theile des Propheten Jesaja", ZLThK 21 (1860) 401-26.

OSTERLOH, E., Gottes Gerechtigkeit und menschliches Recht im Alten Testament (München : Chr. Kaiser, 1940).

OTTO, E., "Die 'synthetische Lebensauffassung' in der frühköniglichen Novellistik Israels. Ein Beitrag zur alttestamentlichen Anthropologie", ZThK 74 (1977) 371-400.

OYEN, H.van, "Biblische Gerechtigkeit und weltliches Recht", ThZ 6 (1950) 270-92.

PAX, E., "Studien zum Vergeltungsproblem der Psalmen", SBFLA 11 (1960/61) 56-112.

PEDERSEN, J., Israel. Its Life and Culture, I-II (London/Copenhagen : H. Milford/V. Pio. Povl Branner, 1926) 336-77 : "Righteousness and Truth".

PETUCHOWSKI, J.J., "The Controversial Figure of Melchizedek", <u>HUCA</u> 28
   (1957) 127-36.

PIDOUX, G., "Un aspect négligé de la justice dans l'Ancien Testament :
   son aspect cosmique", <u>RThPh</u> 4 (1954) 283-88.

PLOEG, J. van der, "Šapaṭ et mišpāṭ", <u>OTS</u> 2 (1943) 144-55.

PROCKSCH, O., <u>Theologie des Alten Testaments</u> (Gütersloh : C. Bertelsmann, 1950) 568-81 : "Gerechtigkeit".

QUELL, G., "Der Rechtsgedanke im Alten Testament", <u>ThWNT</u>, II (éd. G.
   Kittel - G. Friedrich; Stuttgart : W. Kohlhammer, 1936) 176-80.

RAD, G. von, "'Gerechtigkeit' und 'Leben' in der Kultsprache der
   Psalmen", <u>Festschrift Alfred Bertholet zum 80. Geburtstag</u> (éd.
   W. Baumgartner - O. Eissfeldt - K. Elliger - L. Rost; Tübingen :
   J.C.B. Mohr, 1950); maintenant : <u>Gesammelte Studien zum AT</u> = ThB
   8 (3e éd.; München : Chr. Kaiser, 1965) 225-47.

---, "Anrechnung des Glaubens zur Gerechtigkeit', <u>ThLZ</u> 76 (1951)
   129-32.

---, <u>Theologie des Alten Testaments. I : Die Theologie der geschichtlichen Überlieferungen Israels</u> (München : Chr. Kaiser, 1957)
   368-80 : "Jahwes und Israels Gerechtigkeit". Traduction française :
   <u>Théologie de l'Ancien Testament. Premier volume : Théologie des
   traditions historiques d'Israël</u> (Genève : Labor et Fides, 1963)
   320-31 : "La justice de Yahvé et celle d'Israël".

READ, W.E., "Further Observations on Ṣādaq", <u>AUSS</u> 4 (1966) 29-36.

REITERER, F.V., <u>Gerechtigkeit als Heil. צדק bei Deuterojesaja. Aussage
   und Vergleich mit der alttestamentlichen Tradition</u> (Graz : Aka-
   demische Druck- und Verlagsanstalt, 1976).

REVENTLOW, H. Graf, <u>Rechtfertigung im Horizont des Alten Testaments</u>
   (BEvTh 58; München : Chr. Kaiser, 1971).

---, "Der Eifer um Recht und Gerechtigkeit im Alten Testament und
   die theologische Frage nach dem Recht im Zusammenhang mit der

heutigen Menschenrechtsdiskussion", Die Verantwortung der
Kirche in der Gesellschaft (Stuttgart : Calwer, 1973) 57-84.

RINGGREN, H., "König und Messias", ZAW 64 (1952) 120-47.

RODD, C.S., "Shall not the judge of all the earth do what is just ?
(Gen 18,25)", ExpTim 83 (1971/72) 137-39.

ROEHRS, W.R., "Covenant and Justification in the Old Testament",
CThM 35 (1964) 583-602.

ROPES, J.H., "'Righteousness' and 'The Righteousness of God' in the
Old Testament and in St. Paul", JBL 22 (1903) 211-27.

ROSENBERG, R.A., "The God Ṣedeq", HUCA 36 (1965) 161-77.

---, Recension de H.H. Schmid, Biblica 50 (1969) 565-68.

ROSENTHAL, F., "Sedaka, Charity", HUCA 23/1 (1950/51) 411-30.

ROTH, C., "The Teacher of Righteousness and the Prophecy of Joel",
VT 13 (1963) 91-95.

ROWLEY, H.H., "Zadok and Nehushtan", JBL 58 (1939) 113-41.

---, "Melchizedek and Zadok (Gen 14 and Ps 110)", Festschrift Alfred
Bertholet zum 80. Geburtstag (éd. W. Baumgartner - O. Eissfeldt -
K. Elliger - L. Rost; Tübingen : J.C.B. Mohr, 1950) 461-72.

RUPPERT, L., Der leidende Gerechte. Eine motivgeschichtliche Untersuchung zum Alten Testament und zwischentestamentlichen Judentum (FzB 5; Würzburg : Echter Verlag/Kath. Bibelwerk, 1972).

RUPRECHT, E., "Leiden und Gerechtigkeit bei Hiob", ZThK 73 (1976)
424-45.

RUSCHE, H., "Die Gestalt des Melchisedek", MThZ 6 (1955) 230-52.

RUWET, J., "Misericordia et iustitia Dei in Veteri Testamento", VD 25
(1947) 35-42, 89-98.

SALGUERO, J., "Concetto biblico di salvezza-liberazione", Augustinianum 53 (1976) 11-55.

SCHARBERT, J., "Gerechtigkeit : I. Altes Testament", Theologische
Realenzyklopädie, XII (éd. G. Krause - G. Müller; Berlin/New
York : W. de Gruyter, 1984) 404-11.

SCHILLING, O., "Die alttestamentliche Auffassung von Gerechtigkeit und Liebe", Vom Wort des Lebens. Festschrift für Max Meinertz (éd. N. Adler; Münster : Aschendorff, 1951) 9-27.

SCHMID, H.H., Gerechtigkeit als Weltordnung. Hintergrund und Geschichte des alttestamentlichen Gerechtigkeitsbegriffes (BHTh 40; Tübingen : J.C.B. Mohr, 1968).

---, "Gerechtigkeit und Barmherzigkeit im Alten Testament", WuD 12 (1973) 31-41.

---, "Schöpfung, Gerechtigkeit und Heil", ZThK 70 (1973) 1-19; maintenant : Altorientalische Welt in der alttestamentlichen Theologie (Zürich : Theologischer Verlag, 1974) 9-30.

---, "Rechtfertigung als Schöpfungsgeschehen. Notizen zur alttestamentlichen Vorgeschichte eines neutestamentlichen Themas", Rechtfertigung. Festschrift für Ernst Käsemann (éd. J. Friedrich – W. Pöhlmann – P. Stuhlmacher; Tübingen/Göttingen : J.C.B. Mohr/ Vandenhoeck & Ruprecht, 1976) 403-14.

---, "Gerechtigkeit und Glaube. Gen 15,1-6 und sein biblisch-theologischer Kontext" , EvTh 40 (1980) 396-420.

SCHREY, H.H. - WALZ, H.H. - WHITEHOUSE, W.A., The Biblical Doctrine of Justice and Law (EBS 3; London : SCM Press, 1955).

SCHUMAN, N.A., "Gods gerechtigheid en de 'wet' van de Vangkuil (Psalm 7:11-17)", Loven en Geloven (Festschrift Nic. H. Ridderbos; Amsterdam : H.A. van Bottenburg B.V., 1975) 95-110.

SCOTT, R.B.Y., "Wise and Foolish, Righteous and Wicked", Studies in the Religion of Ancient Israel (VT.S 23; Leiden : E.J. Brill, 1972) 146-65.

SCULLION, J.J., "Sedeq-sedaqah in Isaiah cc. 40-66 with special reference to the continuity in meaning between Second and Third Isaiah", UF 3 (1971) 335-48.

SEALE, M.S., "Deborah's Ode and the Ancient Arabian Qasida", JBL 81 (1962) 342-47, spéc. p. 345.

SICRE, J.L., "La preocupación por la justicia en el Antiguo Oriente", Proyección 18 (1981) 3-19; cf. recension dans OTAbs 4 (1981) 262-63.

SKINNER, J., "Righteousness in OT", A Dictionary of the Bible, IV (éd. J. Hastings; Edinburg : T. & T. Clark, 1903) 272-81.

SMITH, R.H., "Abram and Melchizedek (Gen 14,18-20)", ZAW 77 (1965) 129-53.

SMITTEN, W.Th., "Habakuk 2,4 als prophetische Definition des Gerechten", Bausteine biblischer Theologie. Festgabe für G. Johannes Botterweck zum 60. Geburtstag dargebracht von seinen Schülern (BBB 50; éd. H.J. Fabry; Köln/Bonn : P. Hanstein, 1977) 291-300.

SNAITH, N.H., "The Spirit of Righteousness, Lev 14,22, 'Such as He Is Able to Get'", ThTo 11 (1955) 508—11.

---, The Distinctive Ideas of the Old Testament (London : Epworth Press, 1944; New York : Schocken Books, 1964).

SONIES, K., "Gerechtigheid bij Deutero Jesaja", NThS 22 (1939) 167-71.

SPINETOLI, O. da, "La 'giustizia' nella Bibbia", BeO 13 (1971) 241-54.

STAUDIGEL, H., Die Begriffe Gerechtigkeit und Leben und das Problem der Gerechtigkeit Gottes bei Ezechiel (Dissertation, Rostock, 1957).

STEK, J.H., "Salvation, Justice, and Liberation in the Old Testament", CThJ 13 (1978) 133-65.

STENDEBACH, F.J., "Gerechtigkeit als Treue", BiKi 33 (1979) 79-85.

STOLZ, F., Strukturen und Figuren im Kult von Jerusalem (BZAW 118; Berlin : W. de Gruyter, 1970) 175-79, 216-19.

SWETNAM, J., "Some Observations on the Background of צדיק in Jeremias 23,5a", Biblica 46 (1965) 29-40.

SZUBIN, Z.H., - JAKOBS, L., "Righteousness", Encyclopaedia Judaica, XIV (Jerusalem : Keter, 1972) 180-84.

THOMSON, L.L., "The Jordan Crossing : sidqot Yahweh and World Building" JBL 100 (1981) 343-58.

THUYEN, H., Studien zur Sündenvergebung (Göttingen : Vandenhoeck & Ruprecht, 1970) 16-26.

TOAFF, E., "Evoluzione del concetto ebraico di zedaqà", AStE 35 (1968/69) 111-22.

UYS, P., "Justice and Righteousness toward the less Privileged in the Book of Proverbs", NGTT 9 (1968) 183-85.

VATTIONI, F., "Malachia 3,20 e l'origine della giustizia in Oriente", RivBib 6 (1958) 353-60.

---, "I precedenti letterari di Is 32,17à", RivBib 6 (1958) 23-32.

---, "Is 53,2a e i miti orientali", RivBib 6 (1958) 288-98.

---, "La giustizia del Re", Augustinianum 6 (1966) 311-16.

VAUX, R. de, Les institutions de l'Ancien Testament, I (Paris : Cerf, 1958) 221-50 : "Droit et justice".

VEČKO, T.s. Snẽža , Bozja in človeška zvestoba v hebrejski Bibliji – La fidélité de Dieu et de l'homme dans la Bible hébraïque (Dissertation, Ljubljana, 1986); pp. 180-87: "Summary".

VELLA, J., La giustizia forense di Dio (RivBib.S 1; Brescia : Paideia, 1964).

WAGNER, G., La justice dans l'Ancien Testament et le Coran aux niveaux des mariages et des échanges de biens (Neuchâtel : Baconnière, 1977).

WATSON, N.W., "Some Observations of the Use of δικαιόω in the Septuagint", JBL 79 (1960) 255-66.

WALZ, H. - SCHREY, H.H., Gerechtigkeit in biblischer Sicht. Eine ökumenische Studie zur Rechtstheologie (Zürich/Frankfurt a.M. : Gotthelf-Verlag, 1955).

WEIJDEN, A.H. van der, Die 'Gerechtigkeit' in den Psalmen (Dissertation, Nijmegen, 1952).

WEINFELD, M., Justice and Righteousness in Israel and the Nations. Equality and Freedom in Ancient Israel in Light of Social Justice in the Ancient Near East (en hébreu ; PPFBR; Jerusalem : The Magnes Press, The Hebrew University, 1985).

WESTERMANN, C., "Weisheit im Sprichwort", Schalom. Studien zu Glaube und Geschichte Israels. Alfred Jepsen zum 70. Geburtstag (AzTh I/46; éd. H.H. Bernhart; Stuttgart : Calwer, 1971) 73-85.

WHITLEY, C.F., "Deutero-Isaiah's Interpretation of Ṣedeq", VT 22 (1972) 469-75.

WILDEBOER, G., "Die älteste Bedeutung des Stammes צדק", ZAW 22 (1902) 167-69.

WILLS, J.T., "Old Testament Foundations of the Social Justice", RestQ 18 (1975) 65-87.

WOLVERTON, W.J., "The Kings's 'Justice' in Pre-exilic Israel", AThR 41 (1959) 276-86.

ZIMMERLI, W., "Alttestamentliche Prophetie und Apokalyptik auf dem Wege zur 'Rechtfertigung des Gottlosen'", Rechtfertigung. Festschrift für Ernst Käsemann (éd. J. Friedrich - W. Pöhlmann - P. Stuhlmacher; Tübingen/Göttingen : J.C.B. Mohr/Vandenhoeck & Ruprecht, 1976) 575—92.

2. Nouveau Testament, littérature intertestamentaire et Judaïsme

ACHTEMEIER, P.J., "Righteousness in the New Testament", IDB, IV (éd. G.A. Buttrick; Nashville/New York : Abingdon, 1962) 91-99.

ADINOLFI, M., "La giustizia nel terzo vangelo", RivBib 27 (1979) 233-60.

BARR, J., "Common Sense and Biblical Language", Biblica 49 (1968) 377-87.

BARTH, M., Rechtfertigung. Versuch einer Auslegung paulinischer Texte im Rahmen des Alten und Neuen Testamentes (ThSt 90; Zürich : EVZ-Verlag, 1969).

BAUMGARTEN, J.M., "The Heavenly Tribunal and the Personification of Ṣedeq in Jewish Apocalyptic", Aufstieg und Niedergang der römischen Welt. II : Principat, 19/1 (éd. H. Temporini - W. Haase; Berlin : W. de Gruyter, 1979) 219-39.

BECKER, J., Das Heil Gottes. Heils- und Sündenbegriffe in den Qumrantexten und im Neuen Testament (StUNT 3; Göttingen : Vandenhoeck & Ruprecht, 1964).

BERGER, K., "Neues Material zur 'Gerechtigkeit Gottes'", ZNW 68 (1977) 266-75.

BETZ, O., "Rechtfertigung in Qumran", Rechtfertigung. Festschrift für Ernst Käsemann (éd. J. Friedrich - W. Pöhlmann - P. Stuhlmacher; Tübingen/Göttingen : J.C.B. Mohr/Vandenhoeck & Ruprecht, 1976) 17-36.

BLANK, J., "Warum sagt Paulus : 'Aus Werken des Gesetzes wird niemand gerecht ?'", EKK.V 1 (Zürich/Neukirchen : Benziger Verlag/Neukirchener Verlag, 1969).

BONSIRVEN, J., Le Judaïsme palestinien au temps de Jésus-Christ. Sa théologie. I : La théologie dogmatique (BThH; Paris : G. Beauchesne, 1934) 192-204 : "Bonté, miséricorde et justice".

BORNKAM, G., Das Ende des Gesetzes. Paulusstudien. Gesammelte Aufsätze / Band I (BEvTh 16; München : Chr. Kaiser, 1952).

BOUWMAN, G., "Gods gerechtigheid bij Paulus : een nienwe benadering", TTh 11 (1971) 141-58.

BRAUCH, M.T., "Perspectives on 'God's righteousness' in recent German discussion", Paul and Palestinian Judaism (E.P. Sanders; London : SCM Press, 1977) 523-42 (Appendix).

BRAUN, H., Gerichtsgedanke und Rechtfertigungslehre bei Paulus (UNT 19; Leipzig : J.C. Hinrichs'sche Buchhandlung, 1930).

---, Gesammelte Studien zum Neuen Testament und seiner Umwelt (Tübingen : J.C.B. Mohr, 1962).

BULTMANN, R., "Zum Problem der Ethik bei Paulus", ZNW 23 (1924) 123-40.

---, Theologie des Neuen Testaments (Tübingen : J.C.B. Mohr, 1958) 271-87 : "Die δικαιοσύνη θεοῦ".

---, "Δικαιοσύνη θεοῦ", JBL 83 (1964) 12-16.

CAMBIER, J., L'Evangile de Dieu selon l'Epître aux Romains. Exégèse et Théologie biblique. Tome I : L'Evangile de la Grâce (SN 3; Paris/Bruges : Desclée/de Brouwer, 1967).

CAQUOT, A., "Le livre des Jubilés, Melkisedeq et les dîmes", JJS 33 (1982) 257-64.

CONDON, K., "Justification in the Bible", IThQ 37 (1970) 265-79.

CONZELMANN, H., Grundriss der Theologie des Neuen Testaments (München : Chr. Kaiser, 1968) 236-59 : "Die Glaubensgerechtigkeit".

---, "Current Problems in Pauline Research" Interpretation 22 (1968) 171-86, spéc. 178-82 : "The Righteousness of God".

---, Theologie als Schriftauslegung. Aufsätze zum Neuen Testament (BEvTh 65; München : Chr. Kaiser, 1974) 191-206 : "Die Rechtfertigungslehre des Paulus : Theologie oder Antropologie ?".

CORSANI, B., "La posizione di Gesù di fronte alla legge secondo il vangelo di Matteo e l'interpretazione di Mt. 5 : 17-20", RBR 3 (1968) 193-230.

CREMER, H., Die paulinische Rechtfertigungslehre im Zusammenhange ihrer geschichtlichen Voraussetzungen (2e éd.; Gütersloh : C. Gertelsmann, 1900).

CREMER, H. - KÖGEL, J., Biblisch-theologisches Wörterbuch der Neutestamentlichen Grezität (10e éd.; Gotha : F.A. Perthes, 1911) 296-311 : Δίκαιος , 311-17 : Δικαιοσύνη , 317-30 : Δικαιόω.

CRONBACH, A., "Social Ideals of the Apocrypha", HUCA 18 (1944) 131-39.

---, "Righteousness in Jewish Literature, 200 B.C. - A.D. 100", IDB, IV (éd. G.A. Buttrick; Nashville/New York : Abingdon, 1962) 85-91

DELCOR, M., "Le Docteur de Justice, nouveau Moïse, dans les hymnes de Qumran", Le Psautier. Ses origines. Ses problèmes littéraires. Son influence (éd. R. De Langhe; OBL 4; Louvain/Leuven : Publications Universitaires/Institut Orientaliste, 1962) 407-23.

---, "Melchizedek from Genesis to the Qumran Texts and the Epistle to the Hebrews", JSJ 2 (1971) 113-35.

DESCAMPS, A., "Le christianisme comme justice dans le premier évangile", EThL 22 (1946) 5-33.

---, "Justice et justification. II. Nouveau Testament", DBS, IV (éd. L. Pirot - A. Robert; Paris : Letouzey & Ané, 1949) 1460-71.

---, Les justes et la justice dans les évangiles et le christianisme primitif, hormis la doctrine proprement paulinienne (Univ. Cath. Lov. Diss. II/43; Louvain/Gembloux : Publications universitaires de Louvain/J. Duculot, 1950).

DIETRICH, E.L., "Ist die jüdische 'Gerechtigkeit' ein kaufmänischer Begriff ? Gedanken zur Frage des jüdischen und griechischen Selbsteverständnisses", ZRGG 10 (1958) 240-43.

DIETZFELBINGER, Chr., Die Antithesen der Bergpredigt (ThEH 186; München: Chr. Kaiser, 1975).

DODD, C.H., The Bible and the Greeks (London : Hodder & Stoughton, 1935, 1954) 42-75 : "Righteousness, Mercy and Truth".

DONFRIED, K.P., "Justification and Last Judgment in Paul. A Contribution to the theology of God as saviour and judge", La Notion biblique de Dieu. Le Dieu de la Bible et le Dieu des philosophes (éd. J. Coppens; BEThL 41; Gembloux/Leuven : J. Duculot/University Press, 1976) 293-313.

DUPONT, J., La Réconciliation dans la Théologie de Saint Paul (ALBO II/32; Bruges/ Paris : Publications universitaires de Louvain/ Desclée/de Brouwer, 1953).

EISSFELDT, O., "Πληρῶσαι πᾶσαν δικαιοσύνην in Matthäus 3,15", ZNW 61 (1970) 209-15 = Kleine Schriften, V (Tübingen: J.C.B. Mohr, 1973) 179-84.

FEUILLET, A., "Le plan salvifique de Dieu d'après l'épître aux Romains", RB 57 (1950) 336-87.

FIEDLER, M.J., Der Begriff δικαιοσύνη im Mathäus-Evangelium, auf seine Grundlagen untersucht, I-II (Dissertation, Halle-Wittenberg, 1957).

---, "Δικαιοσύνη in der diasporajüdischen und intertestamentarischen Literatur", JSJ 1 (1970) 120-40.

---, "'Gerechtigkeit'im Matthäus-Evangelium", ThV 8 (1977) 63-75.

FINKEL, A., "Gerechtigkeit : II. Judentem", Theologische Realenzyklopädie, XII (éd. G. Krause - G. Müller; Berlin/New York : W. de Gruyter, 1984) 411-14.

FITZMYER, J.A. "'Now This Melchizedek ...' (Heb. 7,1)", CBQ 25 (1963) 305-21.

GEORGE, A., "La justice à faire dans le secret (Matthieu, 6,1-6 et 16-18)", Biblica 40 (1959) 590-98.

GIESEN, H., Christliches Handeln. Eine redaktionskritische Untersuchung zum δικαιοσύνη-Begriff im Matthäus-Evangelium (EHS.Th 181; Frankfurt a.M./Bern : P. Lang, 1982).

GOLDBERG, A.M., "Der Gerechte ist der Grund der Welt", Judaica 33 (1977) 147-60.

GRUNDMANN, W., "Der Lehrer der Gerechtigkeit von Qumran und die Frage nach der Glaubensgerechtigkeit des Apostels Paulus", RdQ 2/6 (1960) 237-59.

---, "The Teacher of Righteousness of Qumran and the Questions of Justification by Faith in the Theology of the Apostle Paul", Paul and Qumran. Studies in New Testament Exegesis (éd. J. Murphy-O'Connor; London : G. Chapman, 1968) 85-114.

GÜNTHER, H., "Die Gerechtigkeit des Himmelreiches in der Bergpredigt", KuD 17 (1971) 113-26.

GYLLENBERG, R., "Die paulinische Rechtfertigungslehre und das Alte Testament", Studia theologica I. Edidit ordo theologorum universitatis Latviensis (Rigae, 1935) 35-52.

---, Rechfertigung und Altes Testament bei Paulus (Stuttgart/Berlin/Köln/Mainz : W. Kohlhammer, 1973).

HAHN, F., "Taufe und Rechtfertigung. Ein Beitrag zur paulinischen Theologie in ihrer Vor- und Nachgeschichte", Rechtfertigung.

Festschrift für Ernst Käsemann zum 70. Geburtstag (éd. J. Friedrich - W. Pöhlman - P. Stuhlmacher; Tübingen/Göttingen : J.C.B.
Mohr/Vandenhoeck & Ruprecht, 1976) 95-124.

HAVELOCK, E.A., "Δικαιοσύνη. An Essay in Greek Intellectual History",
Phoenix 23 (1969) 49-70.

HEIDLAND, H.-W., Die Anrechnung des Glaubens zur Gerechtigkeit. Untersuchungen zur Begriffbestimmung von חשב und λογίζεσθαι (BWANT
4/18; Stuttgart : W. Kohlhammer, 1936).

HEILIGENTHAL, R., "Soziologische Implikationen der paulinischen Rechtfertigungslehre im Galaterbrief am Beispiel der 'Werke des
Gesetzes'", Kairos 26 (1984) 38-53.

HILL, D., "Δίκαιοι as a Quasi-Technical Term", NTS 11 (1964/65) 196-
302.

---, Greek Words and Hebrew Meanings : Studies in the Semantics of
Soteriological Terms (MSSNTS 5; Cambridge : Cambridge University
Press, 1967) spéc. pp. 82-163 : "The Background and Meaning of Δι-
καιοσύνη and Cognate Words".

HOFFMANN, P., "Die bessere Gerechtigkeit. Auslegung der Bergpredigt
I-IV", BiLe 10 (1969) 57-65, 111-22, 175-89, 264-75; 11 (1967)
89-104.

HORTON, F.L., The Melchizedek Tradition. A Critical Examination of
the Sources to the Fifth Century A.D. and in the Epistle to
the Hebrews (MSSNTS 30;Cambridge ...: Cambridge University Press,
1976).

HÜBNER, H., Das Gesetz in der synoptischen Tradition. Studien zur These
einer progressiven Qumranisierung und Judaisierung innerhalb der
synoptischen Tradition (Witten : Luther-Verlag, 1973).

---, "Existenziale Interpretation der paulinischen 'Gerechtigkeit
Gottes'", NTS 21 (1974/75) 462-88.

---, Das Gesetz bei Paulus. Ein Beitrag zum Werden der paulinischen
Theologie (FRLANT 119; Göttingen : Vandenhoeck & Ruprecht, 1978).

JEREMIAS, G., Der Lehrer der Gerechtigkeit (StUNT 2; Göttingen : Vandenhoeck & Ruprecht, 1963).

JOEST, W., "Paulus und Luthersche Simul Justus et Peccator", KuD 1 (1955) 269-320.

KÄSEMANN, E., "Gottesgerechtigkeit bei Paulus", ZThK 58 (1961) 367-78 = Exegetische Versuche und Besinnungen, II (3e éd.; Göttingen : Vandenhoeck & Ruprecht, 1968) 181-93. Traduction anglaise : "God's Righteousness in Paul", JThCh 1 (1965) 100-10.

---, New Testament Question of Today (Philadelphia : Fortress, 1969) 168-82 : "'The Righteousness of God' in Paul".

---, An die Römer (HNT 8a; Tübingen : J.C.B. Mohr, 1973).

KERTELGE, K., "Rechtfertigung" bei Paulus. Studien zur Struktur und zum Bedeutungsgehalt des paulinischen Rechtfertigungsbegriffs (NTA 3; Münster; Aschendorff, 1967).

KLEIN, G., "Gottes Gerechtigkeit als Thema der neuesten Paulus-Forschung", VuF 12/2 (1967) 1-11 = Rekonstruktion und Interpretation. Gesammelte Aufsätze zum Neuen Testament (BEvTh 50, München : Chr. Kaiser, 1969) 225-36.

---, "Righteousness in the NT", IDBS (éd. K. Crim; Nashville : Abingdon, 1976) 750-52.

KUSS, O., Der Römerbrief (2e éd.; Regensburg : F. Pustet, 1963) 115-21 : "Gerechtigkeit Gottes".

KUYPER, L.J., "Righteousness and Salvation", SJTh 30 (1977) 233-52, spéc. 241-43: "Righteousness at Qumran and Among the Apocalyptists", 243-52 : "Righteousness in the New Testament".

LEON-DUFOUR, X.,"Le juste Joseph", NRTh 81 (1959) 225-31.

LIEBERMAN, S., Greek in Jewish Palestine. Studies in the Life and Manners of Jewish Palestine in the II-IV Centuries C.E. (New York : The Jewish Theol. Sem., 1941) spéc. pp. 68-75.

LOHSE, E., Die Einheit des Neuen Testaments. Exegetische Studien zur

Theologie des Neuen Testaments (Göttingen : Vandenhoeck & Ruprecht, 1973) 209-27 : "Die Gerechtigkeit Gottes in der paulinischen Theologie".

LÜHRMANN, D., "Der Verweis auf die Erfahrung und die Frage nach der Gerechtigkeit", Jesus Christus in Historie und Theologie. Neutestamentliche Festschrift für Hans Conzelmann zum 60. Geburtstag (éd. G. Strecker; Tübingen : J.C.B. Mohr, 1975) 185-96.

---, "Gerechtigkeit : III. Neues Testament", Theologische Realenzyklopädie, XII (éd. G. Krause - G. Müller; Berlin/New York : W. de Gruyter, 1984) 414-20.

LYONNET, S., "De 'Iustitia Dei' in Epistola ad Romanos ...", VD 25 (1947) 23-34, 118-21, 129-44, 193-203, 257-63.

---, "L'étude du milieu littéraire et l'exégèse du Nouveau Testament", Biblica 36 (1955) 202-12, spéc. 207-12.

---, "Notes sur l'exégèse de l'Epître aux Romains", Biblica 38 (1957) 35-61, spéc. 44-49.

---, "La notion de justice de Dieu en Rom. III,5 et l'exégèse paulinienne du 'Miserere'", Sacra Pagina, II (BEThL 12-13; éd. J. Coppens - A. Descamps - E. Massaux; Paris/Gembloux : J. Gabalda/ J. Duculot, 1959) 342-56.

---, "De notione 'iustitiae Dei' apud S. Paulum", VD 42 (1964) 121-54.

MACH, R., Der Zaddik in Talmud und Midrasch (Leiden : E.J. Brill, 1957).

MARMORSTEIN, A., The Old Rabbinic Doctrine of God. I : The Names and Attributes of God (JCP 10; Oxford/ London : Oxford University/ Humphrey Milford, 1927) spéc. pp. 181-96 : "Justice".

McGRATH, A.E., "Justice and Justification : Semantic and Juristic Aspects of the Christian Doctrine of Justification", SJTh 35 (1982) 403-18.

MEYER, R., "Melchisedek von Jerusalem und Moresedek von Qumran", Volume du congrès. Genève 1965 (VT.S 15; Leiden : J.E. Brill, 1966) 228-39.

MICHEL, A., Le Maître de Justice d'après les documents de la Mer Morte, la littérature apocryphe et rabbinique (Avignon : Aubanel, 1954).

MILIK, J.T., "Milkî-sedeq et Milkî-reša^c dans les anciens écrits juifs et chrétiens", JJS 23 (1972) 95-144.

MORGENSTERN, J., "The Gates of Righteousness", HUCA 6 (1929) 1-37.

---, "The H^asîdîm - Who Were They", HUCA 38 (1967) 59-73.

MÜLLER, Chr., Gottes Gerechtigkeit und Gottes Volk. Eine Untersuchung zu Römer 9-11 (FRLANT 86; Göttingen : Vandenhoeck & Ruprecht, 1964).

MUNDLE, W., Der Glaubensbegriff des Paulus. Eine Untersuchung zur Dogmengeschichte des ältesten Christentums (Leipzig : M. Heinsius, 1932; réimprimé à Darmstadt : Wissenschaftliche Buchgesellschaft, 1977).

NISSEN, A., Gott und der Nächste im antiken Judentum. Untersuchungen zum Doppelgebot der Liebe (WUNT 15; Tübingen : J.C.B. Mohr, 1974) 99-329 : "Gerechtigkeit und Gnade".

NÖTSCHER, F., "Das Reich (Gottes) und seine Gerechtigkeit (Mt 6,33 vgl. Lc 12,31)", Biblica 31 (1950) 237-41.

OEPKE, A., "Δικαιοσύνη θεοῦ bei Paulus in neuer Beleuchtung", ThLZ 78 (1953) 260-64.

OLIVIERI, O., "Dico enim vobis, quia nisi abundaverit iustitia vestra plus quam scribarum et pharisaeorum non intrabitis in regnum caelorum (Mt.5,20)", Biblica 5 (1924) 201-205.

PENNA, R., "La giustificazione in Paolo e in Giacomo", RivBib 30 (1982) 337-62.

PETUCHOWSKI, J.J., "The Controversial Figure of Melchizedek", HUCA 28 (1957) 127-36.

PRZYBYLSKI, B., Righteousness in Matthew and his World of Thought (MSSNTS 41; Cambridge : Cambridge University Press, 1980).

QUELL, G. - SCHRENK, G., "δίκη, δίκαιος, δικαιοσύνη ... ", ThWNT, II (éd. G. Kittel; Stuttgart : W. Kohlhammer, 1936) 176-229.

RABINOWITZ, I., "The Guides of Righteousness", VT 8 (1958) 391-404.

REICKE, Bo, "Paul's Understanding of Righteousness", Soli Deo Gratia : NT Studies in Honour of W.C. Robinson (éd. J.M. Richards; Richmond : Knox, 1968) 37-49.

REUMANN, J., "The Gospel of the Righteousness of God. Pauline Reinterpretation in Romans 3 : 21-31", Interpretation 20 (1966) 432-52.

---, "Righteousness" in the New Testament. "Justification" in the United States Lutheran-Roman Catholic Dialogue/with responses by Joseph Fitzmyer, Jerome D. Quinn/(Philadelphia/New York, Ramsey : Fortress Press/Paulist Press, 1982).

RIDDERBOS, H., Paul. An Outline of His Theology (London : SPCK, 1975) 159-81 : "The Revelation of the Righteousness of God".

RINGGREN, H., Israelitische Religion (RM 26; Stuttgart : W. Kohlhammer, 1963) 74-75.

---, "The Root ṣdq in Poetry and the Koran", Ex orbe religionum. Studia Geo Widengren, II (SHR 22; Leiden : E.J. Brill, 1972) 134-42.

ROMANIUK, K., "Spraviedliwosć i milosć jako przymioty Boże", RBL 17 (1964) 19-24.

ROPES, J.H., "'Righteousness' and 'The Righteousness of God' in the Old Testament and St. Paul", JBL 22 (1903) 211-27.

ROSENTHAL, F., "Sedaka, Charity", HUCA 23/1 (1950/51) 411-30.

ROTH, C., "The Teacher of Righteousness and the Prophecy of Joel", VT 13 (1963) 91-95.

SANDERS, E.P., Paul and Palestinian Judaism. A Comparison of Patterns of Religion (London : SCM Press, 1977) spéc. pp. 33-59, 183-295, 305-12, 342-46, 380-83, 398-409, 475—97, 523-42.

SCHLATTER, A., Gottes Gerechtigkeit. Ein Kommentar zum Römerbrief (5ᵉ éd.; Stuttgart : Calwer, 1975).

SCHMITT, S., S. Pauli "iustitia Dei" dilucidata notione "iustitiae" quae in V. T. et S. Paulo habetur (Diss. Pont. Inst. Bibl., Roma, 1959).

SCHNELLE, U., Gerechtigkeit und Christusgegenwart. Vorpaulinische und
   paulinische Tauftheologie (GThA 24; Göttingen : Vandenhoeck &
   Ruprecht, 1983).

SCHULZ, S.,"Zur Rechtfertigung aus Gnaden in Qumran und bei Paulus",
   ZThK 56 (1959) 155-85.

SEYNAEVE, J., "'La Justice Nouvelle' (Matthieu, V,17-20)", Message et
   Mission. Recueil Commémoratif du Xe Anniversaire de la Faculté
   de Théologie (PULK 23; Louvain/Paris : Nauwelaerts, 1968) 54-75.

SPICQ, C., "Joseph, son mari, étant juste ... (Mt. I,19)", RB 7 (1964)
   206-14.

STALDER, K., Das Werk des Geistes in der Heiligung bei Paulus (Zürich :
   EVZ-Verlag, 1962).

STEVENS, G.B., "Righteousness in NT", A Dictionary of the Bible, IV
   (éd. J. Hastings; Edinburgh : T.& T. Clark, 1903) 281-84.

STRECKER, G., Der Weg der Gerechtigkeit. Untersuchung zur Theologie
   des Matthäus (FRLANT 82 : Göttingen : Vandenhoeck & Ruprecht, 1962).

---, "Befreiung und Rechtfertigung. Zur Stellung der Rechtfertigungslehre in der Theologie des Paulus", Rechtfertigung. Festschrift
   für Ernst Käsemann zum 70. Geburtstag (éd. J. Friedrich - W.
   Pöhlmann - P. Stuhlmacher; Tübingen /Göttingen : J.C.B. Mohr/
   Vandenhoeck & Ruprecht, 1976) 479-508.

STUHLMACHER, P., Gerechtigkeit Gottes bei Paulus (FRLANT 87; Göttingen : Vandenhoeck & Ruprecht, 1965).

---, Versönnung, Gesetz und Gerechtikeit. Aufsätze zur biblischen
   Theologie (Göttingen : Vandenhoeck & Ruprecht, 1981).

TOBAC, E., Le problème de la justification dans Saint Paul. Etude de
   théologie biblique (Diss. II/3; Gembloux : J. Duculot, 1941).

TRILLING, W., Christusverkündigung in den synoptischen Evangelien.
   Beispiele gattungsgemässer Auslegung (BiBi 4; München : Kösel-
   Verlag, 1969) spéc. pp. 86-107 : "Die neue und wahre 'Gerechtig-
   keit' (Mt 5,20-22)".

URBACH, E.E., The Sages - Their Concepts and Beliefs, I (Jerusalem : The Magnes Press, The Hebrew University, 1975) 483-511 : "The Righteous and Wicked".

WACHOLDER, Ben Zion, The Dawn of Qumran. The Sectarian Torah and the Teacher of Righteousness (MHUC 8; Cincinnati : Hebrew College Press, 1983).

WEBER, F., Jüdische Theologie auf Grund des Talmud und verwandter Schriften (2e éd.; Leipzig : Dörffling & Franke, 1897) spéc. pp. 177-312 : "Die Gerechtigkeit vor Gott und das Verdienst".

WERNBERG-MØLLER, P., "צדק, צדיק and צדוק in the Zadokite Fragments (CDC), the Manual of Discipline (DSD) and the Habakkuk-Commentary (DSH)", VT 3 (1953) 310-15.

WESTERHOLM, S., "The Law and the 'Just Man' (1 Tim, 2,3-11)", StTh 36 (1982) 79-95.

WILKENS, U., Rechtfertigung als Freiheit. Paulusstudien (Neukirchen : Neukirchener Verlag, 1974).

---, "Was heisst bei Paulus : 'Aus Werken des Gesetzes wird kein Mensch gerecht' ?", EKK.V 1 (Zürich/Neukirchen : Benziger Verlag/Neukirchener Verlag, 1969) 51-77.

WILCKENS, U., Der Brief an die Römer (EKK VI/1; Zürich/Einsiedeln/Köln : Benziger Verlag - Neukirchen-Vluyn : Neukirchener Verlag, 1978) 202-33.

WILLIAMS, S.K., "The 'Righteousness of God' in Romans", JBL 99/2 (1980) 241-90.

WOLTER, M., Rechtfertigung und zukünftiges Heil. Untersuchungen zu Röm 5,1-11 (BZNW 43; Berlin/New York : W. de Gruyter, 1978).

WOUDE, A.S. van der, "Melchisedek als himmlische Erlösergestalt in den neugefundenen eschatologischen Midraschim aus Qumran Höhle XI", OTS 14 (1965) 354-73.

ZIESLER, J.A.,The Meaning of Righteousness in Paul : A Linguistic and Theological Enquiry (MSSNTS 20; Cambridge : Cambridge University Press, 1972).

II. JUSTICE DANS LE SENS DE RETRIBUTION

1. Ancien Testament

ADAMIAK, R. (with a Foreword by D.N. Freedman), Justice and History
in the Old Testament. The Evolution of Divine Retribution in
the Historiographies of the Wilderness Generation (Cleveland,
Ohio : J.T. Zubal, 1982).

ALT, A., "Zur Talionsformel", ZAW 11 (1934) 303-305 = Kleine Schriften
zur Geschichte des Volkes Israel, I (2e éd.; München : O. Beck,
1959) 341-44.

ANDRE, G., Determining the Destiny. PQD in the Old Testament (CB.OT
16; Uppsala : CWK Gleerup, 1980).

BAMBERGER, B.J., "Fear and Love of God in the Old Testament", HUCA 6
(1929) 39-53.

BARTON, J., "Natural Law and Poetic Justice in the Old Testament",
JThS 30 (1979) 1-14.

CALES, J., "Rétribution individuelle, vie des justes et mort des
pécheurs d'après le Livre d'Ezéchiel (chap. 3,16-21; 18; 33,1-
20)", RSR 11 (1921) 363-71.

COOK, S.A., The Laws of Moses and the Code of Hammurabi (London : A.
& Ch. Black, 1903) 240-62 : "Protection of the Person" (Principles of the jus talionis - Evolution of the talio).

CORDERO, M.G., "Intuiciones de retribución en el mas alla en la literatura sapiential", XV Semana Biblica Española (Madrid : Aldecoa,
1955) 57-78.

DAUBE, D., Studies in Biblical Law (Cambridge : Cambridge University
Press, 1947) 102-53 : "Lex Talionis".

DIAMOND, A.S., "An Eye for an Eye", Iraq 19 (1957) 151-55.

DIETRICH, W., "Rache. Erwägungen zu einem alttestamentlichen Thema",
EvTh 36 (1976) 450-72.

DILLARD, R.B., "Reward and Punishment in Chronicles : The Theology of Immediate Retribution", <u>WThJ</u> 46 (1984) 164-72.

DORON, P., "A New Look at an Old Lex", <u>JANESCU</u> 1/2 (1969) 21-27.

EICHRODT, W., "Vorsehungsglaube und Theodizee im Alten Testament", <u>Festschrift Otto Procksch zum sechzigsten Geburtstag am 9. August 1934 überreicht</u> (Leipzig : A. Deichert'sche Verlagsbuchhandlung/J.C. Hinrichs'sche Buchhandlung, 1934) 45-70.

---, <u>Theologie des Alten Testaments</u>, III (5e éd.; Stuttgart/Göttingen : E. Klotz/Vandenhoeck & Ruprecht, 1964) 264-345 : "Sünde und Vergebung".

FÜRST, H., <u>Die göttliche Heimsuchung. Semasiologische Untersuchung eines biblischen Begriffes</u> (PAAFTh - Thesis ad lauream N. 173; Rom, 1965).

GAMMIE, J.G., "The Theology of Retribution in the Book of Deuteronomy", <u>CBQ</u> 32 (1970) 1-12.

GAMPER, A., <u>Gott als Richter in Mesopotamien und im Alten Testament. Zum Verständnis einer Gebetsbitte</u> (Innsbruck : Universitätsverlag Wagner, 1966).

GEHMAN, H.S., "Natural Law and the Old Testament", <u>Biblical Studies in Memory of H.C. Alleman</u> (éd. J.M. Myers - O. Reimherr - H.N. Bream; New York : J.J. Augustin, 1960) 109-22.

GESE, H., <u>Lehre und Wirklichkeit in der alten Weisheit. Studien zu den Sprüchen Salomos und zu dem Buche Hiob</u> (Tübingen : J.C.B. Mohr, 1958).

GREENBERG, M., "Some Postulates of Biblical Criminal Law", <u>Yehezkel Kaufmann Jubilee Volume. Studies in Bible and Jewish Religion Dedicated to Yehezkel Kaufmann on the Occasion of his Seventieth Birthday</u> (éd. M. Haran; Jerusalem : The Magnes Press, The Hebrew University, 1960) 5-28.

---, "Crimes and Punishments", <u>IDB</u>, I (Nashville/New York : Abingdon, 1962) 733-44.

GRUENTHANER, M.J., "The Old Testament and Retribution in this Life", <u>CBQ</u> 4 (1942) 101-10.

GUNKEL, H., "Vergeltung im Alten Testament", Die Religion in Geschichte und Gegenwart, V (éd. H. Gunkel - L. Zscharnack; 2e éd.; Tübingen : J.C.B. Mohr, 1931) 1529-33 = Um das Prinzip der Vergeltung in Religion und Recht des Alten Testaments (éd. K. Koch; Darmstadt : Wissenschaftliche Buchgesellschaft, 1972) 1-7.

GUNNEWEG, A.H.J., "Schuld ohne Vergebung ?", EvTh 36 (1976) 2-14.

HALL, B., "The Problem of Retribution in the Psalms", Scripture 7 (1955) 84-92.

HOROVITZ, J., "Auge um Auge, Zahn um Zahn", Judaica. Festschrift zu Hermann Cohens siebzigstem Geburtstage (Berlin : B. Cassirer, 1912) 609-58.

HORST, F., "Naturrecht und Altes Testament", EvTh 10 (1950/51) 253-73 = Gottes Recht (éd. H.W. Wolff; München : Chr. Kaiser, 1961) 235-59.

JACOB, B., Auge um Auge. Eine Untersuchung zum Alten und Neuen Testament (Berlin : Philo Verlag, 1929).

JAPHET, S., The Ideology of the Book of Chronicles and its Place in Biblical Thought (en hébreu; Jerusalem : Menahem, 1977).

KAUFMANN, Y., The Religion of Israel. From its Beginning to the Babylonian Exile (transl. and abridged from Hebrew by M. Greenberg; London : G. Allen & Unwin, 1961) spéc. pp. 329-333 : "The Doctrine of Retribution".

KELLER, Carl-A., "Zum sogenannten Vergeltungsglauben im Proverbienbuch", Beiträge zur alttestamentlichen Theologie. Festschrift für Walther Zimmerli zum 70. Geburtstag (éd. H. Donner - R. Hanhart - R. Smend; Göttingen : Vandenhoeck & Ruprecht, 1977) 223-38.

KÖBERLE, J., Sünde und Gnade im religiösen Leben des Volkes Israel bis auf Christus (München : O. Beck, 1905) spéc. pp. 358-73 : "Vergeltung und Vergebung", 373-86 : "Die religiöse Ueberwindung der Vergeltungslehre".

KOCH, K., "Gibt es ein Vergeltungsdogma im Alten Testament ?", ZThK 52 (1955) 1-42 = Um das Prinzip der Vergeltung in Religion und Recht des Alten Testaments (WdF 125; Darmstadt : Wissenschaftliche Buchgesellschaft, 1972) 130-81.

---, "Der Spruch 'Sein Blut bleibe auf seinem Haupt' und die israelitische Auffassung vom vergossenen Blut", VT 12 (1962) 396-416.

KÖHLER, L., Theologie des Alten Testaments (NThG; Tübingen : J.C.B.
Mohr, 1936) 189-230 : "Von Gericht und Heil".

KRAŠOVEC, J., "Božje povračilo na splošno in v Jobovi knjigi /God's
Requital in General and in Job/", BV 45 (1985) 3-22.

KUNTZ, J.K., "The Retribution Motif in Psalmic Wisdom", ZAW 89 (1977)
223-33.

KUSHNER, H.S., "Why Do The Righteous Suffer ? Notes Toward a Theology
of Tragedy", Judaism 28 (1979) 316-23.

LAPOINTE, R., "Foi et vérifiabilité dans le langage sapiential de rétribution", Biblica 51 (1970) 349-68.

LAROCHE, J., La rétribution sous l'ancienne alliance (Cahors : A. Coues-
lant, 1904).

LICHTENSTEIN, M.H., "The Poetry of Poetic Justice : A Comparative Study
in Biblical Imagery", The Gaster Festschrift = JANESCU 5 (1973)
255-65.

LILLIE, W., "Towards a Biblical Doctrine of Punishment", SJTh 21
(1968) 449-61.

LINDBLOM, J., "Die Vergeltung Gottes im Buche Hiob. Eine ideenkritische
Skizze", In piam memoriam Alexander von Bulmerincq. Gedenk-
schrift z. 5.VI.1938, d. 70. Geb. dargebracht von einem Kreise
von Freuden und Kollegen (éd. R. Abramowski; AHGHIR 6/3; Litzmann-
stadt : N. v. Klot, 1938) 80-97.

MALAMAT, A., "Doctrines of Causality in Hittite and Biblical Historio-
graphy : A Parallel", VT 5 (1955) 1-12.

MAY, H.G., "Individual Responsibility and Retribution", HUCA 32 (1961)
107-20.

MIKLISZANSKI, J.K., "The Law of Retaliation and the Pentateuch", JBL 66
(1947) 295-303.

MORIS, L., "The Punishment of Sin in the Old Testament", ABR 6 (1958)
61-86.

MÜLLER, D.H., Die Gesetze Hammurabis und ihr Verhältnis zur mosaischen Gesetzgebung sowie zu den XII Tafeln (Wien : A. Hölder, 1903) 146-56 : "Die Talion" (cf. aussi pp. 184-86).

NOETSCHER, F., "Schicksal und Freiheit", Biblica 40 (1959) 446-62.

PATON, L. B., "The Problem of Suffering in the Pre-exilic Prophets", JBL 46 (1927) 111—31.

PAUL, S.M., Studies in the Book of the Covenant in the Light of Cuneiform and Biblical Law (VT.S 18; Leiden : E.J. Brill, 1970).

PAX, E., "Studien zum Vergeltungsproblem der Psalmen", SBFLA 11 (1960/61) 56-112.

PEDERSEN, J., Israel. Its Life and Culture, I-II (London/Copenhagen : H. Milford/V. Pio. P. Branner, 1926) 378-410 : "Maintenance of Justice", 411-52 : "Sin and Curse".

RENDTORFF, R., "Geschichtliches und weisheitliches Denken im Alten Testament", Beiträge zur alttestamentlichen Theologie. Festschrift für Walther Zimmerli zum 70. Geburtstag (éd. H. Donner - R. Hanhart - R. Smend; Göttingen : Vandenhoeck & Ruprecht, 1977) 344-53.

REVENTLOW, H. Graf, "Sein Blut komme über sein Haupt", VT 10 (1960) 311-27.

RODD, C.S., "Shall not the judge of all the earth do what is just ? (Gen 18,25)", ExpTim 83 (1972) 137-39.

RUIZ DE LA PEÑA, J.L., "El esquema alma cuerpo y la doctrina de la retribución. Reflexiones sobre los datos bíblicos del problema", RET 33 (1973) 293-338.

SACCHI, P., "Retribuzione e Giudizio fra ebraismo e cristianesimo", RSLR 9 (1973) 407-20.

SALGUERO, J., "Justicia y retribución divinas en el Antiguo Testamento", CTom 88 (1961) 507-26.

SAUER, G., Die strafende Vergeltung in den Psalmen (Dissertation, Halle, 1957).

SCHARBERT, J., "Formgeschichte und Exegese von Ex 34,6f und seiner Parallelen", Biblica 38 (1957) 130-50.

---, Solidarität in Segen und Fluch im Alten Testament und in seiner Umwelt (BBB 14; Bonn : P. Hanstein, 1958).

---, "Fluchen und Segnen im Alten Testament", Biblica 39 (1958) 1-26.

---, "Das Verbum pqd in der Theologie des Alten Testamentes", BZ 4 (1960) 209-26.

TOWNER, W.S., "Retributional Theology in the Apocalyptic Setting", USQR 26 (1971) 203-14.

VRIEZEN, Th.C., An Outline of Old Testament Theology (Oxford : B. Blackwell, 1958) 273-76 : "God's intercourse with man through Judgment".

WEINFELD, M., "The Source of the Idea of Reward in Deuteronomy", Tarbiz 30 (1960/61) 8-15 (en hébreu avec résumé en anglais).

---, Deuteronomy and the Deuteronomic School (Oxford : Clarendon Press, 1972) 307-19 : "The Doctrine of Reward".

WEISMANN, J., "Talion und öffentliche Strafe im mosaischen Rechte", Um das Prinzip der Vergeltung in Religion und Recht des Alten Testaments (WdF 125; éd. K. Koch; Darmstadt : Wissenschaftliche Buchgesellschaft, 1972) 323-406.

WEISS, M., "Some Problems of the Biblical 'Doctrine of Retribution'", Tarbiz 31 (1961/62) 236-63; 32 (1962/63) 1-18 (en hébreu avec résumé en anglais).

WÜRTHWEIN, E., "Der Vergeltungsglaube im Alten Testament", ThWNT, IV (éd. G. Kittel; Stuttgart : W. Kohlhammer, 1939) 710-18.

ZERAFA, P., "Retribution in the Old Testament", Angelicum 50 (1973) 464-94.

2. Nouveau Testament, littérature intertestamentaire et Judaïsme

BASSLER, J.M., Divine Impartiality. Paul and a Theological Axiom (SBLDS 59; Chicago : Scholars Press, 1982).

BLAU, J., "Lex Talionis", Central Conference of American Rabbis. Volume XXVI (éd. Rabbi Isaac E. Marcuson; Wildwood, New Jersey, 1916) 336-75.

BORNKAM, G., "Der Lohngedanke im Neuen Testament", EvTh 2/3 (1946) 143-66 = Studien zu Antike und Urchristentum. Gesammelte Aufsätze, II (BEvTh 28, München : Chr. Kaiser, 1959) 69-92.

BRAUN, H., Gerichtsgedanke und Rechtfertigungslehre bei Paulus (UNT 19; Leipzig : J.C. Hinrichs, 1930).

BROCKE, M., "Tun und Lohn im nachbiblischen Judentum. Ein Diskussionsbeitrag", BiLe 8 (1967) 166-78.

DELCOR, M., Le Testament d'Abraham (SVTP II; Leiden : E.J. Brill, 1973) spéc. pp. 39-42, 59-62.

---, "Le Dieu des Apocalypticiens", La Notion biblique de Dieu. Le Dieu de la Bible et le Dieu des philosophes (éd. J. Coppens; BEThL 41; Gembloux/Leuven : J. Duculot / University Press, 1976) 211-28, spéc. pp. 224-28 : "III. Dieu juge universel".

DÍAZ, J., "La discriminación y retribución inmediatas después de la muerte. (Precisiones neotestamentarias y de la literatura judía contemporánea)", XVI Semana Bíblica Española (Madrid, Aldecoa, 1956) 85-158.

DIDIER, G., Désintéressement du chrétien. La rétribution dans la morale de Saint Paul (Paris : Montaigne, 1955).

FILSON, F.V., St. Paul's Conception of Recompense (UNT 21; Leipzig : J.C. Hinrichs, 1931).

FISCHEL, H.A., Rabbinic Literature and Greco-Roman Philosophy. A Study of Epicurea and Rhetorica in Early Midrashic Writings (StPB XXI; Leiden : E.J. Brill, 1973) 35-50 : "An Epicurean Sententia on Providence and Divine Justice".

GIESEN, H.,"'Herrschaft der Himmel' und Gericht. Zum Gerichtsverständnis des Matthäusevangeliums", StMor 18 (1980) 195-221.

HEINEMANN, I., Philons griechiche und jüdische Bildung. Kulturvergleichende Untersuchungen zu Philons Darstellung der jüdischen Gesetze (Hildesheim : G. Olms Verlagsbuchhandlung, 1962) spéc. pp. 346-83 : "Philons Grundanschauung über himmlische und irdische Gerechtigkeit".

KARNER, F.K., Der Vergeltungsgedanke in der Ethik Jesu (Leipzig : Dörffling & Franke, 1927).

KÄSEMANN, E., "Sätze Heiligen Rechtes im Neuen Testament", NTS 1 (1954/55) 248-60.

KOHLER, K., Jewish Theology. Systematically and Historically Considered (New York : The Macmillan Company, 1928) spéc. pp. 107-11 : "God's Wrath and Punishment", 112-17 : "God's Long-Suffering and Mercy", 118-25 : "God's Justice".

MARMORSTEIN, A., The Doctrine of Merits in Old Rabbinical Literature (JCP 7; London : Jew's College, 1920).

MICHEL, O., "Der Lohngedanke in der Verkündigung Jesu", ZSTh 9 (1931/32) 47-54.

MINEAR, P.S., And Great shall be your Reward. The Origins of Christian Views of Salvation (YSR 12; New Haven : Yale University Press, 1941).

MOORE, G.F., Judaism in the first Century of the Christian Era. The Age of the Tannaim, II (Cambridge, Mass. : Harvard University Press, 1927) spéc. pp. 162-79 : "Private and Public Charity", 180-97 : "Justice, Truth, Peace", 287-322 : "Retribution after Death".

MOULE, C.F.D., "Punishment and Retribution. An Attempt to delimit their Scope in New Testament Thought", SEA 30 (1965) 21-36.

PESCH, W., Der Lohngedanke in der Lehre Jesu. Verglichen mit der religiösen Lohnlehre des Spätjudentums (MThS I/7; München : K. Zink, 1955).

PHILO JUDAEUS OF ALEXANDRIA, De Praemiis et Poenis - On Rewards and
    Punishments (The Loeb Classical Library. Philo VIII; transl.
    F.H. Colson; London/Cambridge, Mass. : W. Heinemann/Harvard
    University Press, 1939, 1954) 309-423, 451-58.

PREISKER, H., "μισθός...", ThWNT, IV (éd. G. Kittel; Stuttgart : W.
    Kohlhammer, 1942) 699-710, 718-36.

RAMBAN (Nachmanides), Writings & Discourses, II (transl. Rabbi Dr.
    Charles B. Chavel; New York : Shilo Publishing House, 1978) 419-
    551 : "The Gate of Reward".

---, The Gate of Reward (Translated and Annotated by Rabbi Dr. Charles
    B. Chavel; New York : Shilo Publishing House, 1983).

REICKE, Bo, "The New Testament Conception of Reward", Aux sources de
    la tradition chrétienne. Mélanges offerts à M. Maurice Goguel
    à l'occasion de son soixante-dixième anniversaire (BTh; Neuchâtel/
    Paris : Delachaux & Niestlé, 1950) 195-206.

RU, G.de, "The Conception of Reward in the Teaching of Jesus", NT 8
    (1966) 202-22.

SAADYA GAON, Book of Doctrines and Beliefs. Abridged edition transla-
    ted from the Arabic with an introduction and notes (A. Altmann) =
    Three Jewish Philosophers (New York : Atheneum, 1969) spéc. pp.
    115-25 : "On Obedience and Disobedience; Compulsion and Justice",
    127-39 : "On Merits and Demerits", 181-91 : "On Reward and Punish-
    ment in the Future World".

SANDERS, E.P., Paul and Palestinian Judaism. A Comparison of Patterns
    of Religion (London : SCM Press, 1977) 107-25 : "Obedience and
    disobedience; reward and punishment", 125-47 : "Reward and punish-
    ment in the world to come".

SCHECHTER, S., Studies in Judaism. First Series (Philadelphia : The
    Jewish Publication Society of America, 1945) spéc. pp. 213-32 :
    "The Doctrine of Divine Retribution in Rabbinical Literature".

---, Aspects of Rabbinic Theology. Major Concepts of the Talmud
    (New York : Schocken Books, 1961) spéc. pp. 170-98 : "The Zachuth
    of the Fathers. Imputed Righteousness and Imputed Sin".

SCHELKLE, K.H., "Lohn und Strafe nach dem Neuen Testament", BiLe 10 (1969) 89-95.

STEWART, G.W., "The Place of Rewards in the Teaching of Christ", Expositor 7/10 (1910) 97-111, 224-41.

STEWART, R.A., Rabbinic Theology. An Introductory Study (Edinburgh/ London : Oliver and Boyd, 1961) spéc. pp. 26-31 : "The Righteousness and Holiness of God - The Decrees of God, the Attributes of Justice and Mercy, and the Divine Omniscience".

SYNOFZIK, E., Die Gerichts- und Vergeltungsaussagen bei Paulus. Eine traditionsgeschichtliche Untersuchung (GThA 8; Göttingen : Vandenhoeck & Ruprecht, 1977).

URBACH, E.E., The Sages - their Concepts and Beliefs, I (transl. from Hebrew by I. Abrahams; Jerusalem : The Magnes Press, The Hebrew University, 1975) 420-523 : "Man's Accounting and the World's Accounting".

WAGNER, M., "Der Lohngedanke im Evangelium", NKZ 43 (1932) 106-12, 129-39.

WEBER, F., Jüdische Theologie auf Grund des Talmud und verwandter Schriften (.2ᵉ éd., Leipzig : Dörfling & Franke; 1897) spéc. pp. 277-312 : "Die Gerechtigkeit vor Gott und das Verdienst".

WEISS, K., Die Frohbotschaft Jesu über Lohn und Vollkommenheit. Zur Evangelischen Parabel von den Arbeitern im Weinberg. Mt 20,1-16 (NTA 12; Münster i. W. : Aschendorff, 1927).

WETTER, G.P., Der Vergeltungsgedanke bei Paulus. Eine Studie zur Religion des Apostels (Göttingen : Vandenhoeck & Ruprecht, 1912).

WICKS, H.J., The Doctrine of God in the Jewish Apocryphal and Apocalyptic Literature (London : Hunter & Loughurst, 1915) spéc. pp. 130-263 : "The Justice of God", 264-346 : "The Grace of God".

WILDER, A.N., Eschatology and Ethics in the Teaching of Jesus (New York/London : Harper & Brothers, 1939).

3. Théologie en général, philosophie, littérature et jurisprudence

ACTON, H.B. (éd.), The Philosophy of Punishment. A Collection of Papers (MSE 255; London : Macmillan, 1969).

ARTUK, M.E., Sinn und Zweck der Strafe und die Massnahmen zur Sicherung und Besserung im türkischen Strafrecht (NKRWA 83; Königstein : P. Hanstein, 1979).

BAIER, K., "Is Punishment Retributive ?", Analysis 16 (1955) 25-32.

BEAN, P., Punishment. A Philosophical and Criminological Inquiry (Oxford : Robertson, 1981).

BENN, S.I., "An Approach to the Problems of Punishment", Philosophy 33 (1958) 325-41.

BJÖRCK, G., Der Fluch des Christen Sabinus. Papyrus Upsaliensis 8 (Uppsala : Almquist & Wiksells, 1938).

BOWERS, F.Th., Elizabethan Revenge Tragedy (Gloucester, Mass. : P. Smith, 1959).

BRASIELLO, U., La repressione penale in diritto romano (Napoli : Jovene, 1937).

CAMOIN, F.A., The Revenge Convention in Tourneur, Webster and Middleton (Salzburg Studies in English Literature. I : Jacobean Drama Studies 20; Salzburg : Inst. für Engl. Sprache und Lit., 1972).

CHAPIN, D.D., Metamorphosis as Punishment and Reward. Pagan and Christian Perspectives (Phil. Diss. Cornell Univ.; Ann Arbor, Mich. : University Microfilms, 1972).

COURTOIS, G., La vengeance IV. La vengeance dans la pensée occidentale (Paris : Edition Cujas, 1984).

DAS, S., Crime and Punishment in Ancient India (New Delhi : Abhinav, 1977).

DAY, T.P., The Conception of Punishment in Early Indian Literature (Waterloo, Ont. : Wilfrid Laurier University Press, 1982).

DOMBOIS, H., Mensh und Strafe (GuF 14; Witten-Ruhr : Luther-Verlag, 1957).

DRACHMANN, A.G., Haevnmotivet i Kiplings fortaellinger /The Motive of Vengeance in Narratives of Kipling/ (Studier fra sprog- og old-tidsforskning 272; København : Gad, 1969).

DRORY, R., "Ali Baba and the Forty Thieves : An Attempt at a Model for the Narrative Structure of the Reward - and - Punishment Fairy Taile", Patterns in Oral Literature (éd. H. Jason - D. Segal; The Hague/Paris : Mouton Publishers, 1977) 31-48.

DUIJNSTEE, W.J.A.J., De leer der straf van den H. Thomas v. Aquino (Nijmegen/Utreéht : Dekker/en/ van de Vegt en van Leeuwen, 1928).

DUPUY, A., Le réflexe de vengeance chez l'enfant (Genève : Ed. du Mont Blanc, 1970).

EWING, A.C., The Morality of Punishment. With some Suggestions for a General Theory of Ethics (London : K. Paul, Trench, Trubner, 1929).

FLEW, A., "'The Justification of Punishment'", Philosophy 29 (1954) 291-307.

FOGARTY, M.P., The Just Wage (London : G. Chapman, 1961).

FREY, E.R. (éd.), Schuld, Varantwortung, Strafe im Lichte der Theolo-gie, Jurisprudenz, Soziologie, Medizin und Philosophie (Zürich : Schulthess, 1964).

GUSS, K., Lohn und Strafe. Ansätze und Ergebnisse psychologischer Forschung (Bad Heilbrunn/Obb. : Klinkhart, 1979).

HALLETT, Ch.A. - HALLETT, S.F.,The Revenger's Madness. A Study of Revenge Tragedy Motifs (Lincoln/London : University of Nebraska Press, 1980).

HART, H.L.A., "Prolegomenon to the Principles of Punishment", Philo-sophy, Politics and Society. Second Series (éd. P. Laslett - W.G. Runciman; Oxford : B. Blackwell, 1962) 158-82.

HECKEL, Th. (éd.), Der gerechte Lohn (München : Evang. Presseverband für Bayern, 1963).

HERMESDORF, B.H.D., Poena talionis (Utrecht/Nijmegen : Dekker & van de Vegt, 1965).

412

HUXLEY, A., Heaven and Hell (London : Penguin Books, 1959).

JACOBY, S., Wild Justice. The Evolution of Revenge (New York ... : Harper & Row, 1983).

KELSEN, H., Vergeltung und Kausalität. Eine soziologische Untersuchung (The Hague/Chicago : W.P. van Stockun & Zoon/The University of Chicago Press, 1941).

---, Society and Nature. A Sociological Inquiry (ILSSR; London : K. Paul, Trench, Trubner, 1946, 1974) spéc. pp. 49-185 : "The Interpretation of Nature according to the Principle of Retribution", 186-232 : "The Idea of Retribution in Greek Religion", 233-48 : "The Law of Causality and the Principle of Retribution in the Greek Philosophy of Nature".

---, What is Justice ? Justice, Law, and Politics in the Mirror of Science (Berkeley/Los Angeles/ London : University of California Press, 1957, 1971) spéc. pp. 25-81 : "The Idea of Justice in the Holy Scriptures", 303-23 : "Causality and Retribution".

KIRCHNER, V.G., Der "Lohn" in der alten Philosophie, im bürgerlichen Recht, besonders im Neuen Testament (Gütersloh : C. Bertelsmann, 1908)

KNOX, T.M., Hegel's Philosophy of Right (London : Oxford University Press, 1942).

LEDIG, G., Philosophie der Strafe bei Dante und Dostojewski (Weimar : H. Böhlaus Nachfolger, 1935).

LONGFORD, L., The Idea of Punishment (London : G. Chapman, 1961).

MABBOTT, J.D., "Punishment", Mind 48 (1939) 152-67.

MACKENZIE, M.M., Plato on Punishment (Berkeley : University of California Press, 1981).

MADDEN, E.H. - HANDY R. - FARBER M. (éd.), Philosophical Perspectives on Punishment (ALS 697; Springfield, Ill : Thomas, 1968).

MOBERLEY, W., The Ethics of Punishment (London : Faber & Faber, 1968).

MROZ, M.B., Divine Vengeance : A Study in the Philosophical Backgrounds of the Revenge Motif as it appears in Shakespeare's Chronicle

History Plays (Dissertation, Washington : The Catholic University of America Press, 1941).

NILSTUN, T., Aristotle on Freedom and Punishment (LMPPh 3; Lund : Studentlitteratur, 1981).

OSTERMEIER, E., Lohn und Strafe aus psychoanalytischer Sicht (Bielefeld : Pfeffer, 1980).

PATON, M., "Can God Forget ?", SJTh 35 (1982) 385-402.

PAULEY, W.C. de, Punishment : Human and Divine (London : S.P.C.K., 1925).

QUINTON, A.M., "On Punishment", Analysis 14 (1954) 133-42 = Philosophy, Politics and Society (éd. P. Laslett; Oxford : B. Blackwell, 1970) 83-91.

RAWLS, J., "Distributive Justice", Philosophy, Politics and Society. Third Series (éd. P. Laslett – W.G. Runciman; Oxford : B. Blackwell, 1967) 58-82.

SALOMON, M., "Die Idee der Strafe", Philosophische Abhandlungen. Hermann Cohen zum 70sten Geburtstag (4. Juli 1912) dargebracht (Berlin, 1912) 223-46.

SAVEY-CASARD, P., Le crime et la peine dans l'oeuvre de Victor Hugo (Paris : Presses universitaires de France, 1956).

SEIDEN, M., The Revenge Motice in Websterian Tragedy (Salzburg Studies in English Literature. I : Jacobean Drama Studies 15; Salzburg : Inst. für Engl. Sprache und Lit., 1973).

SIMPSON, P., The Theme of Revenge in Elizabethan Tragedy (London : Humphrey Milford Amen House, 1935).

STARK, W., Vorsehung und Vergeltung. Zur Frage nach der sittlichen Weltordnung (Berlin : Furche-Verlag, 1931).

TENNANT, F.R., The Concept of Sin (Cambridge : University Press, 1912).

VERDIER, R. (éd.), La Vengeance, I. La vengeance dans les sociétés extra-occidentales (Paris : Editions Cujas, 1980).

---, La vengeance. Etudes d'ethnologie, d'histoire et de philosophie, I (Paris : Editions Cujas, 1981).

VERDIER, R. - POLY , J.P.(éd.), La vengeance, III. Vengeance, pouvoirs et idéologies dans quelques civilisations de l'Antiquité (Paris: Editions Cujas, 1984).

WALKER, N., Punishment, Danger and Stigma. The Morality of Criminal Justice (Totowa, New York : Barnes & Noble, 1980).

WIESNET, E., Die verratene Versöhnung. Zum Verhältnis vom Christentum und Strafe (Düsseldorf : Patmos Verlag, 1980).

III. PROCHE ORIENT ANCIEN,GRECE INCLUSE

ALTENMÜLLER, B., Synkretismus in den Sargtexten (GOF IV/7; Wiesbaden :
   O. Harrassowitz, 1975) 67-72 : "M₃ᶜ.t(Maat)".

ANTHES, R., Die Maat des Achnaton von Amarna (JAOS.S 14; Baltimore :
   American Oriental Society, 1952).

ARTHUR, M.B., Euripides' Phoenissae and the Politics of Justice (Ann
   Arbor/Michigan : Xerox University Microfilms, 1976).

BAUDISSIN, W.W. Graf, "Der gerechte Gott in altsemitischer Religion",
   Harnack-Ehrung. Beiträge zur Kirchengeschichte ... A. von Harnack
   zu seinem 70. Geburtstag (Sonderdruck der Kartell-Zeitung des
   Eisenacher Kartells Akademisch-Theologischer Vereine; Leipzig :
   J.C. Hinrichs, 1921) 1-23.

BAUMGARTEN, A.I., The Phoenician History of Philo of Byblos. A Commentary (EPRO 89;Leiden: E.J. Brill,1981)   spéc. pp. 70, 175-77, 205,
   227-31.

BEÏKOS, Th., Κοσμολογία καὶ κοσμική δικαιοσύνη στὴν ἀρχαί α Ἑλληνική
   διανόηση. Μέρος I = résumé en anglais (pp. 127-35) : Cosmology
   and Cosmic Justice in Ancient Greek Thought (Θεσσαλονίκη, 1969).

BERGMAN, J., Ich bin Isis. Studien zum memphitischen Hintergrund der
   griechischen Isisaretalogien (AUU 3; Uppsala/Lund : Berlingska
   Boktryckerie , 1968) 176-219 : "Die Maatideologie"; "Maat und
   die Königsfeste"; "Gottheit - Maat - König - Menschheit".

BLEEKER, C.J., De beteekenis van de egyptische Godin Ma-a-t (Dissertation, Leiden : N.V. Boek, 1929).

BONNET, H.B.K., Reallexikon der ägyptischen Religionsgeschichte (Berlin :
   W. de Gruyter, 1952) 430-34 : "Maat".

BROWN, J.P., "Men of the Land and the God of Justice in Greece and
   Israel", ZAW 95/3 (1983) 376-402.

BRUNNER, H., "Gerechtigkeit als Fundament des Thrones", VT 8 (1958)
   426-28.

CADIOU, R., "Aristote et la notion de justice", REG 73 (1960) 224-29.

CAZELLES, H. "De l'idéologie royale", The Gaster Festschrift = JANESCU
5 (1973) 59-73.

CIVIL, M. - GELB, I.J. - OPPENHEIMER, A.L. - REINER, E. (éd.), The
Assyrian Dictionary of the University of Chicago, VIII (Chicago/
Glückstadt : The Oriental Institute/J.J. Augustin, 1971) 468-72 :
"kittu A (kettu)"; X/2 (1977) 116-19 : "mīšaru A (mešaru, mešeru)".

CLEMEN, C., Die phönikische Religion nach Philo von Byblos (MVÄG 42/3;
Leipzig : J.C. Hinrichs, 1939) spéc. pp. 55-58 : sur les dieux
Misor et Sydyq.

CORNFORD, F.M., From Religion to Philosophy. A Study in the Origins
of Western Speculation (New York : Harper & Brothers Publischers,
1957; 2e éd. Sussex : The Harvester Press, 1980).

DELCOR, M., "Melchizedek from Genesis to the Qumran Texts and the
Epistle to the Hebrews", JSJ 2 (1971) 113-20 : "I. Melchizedek,
a Canaanite priest-king".

EBACH, J., Weltentstehung und Kulturentwicklung bei Philo von Byblos
(BWANT 6/8; Stuttgart/Berlin/Köln/Mainz : W. Kohlhammer, 1979)
216-23 : "Misor und Sydyq".

EPSZTEIN, L., La justice sociale dans le Proche-Orient ancien et le
peuple de la Bible (Préface de Henri Cazelles; Paris : Les Editions
du Cerf, 1983) 41-78 : "La Maât égyptienne". Traduction anglaise:
Social Justice in the Ancient Near East and the People of the
Bible (London : SCM Press, 1986).

FALK, Z.W., "Two Symbols of Justice", VT 10 (1960) 72-74.

FERM, V. (éd.), Forgotten Religions (Including some Living Primitive
Religions) (New York : The Philosophical Library, 1950).

FRISCH, H., Might and Right in Antiquity (Humanitas 2; Cøbenhavn :
Gyldendal, 1949).

GAMPER, A., Gott als Richter in Mesopotamien und im Alten Testament.
Zum Verständnis einer Gebetsbitte (Innsbruck : Universitätsverlag
Wagner, 1966).

GESE, H., Lehre und Wirklichkeit in der alter Weisheit. Studien zu den Sprüchen Salomos und zu dem Buche Hiob (Tübingen : J.C.B. Mohr, 1958) 11-21 : sur Maat.

GRIESHAMMER, R., "Maat un Sädäq. Zum Kulturzusammenhang zwischen Ägypten und Kanaan", GöM 55 (1982) 35-42.

GUERIN, P., L'idée de Justice dans la Conception de l'Univers chez les Premiers Philosophes Grecs. De Thalès à Héraclite (Paris : F. Alcan, 1934).

GÜTERBOCK, H.G., "Authority and Law in the Hittite Kingdom", JAOS.S 17 (1954) 16-24.

HELCK. W., "Maat", Lexikon der Ägyptologie, III (éd. W. Helck - W. Westendorf; Wiesbaden : O. Harrassowitz, 1980) 1110-19.

HILD, J.A., "Justitia", Dictionnaire des antiquités grecques et romaines, III/1 (éd. Ch. Daremberg - E. Saglio; Paris : Hachette, 1900) 776-79.

HIRZEL, R., Themis, Dike und Verwandtes. Ein Beitrag zur Geschichte der Rechtsidee bei den Griechen (Leipzig : S. Hirzel, 1907).

HORVÁTH, B., Die Gerechtigkeitslehre des Aristoteles (Szeged, 1931).

JACKSON, B.S., "From Dharma to Law", AJCL 23 (1975) 490-512.

JASTROW, M., Aspects of Religious Belief and Practice in Babylonia and Assyria (New York, Inc. : B. Blom, 1971) spéc. pp. 351-418 : "Ethics and Life after Death".

KÁKOSY, L., "Selige und Verdammte in der spätägyptischen Religion", ZÄS 97 (1971) 95-106.

KAKRIDES, I. Th., Σωκρατική δικαιοσύνη (Αριστοτελειον Πανεπιστημιον Θεσσαλονικης; Θεσσαλονίκη, 1960).

KLÍMA, J., "La base religieuse et éthique de l'ordre social dans l'Orient ancien", ArOr 16 (1947/49) 334-56.

KOSCHAKER, P., "Göttliches und weltliches Recht nach den Urkunden aus Susa. Zugleich ein Beitrag zu ihrer Chronologie", Orientalia 4 (1935) 38-80.

LATTE, K., Heiliges Recht. Untersuchungen zur Geschichte der sakralen Rechtsformen in Griechenland (Tübingen : J.C.B. Mohr, 1920; 2e éd. Aalen : Scientia-Verlag, 1964).

LIVERANI, M., "Συδυκ e Μισωρ", Studi in onore di Edoardo Volterra, VI (Pubbl. Fac. Giur. Univ. Roma; Milano : Giuffrè, 1971) 55-74.

LLOYD - JONES, H., The Justice of Zeus (SCL 41; Berkeley/Los Angeles/London : University of California Press, 1971).

McCARTHY, R.J., The Theology of al-Ash^{c}arī (Beyrouth : Imprimerie Catholique, 1953) 97-103 : "Discussion of the Imputation of Justice and Injustice to God" (chapitre sept).

MORAUX, P., A la recherche de l'Aristote perdu. Le Dialogue 'Sur la Justice' (Aristote, traductions et études; Louvain/Paris : Publications universitaires/Editions Béatrice-Nauwelaerts, 1957).

MORENZ, S., Gott und Mensch im alten Ägypten (Leipzig : Koehler & Amelang, 1964) 116-40 : "Die Rolle der Ethik".

---, Religion und Geschichte des alten Ägypten (Weimar : Hermann Böhlens Nachfolger, 1975).

---, Ägyptische Religion (RM 8; Stuttgart : W. Kohlhammer, 1960; 2e éd. 1977).

MORET, A., Le Rituel du culte divin journalier en Egypte (AMG 14; Paris : E. Leroux, 1902) 138-65 : "Le roi-prêtre donne au dieu l'offrande Mâît".

---, "La doctrine de Maât", RdE 4 (1940) 1-14.

NILSSON, M.P., "Die Griechengötter und die Gerechtigkeit", HThR 50 (1957) 193-210.

OTTO, E., Gott und Mensch. Nach den ägyptischen Tempelinschriften der griechisch-römischen Zeit (AHAW.PH 1; Heidelberg : Winter, 1964).

PALMER, L.R., "The Indo-European Origins of Greek Justice", Transactions of the Philological Society (Oxford : B. Blackwell, 1950) 149-68.

PAUL, S.M., Studies in the Book of the Covenant in the Light of Cuneiform and Biblical Law (VT.S 18; Leiden : E.J. Brill, 1970) spéc.

3-10 : "Cuneiform Law", 99-105 : "Summary".

PERELLI, L., Il "De republica" di Cicerone. Corso di letteratura latina dell'anno accad. 1968/69 (Corsi universitari; Torino : G. Giappichelli, 1969) XXV-L : "La polemica sul concetto politico di giustizia e sull'imperialismo romano nel De republica a confronto con Sallustio e Tacito".

PRICE, I.M., "The Relation of Certain Gods of Equity and Justice in Early Babylonia", JAOS 52 (1932) 174-78.

PROOSDIJ, B.A., "ŠAR MEŠARIM. Titre des rois babyloniens comme législateurs", Symbolae ad jus et historiam antiquitatis pertinentes Julio Christiano van Oven dedicatae (éd. M. David - B.A. van Groningen - E.M. Meijers; Leiden : E.J. Brill, 1946) 29-35.

QUADRI, G., I tragici greci e l'estetica della giustizia (PAM 85; 2e éd.; Firenze : la nuova Italia, 1974).

RINGGREN, H., Word and Wisdom. Studies in the Hypostatization of Divine Qualities and Functions in the Ancient Near East (Lund : Hakan Oklssons Boktryckeri, 1947).

---, "The Root ṣdq in Poetry and the Koran", Ex orbe religionum. Studia Geo Widengren, II (SHR 22; Leiden : E.J. Brill, 1972) 134-42.

ROSENBERG, R.A., "The God Ṣedeq", HUCA 36 (1965) 161-77.

ROSENTHAL, F., "Sedaka, Charity", HUCA 23/1 (1950/51) 411-30.

SALOMON, M., Der Begriff der Gerechtigkeit bei Aristoteles (Leiden : A.W. Sijthoff, 1937).

SCHMID, H.H., Gerechtigkeit als Weltordnung. Hintergrund und Geschichte des altestamentlichen Gerechtigkeitsbegriffes (BHTh 40; Tübingen : J.C.B. Mohr, 1968) 46-61 : "Einschub III : Der ägyptische Begriff Maat", 61-65 : "Einschub IV : Der sumerische Begriff me".

SHIRUN-GRUMACH, I., "Remarks on the Goddess Maat", Pharaonic Egypt, the Bible and Christianity (éd. S. Israelit-Groll; Jerusalem : The Magnes Press, the Hebrew University, 1985) 173-201.

SIEGFRIED, W., Der Rechtsgedanke bei Aristoteles (Zürich : Schulthes, 1947).

SODEN, W. von, "Religion und Sittlichkeit nach den Anschauungen der Babylonier", ZDMG 89 (1935) 143-69.

———, "Das Fragen nach der Gerechtigkeit Gottes im Alten Orient", MDOG 96 (1965) 41-59.

———, Akkadisches Handwörterbuch, I (Wiesbaden : O. Harrassowitz, 1965) 494-95 : "kittu(m)"; II (1972) 659-60 : "mī/mešaru(m)".

SPEISER, E.A., "Early Law and Civilization", CBR 31 (1953) 863-77.

———, "Authority and Law in Mesopotamia", JAOS.S 17 (1954) 8-15 = Oriental and Biblical Studies. Collected Writings of E.A. Speiser (éd. J.J. Finkelstein - M. Greenberg; Philadelphia : University of Pensylvania Press, 1967) 313-23.

———, "Cuneiform Law and the History of Civilization", PAPS 107 (1963) 536-41.

STERN, L., "Hieroglyphisch - koptisch", ZÄS 15 (1877) 72-88 : une étude comparative linguistique sur la racine Maat.

SUNDBERG, W., Kushta . A Monograph on a Principal Word in Mandaean Texts (Dissertation, Lund : Gleerup, 1953).

TALLQUIST, K., Akkadische Götterepitheta. Mit einem Götterverzeichnis und einer Liste der prädikativen Elemente der sumerischen Götternamen (StOr 7; Helsinki : Soc. Orient. Fenn., 1938).

TRUDE, P., Der Begriff der Gerechtigkeit in der aristotelischen Rechts - und Staatsphilosophie (NKRWA 3; Berlin : W. de Gruyter, 1955).

VLASTOS, G., "Solonian Justice", CP 41 (1946) 65-83.

———, "Equality and Justice in Early Greek Cosmologies", CP 42 (1947) 156-78.

WEINFELD, M., "'Justice and Righteousness' in Ancient Israel against the Background of 'Social Reforms' in the Ancient Near East", Mesopotamien und seine Nachbarn. Politische und kulturelle Wechselbeziehungen im Alten Vorderasien vom 4. bis 1. Jahrtau-

send v. Chr. = XXV. rencontre assyriologique internationale
Berlin 3. bis 7. Juli 1978. Teil 2 (éd. H.J. Nissen - J. Renger;
Berlin : D. Reimer, 1982) 491-519.

---, Justice and Righteousness in Israel and the Nations. Equality
and Freedom in Ancient Israel in Light of Social Justice in the
Ancient Near East (en hébreu ; PPFBR ; Jerusalem : The Magnes Press,
The Hebrew University, 1985).

WESTENDORF, W., "Eine auf die Maat anspielende Form des Osirisnamens",
MIOF 2 (1954) 163-82.

---, "Maat, die Führerin des Sonnenlichtes, in der Architektur",
ZÄS 97 (1971) 143-46.

WIEDEMANN, A., "MAA Déesse de la vérité et son rôle dans le panthéon
égyptien", AMG 10 (1887) 561-73.

WILSON, J.A., The Burden of Egypt. An Interpretation of Ancient Egyptian Culture (Chicago : The University of Chicago Press, 1951)
spéc. pp. 48-49, 67, 93, 104, 110, 119-23, 143-44, 152, 166,
215-16, 218, 223, 226, 279, 287-88, 318 : sur Ma'at.

---, "Authority and Law in Ancient Egypt", JAOS.S 17 (1954) 1-7.

IV. BOUDDHISME ET HINDOUISME

ALTEKAR, A.S., Sources of Hindu Dharma in its Socio-Religious Aspects
(Sain Das Foundation Lectures; Sholapur : Institute of Public
Administration, 1952).

BESAUT, A., The Three Paths and Dharma (London : Theosophical Publishing
Society, 1902) 79-157 : "Dharma".

DASGUPTA, R., Crime and Punishment in Ancient India (Varanasi : Bharatiya
Publishing House, 1973).

DASS, S., Crime and Punishment in Ancient India (c. A.D. 300 to A.D.
1100) (New Delhi : Abhinav Publications, 1977).

INGALLS, D.H.H., "Authority and Law in Ancient India", JAOS.S 17
(1954) 34-45.

JACKSON, B.S., "From Dharma to Law", AJCL 23 (1975) 490-512.

KANE, P.V., History of Dharmaśāstra (Ancient and Mediaeval Religious
and Civil Law), I-V (GOS B/6; Poona : Bhandarkar Oriental Research
Institute, 1930-62), Vol. I, Part I (1930) 1-4 : "Meaning of
Dharma", 4-7 : "Sources of Dharma"; 2e éd. de Vol. I, Part I
(1968) 1-6 : "Meaning of Dharma", 6-11 : "Sources of Dharma".

KEITH, A.B., "Righteousness (Hindu)", Encyclopaedia of Religion and
Ethics (éd. J. Hastings; Edinburgh : T. & T. Clark, 1918) 805-807.

LINGAT, R., Les sources du droit dans le système traditionnel de
l'Inde (Le monde d'outre-mer passé et présent / Les systèmes de
droit contemporain 32; Paris/The Hague : Mouton, 1967). Traduction
anglaise par J.D.M. Derrett, The Classical Law of India (Berke-
ley/Los Angeles/London : University of California Press, 1973)
3-134 : "Dharma" (Part One), 135-272 : "From Dharma to Law" (Part
Two).

MEES, G.H., Dharma and Society. A Comparative Study of the Theory and
the Ideal of Varna ('Natural Class') and the Phenomena of Caste
and Class ('S-Gravenhage : N.V. Servire, 1935) spéc. pp. 3-49 :
"Dharma".

NIKAM, N.A. - McKEON, R. (éd.) The Edicts of Asoka (Chicago/London :
    The University of Chicago Press, 1959; Midway Reprint 1978).

O'FLAHERTY, W.D. - DERRETT, J.D.M. (éd.), The Concept of Duty in South
    Asia (New Delhi : Vikas, 1978) spéc. pp. 3-17 : "Use and Misuse
    of Dharma" (A. Kunst), 66-79 : "The Concept of Dharma in Artha
    and Kāma Literature" (F. Wilhelm), 80-95 : "Veda and Dharma"
    (J.C. Heesterman), 96-106 : "The Clash Between Relative and Abso-
    lute Duty : The Dharma of Demons" (W.D. O'Flaherty).

STCHERBATSKY, Th., The Central Conception of Buddhism and the Meaning
    of the Word "Dharma" (PPF 7; London : Royal Asiatic Society, 1923).

STERNBACH, L., Bibliography on Dharma and Artha in Ancient and Mediae-
    val India (Wiesbaden : O. Harrassowitz, 1973).

STUTLEY, M. & J., A Dictionary of Hinduism. Its Mythology, Folklore
    and Development 1500 BC. - A.D. 1500 (London : Routledge & Kegan
    Paul, 1977) 76 : "Dharma or Dharman".

WALKER, B., Hindu World. An Encyclopedic Survey of Hinduism, I (London :
    G. Allen & Unwin, 1968) 275 : "Dharma".

ZAEHNER, R.C., Hinduism (Oxford : Oxford University Press, 1962) 102-
    24 : "Dharma".

V. LES EPOQUES PLUS RECENTES

ANSELME, Opera omnia, I-IV (éd. F.S. Schmitt; Edinburgi : Apud
    Thomam Nelson et Filios, 1946-61) spéc. Monologion, cap. XV
    (vol. I, pp. 30-31); Proslogion, cap. IX-XI (vol. I, pp. 106-
    110); De veritate, cap. XII : "De iustitiae definitione" (vol. I,
    pp. 191-96).

APTEKAR, J., Icons of Justice. Iconography & Thematic Imagery in Book
    V of "The Faerie Queene" (New York/London : Columbia University
    Press, 1969).

BAVAUD, G., "La doctrine de la justification d'après Calvin et le
    concile de Trente", VC 87 (1968) 83-92.

BECKER, K.J., Die Rechtfertigungslehre nach Domingo de Soto (AnGr 156;
    Roma : Typis Pontificiae Universitatis Gregorianae, 1967).

BECKER, W.G., "Gerechtigkeit", RIPh 41 (1957) 363-91.

BENVENISTE, E., Le vocabulaire des institutions indo-européennes : 2.
    pouvoir, droit, religion (Paris : Les Editions de Minuit, 1969)
    spéc. pp. 9-15 : "rex", 99-105 : "thémis", 107-10 : "díkē", 111-22 :
    "ius et le serment à Rome".

BINDSCHEDLER, M., "Meister Eckharts Lehre von der Gerechtigkeit",
    StPh 13 (1953) 58-71.

BIRD, O.A., The Idea of Justice (New York : F.A. Praeger, 1967).

BIZER, E., Fides ex auditu. Eine Untersuchung über die Entdeckung der
    Gerechtigkeit Gottes durch Martin Luther (3e éd.; Neukirchen-
    Vluyn : Neukirchener Verlag, 1966).

BÖHM, W., Die Idee der Gerechtigkeit im Werke Jakob Wassermanns (Dis-
    sertation, Université de Dijon, 1937).

BORNKAMM, H., "Justitia Dei in der Scholastik und bei Luther", ARG 39
    (1942) 1-46.

---, "Zur Frage der Iustitia Dei beim jungen Luther", ARG 52 (1961)
    16-29; 53 (1962) 1-60.

BOSSUET, J.B., "Ce que doit être la justice", Oeuvres complètes de

Bossuet publiées par les prêtres de l'Immaculée Conception de Saint-Dizier, II (Paris : Bar-le-Duc, L. Guérin, 1863) 430-41.

BOWIE, N.E., Towards a New Theory of Distributive Justice (Amherts : University of Massachusetts Press, 1971).

BRECHT, M., "Iustitia Christi. Die Entdeckung Martin Luthers", ZThK 74 (1977) 179-223.

---, Martin Luther. Sein Weg zur Reformation, 1483-1521 (Stuttgart : Calwer Verlag, 1981).

BRING, R., Das Verhältnis von Glauben und Werken in der lutherischen Theologie (FGLP X/7; München : Chr. Kaiser, 1955).

BROX, N., "Mehr als Gerechtigkeit. Die aussenseiterischen Eschatologien des Markion und Origenes", Kairos 24 (1982) 1-16.

BUCHANAN, A.E., Marx and Justice. The Radical Critique of Liberalism (Totowa, New York : Rownan & Littlefield, 1982).

BUCHHEIT, V., "Die Definition der Gerechtigkeit bei Laktanz und seinen Vorgängern", VigChr 33 (1979) 356-74.

CHRISTES, J., "Christliche und heidnisch-römische Gerechtigkeit in Augustins Werk 'De civitate dei'", RMP 123 (1980) 163-77.

CLARK, M.T., "Augustine on Justice", REA 9 (1963) 87-94.

---, "Platonic Justice in Aristotle and Augustine", DR 82 (1964) 25-35.

CRANZ, F.E., An Essay on the Development of Luther's Thought on Justice, Law and Society (HThS 19; Cambridge/London : Harvard University Press/Oxford University Press, 1959).

DAHRENDORF, R., Marx in Perspektive. Die Idee des Gerechten im Denken von Karl Marx (Hannover : J.H.W. Dietz, 1953).

DAVIDS, A., "Het begrip gerechtigheid in de oude kerk", NThT 17 (1977) 145-70.

DENIFLE, H., Luther und Luthertum in der ersten Entwicklung quellen-mässig dargestellt. Erster Band, II. Abteilung : Quellenbelege. Die abendländischen Schriftausleger bis Luther über Justitia Dei (Rom. 1,17) und Justificatio. Beitrag zur Geschichte der

Exegese, der Literatur und des Dogmas im Mittelalter (Mainz : F. Kirchheim, 1905).

DOGNIN, P.-D., "La justice particulière comporte-t-elle deux espèces ?", RThom 65 (1965) 398-425.

DUMEZIL, G., Idées romaines (BSH; Paris : Editions Gallimard, 1969) 31-45 : "Jus".

DUNSEATH, T.K., Spenser's Allegory of Justice in Book five of "The Faerie Queene"(Princeton : Princeton University Press, 1968).

EBBS, J.D., The Principle of Poetic Justice Illustrated in Restoration Tragedy (Salzburg Studies in English Literature. Poetic Drama 4; Salzburg : Institut für Englische Sprache und Literatur, 1973).

ELLUL, J., Le fondement théologique du droit (CThAP 15/16; Neuchâtel : Delachaux & Niestlé, 1946).

FARANTOS, Megas, Die Gerechtigkeit bei Klemens von Alexandrien (Dissertation, Bonn, 1972).

FECHNER, H.A., Über den Gerechtigkeitsbegriff des Aristoteles. Ein Beitrag zur Geschichte der alten Philosophie (Leipzig : H. Matthes, 1855).

FEHR, H.A., Das Recht in der Dichtung (Bern : A. Francke, 1931).

GARRIN, S.H., The Concept of Justice in Jakob Wassermann's Trilogy (EUS I/267; Bern/Frankfurt a. M./Las Vegas : P. Lang, 1979).

GEACH, P., The Virtues. The Stanton Lectures 1973-74 (Cambridge/London/ New York/Melbourne : Cambridge University Press, 1977) 110-30 : "Justice".

GEMMEL, J., "Die Iustitia in der Lehre des heiligen Thomas", Scholastik 12 (1937) 204-28.

GIERS, J., Die Gerechtigkeitslehre des jungen Suárez. Edition und Untersuchung seiner römischen Vorlesungen de iustitia et iure (FThSt 72; Freiburg i. B. : Herder, 1958).

GILBERT, A.H., Dante's Conception of Justice (Durham, North Carolina : Duke University Press, 1925 ; réimprimé à New York : AMS Press, 1965, 1971).

GRUA, G., La justice humaine selon Leibniz (BPh.H 53; Paris : Presses
    Universitaires de France, 1956).

HÄGGLUND, B., "Gerechtigkeit : VI. Reformations- und Neuzeit", Theolo-
    gische Realenzyklopädie, XII (éd. G. Krause - G. Müller; Berlin/
    New York : W. de Gruyter, 1984) 432-40.

---, "Gerechtigkeit : VII : Ethisch", Theologische Realenzyklopädie,
    XII (éd. G. Krause - G. Müller; Berlin/New York : W. de Gruyter,
    1984) 440-43.

HAMLET, D.M., One Greater Man. Justice and Damnation in Paradise Lost
    (Lewisburg/London : Bucknell University Press/Associated Univer-
    sity Presses, 1976).

HESSE, Th., Gottes Liebesoffenbarung als Begründung der menschlichen
    Liebesgerechtigkeit bei Abaelard (Essen : Essener Druckerei
    Gemeinwohl, 1939).

HÖDL, L., "Gerechtigkeit : V. Mittelalter", Theologische Realenzyklo-
    pädie, XII (éd. G. Krause - G. Müller; Berlin/New York : W. de
    Gruyter, 1984) 424-32.

HOLL, K., "Die iustitia dei in der vorlutherischen Bibelauslegung
    des Abendlandes", Festgabe von Fachgenossen und Freunden A. von
    Harnack zum siebzigsten Geburtstag gewidmet (Tübingen : J.C.B.
    Mohr, 1921) 73-92 = Gesammelte Aufsätze zur Kirchengeschichte,
    III (Tübingen : J.C.B. Mohr, 1928) 171-88.

IWAND, H.J., Glaubensgerechtigkeit nach Luthers Lehre (2e éd.; München:
    Chr. Kaiser, 1951).

JUCQUOIS, G., "De la justice des dieux à la justice des hommes.
    Aspects sociopsychanalytiques de quelques termes juridiques
    archaïques de l'indo-européen", Studia Paulo Naster oblata. II :
    Orientalia antiqua (éd. J. Quaegebeur; Leuven : Department Oriën-
    talistiek/Uitgeverij Peeters, 1982) 93-105.

KELSEN, H., Reine Rechtslehre. Mit einem Anhang : Das Problem der
    Gerechtigkeit (2e éd.; Wien : F. Deuticke, 1960) 357-444 : "Das
    Problem der Gerechtigkeit".

KERBER, W. - WESTERMANN, C. - SPÖRLEIN, B., "Gerechtigkeit", Christlicher
    Glaube in moderner Gesellschaft. Teilband 17 (Enzyklopädische
    Bibliothek in 30 Teilbänden; éd. F. Böckle - F.K. Kaufmann -
    K. Rahner - B. Welte; Freiburg/Basel/Wien : Herder, 1981) 5-75.

KISCH, G., Gerechtigkeitsbilder auf Basler Renaissance-Medaillen
    (Basel : Helbing & Lichtenhahn, 1954).

---, Recht und Gerechtigkeit in der Medaillenkunst (AHAW.PH; Heidel-
    berg : C. Winter, 1955).

KRIELE, M., Kriterien der Gerechtigkeit. Zum Problem des rechtsphilo-
    sophischen und politischen Relativismus (Berlin : Duncker &
    Humblot, 1963).

KUHN, A., "sibja jus", ZVSF 4 (1855) 370-75.

LANDGRAF, A., "Der Gerechtigkeitsbegriff des hl. Anselm und seine
    Bedeutung für die Theologie der Frühscholastik", DT 5 (1927) 155-
    77.

LAPIE, P., De Justitia apud Aristotelem (Lutetiae Parisiorum : F. Alcan,
    1902).

LEIBNIZ, G.W., Essais de Théodicée sur la bonté de Dieu, la liberté
    de l'homme et l'origine du mal. Extraits (éd. H. Marion ; Paris :
    Librairie classique d'Eugène Belin, 1875).

---, Theodicy. Essays on the Goodness of God, the Freedom of Man, and
    the Origin of Evil (Rare Masterpieces of Philosophy and Science;
    ed. with and Introduction by A. Farrer; trad. par E.M. Huggard;
    London : Routledge & Kegan Paul, 1951).

LESSIUS, L., De iustitia et iure ceterisque virtutibus cardinalibus ...
    (Venetiis : apud Bernardum Iuntam, 1608).

LOI, V., "Il concetto di 'iustitia' e i fattori culturali dell'etica
    di Lattanzio", Salesianum 28 (1966) 583-624.

LOTTIN, O., "Le concept de justice chez les théologiens du moyen âge avant
    l'introduction d'Aristote", RThom 44 (1938) 511-21.

LUGO, J. de, De justitia et jure (Joannis de Lugo disputationes scholas-

ticae et morales, V–VII; éd. J.B. Fournials; Parisiis : Apud
Ludovicum Vivès, 1868/69) 445-767 (vol. V), 1-770 (vol. VI),
1-799 (vol. VII).

MAGILL, L.M., "Poetic Justice. The Dilemma of the Early Creators of
Sentimental Tragedy", RSSCW 25 (1957) 24-32.

MANGOLDT, U.v., Der harte Gott. Eine Wirklichkeit (Weilheim/Obb. :
O.W. Barth, 1968).

MANN, W. - PIEPER,J., "Gerechtigkeit", Handbuch theologischer Grund-
begriffe, I (éd. H. Fries; München : Kösel Verlag, 1962) 468-
83.

MARCUS, H., Metaphysik der Gerechtigkeit. Die Aequivalenz als kosmis-
ches, juristiches, ästhetisches und ethisches Prinzip (Basel :
E. Reinhart, 1947).

MARTIKAINEN, J., Gerechtigkeit und Güte Gottes. Studien zur Theologie
von Ephraem dem Syrer und Philoxenos von Mabbug (GOF I/20;
Wiesbaden : O. Harrassowitz, 1981).

McGRATH, A.E., "The Anti-Pelagian Structure of 'Nominalist' Doctrines
of Justification", EThL 57 (1981) 107-19.

---, "Rectitude : the Moral Foundation of Anselm of Canterbury's Sote-
riology", DR 99 (1981) 204-13.

---, "'The Righteousness of God' from Augustine to Luther", StTh 36
(1982) 63-78.

MERKEL, H., "Gerechtigkeit : IV. Alte Kirche", Theologische Realenzyklopädie, XII (éd. G. Krause - G. Müller; Berlin/New York :
W. de Gruyter, 1984) 420-24.

MOLINA, L. de, De iustitia et iure opera omnia ... (Venetiis : apud
Sessas, 1614).

NEWMAN, J., Foundations of Justice. A Historico-Critical Study in
Thomism. With a Pref. by Jacques Leclercq (Cork : Cork University
Press, 1954).

NOBILE, E., Giustizia e grazia (Napoli : Pironto, 1957).

OBERMANN, H.A., "Iustitia Christi' and 'Iustitia Dei'. Luther and the Scholastic Doctrines of Iustification", HThR 59 (1966) 1-26.

OPOCHER, E., Analisi dell'idea della giustizia (Milano : Giuffrè, 1977).

PERELMAN, Ch., Justice et Raison (Université Libre de Bruxelles. Travaux de la Faculté de Philosophie et Lettres 25; Bruxelles : Presses Universitaires, 1963).

---, The Idea of Justice and the Problem of Argument (London : Routledge & Kegan Paul, 1963).

---, Ueber die Gerechtigkeit (München : O. Beck, 1967).

PETERS, A., Glaube und Werk. Luthers Rechtfertigungslehre im Lichte der heiligen Schrift (AGThL 8; Berlin/Hamburg : Luther Verl. -Haus, 1962).

PIEPER, J., Über die Gerechtigkeit (München : Kösel Verlag, 1953).

QUINLAN, M.A., Poetic Justice in the Drama (Notre Dame; Indiana : University Press, 1912).

RAWLS, J.B., A Theory of Justice (Cambridge/Mass. : Belknop Press, 1971).

RITTER, J. (éd.), "Gerechtigkeit", Historisches Wörterbuch der Philosophie, III (Darmstadt : Wissenschaftliche Buchgesellschaft,1974) 329-38.

ROMANO, B., Tecnica e giustizia nel pensiero di Martin Heidegger (Pubblicazioni dell'Istituto di filosofia del diritto dell' Università di Roma III/7; Milano : Giuffrè, 1969).

ROO, W.A. van, Grace and Original Justice According to St. Thomas (AnGr 75; Romae : Universitas Gregoriana, 1955).

RUDE, J.L., Poetic Justice. A Study of the Problem of Human Conduct in Tragedy from Aeschylus to Shakespeare (Dissertation, Harvard University, 1934).

RUPP, G., The Righteousness of God. Luther Studies (London : Hodder & Stoughton, 1953).

SAUER, W., Die Gerechtigkeit. Wesen und Bedeutung im Leben der Menschen und Völker (Berlin : W. de Gruyter, 1959).

SCHELKLE, K.H., Paulus, Lehrer der Väter. Die altkirchliche Auslegung von Römer 1-11 (Düsseldorf : Patmos Verlag, 1956).

SCHEPER, J.B., Justitia Dei and Justificatio in Early Latin Literature (Dissertation, Washington : Catholic University of America, 1932).

SCHMID, H., Zwinglis Lehre von der göttlichen und menschlichen Gerechtigkeit (SDGSTh 12; Zürich : Zwingli-Verlag, 1959).

SCHNEIDER, H.P., Justitia universalis. Quellenstudien zur Geschichte des "christlichen Naturrechts" bei Gottfried Wilhelm Leibniz (JurAbh 7; Frankfurt a. M. : V. Klostermann, 1967).

SCHÖNFELD, W., Ueber die Gerechtigkeit. Ein Triptychon (Göttingen : Vandenhoeck & Ruprecht, 1952).

SCHOTT, E., Die zeitliche und die ewige Gerechtigkeit. Eine kontroverstheologische Untersuchung zum Konkordienbuch (Berlin : Evangel. Verl. -Anstalt, 1955).

SCHOTTROFF, L.-W., Die Parteilichkeit Gottes. Biblische Orientierungen auf der Suche nach Frieden und Gerechtigkeit (München : Chr. Kaiser, 1984).

SCHUSTER, J.B., "Das Verhältnis von iustitia legalis und distributiva zur iustitia socialis", Scholastik 11 (1936) 225-42.

SIMON, K., Abendländische Gerechtigkeitsbilder (Frankfurt a. M. : W. Kramer, 1948).

SISSON, C.J., Shakespeare's Tragic Justice (Toronto/London : W.J.Gage/ Methuen, 1962).

SOTO, D. de, De iustitia et iure libri decem (Venetiis : Apud Florauantem a Prato, 1584).

STONE, J., Human Law and Human Justice (London : Stevens & Sons, 1965).

TAMMELO, I., Zur Philosophie der Gerechtigkeit (Salzburger Schriften zur Rechts-, Staats- und Sozialphilosophie; Frankfurt a. M./ Bern : P. Lang, 1982).

THOMAS D'AQUIN, Index Thomisticus. Sancti Thomae Aquinatis operum omnium indices et concordantiae. Sectio secunda. Condordantia prima, vol. XII (éd. R. Busa SI; Stuttgart/Bad Cannstatt : F.

Frommann Verlag G. Holzboog, 1975) 612-93 : "iustitia-iustus".

TILLICH, P., Love, Power, and Justice. Ontological Analyses and Ethical Applications (London/Oxford/New York : Oxford University Press, 1954). Trad. allemande: Sein und Sinn. Zwei Schriften zur Ontologie (Gesammelte Werke, XI; Stuttgart : Evangelisches Verlagswerk, 1969) 141- 225 : "Liebe, Macht, Gerechtigkeit".

VASEY, V.R., The Social Ideas in the Works of St. Ambrose (Studia Ephemeridis "Augustinianum" 17; Roma : Institutum Patristicum "Augustinianum", 1982).

VECCHIO, G. de, La giustizia (6e éd.; Roma : Editrice Studium, 1959).

---, Justice. An Historical and Philosophical Essay (éd. A.H. Campbell; Edinburgh : Edinburgh University Press, 1956).

VITORIA, F. de, De iustitia. Edición preparada por el R.P.V. Beltrán de Heredia, I-III (Publicaciones de la Asociación Francisco de Vitoria; Madrid : Medinaceli, 1934/35).

WÜRTENBERGER, T., "Recht und Gerechtigkeit in der Kunst Albrecht Dürer", Kunst und Recht. Festgabe für Hans Fehr (Karlsruhe : Verlag C.F. Müller, 1948) 222-35.

ŻYRO, E., Pojecie sprawiedliwości u Karola Marxa = La notion de justice chez Karl Marx (BSM 10; Warszawa : Ksiazka i Wiedza, 1966, résumés en russe et anglais).

VI. TRADUCTIONS ET COMMENTAIRES ANCIENS

ALBERT LE GRAND, Postilla super Isaiam (Opera omnia, tom. XIX ad p. 632; primum ed. F. Siepmann; Aschendorff : Monasterii Westfalorum, 1952).

---, Commentarii in Psalmos (Opera omnia, vol. XV-XVII; cura ac labore A. Borgnet; Parisiis : Apud Ludovicum Vivès, 1892/93).

ARNOBE LE JEUNE, Commentarii in Psalmos, PL LIII,327-570.

ATHANASE, Expositiones in Psalmos, PG XXVII,59-546.

---, Interpretatio Psalmorun sive de titulis Psalmorum, PG XXVII,591-1344.

AUGUSTIN, Quaestionum in Heptateuchum libri VII, CChr.SL XXXIII,1-377.

---, Enarrationes in Psalmos, CChr.SL XXXVIII-XL = PL XXXVI-XXXVII.

BAKER, J. - NICHOLSON, E.W. (éd. et traduct.), The Commentary of Rabbi David Kimhi on Psalms CXX-CL (UCOP 22; Cambridge: The University Press, 1973).

BASILE, Commentarium in Isaiam prophetam (chap. 1-16), PG XXX,117-668.

BEDE, De Psalmorum libro exegesis, PL XCIII,477-1098.

BERLINER, A. (éd.),Rashi ^{c}al HaTorah = Rashi. Der Kommentar des Salomo B. Isak über den Pentateuch (Frankfurt a.M. : J. Kauffmann, 1905; réimprimé à Jérusalem, 1962).

BRUNO, Expositio in Psalmos, PL CLII,637-1420.

BRUNON D'ASTI, Expositio in Pentateuchum, PL CLXIV,147-550.

---, Expositio in Job, PL CLXIV,551-696.

---, Expositio in Psalmos, PL CLXIV,695-1228.

BRUNON D'HERBIPOLIS, Expositio Psalmorum, PL CXLII,49-530.

BUBER, S. (éd.), Midrash Tehillim (Jerusalem, 1977).

CALVIN, J., Opera exegetica et homiletica, vol. I-XXII (Joannis Calvini opera quae supersunt omnia, vol. XXII-XLIV = Corpus Reformatorum, vol. LI-LXXII; éd. G. Baum - E. Cunitz - E. Reuss -

P. Lobstein; Brunswigae : Apud C.A. Schwetschke et filium, 1882-90) : Commentarii in quinque libros Mosis (vol. I, p. 6 - vol. III, p. 415), Commentarius in librum Iosue (III,422-570), Sermons sur le Deutéronome (III,578-VII,231), Homiliae in primum librum Samuelis (VII,238-VIII), In librum psalmorum commentarius (IX-X), Sermons sur le livre de Iob (XI-XIII,514), Commentarii in Isaiam prophetam (XIV-XV,454), Praelectiones in Ieremiae prophetias et Lamentationes (XV,470-XVII,646), Praelectiones in Ezechielis prophetae viginti capita priora (XVII,22-515), Praelectiones in Danielem prophetam (XVIII,530-XIX,303) + Sermons sur les huit derniers chapitres du livre de Daniel (XIX,324-XX,174), Praelectiones in duodecim prophetas minores (XX,198-XXII,498).

---, Commentary on the Book of Psalms, I-IV (traduction du latin original par J. Anderson; Edinburgh: Calvin Translation Society, 1845-47).

---, Commentary on the Book of the Prophet Isaiah, I-IV (traduction du latin original par W. Pringle; Edinburgh : Calvin Translation Society, 1850-53).

CASSIODORE, Expositio Psalmorum, CChr.SL XCVII-XCVIII = PL LXX,9-1056.

CYRILLE, Glaphyra in Genesim, Exodum, Leviticum, Numeros et Deuteronomium, PG LXIX,13-678.

---, Expositio in Psalmos, PG LXIX,697-1274.

---, Commentarius in Isaiam prophetam, PG LXX,9-1450.

---, Commentarius in Oseam, Ioëlem, Amos, Abdiam, Ionam, Michaeam, Nahum, Habacuc, Sophoniam, Aggaeum, Zachariam, Malachiam prophetas, PG LXXI,9-LXXII,364.

DIEZ MACHO, A. (éd.), Neophyti 1. Targum palestinense ms de la Biblioteca Vaticana. Edicion principe, introduccion general y version castellana, I-V/avec les versions française et anglaise de la traduction espagnole/(Madrid/Barcelona : Consejo superior de investigationces cientificas, 1968-79).

ECKHART (Maître), Expositio libri Genesis(LW 1; éd. K. Weiss; Stutt-gart : W. Kohlhammer, 1964).

EUSEBE DE CESAREE, Commentaria in Psalmos, PG XXIII,9-XXIV,76.

---, Commentaria in Hesaiam, PG XXIV,77-526.

EUTHYMIUS ZIGABENE, Commentarius in Psalterium, PG CXXVII,41-1326.

FINKELSTEIN, L. (éd.), The Commentary of David Kimhi on Isaiah (OSCU 19; New York : Columbia University Press, 1926).

FRIEDLÄNDER, M. (éd.), The Commentary of Ibn Ezra on Isaiah : Edited from Mss. and Translated, with Notes, Introductions, and Indexes, I-III (London : N. Trübner, 1873; réimprimé à New York : P. Feldheim).

GERHOH DE REICHERSBERG, Commentarius aureus in Psalmos, PL CXCIII, 619-1814 + CXCIV,13-998.

HAYMON D'HALBERSTADT, Commentarius in Psalmos, PL CXVI,193-696.

---, Commentariorum in Isaiam libri tres, PL CXVI,717-1086.

---, Enarratio in duodecim prophetas minores, PL CXVII,9-294.

JEAN CHRYSOSTOME, Expositiones in Psalmos, PG LV,35-498.

---, Interpretatio in Isaiam prophetam (chap. 1-8), PG LVI,11-94.

---, Interpretatio in Danielem prophetam, PG LVI,193-246.

JERÔME, Commentarioli in Psalmos, CChr.SL LXXII,165-245.

---, Commentariorum in Esaiam libri XVIII, CChr.SL LXXIII-LXXIIIA = PL XXIV,9-704.

---, In Hieremiam libri VI, CChr.SL LXXIV = PL XXIV,679-900.

---, Commentariorum in Danielem libri III (IV), CChr.SL LXXVA = PL XXV,491-584.

---, Commentariorum in Hiezechielem libri XIV, CChr.SL LXXV = PL XXV,15-490.

---, Commentarii in prophetas minores, CChr.SL LXXVI-LXXVIA.

---, Tractatus in librum Psalmorum, CChr.SL LXXVIII,1-446.

---, Commentarii in librum Iob, PL XXVI,619-802.

---, Breviarium in Psalmos, PL XXVI,821-1270.

---, Divina bibliotheca, PL XXVIII-XXIX,398.

JULIEN D'ECLANE, Expositio libri Iob, CChr.SL LXXXVIII,1-109.

---, Tractatus prophetarum Osee, Iohel et Amos, CChr.SL LXXXVIII,
    111-329.

KLEIN, M.L., The Fragment-Targums of the Pentateuch According to their
    Extant Sources, I-II (AnBib 76; Rome : Biblical Institute Press,
    1980).

LEVINE, E., The Aramaic Version of Lamentations (New York : Hermon Press,
    1976, 1981).

LUTHER, M., D. Martin Luthers Werke. Kritische Gesamtausgabe/Weimarer
    Ausgabe/ (Weimar : Hermann Böhlens Nachfolger, 1948) : Dictata super
    Psalterium (vol. III-IV,462), Praelectio in librum Iudicum
    (IV,527-86), Operationes in Psalmos (V), Praelectiones in pro-
    phetas minores (XIII), Predigten über das erste Buch Mose (XIV,
    92-488), Vorlesung über das Deuteronomium. Deuteronomion Mosi
    cum annotationibus (XIV,489-744), Predigten über das 2. Buch Mose
    (XVI), Der Prophet Habakuk ausgelegt (XIX,337-435), Vorlesung
    über den Prediger Salomo. Annotationes in Ecclesiasten (XX,1-
    203), Der Prophet Sacharja ausgelegt (XXII,477-664), In Genesim
    Mosi librum sanctissimum Declamationes. Über das erste Buch Mose,
    Predigten sampt einer Unterricht, wie Moses zu leren ist (XXIV),
    Vorlesung über Jesaia. In Esaiam Scholia ex D. Martini Lutheri
    Praelectionibus collecta (XXV,79-401), Predigten über das dritte
    und vierte Buch Mose (XXV), Predigten über das fünfte Buch Mose
    (XXVIII,501-763), Vorlesung über Jesaia (XXXI,1-585), Vorlesung
    über die Stufenpsalmen (XL,1-475), Vorlesungen über 1. Mose
    (XLII-XLIV).

---, Luther's Works, I-LIV   (Saint Louis/Philadelphia : Concordia
Publishing House Fortress Press, 1958-67); sur l'Ancien Testament vol. I-XX : Lectures on Genesis (I-VIII), Lectures on Deuteronomy (IX) Psalms (X-XIV), Isaiah (XVI-XVII), Minor Prophets
(XVIII-XX).

Martin Luthers Psalmen-Auslegung, I-III (éd. E. Mülhaupt; Göttingen : Vandenhoeck & Ruprecht, 1959-65).

MAARSEN, I., Parshandatha. The Commentary of Rashi on the Prophets and
Hagiographs : Part I. The Minor Prophets; Part II. Isaiah; Part
III. Psalms (Amsterdam/Jerusalem : M. Hertzberger/Makor, 130-36).

MARGULIES, M. (éd.), Midrash Haggadol, I-V (Jerusalem : Mosad Harav
Kook, 1975).

MIQRĀ'OT G^EDOLOT (Jerusalem : "Eshkol" J. Weinfeld, 1976).

MÜHLHAUPT, E. (éd.), Martin Luthers Psalmen-Auslegung, I-III (Göttingen :
Vandenhoeck & Ruprecht, 1959-65).

ODON D'ASTI,   In Psalmos Expositio, PL CLXV,1151-1298.

ORIGENE, Commentarii in Psalmos, PG XII,1053-1686.

---, Supplementum ad Origenis Exegetica, PG XVII,10-370.

PLOEG, J.P.M. van der - WOUDE, A.S. van der - JONGELING,B., Le Targum
de Job de la grotte XI de Qumrân (Leiden : E.J. Brill, 1971).

PROCOPE DE GAZA, Commentarii (livres historiques et Proverbes), PG
LXXXVII/1.

---, In Isaiam prophetam commentationum variarum epitome, PG LXXXVII/2
1817-2718.

PROSPER D'AQUITAINE, Expositio Psalmorum, CChr.SL LXVIII-LXVIIIA,211.

RABAN MAUR, Commentariorum in Genesim, Exodum, Leviticum, Numerorum,
Deuteronomium, Josue, in libr. Judicum, Regum, Paralipomena ...
PL CVII,439-670 + CVIII-CIX,540.

---, Expositionis super Jeremiam prophetam libri viginti, PL CXI,
793-1272.

---, Commentariorum in Ezechielem libri viginti, PL CX,493-1084.

RAMBAN (Moses ben Naḥman), Peruše HaTorah (Jerusalem : Mossad Harav
Kook, 1969).

RICHARD DE SAINT-VICTOR, Mysticae adnotationes in Psalmos, PL CXCVI, 265-402.

RIEDER, D. (éd.), Pseudo-Jonathan. Targum Jonathan ben Uziel on the Pentateuch. Copied from the London MS. /British Museum add. 27031/ (Jerusalem : Salomon's Printing Press, 1974).

RUFIN, Commentarius in LXXV Psalmos, PL XXI,645-960.

RUPERT DE DEUTZ, De Sancta Trinitate et operibus eius libri XLII (commentaires sur les livres historiques, les Psaumes et les grands prophètes) CChr.CM XXI-XXIII,1781 = PL CLXVII,199-1536.

---, Commentariorum in duodecim prophetas minores, PL CLXVIII,9-836.

SOKOLOFF, M., The Targum to Job from Qumran Cave XI (Jerusalem, Ramat-Gan : Bar-Ilan University, 1974).

SPERBER, A. (éd.),The Bible in Aramaic Based on Old Manuscripts and Printed Texts, I-IVA (Leiden : E.J. Brill, 1959-68).

STENNING, J.F. (éd.),The Targum of Isaiah. Edited with a Translation (Oxford : Clarendon Press, 1949).

TAL, A. (éd.),The Samaritan Targum of the Pentateuch. A Critical Edition, I-II (TSHLRS 5; Tel-Aviv : Tel-Aviv University, 1980-81).

THEODORE DE MOPSUESTE, Theodori Mopsuesteni expositionis in Psalmos Iuliano Aeclanensi interprete in latinum versae quae supersunt, CChr.SL LXXXVIIIA.

THEODORET DE CYR, In loca difficilia Scripturae Sacrae quaestiones selectae (livres historiques), PG LXXX,75-858.

---, Interpretatio in Psalmos, PG LXXX,858-1998.

---, In Isaiam prophetam eclogaria interpretatio, PG LXXXI,215-494.

---, In divini Jeremiae prophetiam interpretatio, PG LXXXI,495-760.

---, In divini Ezechielis prophetiam interpretatio, PG LXXXI,807-1256.

---, Commentarius in visiones Danielis prophetae, PG LXXXI,1255-1546.

---, Commentarius in duodecim prophetas, PG LXXXI,1545-1988.

THOMAS D'AQUIN, Expositio super Isaiam ad litteram (Opera omnia iussu
Leonis XIII P.M. edita, tom. XXVIII, Roma : Editori di San
Tommaso, 1974).

---, Expositio super Iob ad litteram (Opera omnia, tom. XXVI, 1965).

VITRE (VITRAY), Antonius, Biblia Hebraica, Samaritana, Chaldaica,
Graeca, Syriaca, Latina, Arabica. Quibus textus originales
totius Scripturae Sacrae, quorum pars in editione Complutensi,
deinde in Antverpiensi regiis sumptibus extat, nunc integri, ex
manuscriptis toto fere orbe quaesitis exemplaribus, exibentur
(Lutetiae Parisiorum, 1629-45).

WALAFRID STRABON, Glossa ordinaria (presque tout l'Ancien Testament),
PL CXII,67-1316 + CXIV,9-62.

WALTON, Brian (éd.), Biblia Sacra Polyglotta, Complectentia Textus
Originales, Hebraicum, cum Pentateucho Samaritano, Chaldaicum,
Graecum, Versionumque antiquarum, Samaritanae, Graecae LXX
Interp., Chaldaicae, Syriacae, Arabicae, Aetiopicae, Persicae,
Vulg. Lat., I-VI (Londini : T. Roycroft, 1653-57 = Graz : Akade-
mische Druck- und Verlagsanstalt, 1964-65).

WÜNSCHE, A., Midrasch Tehillim oder haggadische Erklärung der Psalmen.
Nach der Textausgabe von Salomon Buber zum ersten Male ins
Deutsche übersetzt und mit Noten und Quellenangaben versehen
(Hildesheim : G. Olms Verlagsbuchhandlung, 1967).

VII. LA SEMANTIQUE ET LA THEORIE LITTERAIRE

ALONSO SCHÖKEL, L., Estudios de poetica hebrea (Barcelona : J. Flors, 1963). Traduction allemande : Das Alte Testament als literarisches Kunstwerk (Köln : J.P. Bachem, 1971).

ARCAINI, E., Principi di linguistica applicata (Bologna : Il Mulino, 1967). Traduction française : Principes de linguistique appliquée (BS; Paris : Payot, 1972) spéc. pp. 158-97 : "Sémantique et lexique".

BARR, J., The Semantics of Biblical Language (Oxford : Oxford University Press, 1969).

BENVENISTE, E., Le vocabulaire des institutions indo-européennes. 2. pouvoir, droit, religion (Paris : Les Editions de Minuit, 1969).

BLOOMFIELD, L., Language (New York : H. Holt, 1961).

GECKELER, H., Strukturelle Semantik und Wortfeldtheorie (München : W. Fink, 1971).

GIBSON, A., Biblical Semantic Logic. A Preliminary Analysis (Oxford : B. Blackwell, 1981).

GRAY, G.B., The Forms of Hebrew Poetry (New York : Ktav Publishing House, 1972).

GREENBERG, M., Ezekiel, 1-20 (AB 22; Garden City, New York : Doubleday & Company, 1983) 18-27 : "III. The Method of This Commentary : Holistic Interpretarion".

GUIRAUD, P., La stylistique (Paris : Presses universitaires de France, 1954).

---, La sémantique (Paris : Presses universitaires de France, 1955).

---, "Les champs morpho-sémantiques", BSL 52 (1956) 265-88.

---, Essais de stylistique (Paris : C. Klincksieck, 1969).

GUIRAUD, P. - KUENTZ, P., La stylistique. Lectures (Paris : C. Klincksieck, 1970).

KEDAR, B., Biblische Semantik. Eine Einführung (Stuttgart/Berlin/Köln/ Mainz : W. Kohlhammer, 1981).

KOCH, K., Was ist Formgeschichte ? Methoden der Bibelexegese (3e éd., Neukirchen-Vluyn : Neukirchener Verlag, 1974) spéc. pp. 316-30 : "Semantik".

KRAŠOVEC, J., "Die polare Ausdrucksweise im Psalm 139", BZ 18 (1974) 224-48.

---, Der Merismus im Biblisch-Hebräischen und Nordwestsemitischen (BibOr 33; Rome : Biblical Institute Press, 1977).

---, "Heilsgeschichte zwischen Erfahrung und Reflexion", MThZ 31 (1980) 110-21.

---, "Merism - Polar Expression in Biblical Hebrew", Biblica 64 (1983) 231-39.

---, Antithetic Structure in Biblical Hebrew Poetry (VT.S 35; Leiden : E.J. Brill, 1984).

PALMER, F.R., Semantics (2e éd.; Cambridge : Cambridge University Press, 1982).

LYONS, J., Semantics, I-II (Cambridge : Cambridge University Press, 1977).

ÖHMAN, S., "Theories of the 'Linguistic Field'", Word 9 (1953) 123-34.

RICHTER, W., Exegese als Literaturwissenschaft (Göttingen : Vandenhoeck & Ruprecht, 1971).

SAMPSON, G., Making Sense (Oxford : Oxford University Press, 1980).

SAWYER, J.F., Semantics in Biblical Research (SBTh. Second Series 24; London : SCM Press, 1972).

SEUNG, T.K., Structuralism and Hermeneutics (New York : Columbia University Press, 1982).

SPENCE, N.C.W., "Linguistic Fields, Conceptual Systems and the Weltbild", Transactions of the Philological Society (Oxford : B. Blackwell, 1961) 87-106.

TRIER, J., Der Deutsche Wortschatz im Sinnbezirk des Verstandes. Die Geschichte eines sprachlichen Feldes (Heidelberg : C. Winter,

1931) spéc. pp. 1-16 : "Über Wort- und Begriffsfelder".

---, "Das sprachliche Feld. Eine Auseinandersetzung", NJWJ 10 (1934) 428-49.

ULLMANN, S., The Principles of Semantics (GUP 84; 2e éd.; Glasgow/ Oxford : Jackson/B. Blackwell, 1957).

VIVIAN, A., I campi lessicali della "separazione" nell'ebraico biblico, di Qumran e della Mishna : ovvero, applicabilità della teoria dei campi lessicali all'ebraico (QS 4; Firenze : Ist. Ling. e Ling. Or., 1978).

WEISS, M., "Die Methode der 'Total-Interpretation'. Von der Notwendigkeit der Struktur-Analyse für das Verständnis der biblischen Dichtung", Congress Volume - Uppsala 1971 (VT.S. 22; Leiden : E.J. Brill, 1972) 88-112.

---, The Bible From Within. The Method of Total Interpretation (PPFBR; Jerusalem : The Magnes Press, The Hebrew University, 1984).

WELLEK, W. - WARREN, A., Theory of Literature (3e éd.; London : J. Cape, 1966).

ZIFF, P., Semantic Analysis (Ithaca, New York : Cornell University Press, 1960).

TABLE DES MATIERES

ORBIS BIBLICUS ET ORIENTALIS

Bd. 31 HELMUT UTZSCHNEIDER: *Hosea – Prophet vor dem Ende*. Zum Verhältnis von Geschichte und Institution in der alttestamentlichen Prophetie. 260 Seiten. 1980.

Bd. 32 PETER WEIMAR: *Die Berufung des Mose*. Literaturwissenschaftliche Analyse von Exodus 2, 23–5, 5. 402 Seiten. 1980.

Bd. 33 OTHMAR KEEL: *Das Böcklein in der Milch seiner Mutter und Verwandtes*. Im Lichte eines altorientalischen Bildmotivs. 163 Seiten, 141 Abbildungen. 1980.

Bd. 34 PIERRE AUFFRET: *Hymnes d'Egypte et d'Israël*. Etudes de structures littéraires. 316 pages, 1 illustration. 1981.

Bd. 35 ARIE VAN DER KOOIJ: *Die alten Textzeugen des Jesajabuches*. Ein Beitrag zur Textgeschichte des Alten Testaments. 388 Seiten. 1981.

Bd. 36 CARMEL McCARTHY: *The Tiqqune Sopherim and Other Theological Corrections in the Masoretic Text of the Old Testament*. 280 Seiten. 1981.

Bd. 37 BARBARA L. BEGELSBACHER-FISCHER: *Untersuchungen zur Götterwelt des Alten Reiches im Spiegel der Privatgräber der IV. und V. Dynastie*. 336 Seiten. 1981.

Bd. 38 MÉLANGES DOMINIQUE BARTHÉLEMY. Etudes bibliques offertes à l'occasion de son 60e anniversaire. Edités par Pierre Casetti, Othmar Keel et Adrian Schenker. 724 pages, 31 illustrations. 1981.

Bd. 39 ANDRÉ LEMAIRE: *Les écoles et la formation de la Bible dans l'ancien Israël*. 142 pages, 14 illustrations. 1981.

Bd. 40 JOSEPH HENNINGER: *Arabica Sacra*. Aufsätze zur Religionsgeschichte Arabiens und seiner Randgebiete. Contributions à l'histoire religieuse de l'Arabie et de ses régions limitrophes. 347 Seiten. 1981.

Bd. 41 DANIEL VON ALLMEN: *La famille de Dieu*. La symbolique familiale dans le paulinisme. LXVII–330 pages, 27 planches. 1981.

Bd. 42 ADRIAN SCHENKER: *Der Mächtige im Schmelzofen des Mitleids*. Eine Interpretation von 2 Sam 24. 92 Seiten. 1982.

Bd. 43 PAUL DESELAERS: *Das Buch Tobit*. Studien zu seiner Entstehung, Komposition und Theologie. 532 Seiten + Übersetzung 16 Seiten. 1982.

Bd. 44 PIERRE CASETTI: *Gibt es ein Leben vor dem Tod?* Eine Auslegung von Psalm 49. 315 Seiten. 1982.

Bd. 45 FRANK-LOTHAR HOSSFELD: *Der Dekalog*. Seine späten Fassungen, die originale Komposition und seine Vorstufen. 308 Seiten. 1982. Vergriffen.

Bd. 46 ERIK HORNUNG: *Der ägyptische Mythos von der Himmelskuh*. Eine Ätiologie des Unvollkommenen. Unter Mitarbeit von Andreas Brodbeck, Hermann Schlögl und Elisabeth Staehelin und mit einem Beitrag von Gerhard Fecht. XII–129 Seiten, 10 Abbildungen. 1982.

Bd. 47 PIERRE CHERIX: *Le Concept de Notre Grande Puissance (CG VI, 4)*. Texte, remarques philologiques, traduction et notes. XIV–95 pages. 1982.

Bd. 48 JAN ASSMANN/WALTER BURKERT/FRITZ STOLZ: *Funktionen und Leistungen des Mythos*. Drei altorientalische Beispiele. 118 Seiten, 17 Abbildungen. 1982.

Bd. 49   PIERRE AUFFRET: *La sagesse a bâti sa maison*. Etudes de structures littéraires dans l'Ancien Testament et spécialement dans les psaumes. 580 pages. 1982.

Bd. 50/1   DOMINIQUE BARTHÉLEMY: *Critique textuelle de l'Ancien Testament*. 1. Josué, Juges, Ruth, Samuel, Rois, Chroniques, Esdras, Néhémie, Esther. Rapport final du Comité pour l'analyse textuelle de l'Ancien Testament hébreu institué par l'Alliance Biblique Universelle, établi en coopération avec Alexander R. Hulst †, Norbert Lohfink, William D. McHardy, H. Peter Rüger, coéditeur, James A. Sanders, coéditeur. 812 pages. 1982.

Bd. 50/2   DOMINIQUE BARTHÉLEMY: *Critique textuelle de l'Ancien Testament*. 2. Isaïe, Jérémie, Lamentations. Rapport final du Comité pour l'analyse textuelle de l'Ancien Testament hébreu institué par l'Alliance Biblique Universelle, établi en coopération avec Alexander R. Hulst †, Norbert Lohfink, William D. McHardy, H. Peter Rüger, coéditeur, James A. Sanders, coéditeur. 1112 pages. 1986.

Bd. 51   JAN ASSMANN: *Re und Amun*. Die Krise des polytheistischen Weltbilds im Ägypten der 18.–20. Dynastie. XII–309 Seiten. 1983.

Bd. 52   MIRIAM LICHTHEIM: *Late Egyptian Wisdom Literature in the International Context*. A Study of Demotic Instructions. X–240 Seiten. 1983.

Bd. 53   URS WINTER: *Frau und Göttin*. Exegetische und ikonographische Studien zum weiblichen Gottesbild im Alten Israel und in dessen Umwelt. XVIII–928 Seiten, 520 Abbildungen. 1983.

Bd. 54   PAUL MAIBERGER: *Topographische und historische Untersuchungen zum Sinaiproblem*. Worauf beruht die Identifizierung des Ǧabal Mūsā mit dem Sinai? 189 Seiten, 13 Tafeln. 1984.

Bd. 55   PETER FREI/KLAUS KOCH: *Reichsidee und Reichsorganisation im Perserreich*. 119 Seiten, 17 Abbildungen. 1984. Vergriffen.

Bd. 56   HANS-PETER MÜLLER: *Vergleich und Metapher im Hohenlied*. 59 Seiten. 1984.

Bd. 57   STEPHEN PISANO: *Additions or Omissions in the Books of Samuel*. The Significant Pluses and Minuses in the Massoretic, LXX and Qumran Texts. XIV–295 Seiten. 1984.

Bd. 58   ODO CAMPONOVO: *Königtum, Königsherrschaft und Reich Gottes in den Frühjüdischen Schriften*. XVI–492 Seiten. 1984.

Bd. 59   JAMES KARL HOFFMEIER: *Sacred in the Vocabulary of Ancient Egypt*. The Term $\overline{DSR}$, with Special Reference to Dynasties I–XX. XXIV–281 Seiten, 24 Figuren. 1985.

Bd. 60   CHRISTIAN HERRMANN: *Formen für ägyptische Fayencen*. Katalog der Sammlung des Biblischen Instituts der Universität Freiburg Schweiz und einer Privatsammlung. XXVIII-199 Seiten. 1985.

Bd. 61   HELMUT ENGEL: *Die Susanna-Erzählung*. Einleitung, Übersetzung und Kommentar zum Septuaginta-Text und zur Theodition-Bearbeitung. 205 Seiten + Anhang 11 Seiten. 1985.

Bd. 62   ERNST KUTSCH: *Die chronologischen Daten des Ezechielbuches*. 82 Seiten. 1985.

Bd. 63   MANFRED HUTTER: *Altorientalische Vorstellungen von der Unterwelt*. Literar- und religionsgeschichtliche Überlegungen zu «Nergal und Ereškigal». VIII–187 Seiten. 1985.

Bd. 64   HELGA WEIPPERT/KLAUS SEYBOLD/MANFRED WEIPPERT: *Beiträge zur prophetischen Bildsprache in Israel und Assyrien*. IX–93 Seiten. 1985.

Bd. 65   ABDEL-AZIZ FAHMY SADEK: *Contribution à l'étude de l'Amdouat*. Les variantes tardives du Livre de l'Amdouat dans les papyrus du Musée du Caire. XVI–400 pages, 175 illustrations. 1985.

Bd. 66   HANS-PETER STÄHLI: *Solare Elemente im Jahweglauben des Alten Testamentes*. X–60 Seiten. 1985.

Bd. 67   OTHMAR KEEL/SILVIA SCHROER: *Studien zu den Stempelsiegeln aus Palästina/Israel*. Band I. 115 Seiten, 103 Abbildungen. 1985.

Bd. 68   WALTER BEYERLIN: *Weisheitliche Vergewisserung mit Bezug auf den Zionskult*. Studien zum 125. Psalm. 96 Seiten. 1985.

Bd. 69   RAPHAEL VENTURA: *Living in a City of the Dead*. A Selection of Topographical and Administrative Terms in the Documents of the Theban Necropolis. XII–232 Seiten. 1986.

Bd. 70   CLEMENS LOCHER: *Die Ehre einer Frau in Israel*. Exegetische und rechtsvergleichende Studien zu Dtn 22, 13–21. XVIII–464 Seiten. 1986.

Bd. 71   HANS-PETER MATHYS: *Liebe deinen Nächsten wie dich selbst*. Untersuchungen zum alttestamentlichen Gebot der Nächstenliebe (Lev 19, 18). XIV–196 Seiten. 1986.

Bd. 72   FRIEDRICH ABITZ: *Ramses III. in den Gräbern seiner Söhne*. 156 Seiten. 1986.

Bd. 73   DOMINIQUE BARTHÉLEMY/DAVID W. GOODING/JOHAN LUST/EMANUEL TOV: *The Story of David and Goliath*. 160 Seiten. 1986.

Bd. 74   SILVIA SCHROER: *In Israel gab es Bilder*. Nachrichten von darstellender Kunst im Alten Testament. XVI–553 Seiten. 1987.

Bd. 75   ALAN R. SCHULMAN: *Ceremonial Execution and Public Rewards*. Some Historical Scenes on New Kingdom Private Stelae. 296 Seiten. 1987.

Bd. 76   JOŽE KRAŠOVEC: *La justice (Ṣdq) de Dieu dans la Bible hébraïque et l'interprétation juive et chrétienne*. 456 pages. 1988.